JN496330

피터 럭크만의 주석서

에스라, 느헤미야
에스더

피터 럭크만 지음
박 승 용 옮김

말씀보존학회

THE BIBLE BELIEVER'S COMMENTARY

The Books of

EZRA-NEHEMIAH-ESTHER

By

Peter S. Ruckman, Ph.D.

Copyright © 2004 by Peter S. Ruckman

Bible Baptist Bookstore

Pensacola, Florida

2006 / Korean by Word of God Preservation Society

Seoul, Korea

피터 럭크만의 주석서

에스라, 느헤미야
에스더

들어가는 말

역대기하와 에스더 사이에 놓여 있는 이 두 권의 작은 책(에스라, 느헤미야)은 실제로 A.D. 1917년과 A.D. 2005년 현재 사이의 시대를 예표하고 있다. (에스더에 대해서는 그 책 서문에서 논의할 것이다.) 이는 〈킹제임스성경〉이 구약을 배열할 때, 그 어떤 히브리어 원문에서도 발견할 수 없는 배열 순서를 따랐기 때문이다. 아주 심각하게 부패한 70인역(LXX, Septuagint, A.D. 150-500)은 〈킹제임스성경〉처럼 말라키로 끝나지도 않고, 히브리어 맛소라 원문처럼 역대기하로 끝나지도 않는다. 이 심하게 부패해 버린 70인역[א 사본(시내사본), B 사본(바티칸사본), A 사본(알렉산드리아사본) 등]은 마카비후서로 끝난다. 어떤 카톨릭 성서든지 확인해 보라.

번역자들이 후천년주의자들이었다 할지라도 〈킹제임스성경〉의 구약 순서는 전천년주의 체계로 되어 있다.

이러한 사실로 인해 제임스 화이트(James White), 도그 쿠틸렉(Doug Kutilek), 데이비드 클라우드(David Cloud), 마이크 랜달(Mike Randall), 제임스 콤스(James Combs), 아더 파스타드(Arthur Farstad), 해롤드 윌밍턴

(Harold Willmington), 프레드 아프만(Fred Afman), 웨스트코트(Westcott), 홀트(Hort), 알란드(Aland), 메쯔거(Metzger), 스튜어트 커스터(Stewart Custer), A.T. 로버트슨(Robertson), 케네스 웨스트(Kenneth Wuest), 타이어(Thayer), 라잇풋(Lightfoot), 엘리콧(Ellicott), 뉴먼(Newman), 맥크레(MacCrae), 팔머(Palmer, NIV) 등과 같은 어리석은 학자들은 이 "엘리자베스 시대의 고어체" 본문에 대해 의심하거나 이상히 여기고 있는 것이다. 하지만 그 본문으로 인해 미국에는 전천년주의 입장을 표방하는 10개의 침례교 학교들 외에도 5,000개가 넘는 전천년주의 침례교회들이 출현하게 되었다. 〈킹제임스성경〉 번역자들이 청교도들이요 영국 국교도들이었지 결코 침례교도들이 아니었음에도 말이다.

이처럼 의도적으로 짜 맞춘 것도 아니고 우발적으로만 보이는 "우연한 현상들"은, 배교한 라오디케아 시대의 기독교 학자들이 성령의 권위를 찬탈하기 위해 시도하는 모든 것들을 계속 무의미하게 만들고 있다. 『**그는 현명한 자들로 그들의 간계에 빠지게 하시며...**』(욥 5:13)

이와 같은 "우연의 일치"는 구약에서 세 권의 책, 즉 「예레미야 - 예레미야 애가 - 에스겔」의 배열 순서에서도 나타난다. 또 여섯 권의 책, 즉 「역대기하 - 에스라 - 느헤미야 - 에스더 - 욥기 - 시편」의 배열 순서에서도 나타난다. 교파와 관계없이 모든 헬라어·히브리어 학자들은, '축자적으로 영감 받은 원본'을 따르면 이와 같은 구약의 배열순서는 올바른 순서가 아니라고 주장한다.

그럼에도 이와 같은 구약의 배열순서는 지금까지 이 지상에 출판된 모든 〈킹제임스성경〉 판본에서 볼 수 있는 배열 순서다.

에스라 - 느헤미야의 위치를 제1차 세계대전과 (곧 일어날!) 제3차 세계대전 사이로 잡는다고 할 때, 이것은 이런 배열 순서를 근거로 하는 말이다. 주목하라! 역대기하에서는 (A.D. 70년 티투스에 의해서 파괴되었던 것처럼) 예루살렘이 파괴된다. 역대기하 다음에는 에스라가 뒤따라 나오는데, 여기에서 유대인들은 (제1차 세계대전 중 A.D. 1917년에 있었던 사건처럼) 한 이방인 왕에 의해 그들의 땅을 돌려받는다. 또 유대인들은 (1948년과 1990년 사이에 있었던 귀환처럼) 그 땅으로 돌아와 성전을 재건하기 시작한다. (성전 재건은 여전히 미래에 속한 일이다.) 느헤미야에 뒤이어 나오는 에스더에서는 한 이방인 신부(에스더 1장)가 한 히브리인 신부(에스더 2,3장)로 대체되는 것을 보게 되는데, 이는 지난 20세기 동안 이방인들이 복음을 거절해 온 이후 1948년에 이방인들의 "때"의 기한이 "다 되어 버렸기" 때문이다.

에스더 다음으로는 욥기가 이어지는데, 여기에서는 "박해받는 한 사람"(히브리인)이 미래에 유대인 남은 자(호 2:14, 계 12:6,14)가 거하게 될 바로 그 장소(셀라, 에돔 지역에 있는 "페트라" : 애 4:21, 욥 1:1, 신 33:2, 합 3:3)에 있는 것을 보게 된다.

욥기 42개의 장은 "우연하게도" 요한계시록 11:2; 12:6; 13:5에서 세 번 언급된 42개월과 잘 어울린다. 정말이지 "우연처럼" 잘 맞아떨어진다.

"진짜 우연"처럼 요한계시록 20:4에서는 42개월의 끝에 부활이 일어나고 있는데, 그래서 욥기 42장에서도 욥의 아들들이 부활하게 되는 것이다(욥 42:13,14). "진짜 우연"처럼 욥의 치유(Job's healing)가 〈킹제임스성경〉 본문에서는 그의 『**사로잡힘**』(captivity)으로 "잘못" 번역되어 있는데, 이는 사실 잘못 번역된 것이 아니다. 이스라엘이 그들의 사로잡힘에서 『**돌이킬**』(turn) 때에는 "정확한" 번역이 될 것이기 때문이다(습 3:20, 렘 29:14; 32:14).

〈킹제임스성경〉 본문에 성령을 통해 계시되고 보존된 향상된 계시를 파괴하고자, 미국의 모든 주요 기독교 학교 및 대학교의 모든 교수진은 1901년부터 그러한 계시를 덮어 버리기 위해 고안된 몇몇의 "최신의 현대 역본"을 추천해 왔다. ASV, RV, RSV, NRSV, NIV, TNIV는, "독자들이 성경을 더 잘 이해할 수 있도록 도와"주어 "고어체" 단어들에 싫증나지 않도록 하기 위해, 욥기 42:10을 바꾸어 버렸다.

시중에 판매되고 있는 "새로운" 모든 성경은 하나같이 관련 구절들의 연결고리(the chain references)를 끊어 버리기 위해 고안된 것들이어서 당신으로 하여금 『**성경**』(롬 1:2)을 깨닫지 못하게 할 것이다. 배교자들은 각종 기독교 대학 교수진들의 도움으로 그들의 목적을 달성했다. [그러나 "성경으로 성경을 비교하라"(Scripture with Scripture), "오직 성경"(sola Scriptura)을 외친 루터를 기억하라.]

욥기의 42개월(42장)의 끝에 무슨 일이 일어난다고 생각하는가? 짐작해 보라. 〈킹제임스성경〉 번역자들이 욥기에 뒤를 이어 갑작스럽게 시편을 들고 나타나는 것을 보면 이에 관해 충분히 짐작하고 있었음이 분명하다. 이는 그 책에서 『**유대인의 왕**』이 1,000년 동안 이 땅을 통치하시기 위해 바로 당신 앞에서 "바위돔 사원"(Dome of the Rock) 위에 나타나시기 때문이다.

『**"내가 나의 거룩한 산 시온 위에 내 왕을 세웠도다." 하시리라. 내가 칙령을 선포하리라. 주께서 내게 말씀하시기를 "너는 내 아들이라. 오늘 내가 너를 낳았노라. 내게 구하라. 그러면 내가 너에게 이방을 네 유업으로, 땅의 맨 끝을 네 소유로 주리라. 네가 그들을 철장으로 깨뜨릴 것이며, 토기장이의 질그릇같이 산산이 부수리라." 하셨도다. 그러므로, 오 너희 왕들아, 이제 현명해지라. 너희 땅의 재판관들아, 교훈을 받을지어다**』(시 2:6-10).

『또 내가 보니, 한 천사가 하늘에서 내려오는데, 그의 손에는 끝없이 깊은 구렁의 열쇠와 큰 사슬을 가졌더라. 그가 그 용을 잡으니, 곧 마귀요 사탄인 옛 뱀이라. 그를 천 년 동안 묶어 두니 그를 끝없이 깊은 구렁에 던져서 가두고 그 위에 봉인하여 천 년이 찰 때까지는 민족들을 다시는 미혹하지 못하게 하더라. 그후에는 그가 반드시 잠시 동안 풀려나게 되리라. 또 내가 보좌들을 보니, 그들이 그 위에 앉았는데 심판이 그들에게 주어졌더라. 또 예수에 대한 증거와 하나님의 말씀으로 인하여 목베임을 당한 사람들의 혼들도 보았는데, 그들은 그 짐승에게나 그 형상에게 경배하지 아니하였을 뿐만 아니라 그의 표를 그들의 이마 위에나 손에도 받지 아니하였더라. 그러므로 그들은 살아서 그리스도와 함께 천 년을 통치하더라. 그러나 죽은 자들 가운데서 그 나머지는 천 년이 끝날 때까지 다시 살지 못하리라. 이것이 첫 번째 부활이라. 첫 번째 부활에 참여하는 자는 복되고 거룩하도다. 둘째 사망이 그들을 다스리는 권세가 없고, 오히려 그들이 하나님과 그리스도의 제사장들이 되어 천 년 동안 그와 함께 통치하리라』(계 20:1-6).

이것이 바로 전천년주의(Premillennialism)다. 전천년주의를 표방했던 사람들로는 C.I. 스코필드(Scofield), 넬슨 다비(Nelson Darby), 에델버트 벌링거(Ethelbert Bullinger), 클라렌스 라킨(Clarence Larkin) 등이 있다. 1611년판도 전천년주의다. 어떤 히브리어 구약성경도 전천년주의 질서로 배열되지 않았고 〈킹제임스성경〉 번역 위원회의 어떤 사람도 전천년주의자가 아니었음에도 도대체 누가 이 구약의 책들을 그와 같은 순서로 배열해 놓았단 말인가? 〈킹제임스성경〉 1611년 판(또는 1613년 판)의 난외주들 및 각 장의 "표제들"은 후천년주의를 표방한다. 여기에서 "크리스마스캐롤"의 90%가 나왔다. 하나같이 후천년주의 입장이다. 그럼에도 불구하고 〈킹제임스성경〉 본문은 전천년주의적 순서로 배열되어 있는 것이다.

그래서 여기 에스라와 느헤미야(B.C. 536-445)에서 A.D. 1917 이후의 상황들을 접하게 되는 것이다.

이 책들은 미래의 역사이다. 현대 성경학자들은 하나같이 이 책들을 과거 역사에 한정시키지만 그렇지 않다. (욥기 역시 절반 이상의 내용이 미래의 역사다.) "독자들이 원 저자의 의도를 깨달을 수 있도록 돕기 위해" "현대어로 갱신된" "더 명확한" 번역본들은 이런 진리를 깨닫는 데 전혀 도움이 되지 않는다.

만일 당신이 저자의 고린도전후서, 갈라디아서, 에베소서, 목회서신, 시편, 잠언, 욥기 주석서들을 구해서 보게 되면, 최소 50가지의 향상된 "성경적인" 계시들을 얻게 될 것이다. 이 책들의 "예비지식"을 바탕으로 우리는 지금 에스라와 느헤미야에 접근하고 있다.

그때나 지금이나 조금의 흔들림도 없이 굳게 서 있는 1611년판 영어 본문을 가지고 모든 히브리어와 헬라어 본문들, 더 나아가 모든 영어, 독일어, 스페인어, 라틴어 등의 본문들을 계속해서 바르고 정확하게 바로잡아 나갈 것이다. 이런 일을 행함에 있어서 조금의 주저함도 없을 것이다. 사역 초기(1949)부터 지금까지 줄곧, 지난 54년 동안 『**진리의 성경**』(단 10:21)을 주석하면서 취했던 우리의 태도에는 아무런 변함이 없었다.

우리는 이 일을 지속할 것이다. 그렇게 하면 성경을 진지하게 공부하는 독자들은 마침내, 어떤 성경학자가 성경(AV, 1611)을 고치고 있을 때 그를 절대로 "진지하게" 받아들이지 않게 될 것이다. 우리는 성경에 있는 단어들을 고치는 문제를 가지고 단 한 번이라도 그런 학자들과 상의할 필요가 없다. 단 한 번이라도 그들의 의견을 "진지하게" 고려해야 할 필요가 없는 것이다. 이를테면, 창세기의 38,267개의 단어들, 출애굽기의 32,692개의 단어들, 욥기의 10,102개의 단어들, 시편의 43,743개의 단어들, 잠언의 15,043개의 단어들, 전도서의 5,584개의 단어들, 마태복음의 23,684개의 단어들, 갈라디아서에서 골로새서까지의 10,137개의 단어들, 목회서신들의 4,883개의 단어들, 히브리서의 6,913개의 단어들, 요한계시록의 12,000개의 단어들을 다룰 때 그렇게 할 이유가 없는 것이다.

그들의 부패한 작품들(ASV, NASV, RV, NRSV, RSV, NIV, TNIV 등)을 읽어 보고, 그들이 〈킹제임스성경〉 본문에서 바꾸어 버린 65,000개 이상의 단어들에 주목한 다음, 그들이 삭제해 버린 64,000개 이상의 단어들을 주시해 본 결과, 이미 여러 해 전에 다음과 같은 결론에 도달하게 되었다. 즉, 그들이 1800년과 2003년 사이에 출간했던 번역본들(200개 이상의 영어 번역본들) 가운데, 성경공부에 아주 중요하다거나 없어서는 안 될 필수적인 번역본은 하나도 없었다는 사실이다. 심지어 성경에서 알아야 할 필요가 있는 내용을 배우고자 "진지하게 성경을 공부하는 학생"에게 필요한 번역본들도 없었던 것이다.

일례로, NASV 와 NIV에서 요한계시록 1:11, 요한복음 4:42; 9:35, 디모데전서 3:16, 사도행전 4:24, 누가복음 4:4, 이사야 14:12-15의 말씀들을 살펴보라.

당신이 진정으로 성경을 배우기 원한다면, 하나님께서 영화롭게 하신 본문과 그 본문을 믿는 사람들에게서 끝까지 떨어지지 말라. 명심하라. 그 본문을 단순히 "사용"하는 사람들이 아니라 믿는 사람들에게서 떨어지지 말라는 것이다. 이런 위선자들은 하나같이 소위 "실용주의자들"이라고 불리는 윌리엄 제임스(William James), 버트란드 러셀(Bertrand Russell), 존 듀이(John Dewey)와 연관되어 있다. 실용주의자들은 모두 실천적인 무신론자들이다. (저자의 〈The Christian Liars' Library, 1997〉 참조) 이는 최종권위의 문제에 있어서 "마지막 때"의 『**마지막 날들**』(딤후 3:1)을 살고 있는 그리스도의 몸은 모든 구원받지 않은 무신론자들처럼 생각하도록 기독교 학자들에 의해 정신적으로 프로그램 되었다는 사실을 의미하고 있다. 이에 대해서는 1993년 윌리엄 그래디(William Grady) 박사가 연구한 〈최종 권위, *Final Authority*〉를 참조하라.

나의 이런 말들에 타격받은 모든 자들은 대학 교실에서 학생들을 가르칠 때 이에 대해 거짓말을 할 것이다. 그들은 기사를 통해서도 거짓말을 할 것이고, 〈주의 칼, *The Sword of the Lord*〉과 학술적인 논문들에서도 거짓말을 할 것이다. 그들은 다루어야 할 쟁점은 언급하지 않고, "중상모략"이라는 구실을 들어 나를 고소할 것이다. 그 다루어야 할 쟁점이란, 기초 원리들 따위가 아니라 최종권위를 말한다.

자, 이제 에스라로 들어가 보자. 에스라는 총 10장, 280구절, 7,441단어(영어 〈킹제임스성경〉의 경우)로 구성되어 있다. (이 중 어떤 단어도 당신의 취향이나 그들의 취향, 혹은 당신에게 가르쳤던 어떤 사람의 취향에 맞추기 위해 변경되지는 않을 것이다.)

이 책은 B.C. 586년에서 588년경 예루살렘이 사로잡혔던 때로부터 약 52년 정도가 지난 시기의 일부터 다룬다.

정확한 날짜에 대해서는 연대기 학자들마다 조금씩 다르다. 에스라 1:1의 칙령이 공포된 날짜는 일반적으로 B.C. 536년으로 제시된다. 벌링거(Bullinger), 로버트 앤더슨(Robert Anderson), 라킨(Larkin)은 그 날짜에 관해 가장 상세한 정보를 제공해 준다.

학자들은 페르시아 왕의 칙령이 발표된 날짜에 대해 4개의 서로 다른 날짜들을 제시했다. 학자들은 536년(코레스)에서 519년(다리오), 458년(아탁세르세스 7년), 455년(아탁세르세스 20년)에 이르기까지 4개의 서로 다른 날짜들을 제시했던 것이다. 이 중 어떤 것도 우리 앞에 놓여 있는 본문에는 그렇게 중요하지 않기 때문에, 다음과 같은 주요 사실들에 주목할 필요가 있다. 1. 한 이방인 왕이 이스라엘을 약속된 땅으로 귀환할 수 있도록 이에 대한 책임을 지고 있다. 2. 이 이방인 왕의 왕국은 페르시아다. 그러므로 본문에서 가장 중요한 것은 결코 정확한 날짜가 아니다. 오히려 성경에서는 페르시아가 영국의 유형으로 간주되고 있다는 사실이 더 중요하다. 이것은 다니엘 2:32과 다니엘 7:4뿐만 아니라 다니엘 9장과 에스더의 전체적인 양상을 바꾸고 있다.

물론 300명의 "헌신되고 경건하며 영적이고 성별된 전투적인 근본주의자들"은 하나같이 이상 언급한 모든 사항들을 놓치고 있거나 서툴게 다루고 있다. 그들은 〈킹제임스성경〉의 본문을 "고치면서" 그렇게 했던 것이다. 벌링거(Bullinger), 스코필드(Scofield), 다비(Darby), 린지(Lindsay), 헤이스(Hayes), 라킨(Larkin), 아이언사이드(Ironside), 그린(Green), 라이스(Rice), 반하우스(Barnhouse), 그리고 평소에는 〈킹제임스성경〉 본문을 고수하긴 해도, 가끔씩 아주 "가끔씩" 요점을 이해시킬 목적으로 한 두 단어를 바꾸려 했던 기타 다른 사람들을 참조하라. 확신하건대, "요점을 이해시킬 목적"으로 한 단어를 바꾸어야 한다면 그 요점은 "이해할 만한" 가치가 없어져 버린다.

자 여기에 『**진리의 성경**』(단 10:21)을 구성하는 에스라가 있다.

차 례

• 들어가는 말 · 5

에스라

서 문 · 17
에스라 1장 · 22
에스라 2장 · 45
에스라 3장 · 59
에스라 4장 · 66
에스라 5장 · 85
에스라 6장 · 97
에스라 7장 · 122
에스라 8장 · 133
에스라 9장 · 147
에스라 10장 · 157

느헤미야

서 문 · 171
느헤미야 1장 · 174
느헤미야 2장 · 189
느헤미야 3장 · 201
느헤미야 4장 · 209
느헤미야 5장 · 223

느헤미야 6장 · 231
느헤미야 7장 · 244
느헤미야 8장 · 254
느헤미야 9장 · 265
느헤미야 10장 · 284
느헤미야 11장 · 298
느헤미야 12장 · 305
느헤미야 13장 · 315

에스더

서 문 · 328
에스더 1장 · 332
에스더 2장 · 356
에스더 3장 · 371
에스더 4장 · 395
에스더 5장 · 407
에스더 6장 · 425
에스더 7장 · 437
에스더 8장 · 446
에스더 9장 · 461
에스더 10장 · 478

이 책에 인용된 성경구절은 〈한글킹제임스성경〉입니다.

에스라 서문

에스라서는 전체 10장, 280절, 7,441단어로 되어 있다(영어 〈킹제임스 성경〉, 1611). 이 책은 약 B.C. 450-444년경에 기록되었으며, 유다의 70년 바빌론 포로기간 중에서 약 52년이 지난 시점의 이야기로 시작하고 있다(스 1:1). 페르시아가 바빌론 제국을 대신하게 되었으므로, 당시의 페르시아 왕(코레스)은 "바빌론의 왕"(스 5:13)으로 불린다.

에스라서는 바빌론 포로 이후 이스라엘의 회복에 관해 예레미야 30:10, 신명기 30:1-5, 열왕기상 8:47-49에서 언급하고 있는 약속들이 어떻게 "부분적으로" 성취되고 있는지를 다루고 있다. 물론 그런 관점은 모든 카톨릭 신학자들, 이슬람교도들, 후천년주의 개신교도들의 입지를 잃게 만드는 것이다. 왜냐하면 이 구절들이 부분적으로 성취되었다면 앞으로 "온전히" 성취될 날이 올 것이기 때문이다. 그것은 이사야 11:11 말씀으로 미래에 분명히 성취될 텐데, 이는 이스라엘을 영원히 제거하고(렘 33:20-26) 그 자리를 로마카톨릭 교권 제도나 이슬람교 세력이나 세계 교회 협의회(WCC)로 대체시키려는 자들의 노력 앞에 분명히 걸림돌이 되고 있다. 이러한 우스꽝스런 헛된 노력들은 로크만 재단의 〈확대 신약 역본〉 데살로니가전서 2:16의 내용을 근거로 하고 있는데, 거기에서 이스라엘은 사로잡힘에서 결코 돌아오지 못할 것이고, 아예 회복되지 못하거나 그들의 메시아께로 회심하지 못할 것이라고 되어 있다.

에스라서의 저자는 에스라다. 하지만 그에 대한 확실한 증거가 없기 때문에, 〈새 성경 주석, *The New Bible Commentary*〉(Eerdmans Publishing Co., 1970, p.397)에는 다음과 같이 기록되어 있다. "사실 기록자는 에스라와 가까운 시대에 살았던 인물이었음을 암시하는 증거가 있다..."

지금 한번 "신화적인 70인역"(pp.18-27)의 사본 한 부를 구입해서 이 케케묵은 진부한 이야기가 어떻게 처음으로 나타나고 있는지 살펴보라. 배교한 알렉산드리아 이단(1800-2000)의 90%는 "추측"을 가지고 사실이라고 주장함으로써 증거를 제시하려는 경향이 있다.

신원불명의 "Mr. X"가 "에스라의 저자"였다는 "증거"는 다음과 같다. "특별히 어려운 점들이 있다면... 이 특별한 암시는 거부되어야 한다... 오늘날의 경향은 아마도 다음과 같은 사실들에서 기인한다고 할 수 있는데... 한 세대를 25년으로 감안한다면... 암시될 만한 증거가 있다... 어떤 이들의 믿음에 따르면... 엘리아십의 증손자로 추측해 볼 수 있는데... 아마도 그는 자신의 대제사장직을 시작했을 것이다... 일반적으로 빈약하긴 해도... 그것은 몇몇 증거들을 제공해 준다..."

내가 지금까지(1950-2004) 읽어 본 바에 따르면, 이런 수법은 모든 로마카톨릭 변증자들이 사용했던 방식과 동일하다. 그들은 이런 수법을 사용하여 반성경적인 카톨릭 "전통들"을 성경만큼이나 권위 있는 것으로 입증하려고 그 전통들을 정당화시키려 했던 것이다.

에스라가 에스라서를 기록했다고 확신해도 좋다. 어떤 유식한 바보가 에스라가 기록하지 않았다는 증거를 제시할 수 있을 때까지, 곧 "유죄가 입증될 때"까지는 에스라에게 아무런 문제가 없는 것이다.

여호수아가 신명기 34장을 모세의 "율법" 속에 삽입할 수 있었던 것과 똑같이 느헤미야도 에스라 7:1-10을 삽입할 수 있었다.

신화적인 70인역은 "에스드라"라고 불리는 위조문서를 구약 정경에다 첨가해 놓았다. 이 가짜 "에스라"는 히브리어가 아닌, 곧 배교한 그리스 학자들이 "우아한 헬라어"라고 부르는 언어로 기록되어 있다. "우아한" 헬라어는 한 대학, 곧 알렉산드리아의 오리겐의 대학에서 비롯되었음이 분명하다. 로마카톨릭 라틴 벌게이트에는 "에스드라 1,2서"가 영감받은 구약 정경의 일부분으로 포함되어 있다.

에스드라 1서 3:1-5:6의 내용은 구약 어디에서도 발견되지 않는다. 순전히 시시한 작품에 지나지 않는다. 에스드라 1서의 나머지 부분은 느헤미야 7,8장과 역대기하 35:1-36:21 일부와 에스라서를 담고 있다. 그리고 에스드라 2서는 "우리엘" 천사(마호메트의 600개의 날개를 가진 "가브리엘" 천사처럼 우화 속에나 나오는 천사)가 해석한 환상들로 가득 찬 우화 같은 "묵시록"에 지나지 않는다. 이들 카톨릭의 부패한 위조문서들은 둘 다 저자들이 알려져 있지 않다. 에스드라 1서는 성령께서 히브리어 구약 정경의 기록을 말라키에서 종결하신 지 2세기가 지나서야 비로소 기록되었고, 에스드라 2서 역시 오리겐(A.D. 220)이 "헥사플라"를 인쇄했을 때까지도 기록되지 않았다.

전형적인 라오디게아 시대 성경 비평가인 런던성경대학(London Bible College)의 A.E. 컨덜(Cundall) 박사는 다음과 같이 말한다. "에스라와 느헤미야의 관계 속에서 나타난 문제를 둘러싼 논쟁은 여전히 뜨겁게 일고 있다. 이는 틀림없이 두 책에서 가장 풀기 힘든 난제일 것이다... 이 논쟁에 관한 한 여전히 결론이 나지 않았다는 것은 잘 알려진 사실이다."

정말 그럴까? 정말 풀기 어려운 문제일까?

에스라는 "서기관"이었다. 서기관은 성경을 베끼고 보관하는 일을 했다(스 7:6,10,11). 그리고 서기관은 레위인이어야 했다(말 2:6,7, 신 17:8-12, 대하 19:5-11, 렘 36:26).

사실이 이러할진대 유대인들이 포로에서 돌아오는 이 역사적인 사건을, 에스라가 어떤 "신원불명의 연대기 작가"보다 훨씬 더 잘 기록할 수 없었다고 할 이유가 어디 있는가?

그 심각한 "논쟁"에 연루된 어떤 학자도 에스라나 느헤미야 안에 들어있는 어떤 예언적인 요소도 다루지 못한다. 심지어 어떤 영적인 교훈도 다루지 못한다. 그들 중 어느 누구도 성경의 진짜 중요한 문제들에 대해서는 중요하게 다루지 않는다. 그들이 진짜 문제를 다루는 방법들은 다음과 같다고 말할 수 있다. (1) 그런 문제에 대해서는 아예 무시하거나 존재하지 않았던 것처럼 시치미를 떼버렸다. (2) 본문을 문자적으로 받아들일 수 없도록 영적으로 해석해 버렸다. (3) 자신의 무지를 무마시킬 목적으로 본문의 표현을 바꾸기 위해 "헬라어"나 "히브리어"로 달려갔다. (4) 그 구절을 설명해 줄 성경의 참조 구절들을 파괴해 버렸다.

본 주석서는 이상 네 가지 불경건한 "속임수" 가운데 단 한 가지도 따르지 않을 것이다. 만일 어떤 "문제"에 대한 적합한 설명이나 성경의 전체 구조("올바로 나누어," 딤후 2:15)와 일치하는 "해석"을 찾지 못할 경우에는 그저 "모르겠다"라고만 말해 줄 것이다. 결코 우리의 무지에 대한 책임을 성경 전체 66권의 저자이신 분께 돌리지 않을 것이다. 또 우리가 잘 깨닫지 못한 것을 가지고 〈킹제임스성경〉 번역자들의 무지나 오류 때문이라고 단 한 번이라도 그 책임을 전가하지는 않을 것이다. 오늘날 라오디케아 시대의 근본주의자들(1901-2004)과는 달리 우리는 "사나이답게 행동하고"(삼상 4:9) 하나님께서 주시는 명철로 선한 싸움을 싸워 나갈 것이다(딤후 4:7).

에스라 1장

1:1 페르시아의 코레스왕 제일년에 예레미야의 입을 통한 주의 말씀이
이루어지게 하시려고, 주께서 페르시아의 코레스왕의 영을 감동시
키시니, 그가 그의 왕국 전역에 포고하고 글로도 써서 말하기를
2 "페르시아의 코레스왕이 이같이 말하노라. 하늘의 주 하나님께서 세
상의 모든 왕국들을 내게 주시고 내게 명하여 유다 예루살렘에 있
는 전을 그를 위하여 건축하라 하셨도다.
3 그의 모든 백성 중에 너희 가운데 있는 자가 누구냐? 그의 하나님
이 그와 함께하시기를 바라노니 그는 유다에 있는 예루살렘으로 올
라가 예루살렘에 계신 이스라엘의 주 하나님의 전을 건축할지니라.
(그는 하나님이시니라.)
4 그가 기거하는 어느 곳에라도 남아 있는 자는 누구든지 그의 고
장의 사람들로 예루살렘에 있는 하나님의 전을 위하여 자원하는 제
물 외에도 은과 금과 물건들과 짐승들로 그를 돕게 할지니라." 하였
더라.

이미 언급했듯이, 성경에서 페르시아는 영국의 모형이다(단 7:6). 다니엘 7장에 등장하는 첫 번째 짐승은 결코 바빌론이 아니다. 왜냐하면 다니엘 7장의 네 짐승들은 모두 다 벨사살왕이 죽은 다음에 나타나기 때문이다(단 7:1,17). 페르시아를 묘사했던 짐승은 영국을 상징하기도 한다. 1절에서는 1917년에 밸푸어 "선언"이 포고된 것과 똑같이 한 『**포고**』가 공포되고 있다. 이 칙령은 이사야 45:1을 성취하기 위해 발표된 것이었다.

『**예레미야의 입을 통한**』(1절)이란 말에 주의하라. 예레미야는 그 칙령을 기록하지 않았다. 오히려 그 내용을 기록한 사람은 이사야였다(사 45:1). 예레미야는 『**칠십 년**』에 대해서는 기록했어도 코레스왕에 대해서는 기록하지 않았다. 이와 똑같은 현상이 마태복음 27:9과 유다서 1:14에서도 나타나는데, 경건하다는 학자들은 하나같이 "말한 것"과 "기록한 것"의 차이를 구분하지 못한다. 에녹의 책(Book of Enoch)은 유다서 어디에도 언급되지 않는다. 단지 에녹이 "말했다"고 되어 있을 뿐이다. 자기들의 무지로 성령님을 거짓말쟁이로 만들고 있는 이런 경향은 라오디케아 시대의 학자들에게 곧잘 나타나고 있다. 이는 그들이 베드로후서 1:21에 쓸데없는 간섭을 하기 때문이다.

『**페르시아의 코레스왕이 이같이 말하노라**』(2절).

본문에서 『**세상의 모든 왕국들**』은 한때 250,000평방 마일의 왕국을 자랑했던 페르시아의 위엄을 부각시켜 주고 있다.

역사적으로 볼 때, 인간의 역사는 유프라테스와 티그리스(힛데겔) 강 옆, 중동에서 시작하여 이스라엘의 예루살렘에서 끝나게 된다(계 20:9-11). 예루살렘은 이 지상에서 6천 년간의 전쟁을 종식시키고 평화가 도래할 유일한 장소이기 때문에(사 2장, 욜 3장, 학 2:9, 시 76:3), 그 지역을 제외한 세상의 모든 왕국들은 실로 "통 속에 한 방울 물"만큼도 중요하지 않다(사 40:15).

모든 주석가들은 그 표현을 "당대에 알려진 지역 가운데 지상에서 사람들이 거주할 만한 지역"으로 의미를 국한시키려 하기 때문에 그 중요한 의미를 놓치고 있다. 바로 뒤이어 등장하는 세 단어, 『**하늘의 주 하나님**』에 주목하라. 이는 하나님께서 이방인들을 다루실 때마다 첫 번째로 강조하시는 부분이 도덕적 규범이나 자신의 거룩한 속성이나 그 외 다른 면들(구원, 종교, 행위 혹은 지식)보다는 창조주로서의 사역이라는 것을 암시하고 있다. 이 점은 너무도 강조되는지라 대환란 42개월의 기간이 막 끝날 무렵에 이방인들에게 전파되는 "복음"(영원한 복음, 계 14:7)은 예수 그리스도의 출생, 생애, 죽음 혹은 부활을 다루고 있지 않다. 더 나아가 의롭게 여김, 구속, 새로운 출생, 영적 할례, 혹은 속죄에 관한 내용은 언급조차 되지 않는다. 이 복음은 오직 "창조주 하나님"에 집중된다. 이 "복음"은 찰스 다윈과 그를 신봉했던 모든 사람들이 일단의 거짓말쟁이 집단이었음을 보여줄 것이다. 구약에서 이사야는 이 주제를 다루는 데 무려 여덟 장이나 할애했다. 이사야 40-48장의 내용을 보라.

"어머니 자연"(Mother Nature)은 아무것도 만들어내지 못했다. "가이아"(Gaia, 그리스 신화의 여신)는 아무것도 창조해 내지 못했다. 어느 때 어디에서도 "빅뱅"이 일어난 적은 없었다. 헉슬리, 아인슈타인, 호킹 등이 발견했다고 하는 "연구물들"은 성숙한 사람들에게는 한낱 꾸며낸 이야기들에 불과하다. 야곱(이스라엘)의 하나님께서는 인간과 땅, 식물과 동물들을 창조하셨을 뿐만 아니라 별들, 은하계들, 행성들, "블랙 홀들"(그 외의 어떤 것이 있다 해도 이 모든 것들)을 만드셨다.

바울이 아테네의 헬라 철학자들에게 가장 먼저 강력하게 선포하고 있는 내용은 창조주로서의 한 분 하나님에 관한 것이다(행 17:24-27). 이는 사도행전 14:15-17에서 루카오니아 사람들에게 강력하게 선포한 내용과 정확히 일치한다.

어떤 이교도 이방인 왕도 하나님에 대해 먼저는 창조주로 그 다음으로는 주님으로 인식하지 않고서는 그분을 "올바르게 이해하지" 못했다(단 4:25-37). 『**하늘들이 하나님의 영광을 선포하고 창공이 그의 손으로 하신 일을 나타내는도다**』(시 19:1). 이는 주의 "손가락"(시 8:3)으로 이루어진 일이었다.

예수 그리스도께서는 지상의 어떤 "창조과학자들"보다 더 확실한 "창조론자"셨다(막 13:19, 마 19:4). 그런데 사실은 『**하늘의 주 하나님**』이 요한복음 1장과 골로새서 1장에 따르면 주 예수 그리스도시다(요일 5:20).

"진화"라는 단어는 실제로 아무것도 의미하지 않는다. 이 단어는 본래 "말아 놓은 것을 펼쳐 놓은"(unroll) 혹은 "감겨 있는 것을 풀어 놓은"(unwind) 어떤 것을 의미했는데, 지금은 "뒤죽박죽 획 뒤집어서 풀어 헤쳐 놓은 것"을 의미한다. 아무것도 "진화"하지 않는다. 사람들은 자라고 성숙해 가지만 결코 "진화"하지는 않는다. 다만 죽을 뿐이다. 태양계는 한 번도 진화된 적이 없다. 그것은 생긴 이래로 점점 소멸되어 가고 있다. 미술, 음악, 자동차들은 "진화"하지 않는다. 사람들은 그것들을 창조하고 활용하며 개발하고 개정하며 개선시킬 뿐이다. 어떤 것도 "진화"되는 법이 없다. 이는 앞으로도 그러할 것이다.

모든 진화론자들은 어리석게도 디즈니월드라는 소박한 계획을 구상하고 있는데, 그들은 그 세계를 과학적인 원리를 기반으로 이루어 내겠다고 단언할 정도다. 그러나 이러한 원리는 이미 입증된 사실로서, 모든 것은 시간이 흘러감에 따라 닳아 없어지기 마련이다. 다시 말해 못쓰게 되는 것이다. 방사능 물질은 시간이 지남에 따라 모두 분해된다. 그 중 어떤 것도 개선되거나 "진화"되지 않는다. 진화가 옳다는 것을 증명하기 위해 더 오랜 기간의 시간을 고안하면 할수록 퇴보, 무작위, 혼돈, 분해와 같은 사실들이 더 많이 입증될 뿐이다. 그래서 "지금 진화하고 있는 것이 있으면 내게 보여 주겠습니까?"라는 질문에 분명히 논증할 수 있는 사람은 아무도 없는 것이다.

진화는 하나의 이론도 "신념"도 아니다. 더군다나 "신화"도 종교도 아니다. 태엽이 "감기는" 시계는 없다. 태엽은 풀릴 뿐이다. "자연발생"뿐만 아니라 "영구운동"이 성숙한 사람들에게는 한낱 우화정도에 불과하다는 사실은 5학년 정도의 교육 수준으로도 충분히 알 수 있다. B.C. 4000년 이래로 지금까지 살았던 어떤 과학자도 물체를 움직이게 하는 어떤 외부의 동력원 없이 동일한 비율의 속도를 유지하며 지속적으로 움직이는 물체를 발명해 내지는 못했다. 이것은 과학적인 법칙이다.

3절에 주목하라. 『**예루살렘에 계신... 하나님**』은 참 하나님이시다. 로마, 뉴욕, 봄베이, 메디나, 메카, 파티마 혹은 일본에 있는 어떤 "신"도 참 하나님이 아니다. 다시 한 번 『**하나님의 전**』이라는 표현을 주목하라. 그곳은 포로로 사로잡혀가기 전, 주께서 거하시겠다고 말씀하신 장소이다(대하 7:15,16, 왕상 8:13, 시 68:16). 또 향후 예수 그리스도께서 재림하실 때,

이스라엘 국가가 회복된 후에 주께서 거하실 것이라고 말씀하셨던 장소다(시 68:16; 132:13,14, 렘 33:16, 겔 43:7).

이 시대에 『**하나님의 전**』은 믿는 사람의 몸이다(고전 3:17). 그러나 천년왕국 때 세워질 성전은 믿는 사람의 몸이 아니다(겔 40-48장). 그때의 성전은 예루살렘에 세워진 문자적인 성전이며 하나님께서 실제적으로 거하시는 곳이다.

『**그가 내게 말씀하시더라. 인자야, 내 보좌의 자리와 내 발바닥을 둘 자리는 내가 이스라엘 자손 가운데서 영원히 살 곳이라. 이스라엘 집, 즉 그들이나 그들의 왕들도 그들의 음란으로나 그들의 산당들에 있는 그들 왕들의 시체로도 나의 거룩한 이름을 다시는 더럽히지 못하리라**』(겔 43:7).

『**성읍에서 종사하는 자들은 이스라엘 모든 지파에서 나와 그 땅을 경작할지니라**』(겔 48:19).

『**그 사면의 규격이 일만 팔천이며 그 날로부터 그 성읍의 이름이 '주께서 거기 계시다.'가 될 것이라**』(겔 48:35).

A.D. 500년 이래로, 사람들은 습관적으로 교회 건물들을 『**하나님의 전**』으로 언급해 오고 있다. 거의 모든 교회들은 그들의 출석교인수를 늘리기 위해 이 혐오스런 이단 교리를 채택해 왔다. 그들은 회원들에게 주일 날 "하나님의 전" 안에 있지 않으면 얼마나 큰일나게 되는지를 상기시킴으로써 강제로 출석시키고 있다. (그러고 나서 수요일에도 그렇게 하고 또 월요일에서 토요일까지 여는 부흥집회를 위해서도 그렇게 한다.)

나는 디모데전서 3:15에 나오는 신약 용어를, 어떤 장소에 있는 어떤 건물을 언급하기 위해 사용해 본 적이 한 번도 없다. 그 구절(딤전 3:15)에서 말씀하는 『**진리의 기둥과 터전**』은 어떤 건물이 아니다. 아무리 어떤 건물을 "하나님의 전"이라 한다 해도, 하나님께서는 지금까지 미국의 모든 도시에 세워진 교회 건물 "안"에는 계셔 본 적이 없다. 대도시에 있는 교회 건물들을 하나님께서는 "방문"하시곤 했었다. 그러나 지금 그분은 요한계시록 3:20에 서 계셨던 바로 그 위치에 서 계신다. 다시 말해 교회 문 밖에서 안으로 들어가려고 하신다.

진실로 당신은 하나님께서 벧엘("하나님의 전")에 행하셨던 일을 알고 있는가? 주께서는 그 벧엘을 파괴하셨다(암 7:10,13,17).

당신은 주께서 『**하나님의 전**』에 행하셨던 일을 알고 있는가? 주께서는 그 성전을 기초까지 불태워버리셨다. 그것도 두 번씩이나 말이다(B.C. 59, A.D. 70).

나는 지난 50년 동안, 매년 여름마다 기독교 청소년 캠프(플로리다, 오하이오, 테네시, 사우스캐롤라이나, 앨라배마, 텍사스, 캘리포니아 등)에서 설교를 해왔는데, 이 캠프에서 다음과 같은 기도로 예배를 시작했던 설교자가 있었다. "주의 전으로 다시 한 번 올 수 있는 기회를 주신 하나님께 감사를 드립니다..." 그런데 그 땅에는 어떠한 교회 건물도 없었다. 그 설교자는 장막이나 덤불나무 그늘 또는 체육관이나 회의실, 천막 안에서 기도하고 있을 뿐이었다.

그의 기도는 침례교식 "로자리오"처럼 되풀이되어 불교에서 하는 "기도"(mantra)처럼 들릴 정도였다. "주님, 이 아름다운 안식의 날에 우리가 다시 한 번 주의 전으로 와서 영과 진리로 경배 드릴 수 있는 기회를 주신 것 감사드립니다. 주의 나라의 확장을 위해 십일조와 헌금을 가져오게 하심 또한 감사드립니다. 병들고 고통받는 자들과 우리가 빚진 모든 사람들을 위해 기도하오니..."

당신의 염주 알을 돌리라. 당신의 기도의 쳇바퀴를 돌리란 말이다.

샌프란시스코(Frisco)의 글라이드 기념 교회(Glide Memorial Church, 연합 감리교)를 『**하나님의 전**』이라고 부르는 것이 상상이 되는가? 글쎄, 그 교회는 1970년 이래로 마귀들의 교회로 전락해 버렸다. 주일학교 교실에서는 술을 마시고 동성애자들이 설교하고 성경을 가르친다. 재떨이의 담배꽁초들은 복도 바닥 여기저기 흩어져 있고 콘돔이 변기 안에 떠다니고 있다. 그런 곳이 『**하나님의 전**』이란 말인가? 오히려 『**이카봇**』(삼상 4:21)이란 말이 어울린다.

지난 40년간, 그 교회에서는 지옥이나 거듭남에 관한 메시지를 설교한 적이 단 한 번도 없었다. 그런데도 그런 곳이 『**하나님의 전**』이란 말인가? 『**이카봇**』 이외에는 아무것도 아닌 것이다.

이처럼 특이한 제도를 고안해낸 사람들은 다름 아닌 로마카톨릭이었다. 배교 초기에 그들은 교회 회원들에게 구원을 받기 위해서는 건물로 들어와야 한다고 하는 아주 기가 막힌 "발상"을 생각해냈던 것이다. 그 내용은 단순했다. 우선 "복음"을 "미사"로 대체한다. 이는 주의 만찬이 일종의 의식에서 "희생제사"로 바뀌었음을 의미하는 것이다. 또 "그 제물을 드리기 위해" 목사 대신 제사장이 필요하게 되었음을 의미하는 것이다. 이에 그들은 신약 어디에도 나오지 않는 사제와 신약 어디에도 근거하지 않는 성찬대, 그리고 신약 어디에서도 찾아볼 수 없는 "희생제사"를 고안해냈다(히 10:8-12 참조). 마지막으로 그들은 제단 위의 통 속에다 "거룩한 성찬용 빵"을 보관했다. 그리고 일요일 아침 미사 때 "그 빵"을 "그분"(예수 그리스도)으로 바꾸었다. 이로 인해 이교도 알코올중독자가 그분의 "통" 안에서 그분을 꺼내어 당신에게 줄 때까지는 죄인이 "그리스도를 영접하는 일"이 불가능하게 되었다.

카톨릭 교회 건물 내 "성궤"(tabernacle)속에 갇혀 버린 예수 그리스도의 모습은 교황의 머릿속에서 나온 것으로, 이것은 여호와께서 성전에 거하시는 것(삼상 7:5, 왕상 6:13; 8:13; 17:9, 대상 23:25)에 대해 기독교적으로 대체하는 것이었다.

따라서 그 카톨릭의 하찮고 작고 오랜 "신"이라고 하는 것은 "성궤"(tabernacle) 속에 갇혀 있다가 가끔씩 "사제"에 의해 풀려나는 성찬용 빵임을 알 수 있다. 그러는 사이 그 신은 일요일 밤 당신이 TV 쇼를 즐기는 것에 대해 간섭하지 못할 뿐 아니라 당신이 주중에 벌이는 죄악에 대해서도 참견할 수 없게 된다. 또 주당 5일간 벌이는 사업 거래상 사기 행각에 대해서도 간섭할 수 없는 것이다. 당신의 "하나님"은 통 속에 갇혀 있기 때문이다.

그래도 당신은 캔자스 주 토피카에 있는 교회 건물(1924-1939)이 『**하나님의 전**』이었다고 말할 작정인가?

자, 그 100만 달러(지금은 600만 달러의 가치가 나감)짜리 고딕 벽돌 건축물은 1925년부터 1939년 전쟁이 발발할 때까지 군비축소를 가르쳤던 한 "교구목사"가 살았던 곳이다. 사회주의적이고 종교적인 자유당원이었던 그는 토피카에 살고 있는 "그리스도인들"에게 히틀러의 폴란드 침공(1939) 준비를 시키기 위해, 스페인 내란이나 일본의 중국 침공을 지켜보면서 미국을 무장 해제시키려고 심혈을 기울였다.

그 가련하고 부패한데다 불경건하고 타락한 교구목사는 칼 마르크스 성명서의 모든 강령을 장려하고 추천했는데, 그 성명서는 부의 균등한 분배, 사유 재산의 폐지, 국제연맹의 통제를 받는 국제적인 복지국가에 관한 내용들을 다루고 있었다. 그는 또 유아들에게 물을 뿌림으로써 죄인들의 침례에 의한 중생을 가르쳤고, 그리스도의 신성이나 그리스도의 재림에 대해 믿지 않았다.

당신은 하나님께 버림받은 반 성경적인 지옥 같은 장소가 스테인드글라스로 된 거대한 창문들(10 내지 15피트 높이에 설치됨)과 오르간 파이프들, 분리된 성단소들, 쿠션이 있는 의자들, 촛대들을 갖추었으므로 그리스도의 『**하나님의 전**』으로 바뀌게 되었다고 생각하는가?

구약 전체에 걸쳐 언급된 성경적인 『**하나님의 전**』은 유대에 있는 산 이외에 어떤 도시, 시내, 마을, 교구, 지역이나 국가에 세워진 적이 한 번도 없었다. 노아의 날에 『**하나님의 전**』은 자기 "집안"이었다(히 11:7 참조). 빌립보 감옥의 경우에 "전"은 그 간수의 가족이었다(행 16:31). 디모데전서 3:15의 『**하나님의 전**』은 어떤 도시 안에 세워진 교회 건물을 말하는 것이 아니다.

『**그가 기거하는 어느 곳에라도 남아 있는 자는 누구든지**』(4절). 유대인들은 당시에(B.C. 536) 팔레스타인 땅으로 돌아왔듯이, 1948년에 『**다시 두 번째로**』(사 11:11) 돌아오게 되었다. 그들은 돌아갈 때, 『**짐승들**』과 『**물건들**』과 함께 『**은과 금**』을 가지고 간다.

1917년과 1948년 사이에 유대인들은 출애굽기 12-15장에서처럼 "이집트를 떠났다." 비록 그 당시에 귀환했던 수천 명의 유대인들이 몸에 셔츠만 걸친 채 거의 빈털터리 상태로 돌아왔지만, 그들의 지도자들은 아직까지도 "이방인들을 벗겨 먹고 있다." 이런 이유로 유럽의 모든 로마카톨릭은 6백만 명의 유대인들을 학살한 이후에도 지금까지 그들의 골칫거리들을 증오하고 있는 것이다. 유럽인들과 카톨릭교도들은 돈을 사랑한다. 모든 아랍인들과 모슬렘교도들도 마찬가지다. 중동의 모든 모슬렘교도들은 과격한 반유대주의자들로서 그전부터 항상 그래왔다. 오늘날 그들이 공개적인 대량학살을 일삼는 이유에는 이중적인 동기가 들어 있다.

주된 이유는 다음과 같다. 1990년까지 팔레스타인 땅에 살고 있는 아랍인들이 트랜스요단, 사우디아라비아, 이라크, 이란에 살고 있는 아랍인들보다도 더 많은 시민권과 자유를 누리고 있기 때문이다. 또 부차적인 이유는 이렇다. 그들이 유대인들을 말살시킬 경우 "전리품"을 차지할 수 있기 때문이다. 모슬렘교도들은 팔레스타인을 염소를 방목하는 목초지 같이 불모지로 또 사람이 살지 않는 땅으로 내버려둔 채 400년 동안이나 떠나 있었다. 그러나 지금 이 땅에는 사치스런 호텔들이 들어서고 아름다운 집들과 현대식 항구들, 기름진 농경지대들 그리고 현대식 고속도로들이 잘 갖추어져 있다. 이 발전하는 현대 민주주의 속에서 어떤 몫을 누렸던 모슬렘교도는 한 명도 없다. 지난 400년간 단 한 사람도 없었던 것이다. 그들의 종교(이슬람)는 어떤 중산층도 수용하지 않는다. 그 외 다른 종교에 대해서 어떤 관용을 베푸는 법이 없다. 오직 달 신(moon god)과 문맹자에 간질병 환자인 일부다처주의자(마호메트)의 종교만을 용인하고 있는 것이다. 그는 유대인들과 아랍인들, 그리스도인들, 다신론자들을 학살함으로써 부를 얻었다. 지상에서 가장 돈을 사랑하고 가장 탐욕스런데다 인색하기 그지없으며 매우 탐욕적인 사람들이다.

미국 5대 마피아 "가문"의 회계원은 어느 러시아계 유대인(Meyer Lansky, 메이어 란스키)이었다. 그는 강탈, 보석도둑질, 은행강도질, "자릿세", 뇌물로 매수한 합병, 갈취, 고리 대금업, 도박, 주류밀매로 연간 5천만 달러 이상을 손으로 주물렀는데, 감옥에서 일주일도 보낸 적이 없었다. 그 유대인은 하나님의 보호로 살아남을 수 있었는데(말 3:6), 주께서는 그가 증오와 공격 및 박해를 받고, 게다가 세상이 지금까지 보아왔고 앞으로도 보게 될 다른 인종과는 다르게 살해될 것을 아셨기 때문이다(신 28장을 읽을 것).

자, 4절의 『**자원하는 제물**』(freewill offering)에다 밑줄을 쳐라. "자유 의지"(freewill)는 성경적인 용어다. 6절에서 『**자원하여 바친**』(willingly offered)이란 부분을 주목하라. "하나님의 주권"(The Sovereignty of God)은 성경에 나오는 용어가 아니다. 그러나 "자유의지"(freewill)는 성경에 분명히 제시된 용어이다. 『**그후에 계속해서 드리는 번제를 드렸으니 새 달들과 성별된 주의 모든 정해진 명절의 번제요, 주께 자원하는 제물을 기꺼이 드리는 모든 사람의 번제더라... 또 바빌론의 모든 지방에서 네가 얻을 수 있는 은과 금을 백성과 제사장들이 예루살렘에 계신 그들의** 하나님의 **전을 위하여 기꺼이 바치는 자원하는 제물과 함께 가져가서**』(스 3:5; 7:16). 성경에서 계속 반복하여 사용된 그 똑같은 단어를 다시 주목해 보라(레 22:18,21, 민 15:3; 29:39, 신 12:6,17, 스 7:13, 출 25:2, 판 5:2 등).

그렇다고 해서 내가 "자유 의지" 침례교도(Freewill Baptist)라는 말이 아니다. "자유 의지 침례교도"는 구원받은 이후에도 자신의 의지로 그리스도를 거절할 수 있고, 새로운 출생을 경험한 이후에도 지옥에서 최후를 맞을 수 있다고 말하는 사람들이다. 따라서 이들은 진정한 침례교도들이 아니다. 오히려 옛날식 감리교도라 할 수 있다. 진정한 침례교도는 구원받은 어떤 죄인도 새로운 출생을 경험한 이후에는 결단코 지옥에 갈 수 없다고 믿고 있다. 아무리 그가 애써 지옥에 가려고 한다 해도 말이다. 어떤 그리스도인도 "그리스도인"으로 계속 반복해서 거듭날 수는 없다. 캠벨주의나 카톨릭 혹은 은사주의나 그리스정교에서 주장하는 것처럼 절대로 그런 일은 일어나지 않는다.

여기에는 어떤 강압도 없다. 하나님께서는 당신의 의지를 위압하지도 않으신다. 모든 칼빈주의자들은 로마서 9:16과 빌립보서 2:13을 잘못 적용하여, 새로운 출생이 있기 이전에는 예수 그리스도를 영접할 수 없을 뿐만 아니라, 구원받은 이후에도 의지를 행사하여 어떤 일을 행할 수도 없다는 사실을 보여 주려고 한다. 이런 이유로 아주 편리하게도, 구원받은 이후에는 자기 자신이 죄를 범했어도 그 죄에 대한 모든 책임을 하나님께 돌아가게 만든다. 『**너희 안에서 역사하시는 분은 하나님이시기 때문이니... 뜻을 두고 행하게 하시느니라**』(빌 2:13).

구원받기 이전에는 죽은 사람에게 어떤 의지도 없다는 생각이 옳다면, 『**허물과 죄들 가운데서 죽었던**』(엡 2:1-4) 당신은 의지를 행사해서 예수 그리스도를 영접할 수 없게 된다. 그런데 이상하게도, 칼빈은 의지를 행사해서 그리스도를 거절한 것(요 5:40; 12:48, 행 13:46, 마 23:37 참조)에 대한 책임을 구원받지 않은 사람에게 돌렸던 것이다.

이제 당신은 그 혼란스런 불경한 주장에 대해 이해하게 된다.

이런 것을 칼빈과 어거스틴은 이해하지 못했던 것이 분명하다.

성경에 따르면 사람은 예수 그리스도를 영접(요 1:12,13)한 이후에야 비로소 "믿음을 통한 은혜"로 새로운 출생을 경험하게 된다. 그러나 칼빈은 이 순서를 무시한 채, 새로운 출생을 요한복음 1:12보다 앞에 갖다 놓았던 것이다.

그리스도께서 하셨던 기도에는 두 가지 의지, 곧 사람의 의지와 하나님의 의지가 나타난다(막 14:35,36). 나중에 가서 그리스도께서는 사람(즉, 『**인자**』)의 의지로 다음과 같이 기도하셨다. 『**나의 하나님, 나의 하나님, 어찌하여 나를 버리셨나이까?**』(마 27:46) 그것은 삼위일체(『**신격**』)의 두 번째 인격의 기도일 수가 없었다. 거듭난 사람이라면 어느 누구에게나 두 가지 의지, 곧 하나님의 의지와 사람의 의지가 항상 상존한다.

나는 1950년 이래로 91개의 서로 다른 감옥에서 400편 이상의 설교를 했었다. 일반 감옥에서 사역하는 보통의 교도소 목사라면 누구나, 동성연애자가 로마서 1:27에 관한 설교를 증오하는 만큼, 구원의 영원한 보장에 관한 성경적 교리를 싫어한다. 만일에 그 목사가 그의 감옥에 수감되어 있는 모든 구원받은 죄인들에게 계속해서 그들의 구원을 의심하게 할 수만 있다면, 그들은 억지로라도 처신을 바르게 하게 될 것이다. 이는 그들에게 겁을 주어서, 죄를 지으면 그리스도의 기름 부으신 사역은 취소될 수 있다고 생각하게 만들 수 있기 때문이다.

구원과 교제는 똑같은 것이 아니다.

구원과 헌신은 전적으로 다르다.

구원은 선물이지만, "왕국을 상속받는 것"은 상급으로 받는 보상이다. 행위를 통해 얻는 보상인 것이다(엡 5:5, 골 3:24, 고전 6:9).

이보다 더 분명한 진리가 없음에도, 9억 명의 로마카톨릭교도들을 포함해서 자칭 그리스도인이라 고백하는 15억 명 이상의 사람들은 여전히 당신에게 올바른 삶을 살지 못할 경우에는 "구원을 잃어버릴 수 있다"고 가르친다.

그들은 구원받았다고 하는 사실이 이 땅에서 당신이 가지고 있는 모든 문제들을 해결해 주지는 못한다는 것을 까맣게 잊었던 것이다. 구원은 혼을 위한 것이다. 지금까지 당신의 육신은 한 번도 "구원받은" 적이 없으며, 휴거되든지 아니면 죽든지 할 때까지는 결단코 "구원받지" 못할 것이다.

이렇게 단순한 진리를 어떻게 혼동할 수 있단 말인가?

로마서 8:13을 보라. 그리고 로마서 7장도 자세히 읽어 보라. 이제는 15-20,22,24,25절의 내용을 기억해 두라. 이와 더불어 로마서 8:29,38,39의 내용도 기억해 두라.

자, 만일 어떤 은사주의 미치광이나 이교도 교황주의자(카톨릭)가 히브리서 6장과 10장을 당신의 면전에다 흔들며 접근해 오거나 마태복음 24:13, 베드로후서 2:22, 갈라디아서 5:4, 야고보서 2:24의 내용을 가지고 계속해서 허튼소리를 지껄인다면, 그들은 마치 자기들이 삼위일체의 네 번째 구성원인 양 착각하고 있는 것이다.

알다시피, 그리스도인이 계속해서 죄로 더러워지면, 이른 나이에 "본향"으로 가든지 아니면 여기저기 끌려 다니고 매 맞고 혹은 걷어차이게 된다. 그렇다 할지라도 그는 반드시 본향에서 생을 마감하게 된다! 로마서 8:13, 고린도전서 11:30, 히브리서 12:5-10의 내용은 이런 문제들에 관한 한 아주 명쾌한 해답을 제시해 준다. 따라서 독선적인 바보가 아닌 한, 예수 그리스도께서 다 이루셨는데도(히 10:8-10, 롬 8:29, 『**다 이루었다.**』) 자신의 구원을 책임져야겠다고 생각하는 사람은 아무도 없을 것이다.

물론 그리스도인에게는 올바른 삶을 사는 것, 하나님을 섬기는 것, 교제 가운데 머무는 것, 자신의 죄를 판단하고 자백하는 것, 은혜 안에서 성장하는 것, 혼을 이겨오는 것, 증거하는 것, 나누어 주는 것, 기도, 정결한 삶을 영위하는 것에 대한 책임이 있다. 그러나 그 중 어떤 것도 구원과는 무관하다. 그 어떤 것도 누군가의 구원에 어떤 영향도 주지 못한다. 그런 것들은 아무도 구원할 수 없는 『**의로운 행위**』(딛 3:5, 엡 2:8-10)에 해당되기 때문이다.

만일 내가 "좋아요, 주님, 저는 이제 주님이 싫증나요. 그러니 주님을 거절하겠습니다."라고 말했다면, 주님은 이렇게 말씀하셨을 것이다. "그래 나도 좋다. 이제 나도 너를 거절하겠다." 그러고 나서 주님은 나를 죽이시고 심판석으로 끌어 올리셔서 다음과 같이 물으셨을 것이다. "방금 뭐라고 했지?"

구원받은 사람들이라면, 자신의 구세주로부터 벗어나지는 못할 것이다. 무엇을 하든, 무슨 말을 하든, 무슨 생각을 하든 결코 벗어날 수가 없는 것이다. 디모데후서 2:12의 "그리스도인 불신자"는 하늘나라를 거절당한 것이 아니었다. 문맥상 그리스도와 함께 통치하는 것을 거절당한 것이었다(눅 19:11-27, 골 3:24 참조).

"사도들의 통치자"(Prince of Apostles)가 예수 그리스도로부터 도망치려 했던 것을 주목해 본 적이 있는가?(마 26:69-74) 하지만 베드로는 주로부터 벗어나지 못했다. 주님을 부인함으로써 자신 스스로 웃음거리가 되었을 뿐이다(마 26:75). "베드로, 너도 그 사람을 알고 있지?" "아니, 무슨 말이오. 난 한 번도 그 사람을 본 적이 없소!"

그렇게 해서 달라진 게 있었나? 아무것도 없었다. 베드로는 자신의 제자의 신분을 잃어버렸을 뿐이다. 마가복음 16:7에서 "주의 제자들과 베드로"란 표현을 보지 못했는가?

1:5 그리하여 유다와 베냐민의 족장들과 제사장들과 레위인들이 하나님께서 영을 일으키신 모든 사람들과 더불어 예루살렘에 있는 주의 전을 건축하러 올라가려고 일어났더니

6 그들 주위에 있는 모든 자들이 자원하여 바친 것들 외에도 은그릇들과 금과 물건들과 짐승들과 보물들로 그들의 손을 강하게 하여 주더라.

7 코레스왕도 주의 전의 기명들을 꺼내 왔으니 이는 느부캇넷살이 예루살렘에서 가져와서 자기 신들의 집에다 두었던 것이더라.

선두로 나서는 남쪽의 두 지파(유다와 베냐민)에 주목하라. "홀"은 "유다"에게서 나오기로 되어 있었다(창 49:10). 여로보암의 통치 아래 변질된 북쪽의 열 지파로 구성된 이스라엘이 아니었다(왕상 12,13장 참조). 이 주의 전은 오늘날 오마르의 모스크(the Mosque of Omar)가 서 있는 장소에 건축되었을 것이다. 모슬렘교도들은 마호메트가 여호와께서 거하시는 장소(주께서 그분의 왕을 위해 만드셨던 장소, 시 2편)를 함족의 달 신(moon god) – 마호메트는 하갈(이스마엘의 어머니)에게서 나왔으며, 함족 태생이었다(창 10:6). – 을 위한 거주지로 바꾸길 원했다고 속임으로써, 『**거룩한 성읍**』(느 11:1)을 더럽히고 하나님께서 거하시는 지상의 거처(렘 3:17)를 불결하게(단 9:27) 만들기로 결의했다. 이것은 B.C. 164–160년 안티오쿠스 에피파네스가 유대인 성전 제단에 돼지를 제물로 바쳤던 사건에 버금가는 것이었다.

12명의 근본주의자들이 〈죽음의 재 같은 땅 이스라엘, *ISRAEL: A Deadly Piece of Dirt*〉에 관한 우리의 연구에 대해, 그 책이 출간된(2001. 8) 이후 여러 달을, 이슬람 관련 문서를 통해 철저히 추적해 보려 했을 때, 그들 모두는 여러 가지 사항들을 간과하고 말았다. 이는 그들이 "모교"에서 배웠던 바 〈킹제임스성경〉 본문을 바로잡으려는 옛날의 습관 때문이다.

일례로, 시온 산에 세워진 이 모스크 사원과 사원 바로 동쪽에 있는 벽을 들 수 있다. 현재 이 벽에는 하나님께서 B.C. 570년에 명령하셨던 대로 견고하게 닫혀진 "대문"이 있다. 이 문은 "통치자"를 제외하고 어느 누구에게든 닫혀져 있다(겔 44:2,3). "통치자"가 나타나셨을 때(단 9:25), 그분은 이 문을 통해 올리브 산으로 가셨고(요 18:1), 붙잡히신 이후에는 다시 이 문을 통해 들어오셨다(마 26:30; 26:57). 다음번에는 "통치자"가 재림 때에야 비로소 나타나시며(겔 45:17; 44:7), 이 문을 통과할 수 있는 권한은 오직 그분께만 허용되어 있다. 이 대문은 "동문"으로 불리고, (찬송가 작곡가들에게는) 새 예루살렘 "성문"으로 예표된다.

B.C. 570년에서 A.D. 2003년까지의 기간 동안 아니 그 이후까지도, 이 대문은 십자군(the Crusades) 이후로 오랫동안 시멘트로 발라진 채 닫혀 있었다. 사람들은 이것을 "황금문"(the Golden Gate)으로 불렀다. 문 바로 바깥에는 거대한 모슬렘 공동묘지 하나가 있는데, 이것은 그 문으로 향하는 모든 입구를 막고 있다. 올리브 산(슥 14장)으로부터 오시는 주 예수께서 키드론 시내를 건너(시 110:7) 이 문으로 들어오시기 위해서는 "독실한 모슬렘 신자들"의 죽은 시신들을 짓밟으셔야만 할 것이다. 『**하늘들에 앉으신 분이 웃으실 것이요**』(시 2:4).

마호메트는 예루살렘에 발을 들여놓았던 적이 한 번도 없었다. 그 모슬렘 사원은 사실 이슬람 사원이라고 하기가 어렵다. 이 사원은 A.D. 691년 칼리프 압드 엘 마리크(Caliph Abd El Malik)가 비잔틴 그리스정교 교회들의 양식을 따라 건축한 것으로, 이는 A.D. 70년 유대인 성전이 불타 버린 이래 계속 그 장소에 있어 왔던 쥬피터를 위한 로마 신전 위에 세워졌다. 일주일에 두 번씩 모든 "죽은 사람들"은 그 장소에서 만나기로 되어 있다. 낙원에 있어야 할 사람들 대부분이 어떻게 그 장소에서 만나게 되는지, 마호메트나 가브리엘, 혹은 코란이나 "거룩한" 하디스는 이 사실을 설명하지 못한다. 참으로 "신비스런 프로그램"이 아닐 수 없다. 어떻게 400,000명의 모슬렘인들이 그곳에서 만나게 되는 것일까? A.D. 600년과 A.D. 1900년 사이에 "거룩한" 성전(지하드, Jihads)을 수행하다가 죽음을 맞이했던 그 많은 사람들이 말이다.

본문 6절은 별다른 설명이 필요 없다. 이와 유사한 사건이 역대기상 28장과 29장에 나온다.

제1차 귀환에서 "레위인"들이 언급되고 있음을 주목하라. 그 가문에서 제사장들이 선택된다. 이 귀환이 미래에 있을 이스라엘의 회복을 예표한다면, 그때 레위인들은 그 땅에 있을 것이다. 십자가 사건 이래로 이 지상에서 행해질 가장 위대한 일(재림, 이스라엘의 회복)이 있기 이전에 레위인들은 그곳에 있을 것이다. 모든 팔레스타인인들, 모슬렘인들, 유대인들, 혹은 이스라엘을 연구하는 모든 저술가들은 이 사실을 놓치고 말았다. 그들은 그곳에 있을 것이다. 이는 하나님께서 A.D. 2006년에도 여전히 이스라엘의 지파들이 어디에 있고 이스라엘의 각 사람들이 어느 지파에 속하는지 알고 계신다는 것을 의미한다. 유대인들이 그 사실을 모른다 해도 주께서는 알고 계신다(눅 1:5; 2:36, 계 7:5-8).

성경은 역사책이다. 이 역사책은 과거로 되돌아가서 쓰실 능력이 있는, 역사의 주관자이신 분께서 기록하신 책이다. 다시 말해 주님은 어떤 일에 대해 그 일이 일어나기 "이전에" 기록하신 것이다.

그 역사책에 따르면 "팔레스타인인들"은 카나안 땅에서 태어났거나 거기에서 자라난 사람들을 말한다. 홍수 이전과 홍수 이후 수십 년 동안 그곳에 거주했던 "팔레스타인인들"은 거인들이었다. 그들은 삼숨인들, 르파임인들, 호리인들, 엠인들, 아낙인들이었다(신 1-10장). 하지만 그들에게는 설립된 "국가"도, "수도"도 없었다.

홍수 이후에는 힛인들, 히위인들, 프리스인들, 카나안인들, 아말렉인들, 모압인들, 암몬인들, 필리스티아인들, 여부스인들이 유입되었다. 여부스인들은 어떤 "수도"도 정하지 않은 채 예루살렘을 차지하고 있었다. 여호수아가 그 땅에 들어갔을 때, 그 곳은 "카나안 땅"으로 불렸고, 정해진 국가나 수도도 없이 33명의 왕들이 난립하고 있었을 뿐이다.

여호수아가 여부스인들을 몰아냈지만 그들은 다시 돌아왔다. 다윗은 그들을 확실하게 혼내 주었고(삼하 5:6-9), 이후 시온 산에 있는 한 장소(바위돔사원, the Dome of the Rock이 있는 자리)를 구입했을 때는 한 여부스인에게 그 땅에 대한 대가를 지불했다(삼하 24장). 다윗은 "이스라엘"이라고 하는 유대 국가를 세웠고, 그의 아들은 "예루살렘에 있는 왕"(전 1장)으로서 국가를 통치했다. 그리고 당대 유대국가의 수도는 예루살렘이었다. 유대 국가는 A.D. 135년까지 지속되었고 이후 로마인들이 1세기 이상 그 지역을 점령해 오다가 결국 로마의 수중에 완전히 들어가게 되었다. 그 이전에는 암몬인들, 필리스티아인들, 모압인들, 에돔인들, 시리아인들, 앗시리아인들, 바빌론인들, 페르시아인들, 이집트인들, 그리스인들, 그리고 로마가 그 "국가"를 침략했었다(사무엘하에서 B.C. 4년까지). 내가 지금 기술하는 것은 역사이지, 어떤 개인의 "믿음"에 관한 것이 아니다. 이상 거명된 민족들 중 어떤 나라도 그 땅에 "국가"를 세운 적이 없었고, 어떤 수도를 정한 적도 없었다. 그것도 1,600년 동안이나 말이다.

로마제국이 붕괴되자 뒤이어 터키인들과 아랍인들이 그 땅을 빼앗았고, 1917년에는 영국이 터키로부터 그 지역을 빼앗았다. 1917년을 전후로 카나안 땅에는 유대 수도를 가진 유대 국가 이외에는 어떤 국가도 세워진 적이 단 한 번도 없었다. 유대 국가는 1948년에 다시 등장했고, 그 수도는 1967년에 다시 나타났다. 3,300년의 기간 중에, 유대 수도를 둔 유대 국가를 제외하고 그 땅이 어떤 국가의 영토로서 존재한 적은 단 한 번도 없었다.

이것은 역사다. UN은 지금 환상을 좇고 있는 것이다.

UN 191개국은, 하나같이 성전(聖戰, Jihads)을 신봉하는 3백만 명의 모슬렘 테러분자들이 팔레스타인 땅의 주인이고 그들 나름의 수도와 국가를 세울 권리가 그들에게 있으며, 그렇게 해서 공식적으로 하나의 국가로서 유대인들을 보다 더 효과적으로 학살할 수 있다고 하는 뉴스 미디어 신화를 따라가고 있다.

모든 나라들이 여기에 동의한다. 그러나 한 이집트인(아라파트)이 팔레스타인해방기구(PLO)를 맡기 전, 1948년에 유대인들이 팔레스타인 땅에 들어왔을 때는 그 지역에서 950,000명의 "팔레스타인들"(즉, 아랍 모슬렘인들)조차 찾아볼 수 없었다. 당시 그들에게는 어떤 수도도 없었고, 어떤 "국가"도 없었다.

이렇듯 UN의 결정을 내리는 데 근거가 되는 견고하고 근본적인 기본 토대는 다름 아닌 환상이다. 지금까지 사건의 모든 전말은 이슬람과 바티칸의 선전문구 이외에는 아무것도 아니었던 것이며 지금에 와서도 마찬가지다. 그것은 과거, 현재, 미래를 총 망라하여 사실이나 역사와 유사한 데라고는 눈곱만치도 없다.

기록된 역사이자, 현재 600개의 서로 다른 언어로 읽혀지고 있는 역사는 수세기 전 다음과 같이 언급하고 있다.

『**방향을 바꿔 이동하여 아모리인들의 산과 그 근처 여러 곳으로 가고, 평지와 산지와 골짜기와 또 남부와 해변과 카나안인들의 땅과 레바논과 큰 강, 곧 유프라테스 강까지 가라." 하셨느니라. 보라, 내가 너희 앞에 그 땅을 두었으니, 가서 그 땅을 소유하라. 그 땅은 주께서 너희 조상 아브라함과 이삭과 야곱에게 맹세하여, 그들과 그들에게서 날 그들의 씨에게 주기로 하신 것이니라**』(신 1:7,8).

『보라, 주 너의 하나님께서 네 앞에 그 땅을 두셨으니, 너의 조상의 주 하나님께서 너에게 말씀하신 대로 올라가서 그 땅을 차지하라. 두려워하지도 말고 낙담하지도 말라." 하였느니라』(신 1:21).

『광야에서도 주 너의 하나님께서 너를 어떻게 감당하셨는지 네가 보았나니 마치 사람이 자기 아들을 감당한 것같이 너희가 갔던 모든 길에서 그렇게 하셔서 너희가 이곳에 이를 때까지 하셨도다." 하였으나』(신 1:31). 『그러나 너희 아내들과 너희 어린 것들과 너희 가축들은 (너희에게 많은 가축이 있는 것을 내가 아노니,) 내가 너희에게 준 성읍들에서 머물지니라』(신 3:19). 『그러므로 오 이스라엘아, 이제 내가 너희에게 행하라고 가르친 그 규례들과 명령들에 경청하라. 그리하면 너희가 살 것이요, 너희 조상의 주 하나님께서 너희에게 주신 그 땅에 들어가 그것을 소유하게 되리라』(신 4:1).

UN의 191개국 모두는 이 역사적인 기록들을 거절할 수밖에 없다. 대신 그들은 우화들을 채택하고 있다.

1:8 페르시아의 코레스왕이 재무관 미드르닷의 손으로 이런 것들까지도 꺼내 오게 하여 유다의 통치자 세스바살에게 계수하여 주었으니
9 그것들의 수는 이러하니라. 금그릇이 삼십 개요, 은그릇이 일천 개며 칼이 스물아홉 자루요,
10 금대야가 삼십 개요, 이등급인 은대야가 사백십 개요, 다른 기명들이 일천 개더라.
11 금과 은으로 만든 모든 기명들이 오천사백 개더라. 세스바살이 사로잡힌 자들을 바빌론에서 예루살렘으로 데려올 때 이 모든 것을

가져왔더라.

본문에서 언급되는 『**기명들**』에는 벨사살이 죽기 전 그의 축제에 등장했던 그릇들도 들어 있을 것이다(단 5장). “칼들”은 기명들로 간주되지 않는다(스 8:27). 에스라 8:27에서는 “동 그릇들”도 언급되고 있지만, 8장에 나오는 기명들의 목록은 페르시아의 미드르닷 재무관이 세스바살에게 계수하여 준 것이 아니다. 그것은 에스라가 두 명의 제사장과 “그들 형제 열 명”에게 달아 준 것이었다.

또 느헤미야 7:70-72에 나오는 목록은 에스라 1:7-11에서 제시한 목록과는 아무 관계도 없다. 에스라의 목록은 세스바살이 코레스에게서 그 목록을 건네받은 다음(7,8,11절) 페르시아에서 가져온 것이었다. 느헤미야 7:70-72에 나오는 목록은 족장 중 몇 사람(71절)과 총독 틸사다 그리고 “백성의 남은 자들”이 바친 선물들의 목록이다.

이런 사실들을 언급하는 이유는, 성경을 진지하게 공부하는 학생들로 하여금 에스라 2장과 느헤미야 7장에 나오는 백성들에 관한 두 “인구조사” 사이에 발견되는 “모순”을 해결토록 하기 위해서이다. 이에 대해 이의를 제기하는 수백 명의 비평가들의 주석들을 떨쳐 버리고, 성경대로 믿는 사람들의 무오한 지침서에 충실하라. 즉 〈킹제임스성경〉을 믿으라.

『**그릇**』은 헤롯 부인에게 침례인 요한의 머리를 담아 온 쟁반 같은 것들이다(마 14:8, 막 6:28). 그것은 크고 움푹 패인 접시다. 『**대야**』는 “뚜껑 있는 받침 달린 잔들”로, 독일산 “맥주조끼들” 중 어떤 것들과 비슷하게 생겼을 것이다.

에스라 2장

2:1 사로잡힘에서 풀려나 올라간 지방의 자손은 이러하니라. 그들은 사
로잡혀갔던 자들이며 바빌론 왕 느부캇넷살이 바빌론으로 끌고 갔
었던 자들로서, 그들은 예루살렘과 유다로 다시 돌아와 각자 자기
성읍으로 갔으니,
2 스룹바벨과 함께 온 이들은 예수아, 느헤미야, 스라야, 르엘라야, 모르
드캐, 빌산, 미스팔, 비그왜, 르훔, 바아나라. 이스라엘 백성 중 남자의
수는
3 파로스의 자손이 이천백칠십이 명이요,
4 스파티아의 자손이 삼백칠십이 명이요,
5 아라의 자손이 칠백칠십오 명이요,
6 파핫모압의 자손, 즉 예수아와 요압의 자손이 이천팔백십이 명이요,
7 엘람 자손이 일천이백오십사 명이요,
8 삿투 자손이 구백사십오 명이요,
9 삭캐 자손이 칠백육십 명이요,

10 바니 자손이 육백사십이 명이요,

11 베배 자손이 육백이십삼 명이요,

12 아스갓 자손이 일천이백이십이 명이요,

이 길고 따분하고 지루한 명단은 낙타, 말, 나귀, 노래하는 남자와 여자, 여종 등을 포함하여 느헤미야가 확인했던 명부에서 찾아낸 명단과는 일치하지 않는다(느 7:5-69).

이 두 명단을 나란히 놓고 서로 비교해 보면, 상당한 "모순"들을 발견하게 될 것이다. 일례로 에스라 2:5과 느헤미야 7:10, 에스라 2:8과 느헤미야 7:13, 에스라 2:13과 느헤미야 7:18, 에스라 2:39과 느헤미야 7:35 등을 들 수 있다. 하지만 이것은 모순이 아니다.

에스라에 나오는 총 인구수는 29,818명인데, 여기에는 느헤미야의 인구조사 명단에 나와 있지 않은 494명의 이름이 들어 있다. 이에 반해 느헤미야에서 헤아린 총 인구수는 31,089명이고, 에스라에는 언급되지 않은 1,765명을 포함하고 있다. 느헤미야의 명단에 나타난 수적 증가를 감안하면, 페르시아를 떠나기 전 그 곳에서 여행하겠다고 등록했던 명단보다도 더 많은 사람들이 여행을 하여 팔레스타인 땅에 도착했음을 알 수 있는 것이다. 특히 에스라 2:36-39과 느헤미야 12:12-27 사이에 제사장 부류가 크게 확장되었다는 사실을 주목하라. 벌링거는 이 두 명단의 인구총수가 동일하다고 주장한다.

최초 기록된 명단(에스라)에서, 느헤미야가 그것을 찾아내기 전에(느 7:5) 이름이 추가된 것이 분명하다. 게다가 등록은 했지만 그 여행을 온전히 마치지 못했던 사람들도 포함시키기 위해 몇 가지 교정 작업도 있었을 것이다. 특히 학자들이 간과해 버리고 있는 에스라 2:1을 주목하라. 『**그들은 사로잡혀갔던 자들이며 바빌론 왕 느부갓넷살이 바빌론으로 끌고 갔었던 자들로서...**』

느헤미야는 느부갓넷살에 의해 끌려가지 않았던, 바빌론에서 태어난 유대인들을 명단에 포함시킬 수 있다. 더 나아가 에스라 7:7에서 에스라와 함께 올라간 유대인들의 두 번째 파견대를 주목하라. 느헤미야가 이들을 명단에 포함시키지 말아야 할 이유가 있는가?

예를 들어보자. 당신이 외국에서 본국까지 600-800마일의 거리를 여행하기 시작할 때는, 특히 당시가 로마제국 이전이었고, 로마의 고속도로 체제가 생겨나기 이전의 상황이었음을 감안한다면, 오늘날 국립공원을 관광하는 여행자 단체를 가이드하는 것처럼 "집합"시키고 "인원점검"하는 것보다 훨씬 더 어려운 문제들이 수반되었을 것이다.

바빌론에서 유대로 돌아오는 과정에서 얼마나 많은 사람들이 중도에 낙오했겠으며, 또 새로운 사람들이 가담했겠는가? 여인들은 여행 중에 얼마나 많은 자녀들을 출산했겠으며, 또 노인들은 얼마나 죽었겠는가? 이런 것들을 감안한다면 에스라와 느헤미야 7장 사이의 인원이 변동된 것은 아무런 문제가 되지 않는다.

벌링거는 이 구절에 대해 주석하기를, 에스라 2장에서도 42,360명이 계수되고, 느헤미야 7장에서도 42,360명이 계수되고 있다고 설명한다. 하지만 에스라에서는 29,818명의 명단이 나오고 이에 반해 느헤미야에서는 31,089명의 명단이 언급되는 것이라고 말한다. 느헤미야가 에스라에 나오지 않는 2,259명의 이름들을 제시하고 있는 것이 분명하다는 것이다. 여기에서 벌링거는 두 명단이 서로 일치하지는 않지만 그 총 수는 일치한다는 결론을 내리고 있다.

2:13 아도니감 자손이 육백육십육 명이요,
14 비그왜 자손이 이천오십육 명이요,
15 아딘 자손이 사백오십사 명이요,
16 히스기야의 아텔 자손이 구십팔 명이요,
17 베새 자손이 삼백이십삼 명이요,
18 요라 자손이 일백십이 명이요,
19 하숨 자손이 이백이십삼 명이요,
20 깁발 자손이 구십오 명이요,
21 베들레헴 자손이 일백이십삼 명이요,
22 느도바 사람이 오십육 명이요,
23 아나돗 사람이 일백이십팔 명이요,
24 아스마웻 자손이 사십이 명이요,
25 기랴다림과 그비라와 브에롯의 자손이 칠백사십삼 명이요,
26 라마와 게바의 자손이 육백이십일 명이요,
27 믹마스 사람이 일백이십이 명이요,
28 벧엘과 아이 사람이 이백이십삼 명이요,
29 느보 자손이 오십이 명이요,
30 막비스 자손이 일백오십육 명이요,
31 다른 엘람 자손이 일천이백오십사 명이요,
32 하림 자손이 삼백이십 명이요,
33 롯과 하딧과 오노의 자손이 칠백이십오 명이요,
34 여리고 자손이 삼백사십오 명이요,
35 스나아 자손이 삼천육백삼십 명이더라.

사람들이 이 명단을 "성경에서 길고 따분하며 지루한 부분"이라고 말하는 이유는 두 가지 때문이다. 첫째, 실제로 성경의 많은 구절들이 읽기에 단조롭고 지루하며 따분하다. 몇 가지 예를 들면, 출애굽기 34-40장, 민수기 1-8,28,29장, 역대기상 1-9,23-26장, 느헤미야 7,11,12장, 에스라 8,10장 등이 그렇다. 하지만 사람들이 그렇게 말하는 두 번째 이유는, 성경을 조잡하고 미숙한 것으로 평가 절하해 버리려는 것이다.

진실은 이렇다. 성경의 저자는 인생에 대한 저자이시기도 하다. 이 부분을 읽는 누군가가 "인생"이 단조롭고 지루한데다 진저리나고 따분한 반복된 시간들로 가득 차 있는 것은 아니라고 생각한다면, 정말이지 그는 "인생"에 대해 아무것도 모르는 사람이다. 이와 같은 인생의 기간들로 인해 많은 젊은이들이 따분한 현실을 조금이라도 덜어보고자 마약, 간음, 술, 범죄에 미칠 듯이 빠져 있는 것이다. 인생이란 늘 재미있고 신나며 즐겁지만은 않다. 자주 나른해지고 무기력하고 따분해지기 마련이다. 인생은 현실이다. 결코 TV, 라디오, 일간 신문, 주간 잡지 상의 뉴스미디어가 만들어내는 "가상의 현실"이 아니다.

생각해 보라. 사실 수십 편의 영화들과 TV 쇼들은, 현실에서 2일 내지는 3일 또는 2주 내지는 10주 또는 10개월 내지는 20개월 심지어 5년 내지는 500년이 걸리는 사건들을 30분에서 120분 이내로 그려내고 있는 것이다.

계속해서 TV나 영화만 뚫어져라 보는 사람은 결코 인생에 대해 현실적으로 접근하지 못할 것이다. 어디에도 그런 "인생"은 없다. 지금까지 그런 인생은 어디에도 없었으며 앞으로도 그럴 것이다. 젊은이들이 원하는 것은 속도감 있는 인생이지, 오랫동안 질질 끌며 (때로는 인내심도 요구되는)

느릿느릿 시간을 기다리는 인생이 아니다. 속도를 즐기는 최선의 방법은 "각성제" 따위에 몸을 내맡기는 것이다. 즉 마약, 마리화나, 환각제, 정신 안정제, 대마, 코카인, 진정제, 암페타민, 헤로인 등에 빠져드는 것이다.

어떤 경우를 막론하고 10대 소년, 소녀들은 현실 생활의 단조로움을 덜기 위해 "활기를 북돋을 만한 거리들"을 찾아다닌다. 그들은 TV와 극장을 통해 보이는 뉴욕, 시카고, 할리우드의 모습과 현실 사이를 마음속으로 견주어 보고 있는 것이다. 그러나 이 둘 사이에 생기는 괴리감이란 이루 말할 수 없다.

2:36 제사장들은 예수아 집안의 여다야 자손이 구백칠십삼 명이요,
37 임멜 자손이 일천오십이 명이요,
38 바술 자손이 일천이백사십칠 명이요,
39 하림 자손이 일천십칠 명이더라.
40 레위인들은 호다위야 자손 중 예수아와 갓미엘의 자손이 칠십사 명이요,
41 노래하는 자들은 아삽 자손이 일백이십팔 명이요,
42 문지기들의 자손은 살룸 자손과 아텔 자손과 탈몬 자손과 악굽 자손과 하티타 자손과 소배 자손이 모두 일백삼십구 명이더라.
43 느디님 사람들은 시하 자손, 하수바 자손, 탑바옷 자손과
44 케로스 자손, 시아하 자손, 파돈 자손,
45 르바나 자손, 하가바 자손, 악쿱 자손,
46 하갑 자손, 살매 자손, 하난 자손,
47 깃델 자손, 가할 자손, 르아야 자손,

48 르신 자손, 느고다 자손, 갓삼 자손,
49 웃사 자손, 파세아 자손, 베새 자손,
50 아스나 자손, 므후님 자손, 느부심 자손,
51 박북 자손, 하쿠바 자손, 할훌 자손,
52 바슬룻 자손, 므히다 자손, 하르사 자손,
53 바르코스 자손, 시스라 자손, 다마 자손,
54 느시야 자손, 하티바 자손이더라.
55 솔로몬의 신하들의 자손으로는 소태 자손, 소페렛 자손, 프루다 자손,
56 야알라 자손, 다르콘 자손, 깃델 자손,
57 스파티야 자손, 핫틸 자손, 스바임의 포케렛 자손, 아미 자손이니
58 모든 느디님 사람과 솔로몬의 신하들의 자손은 삼백구십이 명이더라.
59 텔멜라, 텔하르사, 그룹, 앗단과 임멜에서 올라온 자들은 이러하더
라. 그러나 그들은 그들 조상의 가문과 그들의 씨로 그들이 이스
라엘 사람인지를 보여 줄 수 없더라.
60 그들은 들라야 자손, 토비야 자손, 느코다 자손으로 육백오십이
명이더라.
61 제사장들의 자손은 하바야 자손, 코스 자손, 바실래 자손이니 바실
래는 길르앗인 바실래의 딸들 중에서 한 아내를 취하여 그들의 이
름을 따라 불렸더라.
62 이들이 족보에 기록된 자들 가운데서 자기들의 명단을 찾았으나
발견하지 못하였으므로 그들을 불결하게 여겨 제사장 직분에서 제
하였더라.
63 틸사다가 그들에게 말하기를 "우림과 툼밈을 가진 제사장이 일어

나기 전에는 지극히 거룩한 것들을 먹지 말라." 하더라.
64 온 회중이 모두 사만 이천삼백육십 명이요,
65 그 밖에 그들의 남종과 여종이 칠천삼백삼십칠 명이요, 그들 가운
데 노래하는 남자와 노래하는 여자가 이백 명이더라.

구원이나 구속, 하나님, 영원, 살아가는 방법에 관한 규칙, 징조, 기적, 계시, 기도 응답, 하늘나라, 지옥, 도덕적 기준들과 같은 것을 본문에서는 찾아볼 수가 없다. 그저 계수된 이름들의 명단만 나올 뿐이다. 이 보다 더 지루한 내용이 어디 있겠는가? 그러나 생각해 보라.

언젠가 약 95번째 성경을 통독하고 있었을 때, 에스겔의 한 구절(겔 20:15)이 내 시선을 멈추게 만들었고, 그때 난 약 한 시간을 "놀란 채"로 앉아 있었다(단 4:19). 생각을 하려고 노력해 보았다. 나의 마음은 지시나 심지어 허락 없이도 생각을 하는 것(아니 오히려 생각이 "흘러가는 것")이 보통이다. 그러나 이번만큼은 생각을 하게 해야만 했던 것이다. 알다시피 예술가요 상상의 날개를 마음껏 펼칠 수 있는 한 사람으로서, 나는 왜 하나님께서 중동의 말라 버린 염소 목초지를 두고 『**모든 땅의 영광인 곳**』이라고 부르셨는지 도무지 이해할 수 없었다. 한창 때는 몇몇 나라들을 둘러본 적이 있었다. 이를테면, 일본, 한국, 하와이, 러시아, 인도, 독일, 리히텐슈타인, 오스트리아, 루손 섬, 멕시코, 파나이섬, 캐나다, 우크라이나, 미국 52개 주 중 46개 주를 둘러보았었다.

겨울에는 후지야마를 방문한 적이 있다. 여름에는 오아후 섬 팔리를 가 본 적이 있다. 독일과 오스트리아의 알프스 산맥을 거닌 적도 있다. 가을에는 오자크 고원과 스모키 산맥을 가 본 적이 있었다. 루손 섬 코레히도

르 요새의 숲에서 대나무를 잘랐던 적도 있다. 대서양, 태평양, 오대호에서 "서프보드 없이 파도타기"를 즐긴 적도 있고, 북태평양에서는 연어 낚시를 즐기기도 했다.

『**모든 땅의 영광인 곳**』이라 불릴 만한 나라를 굳이 보았다고 한다면, 오스트리아를 꼽을 수 있을 것이다. 팔레스타인은 내가 본 "나라들" 중에서 서열 5위 축에도 끼지 못한다. 대체 하나님께서 그렇게 말씀하신 이유가 무엇일까? 주께서는 분명 그렇게 말씀하셨다(겔 20:15).

그때 서서히 아주 서서히 무언가가 보이기 시작했다. 하나님께서는 무언가를 서둘러서 행하시는 법이 결코 없으신데, 특히 〈킹제임스성경〉 본문에서 나타나는 향상된 계시와 관련된 부분에서 그렇다. 『**주의 말씀들이 들어가면 빛을 주며**』(시 119:130).

하나님께서는 좋은 아버지처럼 그분의 창조물을 향한 관심보다도 더 많은 관심을 그분의 아들에게 쏟아 주신다(창 1장, 시 147,148편). 성경에서 "사랑"이라는 단어는 자신의 아들을 사랑하는 한 사람과 관련되어 처음 등장한다. 살아 계신 하나님으로서 갖고 계신 개인적인 관심은 주로 우주여행, "사회정의," 지상평화, 죄인들의 구원, "인간의 인간에 대한 몰인정," 여성해방운동, 소수민족, "평등권," 지리학, 환경, 풍경, 바다경치, 혹은 지형학에 있지 않으시다. 주님의 주된 관심사는 『**이는 내 사랑하는 아들이요, 그 안에서 내가 매우 기뻐하노라.**』(마 3:17)고 말씀하셨던 바로 그 한 분을 향해 있다.

마호메트는 하나님의 『**사랑하는 아들**』이 한 번도 나타난 적이 없다고 속였다. 모든 이슬람교도들은 "하나님"께서는 현재든 영원이든 한 번도 아들을 가지신 적이 없다고 맹세하다시피 한다.

설사 그렇다 해도 하나님께는 아들이 있었다! 그때 성경에서 지루하고 단조로우며 따분하고 지겨운 구절들이 새로운 양상을 띠기 시작한다. 그 염소 목초지를 『**모든 땅들의 영광인 곳**』으로 불렀던 데는 세 가지 이유가 있다.

1. 그곳은 하나님의 아들이 태어나 양육될 장소가 될 것이다. 또 "죽임"을 당하고(행 7:52 참조), 다시 부활하실 장소가 될 것이다(롬 1:3,4).

2. 그곳은 평화(한 인격 – 미 5:5)가 올 수 있고 곧 오게 될 지상의 유일한 장소다(눅 2:14, 학 2:9, 시 76:3). 이는 모든 힌두교도들, 불교신자들, 도교신자들, 인본주의자들, 장미십자회원들, 불가지론자들, 개신교도들, 카톨릭신자들, 모슬렘인들, 사이언톨로지스트(Scientologists)가 하나님의 아들을 영접할 때에야 비로소 세계 평화가 이루어질 것임을 의미한다! 그들이 뉴욕 시내에서 그렇게 하지는 않을 것이다. 이슬람은 이를 용납하지 않을 것이다.

3. 하나님의 아들과 연관된 사람들, 이를테면 에서(그리고 그의 친척들!)와 야곱(그리고 그의 친척들!), 유다, 잇사칼, 스불룬, 단, 갓, 아셀 등(그리고 그들의 친척들!)은 "제1면 머리기사"를 장식할 것이다. 하나님의 아들과 무관한 모든 왕들, 제왕들, 총독들, 통치자들, 귀족들, 예술가들, 음악가들, 저술가들, 발명가들, 탐험가들, 과학자들, 정치가들을 제쳐 두고 말이다. 이는 성령께서 왜 한 목자의 아내를 성경 기사에서 무려 63회나 언급하시고 파라오에 대해서는 그의 이름을 한 번 제시할 만큼 크게 염두에 두지 않으셨던(출 1-15장) 이유를 설명해 준다. 하나님께서 파라오(그리고 헤롯과 빌라도)를 언급 하셨던 이유조차도 단지 그들의 인생행로가 그분의 아들의 인생행로와 교차되고 있었기 때문이다. 파라오의 경우에서 하나

님의 『**첫태생**』 대신 이스라엘이 사용되었다(출 4:22 참조).

이로 인해 하나님 보시기에는 루포, 헤메, 네레오, 울바노, 디도, 디모데, 유니아, 실라, 아펠레, 오네시포로, 투기고, 유불로, 페베가 로마의 카이사나 시리아, 이집트, 그리스의 통치자들의 명단보다 훨씬 더 중요한 존재로 부각된다.

이것이 바로 성경을 깨닫는 열쇠다. 『**모든 지혜와 지식의 보화**』가 하나님의 아들 안에 예비되어 있다(골 2:3). 따라서 성경의 주제이신 그분을 떠나서는 어떤 학자도 구비될 수 없다. 이는 A.D. 33년 이래 어떤 시대를 막론하고 왜 성경이 그 안에 39권의 죽은 책들(창세기에서 말라키까지)을 담고 있는 "시대에 뒤떨어진 것"으로 간주되고 있는지 그 이유를 설명해 준다. 이제 구약은 "현대인"이나 "뉴에이지"에 대해 어떤 영향도 미치지 못하고 있는데, 이는 그 책들이 과거 역사에 지나지 않기 때문이라는 것이다.

2:66 그들의 말이 칠백삼십육이요, 그들의 노새가 이백사십오요,
67 그들의 낙타가 사백삼십오요, 그들의 나귀가 육천칠백이십이더라.
68 족장들 가운데 예루살렘에 있는 주의 전에 와서 하나님의 전을 그 있던 자리에 세우려고 자원하여 예물을 드린 사람들도 있더라.
69 그들이 자기들의 역량대로 노역을 위한 보고에 금 육만 일천 드람과 은 오천 마네와 제사장의 의복 일백 벌을 바치더라.
70 그리하여 제사장들과 레위인들과 백성 중 얼마와 노래하는 자들과 문지기들과 느디님인들이 그들의 성읍들에서 거하고 온 이스라엘도 그들의 성읍들에서 거하더라.

알다시피 이들 『**말**』과 『**낙타**』(66,67절)는 에스라와 연관되어 있다. 에스라는 야곱의 열두 아들들과 연관되어 있다(레위 – 스 7:5). 야곱은 『**이스라엘**』이었다(창 32:28). 신약은 『**이스라엘의 왕**』(요 1:49)을 하나님의 아들로 선언한다(요 1:34).

따라서 736마리의 말들과 435마리의 낙타들이 언급된다. 매우 중요한 노새 245마리와 "나귀" 6,720마리도 덧붙일 수 있다(66,67절).

출애굽기 25:29, 민수기 4:7, 열왕기상 7:50에 나오는 『**숟가락들**』을 보라. 모든 『**칼**』들을 보라(스 1:9). 이는 "중요치 않은 것들"에 관한 역사적인 기록으로, 백보좌 심판에서 제시될 그 책의 내용이다. 이 모든 기록 앞에서 동정녀 탄생, 태양이 멈춘 사건, 창조기사, 육체의 부활을 역사적인 사실들로 믿지 않았던 모든 사람들의 입은 철석같이 다물어질 것이다(롬 3:19). 하나님께서 그분의 책을 펴실 때, 마호메트는 코란에서 단 한 페이지도 당신에게 펼쳐 보여줄 수 없을 것이다. 하나님의 책은 역사책이다.

하나님 보시기에는 "칼"이나 "숟가락"이 마호메트가 일평생 타고 다녔던 말이나 그가 타 본 적이 있는 낙타보다도 훨씬 더 중요한 것이었다. 마호메트는 함족 어머니의 경우(창 10,21장)를 제외하고 하나님의 아들과 "연관"된 적이 한 번도 없었다. 그뿐 아니라 육신을 따라 태어난(갈 4장) 거친 사람(창 16:12)인 그는, 하나님께서 그분의 『**독생자**』(요 1,3장, 시 2편)라 부르시고 친히 유대인의 왕(시 2편)으로 선택하신 분을 공개적으로 그것도 거침없이 부인하기까지 했다. 마호메트의 이름은 말소시켜 버려라. 그는 신·구약 어디에서도 언급되지 않는다. 신명기 18장에서도, 요한복음 14장에서도 언급되지 않는다.

『**그리하여 제사장들과 레위인들과 백성 중 얼마와 노래하는 자들과 문**

지기들과 느디님인들이 그들의 성읍들에서 거하고 온 이스라엘도 그들의 성읍들에서 거하더라』(스 2:70).

여기서 예루살렘이 『**그들의 성읍들**』 가운데 언급되지 않는 것을 주목하라(스 2:2-57의 지명을 참조하라. 아나돗, 베들레헴, 키럇아림, 라마, 가바, 벧엘, 아이, 여리코 등). 때로는 인명이, 때로는 지명이 제시되고 있다. 『**아삽**』(41절)은 분명 사람이다. 『**아도니캄**』(13절)도 마찬가지다. 『**바니**』, 『**비그왜**』, 『**예수아**』 등도 마찬가지다.

『**사람**』이란 표현은(22,23,27,28절 등) 반드시 『**자손**』(9-15절 등)을 언급하지는 않는다.

결국은 예루살렘에 십일조에 근거한 수의 백성들이 거주하게 된다(느 11:1과 그 주석 참조). 이는 에스라 1-3장 이후에나 있는 일로서, 에스라 3:1-6과 느헤미야 7:73-8:18에서 발견되는 장막절 축제로 보아 분명하다.

본문의 인구조사에서 한 가지 불길한 항목을 발견할 수 있는데, 이는 "재림"에 관한 주제를 전공하고 있는 모든 전천년주의 성경교사들의 모든 눈을 자연스럽게 피해 가고 있다. 그들은 요한복음 13:13, 창세기 13:13, 요한계시록 13:13, 사도행전 13:13이 "Judas Iscariot"(유다 이스카리옷)을 구성하는 13개의 철자와 모종의 연관성을 가질 수도 있다고 감히 생각하지 못한 것이다. 유다 이스카리옷의 모형들 중의 하나가 "님롯"이었는데, 그는 아담의 13대 손이었다. 알다시피 "666"이란 숫자는 "우연하게도" 역대기하 9:13에서 나타나듯이, 에스라 2:13에서도 동일한 숫자(666)로 등장한다.

구약 39(3×13)권의 책들이 『**저주**』(말 4장)로 끝난다는 사실이 수많은 학자들에게는 아무 의미가 없다. 그래서 그들은 갈라디아서 3:3과 사도행전 13:39(3×13)에 기록된 『**율법의 저주**』를 발견해내지 못하는 것이다.

『**아도니캄**』(13절)은 모든 히브리어 문법학자들을 포함해서 5만 명의 학식 있는 자들의 얼굴을 빤히 쳐다보며, 그들에게 자신의 이름이 "반역의 주"를 의미한다고 말하고 있다. 마치 사무엘하 18:18에서 『**압살롬**』이 "평화의 아버지"를 의미하는 것처럼 말이다. 이 두 개의 18이란 숫자 속에는 각각 6+6+6과 6+6+6이 들어 있다. 그래서 그가 요한계시록 13:18에 등장하는 것이다. "18"이란 숫자가 눈에 보이는가?

『**아도니캄**』을 또 다르게 번역하면, "적의 주"란 의미도 있다. (이는 적이 섬기는 "신"이나 "주인"을 의미한다 – 고후 4:4.)

이것은 우리에게 한 가지 놀랄 만한 정보를 제공해 주고 있는데, 자신의 땅(사 14:20)과 백성들(단 11:37)을 파괴하는 『**악한 이스라엘의 통치자**』(겔 21:25-27)는, 이사야 11:11의 두 번째 회복을 따라 이스라엘로 귀환하는 흩어진 유대인들 중 한 사람으로서 21세기에 발견될 것이라는 사실이다.

에스라 3장

3:1 일곱째 달이 되었을 때 이스라엘 자손이 성읍들에 있었는데, 백성이
한 사람같이 예루살렘에 함께 모이더라.
2 그때 요사닥의 아들 예수아와 그의 형제 제사장들과 스알티엘의 아들
스룹바벨과 그의 형제들이 일어나서 이스라엘의 하나님의 제단을 세워
하나님의 사람 모세의 율법에 기록된 대로 그 위에 번제를 드리려고
3 그들이 그의 기초들 위에 제단을 세웠으니 이는 그 나라들의 백성
으로 인하여 두려움이 그들 위에 있었음이라. 그들이 그 위에 번제
를 주께 드렸으니 아침과 저녁 번제를 드리더라.
4 그들이 기록된 대로 장막절도 지키고 매일 드리는 번제를 수대로
드리되 관례에 따라 요구되는 매일의 직무로서 행하더라.
5 그후에 계속해서 드리는 번제를 드렸으니 새 달들과 성별된 주의
모든 정해진 명절의 번제요, 주께 자원하는 제물을 기꺼이 드리는
모든 사람의 번제더라.
6 일곱째 달의 첫째 날부터 그들이 주께 번제를 드리기 시작하니라.

그러나 주의 성전의 기초는 아직 놓이지 아니하였더라.

7 그들이 석공들과 목수들에게도 돈을 주고 시돈 사람들과 투로 사람들에게도 음식과 마실 것과 기름을 주어 그들이 페르시아의 코레스 왕에게서 받은 허가대로 백향목을 레바논으로부터 욥파 해변까지 운반하게 하였더라.

에스라 3장은 폭발성이 강한 다이너마이트와 같은 말씀으로 첫머리를 시작하고 있다. 왜냐하면 그리스도의 출생의 날짜, 그리스도의 재림의 날짜, 신약 구원에 관한 구약의 예표론, 태양계에서 차지하는 지구의 위치에 대한 정보를 제공해 주기 때문이다. 특히 지구의 위치는 태양이 첫째 날이 아니라 넷째 날(창 1:16,19)에 창조되었음을 설명해 준다. 때는 『**장막절**』(4절)이다.

알다시피 마치 "원심력"과 "중력"의 법칙을 무시하기라도 하듯 태양은 중심에서 벗어나 있다. 이는 태양이 지구로부터 겨울에는 약 91,300,000마일, 여름에는 약 94,500,000마일 떨어져 위치하게 되는 것으로 알 수 있다. 이로 인해 4일 간의 불균형이 발생하게 되는데, 이는 9월 20일에서 23일에 해당한다.

성경은 창세기 1:2-4로부터 3일이 지나서야 비로소 태양이 주위를 비추기 시작했다고 말씀한다. 헨리 모리스(Henry Morris)의 "창조론연구소" (Creation Research) 소속의 모든 구원받은 학자들과 진화를 신봉하는 모든 구원받지 않은 학자들의 주장에 따르면, 태양은 지구가 나타나기 전 주위 어딘가에 존재했어야 한다. 그러나 태양은 어디에서도 찾아볼 수 없다.

신·구약 성경은 동시에 "두 번의 오심"(초림과 재림)의 날짜를 정해 주고, 재건된 성전을 그 "오심"과 연관지어준다. (사도행전 15:16, 스카랴 14장, 마태복음 17:1-4, 베드로후서 1:13, 출애굽기 25:9, 호세아 9:5, 시 19:4-6,

열왕기상 8:2, 에스라 3:4, 레위기 23:24,27,34,39, 호세아 12:9, 말라키 4:2, 사무엘하 7:6 등을 참조해 보라.)

그리스도께서는 『**약 삼십 세**』 그것도 40일이 지난 뒤에(눅 4장) 3년 반의 공생애 사역을 시작하셨는데, 이 "약"이란 단어가 그리스도의 출생 일자를 알려 주고 있다. 그 날은 장막절로(요 1:14), 오늘날의 달력으로 말하면 9월 23일이다. 주님의 42개월간의 사역은 9월에서 시작하여 9월에 이르고 또 9월을 지나 마지막 9월에 이르게 되는데, 여기에서 6개월(반년)을 더 지나게 되면 유월절(봄)에 이르게 된다. 이 날짜들은 요한복음 2:13; 5:1; 6:4; 7:2; 11:55을 통해 확인할 수 있다.

2절에서 『**예수아**』는 느부캇넷살이 죽였던(왕하 25:18-21) 『**스라야**』의 손자다. 그의 아버지 『**요사닥**』은 아마도 바빌론에서 죽었을 것이다. 스카랴 4:6-10에서도 등장하는 『**스룹바벨**』은 학개 1:1,12,14; 2:2,4,21,23에서도 언급된다. 그 이름은 "바빌론에서 내려온"(바빌론에서 온)이란 의미를 갖고 있다. 그는 『**프다야**』(대상 3:17-19)의 아들이었으나 『**스알티엘**』에 의해 길러졌다.

여기에서 성전이 완공되는 것은 아니지만, 그들은 모두 우선 희생 제물에 관한 모세의 율법들(레위기)을 회복해야겠다는 필요성을 느끼고 있기 때문에, 제단을 다시 쌓고 기초들 위에 제단을 세우고 있는 것이다. 이는 "특별 희생제물들"을 위한 제단일 뿐 아니라 "매일 드리는 희생제를 회복하는 일"이 되었을 것이다.

이에 대한 전례는 출애굽기 20:24까지 거슬러 올라가게 되는데, 이는 그 구절에서 성막, 제사장직분, 제사 혹은 희생제물들과 관련하여 하나님께서 자세한 지침을 주시기 전에 『**제단**』에 관한 규례들을 볼 수 있기 때문이다.

이후 놋제단이 묘사되는데(출 27장) 이는 성막 뜰 안에 있게 되고, 이와 더불어 7개의 다른 기구들, 곧 빵을 차려 놓은 상, 일곱 개의 가지 달린 촛대, (향로가 있는) 향단, 언약궤, 자비석, 그룹들을 위한 지침이 제시된다.

출애굽기 20:24의 『**제단**』이 언급되기 훨씬 오래전에, 노아가 제단을 쌓는 모습을 발견하게 된다(창 8:20). 이를 통해 노아가 홍수에서 살아남기 훨씬 전에 카인과 아벨이 그들의 "제물들"(창 4:3,4)을 제단들 위에 바쳤다는 사실을 알 수 있다. 물론 이와 같은 고대의 제단들과 연관되어, "널판들," "받침들," "휘장들," "막들," "기둥들" 또는 그 밖의 어떤 기구가 있었던 것은 아니다.

베냐민을 대적하여 싸우러 나갔던 열한 지파(판 20:11-18)가 하나님께 조언을 구하며 그들에게 승리를 주실 것을 믿었을 때(판 20:13,18), 그들에게 무슨 일이 일어났었는지를 살펴보라. 그들은 제단에 나와 『**번제와 화목제**』를 드릴 때까지는(판 20:26) 어떤 승리도 거두지 못했던 것이다.

『**시돈**』(7절) 출신의 사람들이 여기에 등장하며, 이후에 이들로 인해 유대인들은 다소 곤경에 빠지게 된다(느 13:16). 이 사람들은 투로 출신이지만, 투로와 시돈은 9마일도 채 안 떨어져 있으며 두 지역 모두 페니키아의 일부다. 이들은 솔로몬이 첫 번째 성전을 세울 때에도 나타난다. 성경에서 『**투로와 시돈**』이 다음 구절에서 한 쌍으로 발견되는 것을 주목하라. 마태복음 11:21; 15:21, 누가복음 6:17, 예레미야 47:4, 사도행전 12:20. 의심의 여지없이, 그 돌아온 남은 자들은 성전을 재건하기 위해서 페니키아인들과 『**백향목**』을 거래했다.

8절의 『**예수아**』는 스카랴 3장의 대제사장은 아니지만 정식 레위인이다 (스 2:40).

3:8 그들이 예루살렘에 있는 하나님의 전에 온 지 이 년 되던 해 둘째
달에 스알티엘의 아들 스룹바벨과 요사닥의 아들 예수아와 그들 형
제 제사장들과 레위인들의 남은 자와 사로잡힘에서 풀려나 예루살
렘으로 돌아온 모든 자들이 노역을 시작하고 이십 세부터 그 이상
의 레위인들을 정하여 주의 전의 노역을 지도하게 하였더라.
9 그때 예수아가 그의 아들들과 그의 형제들, 캇미엘과 그의 아들들,
유다의 아들들과 함께 일어나서 하나님의 전에서 일꾼들을 지도하
였으며, 헤나닷의 아들들도 그들의 아들들과 그들의 형제 레위인들
과 더불어 지도하더라.
10 건축자들이 주의 전의 기초를 놓을 때에 예복을 입은 제사장들은
나팔을 들고 아삽의 아들들인 레위인들은 심벌즈를 들고 서서 이스
라엘의 다윗왕의 율례대로 주를 찬양하게 하여
11 그들이 함께 노래하며 주께 찬양하고 감사를 드리니 이는 그가 선
하시며 그의 자비는 이스라엘을 향해 영원히 지속되기 때문이라.
또 그들이 주를 찬양할 때에 모든 백성이 큰 소리로 외쳤으니 이는
주의 전의 기초가 놓여졌음이라.

기쁘지만 이 슬프고 애처로운 광경이 젊은 유대인들, 나이 먹은 유대인들, 중년층의 유대인들, "고령의" 유대인들이 두 번째 성전의 기초가 놓여지는 것을 축하할 때 펼쳐진다.

절대적으로 말할 수는 없어도 충분히 추측해 볼 수 있는 것은, 본문에 제시된 날짜가 솔로몬의 성전 봉헌식(왕상 8장), 에스라의 부흥(느 7:73; 8:2), 그리스도의 첫 번째 출생과 재림, 더 나아가 창세기 1장 및 욥기

38:1-6에서의 창조의 날짜와 조화를 이루고 있다는 사실이다.

정확히 말해서, 지구는 과거에 두 번 멸망당했으므로(창 1:2과 벧후 3장, 창 6-8장), 마땅히 세 번째 파멸이 도래해야만 할 것이다. 이는 베드로후서 3:7-12과 요한계시록 20:11에서 일어난다.

성경에서 성전은 세 번 파괴되어야만 한다. 과거에 이미 두 번 파괴되었고(느부캇넷살과 티투스) 미래에 한 번 더 파괴될 것이다(계 5장). 성령께서는 구약의 서로 다른 세 가지 책에다 성전 파괴를 기록해 놓으심으로 세 번의 대재앙에 관해 경고하신다. 그 경고들은 (예레미야애가에 자세하게 묘사된 내용을 포함한) 예레미야와 열왕기하 25장, 그리고 역대기하 36장에서이다. 이 세 개의 거짓 없는 기사들은 세 번의 분리되고 구별된, 그것도 500년 이상 시간적 간격이 나는 성전 파괴에 관해 지적해 주고 있다. (1) B.C. 589년 느부캇넷살에 의한 파괴. (2) A.D. 70년 티투스에 의한 파괴. (3) 미래의 『**멸망의 아들**』에 의한 파괴(계 11:1-4). 요한계시록 11:1-3의 『**성전**』은 에스겔 40-48장에 나오는 천년왕국 성전이 아니다. 에스겔의 성전은 세 번 파괴된 이후에 재건되는 성전이다.

성전을 봉헌하는 가운데 시편 118:1,2의 일부가 인용되고 있다(11절). 이는 그리스도께서 올리브 산에 내려와 장막절 날 그분의 왕국을 세우실 때 다시 인용될 것이다.

3:12 이 전의 기초가 그들의 눈 앞에서 놓여지자 첫 번째 전을 보았던 나이 많은 제사장들과 레위인들과 족장들 중 많은 사람이 큰 소리로 울었고, 많은 사람들이 기뻐서 크게 소리지르므로

13 백성들이 기뻐서 지르는 소리와 울음 소리를 분간할 수 없게 되었으며, 백성이 큰 소리로 소리지르니 그 소리가 멀리까지 들리더라.

바빌론 사람들이 성전을 불태워 버리기 전, 바로 그 자리에서 솔로몬의 성전을 보았던 몇몇 노인들의 마음속에는 이러한 감정들이 교차할 수밖에 없었다. 이들 "옛날 사람들"은 눈물을 흘리지 않을 수 없었다. 이는 그들이 요한계시록 2:1의 에베소 교회와 요한계시록 3:14의 라오디케아 교회 사이의 차이를 보았기 때문이다. 역대기하 12:9,10의 솔로몬의 『**금 방패들**』을 대신해서 『**놋 방패들**』이 나오는 것을 기억하라. 주목하라! 다윈은 올바르게 판단한 적이 한 번도 없었다. 소위 "진보"라고 불리는 "변화"는 어리석은 사상가들에게나 걸맞는 말이다. 그들은 꿈나라에 살면서 배교, 타락, 부패, 영적인 참사가 실제로는 "성장하고 성숙해 가는 것"이라고 주장한다. 또 순응하는 법을 배우고, 향상되며, 다양한 분야에서 "커다란 발전"을 이룩하는 것이라고 주장한다. 다윈은 미친 사람이었다. 만일 당신도 시간이 지남에 따라 사람들이 향상되어 간다는 이론에 점수를 주고 있다면, 다윈처럼 정신 나간 사람일 뿐이다.

솔로몬 성전(대상 22:5)의 기초 옆에 에스라 성전의 기초를 나란히 놓고 비교하는 것은 멋진 궁전의 현관 옆에 대나무로 만든 흙털개를 놓고 비교하는 것과 매한가지다. 설교자로 부름 받은 젊은 목회자들이라면, 솔로몬 성전과 에스라 성전의 차이점을 면밀하게 검토하기 위해 시간을 들여 성경을 공부해야만 할 것이다(딤후 2:15). 그러면 그들은 "모든 것은 발전하지 않는다."는 사실을 깨닫게 될 것이다.

에스라 4장

4:1 유다와 베냐민의 대적들은 사로잡혀갔던 자들의 자손이 이스라엘의
주 하나님께 성전을 건축한다는 것을 듣고,
2 스룹바벨과 족장들에게 와서 말하기를 "우리로 너희와 함께 건축하
게 하라. 이는 우리도 너희가 하는 것처럼 너희 하나님을 찾으며 또
우리도 우리를 이곳으로 데려온 앗수르의 에살핫돈왕의 때 이래로
그에게 희생제사를 드림이라." 하더라.
3 그러나 스룹바벨과 예수아와 나머지 이스라엘 족장들이 그들에게 말
하기를 "우리의 하나님께 전을 건축하는 데 너희가 우리와 더불어
할 일은 아무것도 없도다. 다만 우리는 페르시아 왕 코레스왕이 우
리에게 명한 대로 우리끼리 함께 이스라엘의 주 하나님께 건축할
것이라." 하였더니
4 그 땅의 백성이 유다 백성의 손을 약하게 하고 건축하는 그들을 방
해하며
5 그들을 반대할 모사꾼들을 고용하여 그들의 목적을 좌절시키려 하

였으니 페르시아의 코레스왕의 모든 날과 페르시아의 다리오왕의 집권 때까지 그리하였더라.

6 아하수에로의 치리 때, 곧 그의 치리 초기에 그들이 유다와 예루살렘의 거민을 걸어 왕에게 고소장을 썼더라.

부흥 뒤에는 쇠퇴가 뒤따르기 마련이다. 거의 매번 "산꼭대기"를 경험하고 나면(이를테면, 왕상 18장의 엘리야처럼) 뒤이어 "계곡을 지나가게" 된다(이를테면, 왕상 19장의 엘리야처럼). 반석을 쳐서 수십만 명의 갈증을 가시게 했을 때, 즉시로 아말렉이 등장했던 것처럼(출 17:6-8), 새로운 성전의 기초가 놓이자마자 『**유다와 베냐민의 대적들**』이 나타난다(1절).

이제 뒤이어 나오는 내용은 느헤미야에서도 볼 수 있는 상황이다. 느헤미야는 성전이 아니라 성벽을 재건하였음에도, 성전을 재건하는 이 때와 비슷한 상황을 맞게 된다. 그것은 이방인들이 요구하는 "평화 협상"이다(스 4:1,2, 느 4:1). 느헤미야 때의 대적자들로는 "아라비아인들," "암몬인들," "아스돗인들"인데(느 4:7), 그 최고 지도자는 『**아라비아인 게셈**』(느 6:1)으로, 그의 조상들은 이스마엘인들이었다(창 21:10, 갈 4:30,31). 이스마엘의 어머니는 "함족"이자 이집트 여인이었다("미스라임," 창 10:6; 16:1,2).

이와 유사한 일이 A.D. 1921년에서 현재에 발생하는 것을 주의 깊게 관찰해 보라. 참조 구절들을 표시하고 모든 교회의 "분열"과 "통합운동"이 『**산발랏**』과 『**아라비아인 게셈**』이 밟았던 유형을 어떻게 따르고 있는지 주목하라.

1. 조롱 : 그들은 성경의 "문자적 해석"을 조롱할 것이다(느 4:1).
2. 반유대주의 : 느헤미야 4:2, 『**이 유약한 유대인들**』!

3. 이스라엘을 대적하는 암살이나 "지하드"(Jihads)의 위협(선전포고, 느 4:7,8)

4. 교회가 분열될 때, 이런 것들은 설교자나 그의 자녀들에 대한 위협으로 나타난다. 또 법정으로 끌고 가 그를 고소하거나 그를 대적하여 중상하는 허위선전활동을 펼치기 시작하며, 급기야 죽이려는 위협으로 나타나기도 한다.

5. "타종교와의 대화"(느 6:2)를 위한 통합 교섭 개시. 이러한 발상은 "하나님은 사랑이시라"(요일 4:8)는 미명하에 전개된다.

6. 목자를 독재자이자 모든 것을 지배하길 원하는 사람이라고 비난하는 철저한 중상 모략(느 6:6,7).

7. "의심받을 만한 상황"에서 목자를 덫에 걸려들게 하는 시도들. 이런 상황에서는 대개 여성들이 한 몫을 하기 마련인지라, 『**여선지자 노아댜**』가 그녀의 "여성 도우미들"이나 "교회 여성 모임" 혹은 "여성 월례회"와 함께 등장하게 된다(느 6:14). 코플렌드 여사(Mrs. Copeland), 메리 베이커 에디(Mary Baker Eddy), 엘렌 G. 화이트(Ellen G. White) 등이 모두 이런 부류에 속한다.

8. 다양한 위협을 통한 협박(느 6:19). "우리는 당신을 고소할 거고, 서면으로도 제출할 것이다. 헌금도 절반으로 줄일 수 있다. 또 당신의 진짜 속셈이 무엇인지 당신이 '총애하는 사람들'에게 알려 줄 것이다. 교회 문도 닫아 버릴 것이고 아예 불태워 버릴 것이다. 아니 당신의 봉급도 깎아 버릴 것이다." 등등

그러나 이러한 위협들 중에서 가장 치명적인 일은 이처럼 타락한 사람들을 수용하고 사랑하며, 그들과 함께 협력하여 사역해 나가는 것이다. 예

수아와 스룹바벨 그리고 나머지 이스라엘 족장들이 적들과 "대화"로 풀어 나가지 않고 오히려 그들을 용기 있게 책망했음에도 불구하고, 이 원수들은 여전히 타종족 간의 결혼을 통해 이스라엘 안으로 용케 잠입해 들어온다. 에스라 9,10장, 느헤미야 13장을 참조하라.

신약에서는 이를 가리켜 "발라암의 교리"라고 말씀한다(계 2:14). 이 교리는 민수기 31:16; 25:1-8에 자세히 설명되어 있다.

『**우리도 너희가 하는 것처럼 너희 하나님을 찾으며**』(2절)는 교황이 세상을 영적으로 인수하려는 목적으로 고백할 때 사용하는 핵심 내용이다. 2001년에 출간된 로마카톨릭 공인연감에 따르면, 바티칸이 불교, 힌두교, 이슬람교를 대할 때마다 입버릇처럼 항상 되뇌는 말이 있는데, "그 종교를 신봉하는 모든 사람들도 하나님을 경배한다."는 것이다. 다시 말해서 하나님께 다른 이름들을 부여하고 있을 뿐, 실제로는 그리스도인들이 경배하는 하나님과 동일한 분이라는 것이다.

수년 전 제리 팔웰이 다음과 같이 말하는 것을 들은 적이 있었다. "왜 그리스도인들이 서로들 싸워야만 하는지 그 이유를 모르겠습니다. 하나님과 성경의 적들을 대항해서 싸워야 할 전투만으로도 충분한데, 왜 굳이 우리들끼리 싸워야만 하는 것입니까?" 또 다른 유명한 그리스도인은 이렇게 말했다. "근본주의자들은 이 세상에서 그들의 부상자들을 죽이고 있는 유일한 사람들이다."

이런 말들은 매우 경건하고 "타당성 있는" 말처럼 들린다. 아주 적절하고 "경우"에 합당한 말인 것 같다. 그러나 그들은 너무 경건한 나머지 사도행전 20:29,30에서 바울이 지역 교회들에게 경고했던 내용을 절반이나 간과해 버리고 만다. 알다시피 경계해야 할 대상은 『**흉악한 이리들**』만 있는 것이 아니었다. 바로 『**왜곡된 것을 말하여 제자들을 끌어내어 자기들을 좇게**』(행 20:30)하는 구원받은 그리스도인들도 있었던 것이다.

팔웰은 모든 에큐메니칼 공상가들처럼 많은 그리스도인들이 예수 그리스도가 아니라 "그리스도의 십자가"의 원수들로 행하고 있다는 사실을 계속해서 잊고 있다(빌 3:18). 이런 그리스도인들은 실제로는 그렇지 않으면서도, "우리는 당신들과 똑같은 사람들입니다."라고 연신 입으로만 이야기하고 있다.

"우리를 당신들과 함께 경배하게 하라. 우리는 당신들과 똑같은 사람들이다." 『**우리로 너희와 함께 건축하게 하라**』(2절).

결코 그렇지 않다. 그들은 우리와 똑같은 사람들이 아니다.

최근(2002년 1월에서 10월 사이) 미국의 종교적 상황을 보면, 미국 내 이슬람교도들이 기독교 모임 안으로 유입되고 있음을 알 수 있다. 그들이 이렇게 하는 것은 수백 명의 대학 교육을 받은 인본주의자들 및 유니테리언교도들에게 『**우리도 너희가 하는 것처럼 너희 하나님을 찾으며**』(스 4:2)라는 말을 믿게 함으로써, 기독교 모임들이 교제관계를 돈독히 해 나가는 것을 도와주기 위한 것이라고 말한다.

그들이 무엇을 도와주겠다고? 절대로 그렇게는 안 된다.

우리의 하나님께서는 이 땅에 내려와 죄인들을 위해 죽으신 한 아들을 낳으셨다. 이슬람교의 달의 신("알라")이라고 하면 언제나 카바 신전에 있는 베두인의 달의 신을 언급하는 것인데, 그는 지금까지 어떤 아들들도 가져본 적이 없으며 누군가를 위해 죽어 본 적도 없다. 그는 역사적인 사건들을 구체적으로 예언할 수 없었을 뿐 아니라 죽은 자들로부터 자신의 "선지자"를 다시 살려 낼 수도 없었다.

『**다만 우리는 페르시아 왕 코레스왕이 우리에게 명한 대로 우리끼리 함께 이스라엘의 주 하나님께 건축할 것이라**』(3절).

유대인들은 페르시아 왕을 들어 그들의 권한을 내세우고 있다. 이에 상응하는 것이 밸푸어 선언(Balfour Declaration)이다. 그러나 윈스턴 처칠이 르우벤, 갓, 므낫세 반 지파에 속하는 모든 영토(민 32장 참조)를 『**아라비아인 게셈**』에게 넘겨주었던 해인 1921년 이래로, 영국정부는 이 선언을 갈가리 찢어버리고 무시해오고 있다. 현재 이스라엘의 그 지역은 "트랜스 요단"(Trans Jordan)으로 불린다. 게다가 어떤 유대인도 그 안에는 발도 못 붙이게 되어 있다. 대신 이스마엘의 후손인 아라비아의 모슬렘인들이 그 땅에 퍼져 있다. 하지만 신구약 모두에서 이스마엘의 후손들은 그 땅에서 쫓겨나 그 땅 바깥에 머물러 있어야 한다고 되어 있다(창 21:10, 갈 4:30,31).

『**그 땅의 백성이**』(4절).

이 백성들의 명단은 9절에 열거되어 있다. 『**그 땅의 백성**』은 (오늘날과 마찬가지로) 원래의 "팔레스타인인들"이라고 할 수 있으나, 오늘날 그들 중 4분의 3은 팔레스타인에서 태어나지도 양육되지도 않았다. 그들은 다음에 열거되는 것처럼 앗시리아와 바빌론 출신들이었다. 『**앗시리아 왕이 바빌론과 쿠다와 아와와 하맛과 스팔와임으로부터 사람들을 데려와서 이스라엘 자손을 대신하여 사마리아의 성읍들에 두니 그들이 사마리아를 차지하고 그 성읍들에서 거하니라. 그들이 거기에 거하기 시작할 때에 주를 두려워하지 아니하였으므로 주께서 그들 가운데 사자들을 보내시니 사자**

들이 그들 중 몇을 죽인지라』(왕하 17:24,25).

주의하라! 그들은 "사마리아인들"이라고 불렸지만, 결코 사마리아 출신들이 아니었다. 이처럼 "팔레스타인인들"은 팔레스타인 출신들이 아니다. 현재 서안 지구에 거하면서 이스라엘을 대적하여 전면전을 준비하고 있는 4백만 명의 "팔레스타인인들" 중에서, 팔레스타인에서 태어나 그곳에서 양육된 사람들은 60만 명 미만이다. 그들은 모슬렘 테러분자들로서(알파타, 하마스, 헤즈볼라, PLO, 모슬렘 형제단 등), 리비아, 레바논, 시리아, 다마스커스, 트랜스 요단, 이라크, 이집트에서 보내진 사람들이었다.

이제 요한복음 4장에 나오는 대화가 왜 그런 식으로 진행되었는지 그 이유를 알게 된다. 요한복음 4장과, 사마리아인들이 성령을 받기 위해서 유대인들의 안수를 받아야만 했던 사도행전 8장을 주목하라. 그 사마리아 여인은 순수한 혈통의 유대인이 아니었다. 그녀는 옛 유대 땅의 대적의 후손이었다. 그 유대 땅은 예수 그리스도께서 나오신 곳이며 그분은 옛 유대의 유다 지파에서 나오셨다(요 4:22). 예수님께서 함께 이야기를 나누었던 그 사마리아 여인의 동족들은 디나인들, 아팔삿인들, 아팔새인들, 타플인들, 바빌론인들, 수산인들, 엘람인들, 드하위인들, 알크위인들이었다.

현대 유대인의 적들은 시편 83편에서 그 이름들이 거명되고 있다. 이들은 1921년에서 현재에 이르기까지 UN의 묵인 하에 대량학살을 이루고 있는 살인마들이다. 감사하게도 하나님께서는 그들이 등장하기 전에, 그것도 2,800년 훨씬 전에 그들의 명단을 기록해 놓으셨다. A.D. 2004년 그들의 명단을 여기에다 열거해 본다!

1. 에돔 : 에서(6절). 『**야곱은 사랑하였고 에서는 미워하였노라**』(롬 9:13).
2. 이스마엘인들(6절). "아라비아인 게셈"을 포함한 마호메트의 모든 친척들.

3. 암몬과 모압(6,7절). 그곳은 바로 트랜스 요단으로, "동안 지구"(East Bank)에 해당된다.

4. 아말렉(7절). 사해 남동쪽에 자리잡고 있는 사막 종족(사우디아라비아)

5. 필리스티아인들(7절). 알다시피 "필리스티아인들"이란 뜻의 "Philistines"에서 "팔레스타인 사람"이란 뜻의 "Palestinian"이란 단어가 유래했다. 이 단어는 로마가 유대인들을 학살하고 그들을 그들의 본국에서 쫓아낸(A.D. 70년 - A.D. 135년) 이후, 카나안과 이스라엘에 붙여진 로마식 명칭이었다.

"필리스티아인"은 곧 "팔레스타인인"이다. 따라서 『**필리스티아**』가 어떤 중앙 정부의 형태를 갖춘 국가가 결코 아니었기 때문에 팔레스타인도 어떤 중앙 정부를 갖춘 "국가"였던 적이 한 번도 없었던 것이다. "팔레스타인 국가"는 이슬람 신화를 바탕으로 미국의 뉴스 매체가 만들어낸 한 편의 소설에 불과하다. 1948년 이전이든 이후이든 그런 국가는 한 번도 존재한 적이 없었으며 앞으로도 마찬가지다.

소위 "시리아와 레바논"은 『**투로**』(시 83:7)로 제시된다는 사실을 주목하라. 그곳은 중동에서 모든 테러 및 마약 거래의 중심지다.

이스라엘을 대적하여 군대를 정렬시킬 그 다음 나라는 리비아가 될 것이고(겔 38:5 참조) 그 다음으로는 에디오피아가 될 것이다(겔 38:5 참조). 에스겔 38장에서 페르시아는 이라크와 이란을 포함하고 있다. 페르시아는 영국의 유형인데, 영국은 1921년에는 아랍의 편을 들었다가, 1933년에는 아랍을 대적했으며, 1939년과 그 이후로는 아랍의 반대편에 서 있다.

『**아하수에로의 치리 때**』(6절).

제미에슨(Jamieson)은 "아하수에로"가 어떤 사람의 고유 이름이 아니라 어떤 칭호(파라오나 카이사처럼)를 가리킨다고 주장한다. 그의 이름은 아마도 "캄비세스"(Cambyses)일 것이다.

6절에서는 "아하수에로"가 등장하고 이어서 7절에서는 "아탁세르세스"가 등장한다. 이 둘은 서로 다른 페르시아의 왕들이다. 7절의 왕은 6절의 왕을 뒤따라 등장한 사람이다.

4:7 아탁세르세스 시대에 비슬람과 미드르닷과 타브엘과 나머지 그들 동료들이 페르시아의 아탁세르세스왕에게 글을 올렸는데 그 편지의 글은 시리아 언어로 기록되었으며 시리아 언어로 해석되었더라.

8 총독 르훔과 서기관 심새가 예루살렘을 걸어 아탁세르세스왕에게 이같이 편지를 쓰니라.

9 그때 총독 르훔과 서기관 심새와 그들 동료의 나머지가 썼으니, 곧 디나인들과 아팔삿인들과 타플인들과 아팔새인들과 알크위인들과 바빌론인들과 수산인들과 드하위인들과 엘람인들이며

10 또 위대하고 고귀한 아스납팔이 데려와서 사마리아의 성읍들에 정착한 민족들의 나머지와 강 이편에 그 당시에 있던 나머지더라.

페르시아 왕에게 보내진 편지는 "시리아어"로 기록되었다. 사람들이 흔히 성경은 히브리어와 헬라어로만 기록되었다고 말하는 것과는 달리, 시리아어는 성경에서 사용된 제3의 언어다. 다니엘에서 2:4부터 8:1까지 나오는 모든 내용은 시리아어(아람어)로 기록되어 있다. 헬라어 신약을 외국어로 번역한 것 중 최초의 신뢰할 만한 번역본들은 소위 "구시리아어"로 기록된 역본들이다. 이 역본들은 부패한 헬라어 필사본들(시내 사본과 바티칸 사본)보다 200년 이상이나 앞서 있다. 그 역본들은 〈킹제임스성경〉이 번역된 〈표준원문〉과 일치하는 사본들이다.

에스라에서는 여기(8절)부터 6:18까지 이어지는 모든 내용이 아람어로 되어 있다.

『**예루살렘을 걸어... 편지를 쓰니라**』(8절). 시편 2:6; 132:14; 68:16, 역대기상 23:25을 진지하게 받아들이지 않는 사람에게는 이해하기 어려운 구절이다. 당신은 그 말이 무슨 말인지 이해했는가? 유대인의 왕이신 예수 그리스도께서는 통치할 성읍을 택하시고 그 이름을 『**위대한 왕의 도성**』(마 5:35)이라 부르셨다. 사도행전 2장 이후에 나타나는 유일하신 "위대한 왕"은 표트르 대제(전제군주)나 알프레드 대왕이나 샤를마뉴가 아니다. 『**화평의 왕**』(히 7:2)으로서 예루살렘에 나타나시는(학 2:9) 분은 『**만왕의 왕, 또 만주의 주**』(계 19:16)시다.

그런데도 "예루살렘을 걸어" 편지를 쓴다는 것은 곰 잡는 덫에 팔을 밀어 넣는 일이나 다름없다. 좀더 적절한 표현을 빌리자면, 자승자박하는 일인 셈이다. 『**예루살렘의 화평을 위하여 기도하라. 너를 사랑하는 자들은 번성하리로다**』(시 122:6). 예루살렘은 교회 시대에 일시적으로만 속박되어 있을 뿐이다(갈 4:25). 이와 같은 이스라엘의 일시적인 거부로 인해, 휴거 이후 UN 내의 191개 나라들은 유대인을 대적하여 돌이킬 것인데, 그와 동시에 하나님께서는 이것을 빌미삼아 그들을 진멸하실 것이다(단 2장, 말 4장, 사 63장, 욜 3장, 계 19장 등).

정상적인 어떤 그리스도인도 이사야 65장, 예레미야 33:16, 에스겔 43:7

을 읽고, 예루살렘이 이스라엘의 수도로서 영원히 구별되어 있다는 사실을 믿지 않을 수 없다. 그러나 로마카톨릭 교회가 A.D. 325년부터 유대인에 대해 가르쳐온 내용을 믿는 자들은 이 사실을 믿지 못한다. 성경을 거부하는 그런 자들을 "후천년주의자들" 혹은 "무천년주의자들"이라 부른다. 사도 바울에 따르면, 이 두 그룹은 자만과 무지의 죄를 짓고 있는 것이다(롬 11:25).

이 편지(8절)는 바로 그 성읍을 걸어 쓴 것이다.

A.D. 2002년 교황 요한 바오로 2세는 누구라도 예루살렘을 유대인들에게 배타적으로 주는 행위는 불법이요 부도덕한 처사라고 말했다. 팔레스타인을 이스라엘에게 약속하셨고, 예루살렘을 구약에서는 이스라엘만의 수도로서, 그리고 요한계시록 14-19장 이후에는 세계의 수도로서 약속하신 분(사 65,66장, 겔 40-48장, 시 102,110,122,68,147편, 렘 3:17, 욜 2:32; 3:17, 슥 14장)이 창조주라는 사실이 그 "파파"(Papa, 교황)에게는 불행한 일이었던 셈이다.

여느 전문 정치인들과 마찬가지로, 교황 요한 바오로 2세는 한 명의 이슬람교 신자나 한 명의 힌두교 신자를 예수 그리스도께로 이겨오기보다, 한 이방인 국가로서 투표권을 가지고 자신의 교회를 UN에 가입시키는 데 더 큰 관심을 가졌던 것이다(2002. 11). 이것이 바로 전형적인 "거룩한" 아버지의 행보라 할 수 있다.

여기에 예루살렘이 유대인의 소유라는 이유로 그 성읍을 증오하고 경멸하는 세 사람이 등장하는데, 『**서기관 심새**』(8절), 『**총독 르훔**』(8절), 요한 바오로 2세(교황)가 그들이다. 우리가 사마리아인들에 관해 반복해서 언급했던 것을 주목하라(4:1 이하). "히틀러가 시작했던 그 일을 완수"하기 위해 후세인과 아라파트와 그 일당이 3백만 명 이상의 외국인들을 이스라엘로 데려왔던 것과 똑같이, 위 본문에서는 『**위대하고 고귀한 아스납팔이 데려와서 사마리아의 성읍들에 정착한**』 민족들이 등장한다. (이는 틀린 말이 아니다. 〈죽음의 재 같은 땅 이스라엘, *ISRAEL : A Deadly Piece of Dirt*, 2001〉 참조.)

아스납팔은 "페르시아의 수도인 수산(Shushan)으로 들어온 유일한 앗시리아 왕"이었다(벌링거). 이 사실은 에스라가 에스라 6:22에서 역설적으로 언급한 내용을 설명해 줄 수 있을지도 모른다. 우연치 않게, 이사야에서 멸망의 아들의 칭호는 "앗시리아인"이다(사 10:5,24). 『**위대한 왕, 앗시리아 왕의...**』(왕하 18:28)

[에스라 2:63의 『**틸사다**』는 느헤미야 같은 사람을 언급하는 것이라고 말할 수 있을 것이다(느 8:9 참조). 그 단어는 총독 같은 어떤 사람을 의미하고 있다.]

4:11 그들이 그에게, 곧 아탁세르세스왕에게 보낸 편지의 사본이 이러하니라. "강 이편에 지금 살고 있는 왕의 종들이

12 왕께 고하나이다. 왕께로부터 우리에게 올라온 유대인들이 예루살렘에 와서 반역적이고 악한 성읍을 건축하여 그 성벽을 세웠으며 그 기초들을 연결하였나이다.

13 이제 왕께 고하옵나니 만일 이 성읍이 건축되고 성벽이 다시 서게 되면 그들이 도로세와 관세와 조세를 내지 아니할 것이요, 그리하면 왕께서 왕들의 세입에 손상을 주는 것이 되나이다.

14 이제 우리가 왕의 궁으로부터 소금을 먹고 있으므로 우리가 왕의

불명예를 보고 있을 수 없어서 우리가 보내어 왕께 고하오니
15 왕의 조상들의 역사 기록서를 살펴보소서. 그리하시어 왕께서 역사
기록서에서 찾으시면 이 성읍이 반역하는 성읍이며 왕들과 각 지
방에 해롭다는 것과 또 그들이 옛날에 이 성읍에서 반역을 일으켰
던 것을 알게 되시리니, 그것이 이 성읍이 파괴된 까닭이었나이다.
16 우리가 왕께 보증하오니 만일 이 성읍이 다시 건축되고 그 성벽이
세워지면 이로 인하여 왕께서는 강 이편에 분깃을 갖지 못하게 되
시는 것이니이다." 하였더라.

『**반역적이고 악한 성읍**』(12절)이란 표현에 주목하라. 이 사람들은 유대인을 증오하고 예루살렘을 미워하는 "팔레스타인인들"이다. 13절에서 말하는 세금은 예수께서 빌라도 앞에 섰을 때(눅 23:2), 산헤드린이 예수 그리스도를 대적하여 문제를 제기했던 세금, 곧 탈세에 관한 내용이다. 친절하고 부드러우며 정중한 위협이 편지 내용에 담겨 있는데, 이는 그들이 그 편지의 수신자가 왕이라는 사실을 잘 알고 있기 때문이다. 이 때문에 그들은 "만일 우리의 요청을 들어주지 않으신다면 왕의 수입에 지장을 초래할 것입니다!"라고 웅얼거리고 있는 것이다. 『**그리하면 왕께서 왕들의 세입에 손상을 주는 것이 되나이다**』(13절).

"왕들의 세입," 즉 "왕의 궁으로부터 소금을 먹는 것"에 대해 주목하라. 그들은 이제 막 돌아온 유대인들을 포함한 다른 사람들의 세금으로 살아가고 있는 것이다. 사도행전 12:20에서도 그와 동일한 양상을 볼 수 있는데, 위선자들은 계속해서 "거액의 돈"을 거머쥐기 위해 정부 관료들에게 아첨을 떨고 있는 것이다. 해 아래 새 것은 없는 법이다.

사도행전 12장에는 『**그들의 지방이 왕의 영토에서 나는 식량으로 살기 때문이라.**』(행 12:20)고 기록되어 있는데, 여기서 왕의 영토란 로마를 말하는 것이다. 마리아와 요셉이 조세등록을 하러 유대로 갔을 때, 로마는 『**세금을 거두는 자**』였다(단 11:20). NIV와 NASV에 나오는 "호적등록"(눅 2:1) 따위의 어리석은 말에는 신경 쓰지 말라. 이 성서들은 666의 예표인 헤롯(행 12장)과 다가올 666(단 11:20) 사이의 상호 관련성을 파괴시킬 목적으로 고안된 것들일 뿐이다.

『**우리가 왕의 불명예를 보고 있을 수 없어서**』(14절).

4:2을 보라. 그들은 지금까지 유대인들이 성전을 재건하는 일에 가담하려고 했었다. 하지만 여기서 이들은 그 일을 멈추게 하려고 한다. 그들은 정말로 왕의 "명예"를 걱정하기 때문에 서신을 보낸 것이 아니다. 다만 유대인들이 그들을 향해 성경을 거부하는 이교도들로 무시한 것(4:3)에 대해 질투가 나고 화가 났기 때문이었다. 이는 오늘날 중동의 모든 모슬렘인들의 모습과 정확히 일치한다.

서신의 마지막 위협의 말은 대단히 실제적인 말이다. 『**강 이편**』(16절)이라는 말을 주목하라. 그들의 말은 이런 것이다. "만일 왕께서 유대인들이 그 성읍을 건축하고 성벽을 세우도록 내버려 두게 되면, 요단 강은 말할 것도 없이 유프라테스 강 서쪽에 대한 통치권은 이제 끝장난 것입니다."

그들이 "강 이편," 즉 유프라테스 강 서쪽을 언급한 것은 무슨 의미인가? 우리는 이 지역이 일찍이 이스라엘에게 주어진 땅임을 주목해야 한다. 다윗이 "회복하려고" 갔던 그의 경계(삼하 8:3)는 요단 강이 아니라 유프라테스 강까지였다. 알다시피 하나님께서는 솔로몬에게 나일 강에서 유프라테스 강까지의 모든 땅을 주셨다(왕상 4:21). 그 이유가 무엇인가? 그곳은 율법이 주어지기 400년 전에 하나님께서 아브라함에게 약속하신 땅이기 때문이다(창 15:18). 참으로 놀랍지 않은가! 이스라엘 땅은 그저 요단강 "서안 지구"나 "동안 지구"(트랜스요단)에 국한되지 않는다. 다시 말해서 다마스커스, 시내 반도, 가자 지구, 레바논, 시리아 대부분까지도 포함하는 것이다. 자, UN에서 안전 보장 이사회에다 그런 안건을 상정할 사람이 누가 있겠는가?

15절의 사악한 거짓말을 주목하라. 『**그것이 이 성읍이 파괴된 까닭이었나이다.**』

그러나 그 성읍이 파괴된 원인은 결코 멸망시키는 군대 때문이 아니었다. 예레미야 40:2,3에서 느부캇넷살의 경호대장이 예레미야에게 말했던 내용을 보라. 그는 전능하신 하나님께서 예루살렘이 파괴될 것에 관해 말씀하신 것과 똑같은 이유로 파괴되었노라고 말한다(렘 1-20장, 겔 1-20장). 그 이유는 제사장들과 선지자들을 포함하여 예루살렘의 모든 지도자들이 마귀처럼 살았기 때문이다. 예레미야는 불타 버린 예루살렘의 폐허에 앉아(애 2:4,9) 유대의 선지자들과 제사장들은 산발랏과 게셈과 다를 게 없는 사람들이었다고 말했다. 즉 그들 모두는 『**거짓 경고들과 추방의 명분**』만을 보았던 것이다(애 2:14).

한패거리들이었던 셈이다. "하나님의 백성"으로 "선택받은 민족" 가운데 살고 있다고 하는 명분은 아무런 의미가 없는 것이다. 구약에서 하나님의 말씀들을 경멸하고, 제시된 하나님의 계명들에 불복종했을 때는 선택받은 민족이고 뭐고 아무런 의미가 없는 것이다.

4:17 그러자 왕이 총독 르훔과 서기관 심새와 사마리아에 거하는 그들 동료들의 나머지와 강 저편에 그 당시에 있던 남은 자들에게 답장 하기를 "화평이 있기를 *바라노라.*

18 너희가 우리에게 보낸 편지는 내 앞에서 정확히 읽혀졌고

19 내가 명하여 조사하게 하였더니 옛날에 이 성읍은 왕들을 거역하여 반란을 일으켰었고 그 안에서 반역과 폭동이 일어났음이 드러났노라.

20 거기에 예루살렘을 다스리는 막강한 왕들이 있어 강 저편 모든 나라들을 다스렸으며 도로세와 관세와 조세를 거둬들였었느니라.

21 이제 너희는 명을 내려 이 사람들로 중단하게 하여 내가 별도 명령을 내릴 때까지 이 성읍이 건축되지 못하게 하라.

22 이제 너희는 주의하여 이 일에 차질이 없도록 하라. 어찌 손상을 가하여 왕들이 피해를 입도록 해야 하겠느냐?" 하더라.

이스라엘의 적들이 예루살렘에 관해 썼던 내용 중 일부는 사실이었다. 예를 들어 열왕기하 24:20과 같은 내용이다. 사실, "멸망의 아들"이 예루살렘에서 UN을 지휘하게 될 때(계 13장), 하나님께서는 그 거룩한 성읍을 "이집트"와 "소돔"이라 부르시게 된다. 이와 같은 예루살렘의 이중적 속성으로 인해 수많은 21세기 성경 해석가들이 예루살렘을 『**큰 바빌론이라, 땅의 창녀들과 가증한 것들의 어미**』(계 17:5)와 동일시하게 된다. 에스겔 17장과 23장을 한 번 읽어 보면 왜 이런 오류가 나타나는지 알 수 있게 된다. 그러나 "성경공부를 진지하게" 했던 사람이라면, 예루살렘(『**거룩한 도성**』, 단 9:24)이 다니엘의 70째 주 이후에 『**사랑하시는 도성**』(계 20:9)으로 회복된다는 사실을 즉시로 알게 될 것이다. 하지만 『**큰 바빌론**』에게는 그런 변화가 없다. 결코 없을 것이다. 그러므로 예루살렘과 큰 바빌론은 서로 다르다. "지금의"(갈 4:25) 예루살렘이 사탄에게 속박되어 있고(고후 4:4), 이 세상 신에 의해 눈멀어 있는 것뿐이다.

자, 왕은 "조사를 실시했고"(19절) 사마리아인들이 이스라엘을 대적하여 제기했던 고소 내용에 대한 증거들을 찾아냈다. 그 증거대로 그 성읍은 반란을 일으켰었고, 폭동과 반역을 일삼았었다(일례로, 대하 36:16 참조). 게다가 『**예루살렘을 다스리는 막강한 왕들**』(솔로몬, 다윗, 여호사밧, 요시야, 히스키야 등)도 몇몇 있어서, 그들은 모든 정복자들이 어떤 나라의 영토를 지배했을 때에 했던 것과 마찬가지로 다른 민족들로부터 『**도로세와 관세와 조세**』를 거두어들이기도 했었다(20절). 일례로 사무엘하 8:9,10,14과 특히 6절 그리고 열왕기상 9:21을 참조하라.

서신의 내용으로 돌아가 보면(21,22절), 예루살렘의 "적들"은 그들의 전투 제1라운드에서 승리를 거두고 결국 성읍을 폐쇄하기에 이른다. 그들은 코레스의 칙령에 관한 기록을 "수면 아래 가라앉게" 함으로써 이 일을 완수했다. 물론 그 칙령은 이들이 밝혀냈던 이스라엘의 과거사와 같이 똑같은 공문서 보관소에 보관되어 있었다. 이렇게 보는 것이 확실한 이유는, 후에 다리오가 그 실종된 서신을 발견하게 되고(스 6:1), 이스라엘의 대적들이 꾸민 모든 계획들을 완전히 뒤집어 버리기 때문이다(스 6장).

4:23 아탁세르세스왕의 칙서의 사본이 르훔과 서기관 심새와 그들의 동료들 앞에서 읽혀지자 그들이 급히 예루살렘으로 유대인들에게 올

라가서 강압과 권력으로 그들을 중단시키니
24 예루살렘에 있는 하나님의 전의 공사가 중단되어 페르시아의 다리
오왕의 치리 제이년까지 중단되었더라.

이 중대한 시점에서 구약의 소선지자 한 사람이 등장한다. 그의 이름은 학개다(5:1). 성령께서 그의 사역에 관한 두 개의 짧은 장을 성경으로 채택하신 목적은, 21세기에 "땅 위에는 화평이요, 사람들에게는 호의"를 가져오기 위해 함께 연합한 191개국의 모든 목적들과 계획들을 뒤엎기 위해서다. 학개는 B.C. 500년경에 기록되었다.

학개는 뉴욕 한가운데 있는 UN 빌딩에 이사야 2:4을 기록해 놓은 그 무례한 모독을 무시해 버린다. 그리고는 이 지상에 평화가 임할 때, 이방 국가들은 말할 것도 없이 그 어떤 이방 민족이나 그 어떤 이방 성읍도 이 평화와는 무관하다는 사실을 퉁명스럽게 선언하고 있는 것이다. 평화는 "평화의 도성"(예루살렘)에 나타날 것이고, 그 평화가 임할 때(시 76:1-3) 다음의 두 가지 일들이 수반될 것이다. (1) 실로 파괴할 수 없는 진짜 새로운 성전이 1,000년 동안 이 도성에 세워져 있을 것이다. (2) 이사야 24,28,63장, 예레미야 25장, 요엘 3장의 예언에 따라, 이제 막 "모든 민족들을 진동시키시기를"(학 2:7) 끝마치신 『**유대인의 왕**』께서 다스리시게 될 것이다.

학개 2:6-9의 문맥은 에스라와 느헤미야 시대에도, 또 그 이후 2,000년 이내의 기간에도 해당하는 사건이 아니다. 심지어 신약이 완성된(A.D. 90) 이후 1,900년 이내의 기간 조차에도 해당하지 않는다. 학개가 예언한 『**모든 민족들**[UN!]**의 열망**』(학 2:7)은 죄인들을 위해 죽으러 오신 예수 그리스도가 아니다. A.D. 33년 이래로 어떤 "민족"도 예수 그리스도를 열망한 적이 없었다. 학개는 "모든 민족들(191개국 모두)의 열망"이 무엇인지 정확하게 말했다. 그것은 바로 『**화평**』이었다. 학개 2:9을 보라.

하지만 화평이 "화평의 성읍"에 임할 때까지는 어떤 화평도 없을 것이다. 따라서 우리는 『**예루살렘의 화평을 위하여 기도하라.**』(시 122:6)는 말씀을 듣게 되는 것이다. UN이나 이 세상을 위해 기도하라는 말이 아니다. 그리스도께서는 "지상의 평화"를 위해서 기도하는 데 단 한 숨의 호흡도 낭비하신 적이 없으셨다(요 17:9).

시작하라, 학개 선지자여!

에스라 5장

5:1 그때 선지자들, 곧 선지자 학개와 잇도의 아들 스카랴가 유다와 예
루살렘에 있는 유대인들, 곧 그들에게 이스라엘의 하나님의 이름으
로 예언하였더라.
2 그러자 스알티엘의 아들 스룹바벨과 요사닥의 아들 예수아가 일어
나 예루살렘에 있는 하나님의 전을 건축하기 시작하였으니 하나님
의 선지자들이 그들과 함께하여 그들을 돕더라.

학개 선지자와 함께 예언하는 동료 선지자를 주목하라. 향후 수년 이내에 UN에 속한 191개국 모두에게 닥칠 일에 대해 말하고 있는 그 선지자 말이다(슥 12,14장).

"세상을 살기에 더 좋은 장소로 만들기" 위해 "평화로운 절차들"을 밟으면서 밤낮으로 애쓰는 모든 "사회 개혁가들," 즉 FBI, CIA, 로마 클럽, 일루미나티, 바티칸, 메이슨, 모슬렘, 유네스코, CBS, CNN 같은 매스컴들, 교회협의회(NCC) 등 성경을 거부하는 모든 타락한 사람들을 위해 채색된

스카랴의 "장밋빛 미래"는 단 한 단어로 묘사될 수 있는데, 그것은 바로 대재앙이다.

『보라, 사람들이 유다와 예루살렘을 포위할 때에 내가 예루살렘을 주위의 모든 백성에게 떨리는 잔이 되게 하리라. 그 날에 내가 예루살렘을 모든 백성에게 무거운 돌이 되게 하리라. 비록 세상의 모든 백성이 그것을 치려고 함께 모일지라도, 그 돌을 드는 자들은 모두 산산이 부서지리라』(슥 12:2,3).

『그때에 주께서 나가 그 민족들을 대적하여 싸우시리니, 전쟁의 날에 싸우셨을 때처럼 하시리라』(슥 14:3).

『주께서 예루살렘을 대적하여 싸운 모든 백성을 치실 재앙이 이러하리니, 그들이 그 발로 서 있을 때에 그들의 살이 녹아 없어질 것이요, 그들의 눈이 그 구멍 속에서 녹아 없어질 것이며, 그들의 혀가 그 입에서 녹아 없어질 것이라』(슥 14:12).

분명 스카랴의 내용은 "예루살렘의 적들"에게는 대재앙이 아닐 수 없다.

학개와 스카랴는 『**이스라엘의 하나님의 이름으로**』 예언한다(1절). 이슬람교의 이름으로 하는 것이 아니다. 『**이스라엘의 하나님의 이름**』은 "알라"가 아니다. 아무리 그 단어를 똑같은 단어처럼 보이게 만들려 해도 소용이 없다. 알라는 "달 숭배자들"이 섬기는 달의 신(moon god)이었다. 그는 한 건물 안에 안치된 수백 개의 이교도 신들 가운데 하나였다. 마호메트는 그가 싸웠던 베두인족 전체를 정복하기 위한 알리바이로 사용하려고 알라를 선전했던 것이다. 그가 죽은 뒤, ("모슬렘인들"이라고 불리는) 그의 추종자들은 마호메트가 써먹었던 방법을 이용해서 이후 400년 동안 유대인들, 그리스도인들, 그리고 불교도들과 힌두교도들을 학살했다. 그 기간 동안 그들은 단 한 번도 행동 방침을 바꿔 본 적이 없었다. (〈죽음의 재 같은 땅 이스라엘, *ISRAEL : A Deadly Piece of Dirt*, 2001〉 참조)

2절을 보라. 기초는 이미 3장에서 놓여진 상태였으므로, 이제 실제적인 성전 건축이 시작된다. 학개와 스가랴가 건축자들을 돕는다(2절).

사도행전 5:29 및 출애굽기 1:17과 조화를 이루는 이 명쾌한 사례를 주목하라. 여기서 하나님께서는 "전을 건축하라"는 한 가지 명령을 내리시고, 권세자들은 또 다른 명령을 내리고 있다(스 4:21). 당신은 "카이사"가 아니라 하나님께 복종해야 한다. 여기에서 우리는 세상의 종교 기구들이 왜 사탄적인지를 알게 되는데, 이는 그들의 모든 지도자들이 그들의 종교가 어느 민족, 성읍, 지방, 도시, 마을 혹은 나라의 지배권을 통제할 수 있도록 하기 위해 과거나 지금이나 "국가교회"들을 세우려 하기 때문이다.

2002년 11월 요한 바오로는 카톨릭 교회에게 정치적 국가로서 투표할 수 있는 권한을 달라고 UN에 상정했다.

신약에서 그리스도인이라 고백하는 어떤 사람도 소아시아, 팔레스타인, 시리아, 이집트, 크레테, 쿠프로, 그리스, 마케도니아 혹은 로마 어딘가에도 국가교회를 세우려 했던 사례는 없다. 더욱이 교회사를 통해 볼 때, 성경대로 믿는 그리스도인들의 어떤 그룹도 정부 강압에 의한 신앙으로서 어떤 종교를 세우려 했던 경우는 없었다.

이 세상에 있는 어떤 나라의 국가 교회(국가 종교)도 『**너희는 그들의 열매로 그들을 알게 되리라.**』(마 7:20)는 성경 말씀에 비추어 보았을 때 가히 사탄적이라 할 수 있다. 그렇게 되면 그 종교는 그리스도인들(신약)과 유대인들(구약)을 계속해서 박해(또는 살육)할 것이다. 성경에 따르면 이러한 모든 사탄적인 방해는 과거부터 있어왔고, 현재도 있으며, 앞으로도 일어날 것이다.

로마카톨릭과 그리스정교회는 언제나 신약의 가장 크고 강력한 두 적들로서, 자기들이 "기독교"라고 종교적 허풍을 떨었다. 힌두교, 불교, 이슬람이 양떼 밖에 있는 "흉악한 이리들"이라면, 교황주의자들과 그리스정교 대주교들은 양떼 안에서 "양의 옷을 입고 나오는 이리들"이다(마 7:15).

5:3 같은 시기에 강 이편의 총독 탓내와 스달보스내와 그들의 동료들이 그들에게 와서 이같이 말하기를 "누가 너희에게 이 전을 건축하고 이 성벽을 세우라고 명하였느냐?" 하기에

4 우리가 그들에게 이 같은 방식으로 말하기를 "이 건축물을 짓는 자들의 이름이 무엇이냐?" 하였더라.

5 그러나 그들의 하나님의 눈이 유대인 장로들 위에 계시므로 그 문제가 다리오에게 이를 때까지는 그들이 유대인들로 공사를 중단하게 할 수 없었으니 그들이 이 문제에 관하여 편지로 회답을 돌려보냈더라.

이제 성전 건축이 정말로 시작되었다. 학개와 스가랴는 아주 적절한 시기에 등장한 셈이다. 역대기하 20:20은 이스라엘이 "성공하려면" 어떻게 해야 할지를 분명히 알려 주고 있다. 그것은 하나님의 선지자들의 말을 듣는 것이었다. 결코 "알라"의 선지자가 아니다. "알라의 선지자"에게는 어떤 것도 예언할 능력이 없기 때문이다. 코란의 수라 114개의 장에서 마호메트는 코란이 완성된 이후에 일어났던 미래에 관해 중요한 예언 한마디도 감히 하지 못한다. 하지만 하나님의 선지자들(이사야, 미카, 예레미야, 아히야, 에스겔, 다니엘 등)은 그들이 죽고 사라진 이후 1년에서 3,000년까지의 기간 내에 어떤 사건이 역사적으로 어디에서 일어나게 되는지, 이에 대한 수십 개의 세부적인 내용들을 예언하는 데 주저하지 않는다.

3절에서 그 "적들"은 정기적인 시찰을 하러 나온 몇몇의 정부 관료들임을 알 수 있다. 이들 관료들은 "총독들"(viceroys)이나 "사트라프들"(satraps)로 불렸다. 페르시아 120개의 각 지방에는(단 6:1, 에 1:1) 그 지방을 다스리는 "고관"이 한 명씩 있었고, 이 모든 고관들 위에는 세 명의 총리들이 관할했다. 제미에슨과 포셋과 브라운은 페르시아에 포함되어 있던 지방이 불과 20개 정도밖에 안되었다고 말한다. 하지만 성경은, 다리오 통치하에서는 120개(단 6:1-4), 아하수에로 통치하에서는 127개(에 1:1)의 지방이 페르시아에 있었다고 말씀한다.

당대(에스라 시대)의 페르시아 각 지방들은 오늘날 국제적인 마약 거래의 중심지이자 모슬렘 테러단체들을 위한 집회 장소가 되었다. 이곳은 다마스커스, 시리아, 페니키아, 레바논, 이집트, 아라비아 북부 지역으로, 모두 반유대주의로 단결되어 있다.

『**우리가 그들에게 이 같은 방식으로 말하기를...**』(4절). 특이하게도 주어가 3인칭 복수(3절)에서 1인칭 복수(4절에서 『**우리**』)로 전환되는 것에 주목하라. 유대인들 스스로가 『**...자들의 이름이 무엇이냐?**』라고 묻고 있는 것이다. 이 질문은 유대인들을 시찰하는 자들이 묻는 질문임에도 말이다.

만일 유대인들이 그들을 시찰하러 나온 사람들을 놀리고 있는 것이 아니라면, 이런 질문을 했을 리가 만무하다. 놀린다고 보는 것도 가능한 얘기지만, 에스라가 기록할 당시 그들이 다리오에게 보낸 서신을 그가 인용하고 나서 이스라엘의 관점에서 5절을 추가했다고 보는 것도 일리가 있다. 서신에서 4절이 9,10절과 어떻게 조화를 이루고 있는지 주목하라.

『**그들이 유대인들로 공사를 중단하게 할 수 없었으니**』(5절). 유대인들이 "중단할 수 없었던 이유"에 대해서는 학개 1,2장에 설명되어 있다. 특히 1:3-11과 2:2-9을 보라. 하나님께서는 물질적인 것들을 구실로 그분의 백성들에게 호소하셨다(학 1:5-10). 『**너희의 행위를 숙고해 보라**』(학 1:5). 네가 저축한 돈은 주머니에 넣자마자 구멍으로 빠져 나간다. 네가 애써 가꾼 작물도 잃게 되고 네가 입은 옷은 바람막이가 되지 못한다.

이유가 무엇인가? 바로 영적인 문제 때문이다. 결코 물질적인 문제가 아니다. 문제는 당신이 하나님을 첫 번째가 아닌 두 번째 자리에 두었다는 데 있다(학 1:2,8). 누가복음 12장에서 자신의 혼을 "하나님의 모든 말씀"이 아닌 몸을 위한 음식으로 채우려했던 부자의 경우를 보라(눅 12:19).

오늘날 사람들은 흉작, 가족, 지진, 해일, 태풍, 폭풍, 산불, 흑사병, 가뭄의 원인을 결코 하나님과 연관시키는 법이 없다. 그들의 신은 그들 자신의 두뇌(모든 인본주의자들은 그들 자신을 숭배한다.)이므로, 아무도 무슨 일이 일어난 것을 하나님께서 하신 것으로 생각지 않는다. 그들은 스스로가 신들이기에, 이러한 일들이 어느 누군가에게 일어날 거라는 생각도 하지 않을 것이다.

[그러나 성전 건축이 약 15년 간 지연되었다. 늘 그렇듯이 연대기들도

변화한다. 벌링거는 지연된 기간을 느헤미야 2:1에서 발생하는 28년의 기간으로 설정하고 있으며, 이 28년의 기간은 각각 14년 간의 두 기간으로 나누어진다. 다리오(스 6:15)와 아탁세르세스(스 7:7) 사이에 50년의 간격이 발생하고 아탁세르세스 제칠년(스 7:7)과 제삼십이년(느 13:6,7) 사이에 또 다른 25년의 간격이 발생한다고 언급함으로써, 다니엘 9:25에서 『**칠 주**』는 『**육십이 주**』와 분리된다. 이는 다니엘의 "칠십째 주"를 설정해 주는데, 곧 533-536년경에 시작해서 28년(4×7)이 지나가고, 다음으로 50년 내지 51년의 간격이 있고 나서 『**칠 주**』에 상응하는 21년(3×7, 단 9:27)의 기간이 있게 된다.]

자, 하나같이 서로 다른 날짜들을 제시하고 있는 다섯 개의 서로 다른 기독교 연대기들(로버트 앤더슨 경, 클라렌스 라킨, 스코필드, 벌링거, 어셔)을 충분하게 비교해 본다면 참으로 흥미로운 일일 것이다. 가장 좋은 방법은 〈킹제임스성경〉 본문을 읽는 그대로 믿어 다음의 두 가지 사실들을 곧바로 깨닫는 것이다. 1. 성전을 재건할 때 아무 일도 하지 않았던 공백 기간들이 있고 나서 어떤 일을 행했던 기간들이 있었다. 2. 모슬렘 형제단과 "아랍 연맹"(B.C. 434년에서 A.D. 2002년까지)이 성전 재건을 반대했고, 건축되기 시작할 때부터 지금까지 여전히 공사를 막기 위해 모든 수단을 동원하고 있다.

비록 이런 방해들이 시기적으로 2,300년 이상이나 떨어져 있긴 하지만, 그들은 모두 동일한 논쟁점을 내걸고 동일한 방법들을 사용하는, 서로 연관된 동일한 단체들이다. 그들은 예수 그리스도께서 태어나시기 1,800년도 훨씬 전에 하나님께서 아브라함에게 지시하신 땅과 동일한 땅을 두고 시비를 걸고 있는 것이다.

5:6 강 이편의 총독 탓내와 스달보스내와 강 이편에 사는 그의 동료 아
팔삭인들이 다리오왕에게 보낸 편지의 사본이라.
7 그들이 그에게 보낸 편지에는 이같이 기록되어 있더라. "다리오왕
께 온전한 평안이 있으시기를 바라나이다.
8 왕께 고하옵는 것은 우리가 유대 지방에 가서 위대하신 하나님의
전에 갔더니 그 전이 큰 돌들로 건축되고 재목이 성벽에 얹히며 이
공사가 빠르게 진척되어 그들의 손에서 성공리에 이루어지기에
9 우리가 그 장로들에게 물어 이같이 말하기를 '누가 너희더러 이 전
을 건축하고 이 성벽들을 세우라고 명하더냐?' 하고
10 우리가 그들의 우두머리들의 이름을 적어 왕에게 보고하려고 그들
의 이름도 물었더니

『**강 이편**』이란 표현은 유프라테스 강 남서쪽의 사트라프들(satraps, 페르시아의 지방들)에 대한 언급이다(6절). 그 보고서(7-17절) 안에 언급된 8절에서 16절까지의 내용은 진실이다. 물론 그 내용은 적들과 유대인들 사이에 있었던 대화를 근거로 하고 있다. 그 편지는 11-15절에서 유대인들이 말한 내용의 진상을 조사해 달라는 요청으로 끝을 맺고 있다.

그런데 9절을 보면 그들이 개별적인 검거를 원했다는 사실을 알 수 있다. 즉, "반란을 일으킨 주동자들"의 이름 하나하나를 보고하여 체포하길 원했던 것이다.

이런 일들은 오늘날에도 종종 일어난다. 20세기에 텍사스 주 휴스턴 시내에서 잭 우드(Jack Wood)의 몇몇의 젊은 형제들은 야외에서 설교했다는 이유로 수갑이 채워진 채로 거리에서 끌려갔다. 우리도 이곳 펜사콜라에서 어려움을 겪었다. 6명의 젊은이들이 체포되었고 체포 위협을 받은 사람들도 더러 있었다. 약 20년 전에는(1980년경) "로지 오그레디스"(Rosie O'Grady's)라 불리는 지옥 같은 장소로 "강제 연행될 위기"도 있었다. 그 주류업 연대(liquor joint)를 운영했던 사람들은 변호사 한 명을 고용했다. 그 변호사는 치안을 어지럽힌다("불필요한 소음을 일으킨다"는 등)는 이유로 우리가 수감될 수 있다는 내용의 "단속규정" 복사본 한 부를 법원에서 발행하여 나한테 보내왔다. 그러나 우리 중 어느 누구도 술집 안팎으로 시끌벅적한 음악으로 떠들어대는 확성장치만큼이나 소음을 낸 적이 없었다. 나는 그 변호사에게 답신을 보내 우리는 불법을 행한 적이 없다는 몇 가지 이유를 다음과 같이 밝혔다. 1. 우리는 확성장치를(또는 "확성기"조차) 사용하지 않았다. 2. 우리는 폭동을 선동하지 않았다. 3. 우리는 교통에 장애를 주지 않았다. 우리는 단지 "언론의 자유"에 대한 권리를 행사했고, 우리의 종교적인 신념을 "실천"했을 뿐이다. 이는 신구약 성경을 통해 볼 때, 모든 설교자들은 거리 설교자거나 야외 설교자였기 때문이다. 나는 그 변호사에게 이렇게 말했다. "당신은 당신의 의무를 다하시오. 우리는 우리의 의무를 다할 테니까. 난 다음 주 토요일 9시에 그 장소에 가서 설교하겠소." 그리고 나는 그 시간에 그 장소로 나갔다.

5:11 그들이 우리에게 이같이 대답하여 말하기를 '우리는 하늘과 땅의
하나님의 종들이며 여러 해 전에 건축되었던 전을 우리가 세우나
니 이는 이스라엘의 위대한 한 왕이 건축하고 세운 것이라.
12 그러나 우리의 조상이 하늘의 하나님을 격노케 하여 그가 그들을

칼데아인 바빌론 왕 느부캇넷살의 손에 넘기시니 그가 이 전을 파
괴하고 백성을 바빌론으로 잡아갔느니라.
13 **그러나 바빌론 왕 코레스 제일년에 코레스왕이 칙령을 내려** 하나
님의 **이 전을 건축하게 하였으며**
14 **또 느부캇넷살이 예루살렘에 있는 성전에서 탈취하여 바빌론의 신**
당으로 가져갔던 하나님의 **전의 금은 기명들도 코레스왕이 바빌론**
의 신당에서 취하여 그것들을 총독으로 임명한 세스바살이라는 이
름의 사람에게 넘겨주며
15 **그에게 말하기를 이 기명들을 가지고 가서 예루살렘에 있는 성전**
으로 옮기고 하나님의 **전을 그 있던 자리에 건축할지니라 하시므**
로
16 **이 세스바살이 와서 예루살렘에 있는** 하나님의 **전의 기초를 놓았**
으며, 그때로부터 지금까지 건축이 이루어졌으나 아직 끝내지 못
하였느니라.' 하오니
17 **그러므로 이제 왕께서 좋게 여기시거든 바빌론에 있는 왕의 보물**
창고를 조사하시어 과연 코레스왕이 예루살렘에 이 하나님의 **전을**
건축하라고 칙령을 내렸는지 보시고 왕께서는 이 문제에 관한 왕
의 기쁘신 뜻을 우리에게 보내 주옵소서."

13절에서 페르시아 왕 코레스에게 부여된 특별한 칭호에 주목하라. 이 구절에서 그는『**바빌론 왕**』으로 불린다. 그 이유는 이 때가 코레스가 바빌론 지역을 통치하고 있는 때이기 때문이다(13절). 바빌론으로 추방당했다가 코레스의 칙령 하에 첫 번째로 그곳을 떠나 예루살렘으로 귀환했던 유대인들

이, 코레스 왕과 전에 그들을 포로로 사로잡아 갔던 왕과 연결시키는 것은 자연스러운 일이었을 것이다. 다시 말해서 코레스는 느부캇넷살의 후계자였다.

이것은 성경의 "모순"을 해결하기 위해 억지로 끼워 맞추는 해석이 아니다. 무엇보다도, 『**다리오**』(단 6:1,25)는 코레스가 등장하기 이전에 『**바빌론 왕**』(단 5:28,30)이었다.

알다시피, 바빌론의 첫 번째 왕(창 10:10) 님롯은 바빌론의 마지막 "왕"(계 13,17장)을 예표하고 있다. 느부캇넷살 역시 다니엘서에서 여러 모로 마지막 왕을 예표하고 있다(우상숭배, 형상의 치수, 전 세계적인 경배를 받으려는 욕구, 반유대주의, 자만, 능력, 그가 있는 위치, 그를 따라다녔던 음악의 종류들과 6개의 악기들 등). 다음의 사항들도 주목하라.

1. 『**다윗의 아들**』인 솔로몬은 성경에서 그리스도의 가장 위대한 모형들 중 하나다. 그의 통치는 그리스도의 천년왕국 통치를 예표한다.

2. 그는 또 역대기하 9:13과 열왕기상에서 적그리스도의 예표로서 제시된다.

3. 페르시아의 왕(단 2,7장)은 사탄의 일곱 머리(계 12장) 중 하나와 조화를 이룬다. 다른 여섯 머리는 님롯(바빌론), 파라오(이집트), 산헤립(앗시리아), 느부캇넷살(다시 바빌론), 알렉산더 대제(그리스) 그리고 카이사(로마)다. 총 일곱 명이다.

4. 그러나 그는 유대인들을 돕는다(대하 36:22,23, 사 44:28).

5. 느부캇넷살은 성경에서 적그리스도의 가장 두드러진 모형 중 하나로 다니엘 4:34,35에서 유대주의로 "회심"한다.

성경이 당신에게 무엇이라고 말씀하시는가?

성경은 당신에게 『**죄의 사람**』이 일정 기간 이스라엘과 좋은 관계를 유지하다가 그들과 맺은 언약을 파기할 것(단 11:23,32)이라고 말씀한다. 그가 『**죄의 사람**』(로마에서)에서 『**멸망의 아들**』(예루살렘에서)로 바뀔 때, 그는 대단한 잔인성을 띠고 반유대주의로 돌아설 것이다.

에스라 6장

6:1 그러자 다리오왕이 칙령을 내려 바빌론에 보물이 쌓여 있는 서고를
조사하도록 하였더니,
2 메데인들의 지방에 있는 궁 악메다에서 한 두루마리가 발견되었는
데 거기에 이같이 기록되기를
3 "코레스왕 제일년에 코레스왕이 예루살렘에 있는 하나님의 전에 관
하여 한 칙령을 내리니라. 사람들이 희생제를 드리던 장소, 즉 전을
건축할지니 그 기초를 튼튼히 놓고 그 높이는 육십 큐빗으로 또 그
너비도 육십 큐빗으로 하되
4 큰 돌 세 줄에 새로운 재목 한 줄을 놓고 그 비용은 왕실에서 댈지니
라.
5 또 느부캇넷살이 예루살렘에 있는 성전에서 취하여 바빌론으로 가
져왔던 하나님의 전의 금과 은 기명들을 돌려 주어 예루살렘에 있
는 성전으로 다시 가져와서 각각 하나님의 전 안에 있던 자리에 둘
지니라." 하였더라.

성경에서는 처음으로, 본문에 도서관에 대한 언급이 나온다. 그것은 『**서고**』라 불린다. 이를 통해 우리는 알렉산드리아에 도서관이 세워지기 오래 전 특정 건물들 안에 둥글게 말린 "두루마리들"(scrolls)이 보관되어 있었다는 사실을 알게 된다.

코레스의 칙령에 관한 기록(대하 36장)이 발견된다(1,2절). 다리오는 솔로몬 성전의 너비를 20큐빗에서 60큐빗으로(왕상 6:2), 그 높이를 30큐빗에서 60큐빗으로 확대시키고 있다. [성전 기초가 놓여진 해는 대개 B.C. 536년으로 알려져 있으며(4월에 시작하여 9월에 완공), 성전 건축이 완공된 해는 B.C. 515년 2월 21일로 알려져 있다. 역시 연대학자들마다 다르다.]

『**전을 건축할지니**』(3절). 학개는 즉시로 이 성전을 미래에 세워질 한 성전에 연결시킨다(학 2:6-9; 2:20-23). 이것이 바로 예언의 "이중적용"(double application)이다. 신약에서 반복적으로 나타나는 이중적용(엘리야와 침례인 요한)을 주목하라. 이를테면 이런 것들이다. 이방인들 가운데서 불러내는 것(행 15장), 호세아 1:9,10을 호세아가 기록되었을 당시에는 어떤 적용도 할 수 없었던 신약 교회에 적용하는 것(롬 9:25,26), 이사야 40:1-10에서 두 번의 오심이 동시에 일어나는 것, 누가복음 2:14의 찬양이 언급될 당시에는 어떤 적용도 할 수 없었다는 것, 가브리엘 천사가 마리아에게 전한 메시지(눅 1:30-33)는 당시에는 부분적으로만 적용되었기 때문에 어떤 적용은 당시에 할 수 없었다는 것, 특히 이 메시지는 그리스도께서 돌아오실 때 있게 될 UN의 파멸에 2차적인 적용을 할 수 있다(욜 2장, 사 24장, 습 3장, 사 63장, 렘 25장).

이것이 바로 이중적용이다. 또한 성경에 나오는 구절들은 모두 삼중적인 적용이 가능하다. 첫째는 영적 적용이고, 둘째는 역사적인 적용이며, 셋째는 교리적인 적용이다. 많은 교단들과 이단들이 가르쳤던 오류들은 성경의 한 절이나 한 구절을 잘못 적용해서 생기는 것이다.

『**그 비용은 왕실에서 댈지니라**』(4절). 교회와 국가가 연합했고, 이로 인해 세금은 어떤 하나의 종교를 지원하는 데 사용될 것이다. 로마카톨릭 신자에게 이보다 멋진 "성경적인" 구절이 어디 있겠는가! 자, 이 시대에 사탄의 교회를 세우면서 그 구절을 인용하고, 또 사제들에게 면세특권이 주어진다는 내용의 에스라 7:24을 사용할 수 있지 않겠는가! 에스라 7:25,26을 보라! 이제 당신의 사제들에게 법정을 통해 사법체계를 통제할 수 있는 권한을 부여할 수 있다. 진정, 이 얼마나 교황을 위해 잘 짜여진 체제인가! UN에서 당신의 "사제"는 하나님으로부터 나오는 권세를 가지고 반카톨릭 교도들을 감금하고 죽이게 될 것이다(스 7:26).

이제 여러분은 이슬람과 바티칸이 "국가교회들"을 사랑하는 이유를 알게 된다. 중동에 있는 모든 모슬렘 정부는 하나의 "교회국가"다.

자, 에스라 6:5에서는 전에 예레미야가 다시 돌아오게 될 것이라고 언급했던(렘 27:16-22) 『**기명들**』이 다시 돌아온다. "알라"의 선지자와 달리 예레미야는 70년 뒤에 일어나게 될 역사적인 사건들에 관해 분명히 예언했다.

6:6 "그러므로 이제 강 저편의 총독 닷내와 스달보스내와 강 저편에 있는 아팔삭인들인 너희의 동료들은 그곳으로부터 멀리 있어

7 이 하나님의 전의 공사를 막지 말고 유대인의 총독과 유대인의 장로들로 이 하나님의 전을 그 있던 자리에 건축하게 할지니라.

8 또 내가 한 칙령을 내려 이 하나님의 전의 건축을 위하여 너희가 유대인 장로들에게 무엇을 해야 할 것인가를 알게 하노니 왕의 재산, 즉 강 저편 관세에서 경비를 이 사람들에게 속히 주어 그들로 방해받지 않게 할지니라.

9 또 하늘의 하나님의 번제용으로 그들이 필요로 하는 것들, 즉 어린 수송아지들과 숫양들과 어린양들과 밀, 소금, 포도주, 기름을 예루살렘에 있는 제사장들의 지정에 따라 매일 그들에게 착오 없이 내주어

10 그들로 하늘의 하나님께 향기로운 맛의 제사들을 드리고 왕의 생명과 그의 아들들의 생명을 위하여 기도하게 할지니라.

11 또 내가 칙령을 내렸으니 누구든지 이 명을 변경하면 그 집에서 들보를 빼내어 세우고 그를 그 위에 매달며 이로 인하여 그의 집을 퇴비더미가 되게 할지니라.

12 자기들의 손을 대어 이 명을 변경하거나 예루살렘에 있는 이 하나님의 전을 파괴시키려 하는 모든 왕들과 백성을 자기의 이름을 그곳에 거하게 하신 그 하나님께서 멸망시키시기 원하노라. 나 다리오가 칙령을 내렸으니 속히 행할지니라." 하였더라.

성전에 관해 문의하도록 보냄을 받은 아랍인들, 시리아인들, 이집트인들, 필리스티아인들에게 내려진 다리오의 칙령은 매우 분명하다. 그들은 "이 하나님의 전의 공사를 막지 말라"는 명령을 듣게 된다. 유대인들은 바위돔사원 정상에 성전을 건축해야 하고, 아무도 그것을 못하도록 방해해서는 안 된다(7절).

『**그 있던 자리에**』(7절)란 표현을 주목하라. 이는 한 유대인 왕이 그 땅의 원 소유주인 한 여부스인(수 12:10, 판 1:1-8, 삼하 24:21-25)에게서 돈을 주어 값을 지불하고 구입했던 한 유대인의 땅과 관련되어 있다. 직·간접적으로라도 어떤 "팔레스타인인"도 본 거래에 연관되어 있지 않았다. 유다 지파의 한 유대인 왕이 그 "바위돔"을 구입했을 때(삼하 24:21-23), 어떤 모슬렘인도 그 자리에 있지 않았다. 어떤 카톨릭 추기경이나 로마 교황 사절 혹은 그리스 총대주교나 카톨릭 교황 혹은 힌두교 탁발승이나 불교 수도사 혹은 마호메트에게도 시온 산에 대한 권리가 없는 것이다. 어느 때에도 말이다.

최근 논평에 관해서는 최고위 모슬렘 의회 수장인 정통 모슬렘교 교주 사드알딘 알 아타미(Saad-al-Din al Atami)의 말을 주목해 보라. "모슬렘인들은 어떤 유대인이라도 이 지역(시온 산)에서 기도하는 것을 결코 허용하지 않을 것이다. 이를 위해서는 죽을 준비까지 되어 있다."

그게 무슨 말인지 아는가? 자신의 고국 땅, 곧 여호와께서 약속하신 땅에 살고 있는 어떤 유대인도, 주께서 기도하고 희생제물을 바치라고 말씀하셨던 장소에서는 감히 기도를 못한다는 것이다. 그렇게라도 하는 날에는 간음을 일삼는 일부다처주의자들(네 명의 아내까지도 허용된다.)의 손에 죽게 될 것이다. 그들은 하나님의 말씀에 복종하려는 어떤 유대인과도 전쟁할 준비가 되어 있는 것이다.

8절에서는 세금이, 말하자면 교회 건물을 건축하는 데 사용되었다. 그런데 사실 이는 모든 모슬렘 국가들에서 이슬람 사원들을 건축하기 위해 모든 비이슬람교도들에게 세금을 부과하는 것과 동일한 현상이라 할 수 있다. 이는 또 모든 카톨릭 국가에서 카톨릭 사제들을 지원하기 위해 모든 비카톨릭교인들에게 세금을 부과하는 것과 동일한 현상이다. 사실 바티칸이나 이슬람이나 동일한 방법을 사용하는 똑같은 집단이라 할 수 있다. 이 두 종교 집단은 신약이 주어지기 전 율법 하에서 이스라엘에게 주어진 구약의 구절들(본문의 구절과 다른 수십 개의 구절들)을 잘못 적용하고 말았다.

교황들이 그 모든 나라들에게 했던 일이라고는, 그 나라들을 구약의 모세의 신정국가 아래로 귀속시키는 것이었다. 즉 그들에게 율법의 멍에를 지워 카톨릭 교회 안에 가두어 두는 것이다. 그러면서 구약에서 예언한 이 땅의 신정국가는 절대로 세워지지 않을 것이라고 말해 버렸다. (물론 성경 예언에 따라 신정국가는 이 땅에 세워질 것이다. 사 60:1-3,12, 렘 30:10, 11, 암 9:14,15, 겔 37:21-28, 골 2:16,17, 겔 40-48장, 렘 32,33장). 카톨릭이 그렇게 말하는 이유는, 구약의 모든 문자적인 약속들(암 9장, 겔 37장, 렘 32장, 사 2장)은 비유들일 뿐이며, 모두 로마카톨릭 체제에서 영적으로 적용되는 것이라고 주장하기 때문이다. 이에 대해서는 마호메트도 로마 교황과 다를 게 없다.

다시 돼지고기를 금하는 시대로 돌아가려거든(구약) 모슬렘교도들에게로 가라. 다시 거룩한 날들을 지키려거든(구약) 모슬렘교도들에게로 가라.

다시 성읍들을 향하여 기도하는 시대로 돌아가려거든(구약) 모슬렘교도들에게로 가라. 카톨릭은 모슬렘과 같은 길을 걷고 있다. 이는 두 교회국가들(이슬람교와 카톨릭) 모두가 사라진 신정국가를 자기들 종교 체제로 부활시켜서 세상을 그 아래로 귀속시켜야 하기 때문이다. 이슬람교와 로마카톨릭은 사람들이 히브리서 10:8-10, 디모데전서 2:5, 시편 69:8,9, 베드로전서 2:5-9 또는 요한복음 14:6,9, 요한일서 5:20, 요한복음 6:63, 마태복음 23:9, 사도행전 4:12을 거부하도록 만들기 위해 온갖 노력을 다하고 있다.

a. "아브라함의 품"(눅 16장)과 같은 중간 상태가 있는가?

- 연옥이 그것을 대신한다.

b. 돼지고기를 금하는 것처럼 음식에 관한 금기들이 있는가?

- 절대 금주(이슬람교), 금요일에는 생선만 허용(교황절대주의자)

c. 마귀들이 믿는 것처럼(약 2:19) 한 분 하나님(신 6:4)에 대한 신앙이 있는가?

- 이슬람교와 카톨릭은 일신교다.

d. 여호수아와 다윗의 지휘 하에 정당한 목적으로 이루어진 무장 전쟁(구약)이 있는가?

- 이는 "십자군"(카톨릭)과 "지하드"(이슬람교)로 대체된다.

e. "거룩한 성읍"(구약의 예루살렘)이 있는가?

- 다수의 거룩한 성읍들(메디나, 메카, 예루살렘, 로마, 루르드, 파티마)

이런 것들은 모두 구약적인 내용들이다. 신약의 기독교와는 아무 상관이 없다. 구약의 이사야에서는 죄들이 불로 정결케 되었고 신약 시대에는 피로 정결케 되었다(히 1:3; 9:4).

로마 아래에 있는 한, 사람들은 그리스도의 피가 그들을 죄에서 정결케(히 9:14) 할 수 없다고 주장하면서, 구약 안으로 500년은 거슬러 올라가게(퇴보하게) 된다. 말하자면 걸음을 한 걸음씩 내디딜 때마다 주님의 피를 발로 짓밟고 있는 셈이다(히 10장). 그러므로 교회와 국가를 결합시킬 수 있다면, 제사장들과 수도사들이 교황의 축복으로 왕들을 암살하고 그들을 대신하여 암살할 "평신도들"을 고용하던 암흑시대로 되돌아갈 수 있게 된다. 수사들과 탁발 수도사들은 무장한 살인마들을 통솔하여 알비겐스, 왈덴스, 침례교도들을 대적했었다.

왜 로마가 정부와 결합하길 원하는지 알겠는가? 중동의 모든 국가들이 하나의 종교에 의해 통제 받고 있는 이유를 알겠는가?

이 두 종교집단(이슬람교와 로마 교황청)은 그들의 "교회"를 위한 무장전쟁을 정당화시킬 수 있다. 내가 과장하고 있다거나 누군가를 중상모략하고 있다고 생각한다면, 아브로 맨하탄(Avro Manhattan), 폴 블랜샤르드(Paul Blandshard), O.C. 램버트(Lambert), L.H. 레흐만(Lehmann), 존 폭스(John Foxe), 요셉 자켈로(Joseph Zachello), 에드문트 파리스(Edmund Paris), 폴 피터슨(Paul Peterson), 바론 포첼리(Baron Porcelli) 등의 저술을 살펴보라.

카톨릭에서 말하는 구원은 율법 하에 주어진 구약적인 구원을 의미한다. 곧 믿음뿐만 아니라 행위들이 필요한 것이다(롬 2:6,7과 약 2:24 참조). 이슬람의 구원도 구약적인 구원이다. 즉 믿음과 행위들이 필요하다. 이는 두 사탄적인 이단들이, 무장 세력과 정치적인 "책동"에 의해 유지되고 있는 정치적이고 물질적이며 물리적이고 가시적인 "왕국"에 대해 이스라엘이 갖고 있는 권리를, 왜 그렇게 주장하고 있는지 그 이유를 설명해 준다. 이슬람조차 구약의 유대인 성전을 그들의 달의 신을 위한 "거룩한 성읍"으로 주장하고 있다.

자, 당장에라도, 교황(레오 1세부터 시작해서 모든 교황)이 왜 사제들, 교황사절들, 국무장관들, 특사들, 평신도들("카톨릭 액션," "오푸스 데이" 등)을 통해 각 정부들의 통제 속으로 서서히 들어가려고 했었는지 그 이유를 알 수 있다. 여기(에스라)에서는 한 왕이 다른 모든 종교들보다도 하나의 종교를 더 후원하고, 그 종교에 대해 특별한 배려와 호의를 베풀며 세금까지도 지원하고 있다! 바티칸과 UN은 지금 그 전철을 따르고 있는 것이다!

회심한 사제 레흐만(Lehmann)은 〈미궁을 벗어나, Out of the Labyrinth〉에서 이렇게 말했다. "1928년 이래 처음으로 미국 사회는 미국 내 로마카톨릭의 사법권 요청에 관한 공식적인 사실들을 알 수 있는 기회가 생겼다. 카톨릭 사제들은, 그 사실들을 폭로한 사람은 어느 누구라도 '편협한 신앙의 소유자'라고 비난하며 논점을 흐려 놓음으로써(이상 참조), 이 궁지에서 벗어날 방법을 강구했다." (이는 1880년 이래 모든 카톨릭 사제들과 주교들이 해 온 표준 관행이라 할 수 있다.) 레흐만은 수년간을 카톨릭 사제로 있었기 때문에, 그가 진술한 사실들에는 거짓이 없었다. 그는 그 사실들이 (한 때 자신이 속해 있던) 그의 교회의 공식적인 가르침이었다고 주장했다. 또 이들 제국주의적인 야망들은 미국 내 모든 로마카톨릭 대학교들에서 가르쳤던 내용들이기도 하다.

로마카톨릭 교회의 진짜 주장들은 교회법에 구체화되어 있다. 이슬람과 교황주의는 그들의 목적과 그 목적을 달성하기 위해 사용했던 방법들에 있어서 동일하다. 교회법은 다음과 같은 사실을 가르친다. '로마의 교황제도는 세계에서 하나님의 직접적인 명령으로 세워진 유일한 종교다.'(이슬람교도 동일함)

알 스미스(Al Smith)가 대통령에 입후보했을 당시(1928), 그는 다음과 같은 말로 지상의 모든 그리스도인들을 깜짝 놀라게 했다. 그것은 순전히 거짓말이었는데, 대통령 집무실로 들어가기 위해서 무얼 못하겠는가! 즉, "나는 경배의 자유, 양심의 자유, 교회와 국가의 분리를 지지합니다."라고 말했던 것이다.

이 연설을 통해 천만 명의 미국의 카톨릭교인들은 충격을 금치 못했는데, 이는 어떤 독실한 카톨릭신자도 그런 내용을 믿고 있진 않으며, 어떤 카톨릭 학교에서도 그런 내용을 배워 본 적이 없기 때문이다. 로마는 그들의 종교를 장려하기 위해 "경배의 자유"를 가르친다. 그런데 그들이 말하는 자유는 모든 국가들에 있는 로마카톨릭 교인들을 위한 자유를 의미할 뿐이다. "교회와 국가의 분리"는 지구상에 있는 어떤 카톨릭 국가에서도 존재하지 않으며, 지난 6천 년 동안 단 한 번도 존재해 본 적이 없었다. 이슬람교도 마찬가지다.

오래 전(Our Sunday Visitor, 1984.10.21), 카톨릭 교회의 수장은 모세가 창세기 1-3장에 기록했던 내용을 다윈의 우스꽝스러운 "성인용 동화"(진화)로 바꾸어 버렸다. 그리스도께서는 모세가 창세기 1-3장에서 기록했던 내용을 어떤 사람이 믿지 못했다면, 그 사람은 예수 그리스도께서 친히 말씀하셨던 내용도 믿을 수 없을 것이라고 말씀하셨다(요 5:46,47).

1982년 5월, 원숭이 인간(다윈)의 100주년 기념식에서 에드워드 도스바흐(Edward Dosbach) 신부는 이렇게 말했다. "우리는 다량의 증거들을 통해 인간 진화의 개념이 어떻게 적용되고 있는지 알 수 있다고 확신합니다. 또 다른 대주교들은 의문의 여지없이..."(교황청과학원, the Pontifical Academy of Science에서)

그것이야말로 예수 그리스도를 거짓말쟁이로 만드는 것이다.

그 로마카톨릭 신자는 전형적으로 불경하고 분별이 없으며 반성경적인 방식으로 계속해서 말을 이어 나갔다. "그것은 로마 교회가 진화에 관한 문제에 있어서 매우 긍정적인 방식으로 접근하고 있다는 사실을 분명하게 반영하는 것이라 할 수 있습니다. 고생물학, 유전학, 자연선택이론, 비교해부학, 생화학 등 각 분야는 그 나름대로 생물진화에 관한 사실의 일반적인 결론에 의견을 같이하고 있으며 그러한 결론을 지지하고 있습니다. 카톨릭 교회는 '창조론'이란 용어로 불렀던 내용을 인정하지 않습니다." 예수 그리스도께서는 다음과 같이 말씀하셨다. 『**주께서 그들에게 대답하여 말씀하시기를 "처음에 사람을 지으신 분이 남자와 여자를 지으시고**』(마 19:4).

"기본적인 성경 해석 방식은 카톨릭 교회 안에서는 어떠한 공식적인 호의나 인정을 받지 못한다."

이것이 바로 바티칸의 입장이다. 21세기 교황의 입장이기도 하다. 그것이 바로 로마카톨릭 신앙인 것이다. 만일 당신이 모세가 기록한 것을 믿고 있다면, 그 카톨릭 교회는 당신을 용인하고 있지 않는 것이다. 〈Our Sunday Visitor〉는 5백만 명 이상의 구독자를 보유한 전국적인 카톨릭 "주간지"이다. 그 주간지를 구독하는 모든 카톨릭 가정은 모세의 말들과 예수 그리스도의 말씀들(요 5:46,47)을 거절해야만 한다. 주 예수 그리스도께서 친히 하신 말씀에 따르면 그렇다는 것이다. 『**너희가 모세를 믿었다면 나를 믿었으리니 이는 그가 나에 관하여 기록하였기 때문이라. 그러나**

만일 너희가 그의 글들을 믿지 않는다면 어떻게 나의 말들을 믿겠느냐?"고 하시니라』(요 5:46,47).

마호메트의 600개의 날개 달린 천사, 그의 90피트 키의 아담, 그의 9살 난 아내, 그의 다른 13명의 아내들과 다를 게 뭐가 있는가!

어떤 침례교인이나 감리교인도 어떤 카톨릭 국가나 모슬렘 국가의 대통령이 될 수 없다. 어떤 영국 국교도나 장로교인도 중동이나 중남미, 오스트리아, 스페인, 이탈리아 혹은 크로아티아에 있는 어떤 군대의 육군원수가 될 수 없었다. 이유가 무엇인가? 이는 어떤 이슬람교도나 카톨릭교인도 자신의 종교 이외의 어떤 다른 종교에 자유가 있다고 믿어 본 적이 없기 때문이다. 이들 나라에서는 하나의 종교가 그 나라의 모든 정부 관료들을 통제하고 있기 때문이다.

고대의 다리오왕은 꾸밈없는 연설을 하고 있다. 『**또 내가 칙령을 내렸으니 누구든지 이 명을 변경하면 그 집에서 들보를 빼내어 세우고 그를 그 위에 매달며 이로 인하여 그의 집을 퇴비더미가 되게 할지니라**』(스 6:11). 그의 칙령은 너무도 생생하다.

에스라와 느헤미야가 가지고 돌아온 모든 기명들을 보게 되면 특이한 점을 발견하게 된다(6:4,9, 7:22, 8:25,33, 5:14). 즉 궤에 대한 언급이 없는 것이다! 심지어 느부캇넷살이 바빌론으로 옮겨간 성전 기물(렘 52장) 중에서도 이상하게 궤가 빠져 있다. 과연 궤에 무슨 일이 일어난 것일까? 시바 여왕이 그 궤를 가져간 이후 에디오피아에서 사라졌을까?

자, 만일 고린도후서 12:1-6에서 바울과 함께, 또 요한계시록 4:1-3에서 사도 요한과 함께 셋째 하늘에 올라갈 수 있었다면 그 궤를 발견할 수도 있었으리라. 성경에서 궤에 대한 마지막 언급은 요한계시록 11:19에 나온다. 만일 계시록에서 언급된 그 궤가 출애굽기 40장에서부터 솔로몬의 시대를 지나 계속해서 "지성소" 안에 있었던 바로 그 궤라면, 성경 전체에서 멸망의 아들의 가장 두드러진 모형 중 하나인 느부캇넷살이 예루살렘을 포로로 잡아가기 이전에 그 궤는 "휴거"되었던 것이다.

여기서 한 가지 교훈을 얻을 수 있다. 곧 "환란 전 휴거"에 대한 정보를 얻을 수 있는 것이다.

당신은 지금 『**그리스도 예수 안에서 천상에**』 앉아 있다(엡 2:6). "휴거는 없다"고 이야기하는 자들이나, 환란 후 휴거를 주장하는 은사주의자들의 허풍에도 불구하고, 당신의 몸은 "느부캇넷살"이 나타나기 이전에 휴거될 것이다.

예수 그리스도께서 나타나시기 전에, 하나님께서는 이방 왕들의 마음을 돌이키시기 위해 "흩어졌던" 유대인들을 사용하신다는 사실도 주목하라. 그리고 이 왕들은 차례로 그들의 왕국들에게 "마리아"나 "알라" 혹은 "브라마" 대신에 아브라함과 이삭과 야곱의 하나님을 받아들이도록 강요하게 된다.

모르드캐가 아탁세르세스와 함께 내린 칙령의 내용을 보라(에 8:9-11). 느부캇넷살의 통치 기간 동안 유대인들이 무엇을 하고 있는지 보라(단 3:29). 또 바빌론과 페르시아에 흩어진 유대인들이 다리오와 함께 무엇을 하고 있는지도 살펴보라. 『**그들로 하늘의 하나님께 향기로운 맛의 제사들을 드리고 왕의 생명과 그의 아들들의 생명을 위하여 기도하게 할지니라**』(10절).

성경의 "이중적용"(double application)과 관련하여, 어떤 구절에 대한 경륜적인 위치를 잘못 잡아 틀리게 적용하게 되면, 한 나라에 문자 그대로 천만 명 이상의 사상자를 낼 수도 있다는 사실을 주목하라. 이처럼 그야말로 강력한 한 권의 책(Book)이 지상에 존재하고 있는 것이다. 그런 내용은 지금까지 기록된 어떤 다른 책에서도 찾아볼 수 없다. 코란은 단순히 그 경전을 쓴 저자에게 동의하지 않은 수백만 명의 사람들을 살해한 것을 정당화하기 위해 기록되었다. 우리는 성경에서 이방인들에게 참 하나님에 관해 알리시기 위해 유대인들(요나, 다니엘, 바울, 에스라, 느헤미야, 모르드캐 등)을 복음전도자로 사용하시는 하나님을 보게 된다. 그러나 바울과 같이 극단적인 예외도 있음을 주목하라. 이 시대에 유대인들은 아무도 회심시키지 않는다. 그래서 다니엘, 에스라 등의 유대인들은 구약에 나오는 것이다.

예레미야가 이방인들에게 증거하는 것은 구약에서다(렘 1,25장). 크발 강가와 유프라테스 그리고 힛데겔에서 증거하는 사람도 다름 아닌 에스겔이다.

자, 이로 인해 A.D. 33년에서 현재까지 그들의 메시야를 거부했던 모든 유대 랍비들은 이사야 44:1,2의 위치를 잘못 잡으므로 이사야 52:13-15의 내용을 잘못 적용해 버렸던 것이다. 그렇게 해서 그들은 희한한 이야기를 만들고 말았는데, 즉 이 시대(교회 시대)에 이스라엘 민족의 임무가 이방인들을 그리스도도, 메시야도, 신약도 없는 유대교로 개종시켜 “땅 위에 화평”(눅 2:14)을 가져오는 것이라는 이야기가 나오게 된 것이다. 그래서 그들이 해야 했던 일은 그들이 하나님의 “첫태생”이라고 불렸던 출애굽기 4:22의 말씀과 시편 2:7 및 이사야 49:5,6의 말씀을 연결하는 것이 전부였다. 보다시피, 그들은 감히 그들 자신이 “메시야”이므로 그들이 대속을 통해 이방인들의 죗값을 지불했다고 주장함으로써 하나님의 의를 자신의 의로 대체시킬 수 있었던 것이다.

그것이 바로 이스라엘을 포함한 지상의 어떤 나라에서든지 표준이 되는 "정통 유대교"였고 지금도 마찬가지다.

이중적용은 그들을 파멸시켰다. 창세기 12장에서 말라키 4장까지 그들에게는 이방인들에게 전할 메시지가 있었지만, 메시야가 나타났을 때는 그 사역이 중단되었다. 그들은 그런 변화를 받아들이길 거부했고, 결국 다하우수용소(Dachau), 트레블링카수용소(Treblinka), 소비보르수용소(Sobibor), 마즈데나크수용소(Majdenak), 베르겐벨젠수용소(Bergen-Belsen), 아우슈비츠수용소(Auschwiz)에서 대량학살당하고 말았다. 그 살해당한 "아브라함의 아들들과 딸들"의 숫자는 무려 6백만 명에 달했다. 재림 때에는 여러 명의 "아브라함의 아들들"이 바깥 어둠으로 던져지게 될 것이다(마 8:11, 12).

예언을 잘못 적용한 결과, 무려 1,900년간의 국제적인 대참사를 초래했던 것이다.

어쨌든 다리오는 유대인들에게 성전 건축에 필요한 것들을 완벽하게 준비해 주고 있다. 즉, 『**돌**』과 『**재목**』(4절), 『**숫양들**』과 『**어린양들**』, 『**수송아지들**』, 『**밀**』, 『**소금**』, 『**포도주**』(9절) 등을 그들에게 지원해 주고 있는 것이다. 7장에서는 유대인들에게 『**기름**』, 『**은**』, 『**밀**』 『**소금**』(7:22)이 제공된다. 『**그러나 나의 하나님께서 그리스도 예수를 통하여 영광 가운데서 그의 풍요함을 따라 너희의 모든 필요를 채워 주실 것이라**』(빌 4:19).

자, 여기에서 질문 하나를 제기해 볼 수 있다. 이 모든 내용은 마호메트의 "바위돔사원" 위에 재건될 미래의 성전과 어떤 조화를 이루고 있는 것일까?

이 위대한 성경적 진리들은 성경을 고치는 320명 이상의 기독교 학자들의 눈을 완벽하게 피해 간다. 모두가 인정하는 바, 기독교 학자들은 그들이 이해할 수 없거나 좋아하지 않는 구절을 만날 때 성경을 고친다. 자, 그들의 시선을 피해 가는 성경적 진리가 무엇인지 살펴보도록 하자.

1. 우선, 성전이 돌이나 벽돌, 혹은 나무 성전이라고 생각할 필요가 없다. 구약의 『**장막**』(tent, 삼하 7:6)도 사무엘상 1:9에서 『**성전**』(temple)으로 불렸다. 신약에서 야고보는 그것을 『**장막**』(tabernacle, 행 15:16)이라 불렀다.

2. 이 건물은 48시간 이내에 "세워질" 수 있었다.

3. 1982년 여름, 랍비 예후다 게츠(Yehuda Getz)는 "통곡의 벽"(Western Wall)을 뚫고 물 저수지 안으로 성전의 기초를 찾아 들어갔다. 그는 여섯 명의 사람들과 함께 30파운드의 폭약과 22개의 수류탄을 가지고 들어갔다. 그때 한 이슬람교도인 경비병이 그들을 보고는 이스라엘의 경찰소로 연락하여 그들을 쫓아내 달라고 요청했다.

4. 1986년 1월 9일, 일단의 유대인들은 그 산에서 기도할 권한을 달라고 요청했다. 이에 그들은 체포되었고 카메라조차 지닐 수 없다는 말을 듣게 되었다. 모슬렘 지도자들은 말하기를 그 유대인들은 기도하러 온 것이 아니라 회교사원을 습격하러 온 것이라고 했다. 체포된 유대인들은 6일 후에 복귀해서 시편 123편을 읽었다. 게다가 폭동에 가까운 사건이 터지기도 했다.

5. 1967년 후반, 〈워싱턴 포스트, *The Washington Post*〉 지는 성전

재건을 요구하는 한 기사를 실었다. 언젠가 한 호주인이 그 벽을 뚫고 들어가(1969) 회교사원을 불태워 버리려고 했었다. 결국 그는 체포당했다.

6. 1989년 10월 6일, 〈타임, *The Time*〉 지는 "새 성전을 재건할 때인가?"(Time for a New Temple?)라는 제목으로 기사를 실었다. 1986년, 랍비 솔렘 고렌(Sholem Goren)은 유대인들이 시온 산에다 성전을 건축해야 한다고 말했다. 랍비 게르숌 살로몬(Gershom Salomon, 1991)은 지금이야말로 성전을 재건할 때라고 말했으며, 게다가 그 말이 "농담이 아니었다는 것"을 입증하기 위해 4톤짜리 "모퉁잇돌"을 생산해 내기도 했다.

7. 〈워싱턴 포스트〉 지에 따르면, 성전 재건 프로젝트는 이미 1967년에 시작되었다. 영국의 자재 선적물이 뉴욕에 있는 26번 부두로부터 이스라엘로 운송되었다. 선적물 중에는 베드포드 인디애나(Bedford Indiana) 채석장에서 규격에 맞게 잘라 온 돌로 된 50대의 철도 차량들이 있었다. 그리고 유대인 석공들이 기압 드릴을 연구하기 위해 이 채석장으로 이송되었다.

현재의 상황(2004)은 이렇다. 이제는 누군가가 이슬람의 "바위돔사원"을 헐어 버리거나 그 산을 돈을 주고 사야 한다. 다윗은 예수 그리스도께서 태어나시기 1,000년 이상 전에 그 산을 원소유주에게서 샀다(삼하 24장, 대상 21:22-26). 다른 선택도 있다. 그들의 사원에서 기도하는 모슬렘인들과 함께 "연합 프로젝트"의 일환으로 성전을 재건하기 위해 노력하는 것이다(스 4:2을 보라). 그렇지 않으면 그 낡아빠진 집을 흔들어서 아주 영원히 무너뜨릴 지진(계 16:18, 사 6장, 암 1:1,2)이 일어나기를 인내심 있게 기다리면 되는 것이다.

6:13 그러자 강 이편의 총독 닷내와 스달보스내와 그들의 동료들은 다리오왕이 보낸 칙령대로 신속히 그같이 행하더라.

14 유대인 장로들이 건축하였으며 선지자 학개와 잇도의 아들 스가랴의 예언함으로 순조로이 진행하더라. 그들이 이스라엘의 하나님의 **명령에 따라 또 페르시아의 코레스와 다리오와 아탁세르세스왕의 명에 따라 건축하여 완공하였더라.**

15 이 전이 아달 월 셋째 날에 완공되었으니 이는 다리오왕의 치리 제육년이었더라.

유다의 적들은 다리오의 칙령에 대해 신속하게 반응하고 있다. 그들은 서둘러 일을 척척 처리해 낸다(13절). 이처럼 왕의 부가적인 도움으로 유대인들은 성전을 완공할 수 있게 된다(14절). 성령께서는 세 명의 이방인 왕들, 곧 코레스, 아탁세르세스, 페르시아의 다리오에게 성전 완공에 대한 공로를 돌려주신다. 그것은 향후 한 영국 왕이 이스라엘과 맺는 모종의 거래에 반드시 연관될 것이라는 사실을 시사해 줄 것이다.

『**아달 월 셋째 날**』(15절)은 2,3월에 해당된다. 제미에슨은 그 날이 2월 21일이라고 말한다. 그렇게 되면 다음 달(아빕월)은 3,4월이 될 것이다. 이 기간에 유대인의 유월절이 들어 있다(출 12장 참조).

6:16 이스라엘 자손과 제사장들과 레위인들과 사로잡혀간 자의 자손의 나머지가 기쁨으로 이 하나님의 **전의 봉헌식을 거행하고**

17 이 하나님의 **전의 봉헌식에서 수송아지 일백과 숫양 이백과 어린**

양 사백을 드렸으며 또 온 이스라엘을 위한 속죄제로 이스라엘의
지파 수에 따라 숫염소 열둘을 드리니라.
18 **그들이 예루살렘에 있는** 하나님을 **섬기는 일에 제사장들을 그들의**
계열대로 레위인들을 그들의 서열대로 세웠으니 모세의 책에 기록
된 대로 하였더라.
19 **사로잡혀간 자들의 자손이 첫째 달 제십사일에 유월절을 지켰으니**
20 **제사장들과 레위인들이 함께 정결케 하였으므로 그들 모두가 정결**
케 되었으며, 사로잡혀간 자들의 모든 자손과 그들 형제 제사장들
과 그들 자신들을 위하여 유월절 양을 잡으니
21 **사로잡혔다가 다시 돌아온 이스라엘의 자손과 그 땅 이방인의 더**
러움에서 자신들을 성별하였던 모든 자들이 이스라엘의 주 하나님
을 찾으려고 먹었으며
22 **기쁨으로 무교절 칠 일을 지켰으니 이는 주께서 그들을 즐겁게 하**
셨고 또 앗시리아 왕의 마음을 그들에게로 돌이켜 하나님, **즉 이**
스라엘의 하나님 **전의 노역에 그들의 손을 강하게 하셨음이더라.**

대부분의 구절은 별다른 설명이 필요 없다. 『**온 이스라엘을 위한 속죄제**』(17절)란 표현을 주목하라. 그 구절은 매우 중요하다 할 수 있는데, 이는 신약에서 히브리서 8장을 올바르게 해석할 수 있는 열쇠가 되기 때문이다.

여기서 말하는 제물은 한 민족을 위해 드리는 "민족적인 제물"이다. 무슨 말인지 알겠는가? 그것은 결코 어떤 개인의 죄들을 위해 바치는 속죄제물이 아니다. 자, 당신이 이 말의 의미를 제대로 이해했다면, 천년왕국 때, 다시 말해서 예수 그리스도의 구속 사역이 완성된 지(히 10:8-12) 1,970

년이 훨씬 넘었을 그 때에 여전히 “속죄제물”이 드려지고 있는 에스겔 42-46장을 이해할 수 있는 열쇠를 얻게 된다. 당신이 그 의미를 이해했다면, 이제는 의심의 여지없이 히브리서 8:8-13에 나오는 어떤 단어도, 그리스도께서 부활하신 이후의 그리스도인들을 언급하는 것이 아니라는 사실을 알게 될 것이다(저자의 〈히브리서〉 주석 참조).

『**이 하나님의 전의 봉헌식을 거행하고**』(16절).

이 성전봉헌일은 수세기를 거쳐 계속해서 지켜지고 있으며, 신약의 요한복음에도 나온다(“수전절”).

계속해서 교회 건물이 “하나님의 전”이라고 고집하는 사람이 있다면 그는 성경적인 사람이라고 할 수 없다. 하지만 성경대로 믿는 교회를 위한 모퉁잇돌을 놓는 경우에서처럼 그것을 하나님께 온전히 “봉헌한다”고 말할 수는 있을 것이다. 또 자기 자녀에게도 마찬가지의 의미로 사용할 수 있다. 갓난아기에게 물을 뿌리는 이교도적 “성사”를 베풀 필요는 없지만, 그 아기가 태어난 이후 아니 심지어 태어나기 전에도 그를 주님께 “바칠” (봉헌할) 수 있는 것이다.

여기에 숫자상의 엄청난 차이들을 보라. 여기서 유대인들은 수송아지 100마리, 숫양 200마리, 어린양 400마리, 숫염소 12마리를 제물로 바쳤다. 그러나 솔로몬왕 때에는 소 22,000마리와 양 120,000마리가 드려졌었다. 이 얼마나 엄청난 퇴보인가!

이러한 퇴보는 미국에서 1880년에 사역했던 지역 교회들과 1980년 후반에 사역하고 있는 지역 교회들의 모습을 보여 주는 좋은 그림이라 할 수 있다. 또한 1920년에 실시한 미국의 교육과 1990년에 실시한 미국 교육의 현주소를 보여 주기도 한다. 국가의 위상에 있어서도 1914년에 미국이 보여 준 위대함과 2002년에 미국이 보여 준 위대함의 차이를 보여 준다. 이는 현대인의 "진보"라는 다윈주의적인 역사관과는 정반대 현상이라 할 수 있다. 그러한 현상은 또 나폴레옹과 루이 14세가 통치하던 프랑스와 2002년의 프랑스의 모습도 보여 준다. 또한 1900년의 미국의 1달러 은화(Silver Dollar)와 1960년의 미 연방준비은행이 발행한 "어음"(Note)의 차이를 설명해 주기도 한다. 1960년의 빌리 그래함과 2003년의 빌리 그래함을 비교할 때도 볼 수 있으며, 1689년의 권리장전(Bill of Rights)을 1964년의 공민권법(Civil Rights Acts) 옆에 나란히 놓고 비교할 때도 볼 수 있다.

전능하신 하나님께서는 뉴욕, 워싱턴, 휴스턴, 시카고, 캔자스 시티, 덴버, 로스앤젤레스, 시애틀, 필라델피아 그리고 이와 유사한 지옥 같은 곳과 부패와 타락의 중심지 위에다 『**이카봇**』이라고 기록하셨다. 1980년인가 오하이오(Ohio) 크세니아(Xenia)의 한 집회에서 나는 다음과 같이 말한 적이 있었다. "당장에라도 하나님께서는 이방 민족들을 취하시어 그들을 바람에 날려 버리기에 앞서, 그 준비단계로 그들의 머리들을 쾅쾅 서로 부딪치게 하실 것입니다. 주께서는 그들과의 관계를 정리하고 계십니다. 곧 그들을 쓰레기처럼 내버리실 것이란 말입니다."

그리스도인들이 지역적인 부흥은 경험할 수 있다고 믿는다. 그들의 가족이든, 그들의 이웃이든 아니면 그들의 지역 교회들이든 간에 아주 드물게라도 소도시 단위로는 부흥이 일어날 가능성이 있다. 하지만 민족적인 부흥은 문제가 다르다. 1933년 미국은 "알코올은 일종의 약물이다"라고 말하면서 약물 사용자들의 국가가 되기를 원한다고 공식적으로 선언했을 때, 민족적인 부흥이 중단되었다.

나는 민족적인 부흥이 일어나게 해달라고 기도하지는 않는다. “하나님 미국을 축복하소서”라는 노래도 부르지 않는다. 내게는 린치버그, 그린빌 또는 펜사콜라 내에 기념비 건립자들보다도 더 뛰어난 분별력이 있다. 이는 선지서들과 열왕기상·하의 내용을 통해 그들보다 나은 분별력을 갖추게 되었기 때문이다. 뭐니뭐니해도 그들의 유일한 두 가지 관심사는 헌금 봉투와 수입이다.

당신은 이렇게 말할지도 모른다. “현대 기독교에 대해 이렇게 신랄하고 비관적으로 평가하는 것은 내 평생에 처음 들어 보는 일입니다!”

나는 레스터 롤로프(Lester Roloff), 존 라이스(John Rice), J. 헤롤드 스미스(Harold Smith), 벤스 헤브너(Vance Havner), J. 프랭크 노리스(Frank Norris), 모르드캐 햄(Mordecai Ham), 하이만 애플맨(Hyman Appleman), 리(R.G. Lee), 제시 헨들리(Jesse Hendley), E.J. 다니엘(Daniels), 헤롤드 사이틀러(Harold Sightler), 메이즈 잭슨(Maze Jackson), 휴 파일(Hugh Pyle) 그리고 수십 명의 다른 사역자들처럼 안수 받은 침례교 목사다(1950).

우리 모두는 매년 봄만 되면 “총체적 부흥”을 설교하곤 했는데, 이는 남침례교 총회 소속 8,000개 이상의 교회들이 지지하고 후원한 프로젝트였다. 가장 빠르면 2월에 시작해서 4월까지 지속되었다. 나는 이 사역을 거의 10년 동안이나 했다. 에디 마틴(Eddie Martin)이 나에게 “전국적인 규모의 집회”를 제안해 왔을 때나 빌리 그래함이 나에게 “복음주의 연합” 사역을 제안해 왔을 때(1952), 내가 다소 안일하게 대처했다면, 지금쯤 그야말로 “거물”(big boy)이 되었을 수도 있을 것이다. “유명 인사들” 중의 한 사람 말이다. (당신은 내가 그 둘을 어떻게 대했는지는 짐작할 수 있을 것이다. 40년이 지난 지금 하는 것처럼 그때도 똑같이 대했던 것이다.)

어쨌든 요는 이렇다. 팔십만 명 이상의 구원받은 침례교인들이 매년 봄마다, 그것도 10년 이상을 기도해 왔음에도 왜 주께서는 미국의 빌리 그래함말고는 아무도 보내시지 않았던 것인가? 더군다나 그가 1950년에서 1990년 사이에 설교했던 도시들 중에 종교적인 국면이나 도덕적인 국면 혹은 사회적인 국면에 있어서 변화가 생긴 도시는 한 도시도 없었으며 성병율이나 낙태율이 감소된 도시도 없었다. 1800년대 후반 사역했던 샘 존스(Sam Jones)는 도시 전체를 바꾸어 버리는 데 세 달이 채 걸리지 않았었는데도 말이다.

〈주의 칼, *the Sword of the Lord*〉, 〈강단 주석, *Pulpit Helps*〉, 〈팔웰 신문, *Falwell's newspaper*〉을 읽어 보면, 모든 저자들이 "지금 경험할 수 있는 부흥"이라든지 "참된 부흥에 이르는 길"에 관한 복음주의적인 실례들을 제시할 때는 언제나 거의 80년 전에 있었던 실례들을 들고 나온다는 사실을 주목해 본 적이 있는가? 오늘날에는 그 실례들을 얻으려면 약 100년 전으로 거슬러 올라가야 할 판이다. 100년 전의 실례로는, "풀턴가의 정오 기도회," 무디의 기름부음이나 피니의 부흥, 웨슬리의 부흥이나 "저에게 스코틀랜드를 주십시오. 그렇지 않으면 죽겠습니다."라고 기도했던 낙스의 부흥이 있다. 그것은 제2차 세계대전 이후 미국에 출현했던 부흥과는 차원이 다르다. 하나님께서는 국제연합의 주최국 노릇을 했던 미국을 영적으로 쓰레기 취급해 버리셨다.

나는 마음이 즐겁다. 내가 목사(1961)가 되기 전 12년 동안을 전임 복음전도자로서 사역해 왔지만 우울하지 않다. 하나님께서는 미국을 영적으로 사장시킬 것이다. 예레미야 30:11과 스가랴 12-14장을 읽어 보라.

미국은 "더 나아지고" 있는 것이 아니다. 타락해 가고 있고 아주 빠른 속도로 급락하고 있는 것이다. 본 페이지를 읽고 있는 어떤 독자도, 1955년 이래로 미국의 5대 TV 채널들이 그토록 강조하고 홍보해 왔던 바, 미국을 "위대한 나라"가 되게 했다던 한 가지 사실을 제시하지 못한다. 아무리 미국이 과거에 위대했고 지금도 위대할지라도 제시할 수 없는 것이다. 밤낮으로 TV앞에 앉아 80개의 모든 채널들을 둘러보고 나서, 모든 채널들이 지지하고 홍보하고 부각시키고 광고하며 후원하고 추천하는 바, 미국을 "위대한" 나라로 만들었다고 할 만한 것이 한 가지라도 있다면 나에게 제시해 보라.

내 말은, 그들 모두가 매일 24시간씩 일주일을 항상 같은 말을 되풀이하여 말하는 내용의 목록들이 필요하다는 것이다. 이를테면 인종통합, 여성해방운동, 동성연애자해방운동, UN, 교황, 아라파트, 만델라, 케네디 가문, 마틴 루터 킹 주니어, 맥주, 누드, 성전환, 외설, 편파적인 뉴스 보도, 흑인들과 키스하는 금발의 여성들, 허리부분을 내밀고 비트는 동작을 하는 벨리 댄서들, 폭발, 폭격, 괴물들, 지진, 공포 이야기, 남자들을 지배하는 여자들 같은 내용이 있다.

어떤 국가를 "위대한 국가"로 만들었다고 할 만한 항목이 하나라도 있다면 제시해 보라.

절대로 제시하지 못할 것이다.

만일 미국이 과거 제2차 세계대전 이전에 위대한 국가였었다면, 미국은 TV, 라디오, 잡지, 신문을 포함한 전국의 모든 뉴스 미디어 방송국들이 지지하고 부각시키고 후원하고 홍보하며 추천했던 어떤 주요 항목을 지지하고 부각시키며 홍보하고 추천함으로써 그런 명성을 얻었던 것이 분명 아니다.

다윈은 정신적으로 병들었던 사람이었다. 그의 이론을 신봉했던 사람들은 다윈보다 더 병들었던 사람들이다.

『그들이... 제사장들을 그들의 계열대로 레위인들을 그들의 서열대로 세웠으니』(18절). 알다시피 이는 역대기상 24-26장에 자세하게 묘사되어 있을 것이다. 19,20절에서는 성전이 완공된 지 얼마 안 되어(한 달 이후) 유월절이 지켜졌음을 알 수 있다.

유월절과 무교절(21,22절)을 지키는 것에 관해서는 레위기 23:4-8과 신명기 16:1,2,5-8에서 상세하게 볼 수 있을 것이다.

앞서 페르시아 왕들에게 **『바빌론 왕』**(5:13), **『페르시아의... 왕』**(4:24)이란 칭호가 사용된 것을 본 반면에 본문에서는 **『앗시리아 왕』**(22절)이란 용어가 사용되었을 주목하라. 이미 주석한 바 있듯이, 이 표현들(세 가지 모두)은 **『멸망의 아들』**이 나타날 때에 그에게 적용될 것이다. 열왕기하 18:11-33; 19:11-36, 이사야 10:1-12; 14:25; 19:23; 31:8, 에스겔 31:2,3, 예레미야 30:17에 따르면, 앗시리아 왕 산헤립은 사탄의 **『일곱 머리』**(계 12:3) 중 하나로서 파라오 및 느부캇넷살과 조화를 이룬다.

에스라 7장

7:1 이런 일 후에 페르시아의 아탁세르세스왕의 집권중에 스라야의 아
들 에스라, 즉 아사랴의 손자요, 힐키야의 증손이요,
2 살룸의 현손이요, 사독의 오 대 손이요, 아히툽의 육 대 손이요,
3 아마랴의 칠 대 손이요, 아사랴의 팔 대 손이요, 므라욧의 구 대 손
이요,
4 스라히야의 십 대 손이요, 웃시의 십일 대 손이요, 북키의 십이 대
손이요,
5 아비수아의 십삼 대 손이요, 피느하스의 십사 대 손이요, 엘르아살
의 십오 대 손이요, 선임 제사장 아론의 십육 대 손인
6 이 에스라가 바빌론에서 올라왔으니 그는 이스라엘의 주 하나님께
서 주셨던 모세의 율법에 익숙한 서기관인데 그에게 내린 주 그의
하나님의 도우심대로 왕이 그의 요구하는 것을 다 허락하였더라.
7 아탁세르세스왕 제칠년에 이스라엘 자손과 제사장들과 레위인들과
노래부르는 자들과 문지기들과 느디님인들 중 얼마가 예루살렘으로

올라오니라.
8 **에스라가 왕의 제칠년 다섯째 달에 예루살렘으로 왔으니**
9 **첫째 달 일일에 그가 바빌론을 떠나 그에게 내리신 그의 하나님의**
선하신 손길에 따라 다섯째 달 일일에 예루살렘으로 왔더라.
10 **에스라가 주의 율법을 찾고 그것을 행하고 규례들과 명령들을 이스**
라엘에게 가르칠 것을 마음으로 준비하였더라.

이 첫 열 개의 구절들에 저자 에스라의 "일대기"가 매우 간략하게 요약되어 있다. (모세에 의해 기록된) 모세오경의 경우와 마찬가지로, 때때로 어떤 자리를 채우기 위해 다른 저자들이 하나님의 부르심을 받았을지도 모른다(수 19:47 참조). 이에 대한 좋은 예로 신명기 34장을 들 수 있다. 여호수아는 죽기 전에 모세오경에다가 그의 기록을 한다(수 24:26). 모세가 그것을 기록했을지도 모르지만, 민수기 12:3에서 발견되는 말씀들을 그가 기록했다고 보기에는 매우 어렵다. "온유한 사람"이 그런 말씀들을 기록했을 리는 없을 테니까 말이다. 여기 본문에서도 에스라는 "나를" 혹은 "내가" 대신에, 3인칭(『**그는**』, 『**그에게**』, 『**그의**』, 6,9,10절)으로 언급하고 있는 것을 보게 된다. 자신의 이야기의 화법은 『**내가**』, 『**우리**』 등의 1인칭(8:15-17,21)에 의존하기 마련이다.

첫머리에 나오는 구절들에서 주목해야 할 주안점은, 『**서기관들**』(마 23:13-15 참조)이라고 해서 모두 다 "나쁜 사람들"은 아니라는 사실이다. 좋은 서기관들도 있는가 하면, 가엾은 서기관들도 있다. 그리스도 당대의 서기관들 중 90%는 거만하고, 무지하며, 어리석고, 독선적이며, 『**소경이 되어 소경을 인도하는 자들**』(마 15:14))이었다(막 1:22; 3:22; 15:31, 마

23:13,14; 26:3,57 참조). 그러나 예수 그리스도께서도 서기관들 중에는 "좋은 사람들"도 있다고 인정하시는 것에 주목하라(마 13:52). 바룩은 훌륭한 『**서기관**』이었다(렘 36:26,32 참조).

교회사에는 바룩과 에스라처럼 몇몇의 "익숙한 서기관"(스 7:6)들이 있다. 반면 우리 주 예수 그리스도께서 마태복음 23장에서 말씀하셨던 사람들과 같은 서기관들도 많이 있다. 이런 사람들은 성경을 보존하는 임무를 맡았기 때문에, A.D. 90년과 A.D. 2004년 사이의 성경 번역자들을 다음과 같이 두 개의 서로 다른 범주로 나누어 볼 수 있을 것이다. 즉, 『**서기관 요나단**』(렘 37:15,20)과 『**서기관 바룩**』(렘 36:32)으로 말이다.

사람들은 요나단의 "학자집단"(scholary community) 속에서 1582년의 예수회 림즈 성경(Jesuit Rheims Bible), 1885년의 웨스트코트와 홀트의 RV, 1901년의 ASV, 1952년의 RSV, 1990년의 NRSV, 1982년의 NKJV, 1978년의 NIV 그리고 1885년 이래로 연합성서공회(the United Bible Societies)가 출판해 온 모든 외국어 성경들의 저자들을 발견하게 될 것이다. 전형적인 거짓 서기관들로는, 웨이마우스(Weymouth), 모펫(Moffatt), 굿스피드(Goodspeed), 버클리(Berkeley), 필립스(Phillips), 니다(Nida), 파스타드(Farstad), 팔머(Plamer), 웨스트(Wuest), 핫지(Hodges), 피(Fee), 네슬(Nestle), 알란드(Aland), 메쯔거(Metzger), 티쉔돌프(Tischendorf), 라흐만(Lachmann), 그리스바흐(Griesbach) 그리고 1971년의 NASV를 들 수 있다.

바룩의 부류로는 윌리엄 틴데일(William Tyndale), 발레라(Valera), 드 레이나(De Reina), 로저스(Rogers), 베너러블 비드(the Venerable Bede)가 있으며, 폴란드의 비솔리(the Polish Visoly), 이탈리아의 디오다티

(Italian of Diodati), 독일의 루터(the German of Martin Luther), 슬라브의 키릴(the Slovakian of Methodius and Cyril), 프랑스의 올리베탄(the French of Olivetan), 윌리엄 캐리의 40개의 인도 방언들, 아도니람 저드슨의 버마어 성경, 에라스무스, 콜리네우스, 엘지버, 스테파누스, 베자의 헬라어 본문들의 번역자들을 거론할 수 있다.

머리가 아닌 『**마음으로 준비**』(10절)했던 것으로 볼 때, 에스라는 분명 성경을 필사할 준비가 되어 있었다. 분별이 없고 자만한(딤후 3:4) 현대의 "학자집단"들과는 달리 그는 하나님께서 그에 대해 생각하셨던 것에 더 많은 관심을 갖고 있었던 것이다.

침례인 요한은 에스라처럼 레위인이었다. 그가 비록 "서기관"은 아니었다 할지라도, 하나님의 말씀과 말씀들(요 6:63; 8:47)에 관련되어 있었다는 사실은 분명하다. 이는 "말씀"(Word)이 나타나실 때, 그가 그분의 "선두주자"(눅 1:17)인 이유를 설명해 준다.

마음을 어떻게 준비하느냐에 따라(눅 8:15 참조) 30배, 60배, 100배의 열매를 맺기도 하고, 아무 열매도 맺지 못하거나 빈약한 열매를 맺기도 한다. 또는 그 안에 난 구멍들로 인해 열매가 줄어들기도 한다(마 13:22). 좋은 밭(마 13:23)과 같은 『**정직하고 선한 마음**』은 심고 거름을 주어야 할 뿐만 아니라 잘 경작하고 갈아주어야 한다. 그것을 하느냐 하지 않느냐는 분명한 차이가 있는 것이다(마 13:23).

분명 "scribe"(서기관)란 단어는 "SCRIPTURE"(성경)란 단어의 기본이라 할 수 있는 "script"(손으로 쓴 것)에서 나온 말이다. "서기관들"은 성경을 번역하고 교열하며, "거룩한 책들을 지키는" 사람들이었다. 아니면 최소한 그렇게 할 책임이 있는 사람들이었다.

1절과 5절 사이의 에스라의 계보에는 네 명의 이름이 빠졌다. 그들의 이름은 역대기상 6:8,9에서 발견된다(12절의 사독과 다른 사독, 아히마아스, 11절의 아사랴와 다른 아사랴, 요하난).

에스라는 아론의 아들 엘르아살(대상 6:3)과 그의 손자 피느하스(재판관들의 시대의 대제사장, 판 20:28 참조)의 대를 이은, 대제사장 아론의 후손이다. 여호사닥(대상 6:15)은 느부캇넷살에 의해 포로로 잡혀갔다(대상 6:15, 대하 36:20 참조).

7:11 아탁세르세스왕이 제사장이요, 서기관, 즉 주의 계명들의 말씀들과 이스라엘에게 주신 주의 규례들의 서기관인 에스라에게 준 편지의 사본은 이러하니라.

12 "왕 중의 왕인 아탁세르세스는 하늘의 하나님의 율법의 서기관인 제사장 에스라에게 *편지하노니* **이제 완전한 화평이 있기를 바라노라.**

13 내가 칙령을 내리노니 나의 나라에 있는 이스라엘 백성과 그의 제사장들과 레위인들 중 예루살렘으로 올라가고자 자원하는 모든 자는 너와 함께 갈지니라.

14 너는 네 손에 있는 네 하나님의 율법에 따라 유다와 예루살렘에 관하여 자세히 살펴보도록 왕과 왕의 일곱 의논자들로부터 보냄을 받았으니

15 왕과 왕의 의논자들이 예루살렘에 거하시는 이스라엘의 하나님께 자원하여 드리는 은과 금을 가져가고

16 또 바빌론의 모든 지방에서 네가 얻을 수 있는 은과 금을 백성과
제사장들이 예루살렘에 계신 그들의 하나님의 전을 위하여 기꺼이
바치는 자원하는 제물과 함께 가져가서
17 그 돈으로 속히 수송아지들과 숫양들과 어린양들을 사서 음식제사
와 술붓는 제사와 함께 예루살렘에 계신 너희 하나님의 전의 제단
위에 드리고
18 그 은과 금의 나머지로는 너와 네 형제들이 좋게 여기는 어떤 일
이든지 너희 하나님의 뜻을 좇아 행할지니라.
19 네 하나님의 전을 섬기기 위하여 네게 준 기명들도 예루살렘의 하
나님 앞에 드리고
20 네 하나님의 전을 위하여 필요한 것, 즉 네가 드려야 할 경우에는
무엇이든 더 왕의 보물창고에서 가져다 드릴지니라.

11절에서, 그 "익숙한 서기관"(7:6)은 (탈무드 전통이 아닌) 『**주의 계명들**』과 (학자들의 전통이 아닌) 『**주의 규례들**』의 서기관임을 다시 한 번 상기하게 된다.

12절에서 『**왕 중의 왕**』(king of kings)은 느부캇넷살도 자신을 그렇게 부른 적이 있다(겔 26:7). 그러나 〈킹제임스성경〉 번역자들은 진짜 『**만왕의 왕**』("KING OF KINGS")을 아탁세르세스왕이나 느부캇넷살왕과 구분하기 위해 요한계시록 19:16에서 그 단어들을 대문자로 특별하게 인쇄했다. 여기서 알 수 있는 것은, 에스라 7:12에서 나오는 사람은 진짜 "왕 중의 왕"이 아니라는 사실이다. 진짜 왕 중의 왕은 예수 그리스도시다. 즉 만

왕의 왕이시다.

『**자원하는**』(freewill, 13절).

이 용어("자원하는," 즉 "자유 의지")가 성경 용어라는 사실에 다시 한 번 주목하라. 이에 반해 "하나님의 주권"은 성경 용어가 아니다. 15절에서 『**자원하여 드리는**』이라는 말씀을 읽게 되고, 16절에서는 『**자원하는 제물**』이라는 말씀을 보게 된다. 이러한 반복을 출애굽기 35:21,22,26,29과 비교해 보라. 칼빈이 "자유의지"에 관해 무엇이라고 했든 그의 말은 진실이 아니다. 신·구약 어디에서도 마찬가지다. 당신은 예수 그리스도를 거절했다는 이유로 지옥에 가게 되고, 그분을 영접했다는 이유로 새 예루살렘에 가게 된다. 당신의 의지가, 그러니까 당신의 의지만이 당신의 목적지를 결정해 준다. 죄가 없지 않는 한, 빌립보서 2:13은 당신을 로봇으로 만들지는 못할 것이다. 그리스도께서는 죄가 없으셨고 로봇도 아니셨다(마 26:39 참조). 당신이 과식하고 늦잠 자고 기도와 성경을 무시하고 간음하고 사람들을 중상하는 등의 일들을 하도록 부추기는 것이 하나님의 『**선한 기쁘심**』이라고 말할 생각은 추호도 하지 말라. 존 칼빈은 늘 그런 식이다. 이는 신·구약 성경과는 아무 관련도 없다.

『**왕과 왕의 일곱 의논자들로부터 보냄을 받았으니**』(14절).

에스더 1:14-19의 아탁세르세스왕의 경우에서처럼, "향상된" 계시와 어울리는 하나의 예표론이 등장한다. 에스더에서 한 이방인 왕후가 폐위되고, 한 유대인 처녀가 왕후의 자리를 대신하는 것을 보게 된다. 이 처녀는 구약성경 여러 곳에서 언급된 바 있는 『**처녀, 시온의 딸**』이다. 이는 이방인 『**왕후**』가 로마서 11:26,27의 내용을 성취한 이후, 대환란 때의 144,000명의 동정들(계 7:4, 마 25장의 "현명한 처녀들")을 간접적으로 언급하고 있다.

혼인식 만찬은(에 1:5-11 참조) 유대인들을 위한 것이었지만(마 22장), 그들은 그 초대를 거절해 버렸고, 오히려 이방인들이 그 초대에 응했다. 에스더(유대인 신부)는 관을 쓰고 왕후의 자리에 등극한다(에 2:17). 모슬렘 적그리스도(100% 반유대주의자)의 완벽한 유형인 하만은 유다가 그랬던 것처럼 목 매달린다(요 6:70,71, 마 27:5, 갈 3:13 등)는 사실을 주목하라.

『**일곱 의논자**』(에 1:14 참조)는 요한계시록 4:5의 일곱 영을 나타낸다. 일곱 영은 모두 성령에서 나온 것들이기에 이사야 11장에 제시되고 있는 바 그 이름이 기록되어 있다. 에스라 7:14에서 발견할 수 있는 교훈은, 지금 왕으로부터 나오는 성명이 하나님 그분에게서 비롯된다는 사실이다(잠 16:1; 21:1).

다시 한 번 주목하라! 『**예루살렘에 거하시는 이스라엘의 하나님**』(15절).

본문의 예루살렘은 믿는 자의 몸(고전 6:19)이 아니다. 플로리다에 있는 어떤 교회 건물을 지칭하는 것도 아니다(계 3:20). 로마도 베들레헴도 메디나도 메카도 아니다. 하나님께서 올리브 산을 경유하여(슥 14:1-4) 예루살렘(슥 14장)으로 돌아와 도성 내 그분의 거주지를 차지하시지 않는다면(겔 48:35 참조), 주께서는 구약성경을 통해 줄곧 거짓말을 하셨다는 것이 되고 만다. 그런데 주께서 거짓말을 하셨다고 믿는 두 개의 주요 거짓 종교가 있으니, 바로 이슬람교와 로마카톨릭이다.

17-20절의 내용들은 백지 수표나 다름없다. 『**너와 네 형제들이 좋게 여기는**』(18절) 것은 어떤 것이라도 거기에 기입만 하라.

『**하늘의 하나님**』(12절)은 로마나 모스코바, 파리, 베를린, 뉴욕, 도쿄, 런던, 메디나, 메카, 파티마, 루르드의 하나님이 아니라는 것을 다시 한 번 주목하라. 하늘들과 땅을 창조하신 분, 곧 『**하늘의 하나님**』은 『**예루살렘의 하나님**』(15,19절, 6:12)이시다.

만일 5대 테러리스트 조직이 (유대인들을 죽이기 위한) 대량학살 센터를 예루살렘 안에 설립할 수 있도록 그 도시를 "국제화"하려면, 그 성읍과 시온 산에 대한 권리증서를 그 둘을 만드신 하나님으로부터 받아야만 할 것이다. "알라"나 "마리아" 혹은 "마호메트"로부터 받는 것이 아니다. 부시와 EU 그리고 UN은 하나님께서 거주하실 장소를 "국제화"하자는 데 찬성을 하고 있는데, 그들은 성경을 멸시하고 "지상에 화평"을 가져오는 공로를 가로챌 목적으로 이사야 2;4을 잘못 인용하면서 그렇게 하고 있는 것이다. 참으로 어리석은 짓이다!

7:21 나, 즉 나 아탁세르세스왕이 강 저편에 있는 왕의 보물창고지기들에게 칙령을 내리노라. 하늘의 하나님의 **율법 서기관인 제사장 에스라가 너희에게 요구하는 것은 무엇이든지 신속하게 시행하되**
22 은은 일백 달란트까지, 밀은 일백 말까지, 포도주는 일백 밧까지, 기름은 일백 밧까지 주고 또 소금은 양을 정하지 말고 주라.
23 하늘의 하나님이 **명하신 것은 무엇이든 하늘의** 하나님의 **전을 위하여 열심히 행할지니라. 어찌하여 진노가 왕과 그의 아들들의 나**

라에 있게 하겠느냐?

24 또 우리가 너희로 알게 하노니 제사장들과 레위인들과 노래하는
자들과 문지기들과 느디님인들과 이 하나님의 전에서 일하는 자들
중 누구에게도 도로세나 관세나 조세를 부과하는 것은 불법이니
라.

25 너 에스라는 네 손에 있는 네 하나님의 지혜를 좇아 네 하나님의
율법을 아는 자들로 행정관과 재판관들을 삼아 강 저편에 있는 모
든 백성을 재판하게 할지니라. 또 너희는 율법을 알지 못하는 자
들을 가르치라.

26 네 하나님의 법과 왕의 법을 행하지 아니하는 자는 누구라도 사형
이든 추방이든 재산 몰수든 투옥이든 그에게 신속하게 재판을 행
할지니라."

21절은 성경에서, 영어 알파벳 가운데 "J"를 제외한 모든 철자들이 들어 있는 구절로 유명하다. (성경에서 가장 긴 구절은 에스더 8:9로, "X," "Q," "Z" 외에는 모든 철자가 들어 있다.)

왕은 에스라가 『**주의 율법**』(7:10)뿐만 아니라 『**하늘의 하나님의 율법**』(21절)의 서기관이라는 사실을 인지하고 있다.

22-26절의 내용에 대해서는 에스라 6:6-12을 주석할 때 이미 설명한 바 있다.

7:27 왕의 마음에 이 같은 일들을 두시어 예루살렘에 있는 주의 전을

아름답게 만들게 하신 우리 조상의 주 하나님을 송축할지로다.
28 *주께서는* **왕과 왕의 의논자들 앞에서 왕의 모든 권세 있는 고관들 앞에서 내게 자비를 베푸셨으며 또 주 나의 하나님의 손이 내 위에 계시므로 내가 힘을 얻어 이스라엘에서 나와 함께 올라가는 우두머리들을 모았도다.**

하나님께서는 왕을 관대하게 하시는 분이다(27절). 주께서는 이런 일들을 왕의 마음속에 넣으신다(잠 16:1; 21:1). 만일 칼빈이 이 구절을 설명했다면(극단적 칼빈주의 교리), 가련하고 현혹된 바보들은 죄인의 마음속에서 나오는 모든 악들이(막 7:21-23) 하나님의 역사라고 생각해 버릴 것이다.

『**주...의 손이 내 위에 계시므로**』(28절). 구약 역사 속에서 당시에는 이런 표현이 자주 등장하게 된다는 사실을 주목하라. "하나님의 손"이란 표현은 에스라에서 네 번, 느헤미야에서 두 번 나온다. 시편에서도 여러 번 발견되긴 하지만 하나님의 손이 누군가의 위에 있는 것으로 나타나지는 않는다. 욥은 『**하나님의 손**』에 관해 여러 차례 언급하고 있지만(2:5; 12:10; 19:21; 27:11), 어떤 사람에게 다가올 번영을 하나님께서 보호하신다는 차원에서 언급하고 있지는 않다. 시편에서는 "하나님의 오른손"이란 표현이 여러 번 등장하는데(74:11; 16:11; 21:8; 45:4,9; 80:15,17; 118:16 등), 이는 하나님께서 이스라엘의 적들을 대적하여 심판하시되 예수 그리스도를 통해서 하실 것에 대해 언급하는 것이다.

에스라 8장

8:1 아탁세르세스왕 치리 때에 나와 함께 바빌론에서 올라온 족장들과
그들의 계보는 이러하니라.
2 피느하스의 아들들 중에서는 게르솜이요, 이다말의 아들들 중에서
는 다니엘이요, 다윗의 아들들 중에서는 핫투스요,
3 스카냐의 아들들, 곧 파로스의 아들들 중에서는 스카랴며 그와 함
께 계보에 기록된 남자가 일백오십 명이요,
4 파핫모압의 아들들 중에서는 스라히야의 아들 엘리호에내며 그와
함께한 남자가 일백 명이요,
5 스카냐의 아들들 중에서는 야하시엘의 아들이며 그와 함께한 남자
가 삼백 명이요,
6 아딘의 아들들 중에서는 요나단의 아들 에벳이며 그와 함께한 남
자가 오십 명이요,
7 엘람의 아들들 중에서는 아달랴의 아들 여사야며 그와 함께한 남
자가 칠십 명이요,

8 스파티야의 아들들 중에서는 미카엘의 아들 스바댜며 그와 함께한 남자가 팔십 명이요,

9 요압의 아들들 중에서는 여히엘의 아들 오바댜며 그와 함께한 남자가 이백십팔 명이요,

10 슬로밋의 아들들 중에서는 요시피야의 아들이며 그와 함께한 남자가 일백육십 명이요,

11 베배의 아들들 중에서는 베배의 아들 스카랴며 그와 함께한 남자가 이십팔 명이요,

12 아스갓의 아들들 중에서는 학카탄의 아들 요하난이며 그와 함께한 남자는 일백십 명이요,

13 아도니캄의 마지막 아들들 중에서 그들의 이름은 이러하니 엘리펠렛과 여이엘과 스마야며 그들과 함께한 남자가 육십 명이요,

14 비그왜의 아들들 중에서는 우대와 삽붓이며 그들과 함께한 남자가 칠십 명이더라.

다시 한 번 우리는 성경에서 길고 지루한데다 아주 따분한 본문들을 대하게 된다. 여기에는 이름들과 숫자들이 아주 세밀하게 기록되어 있다. 본문에 기록된 계보들은 (교리적이거나 신앙적인 것이라기보다는) 역사적인 것이기 때문에, (역대기의 명단들과 마찬가지로) 여기에는 이중적인 목적이 들어 있다. 1. 그 계보들에 따르면, 하나님께서는 그분의 아들과 연관된 사람이라면 누구든지 그에 대해 관심을 갖고 계신다는 사실을 알 수 있다. 2. 본문에 나오는 사람들처럼 가장 대수롭지 않은 사람들의 이름들이, 하늘과 땅이 사라져도 여전히 남아 있을 "한 책"에 기록되어 있다는 사실을 알 수 있다. [저자의 주석 〈창세기〉와 〈마태복음〉에서 창세기 5:1과 마태복음 1:1에 관한 부분들을 공부하라.]

자, 역사상 자기들의 학문을 신뢰하는 수많은 죄인들은 최후의 심판석 앞에 나아가서, 모세가 나타나기 전 이미 하나님께서 기록하신 한 책(출 32:32,33)에 본문의 사람들과 같은 이름들이 들어 있는 것을 발견하게 될 때, 엄청난 충격을 받게 될 것이다. 게다가 그 이름들은 지상에 있는 모든 종교가 다 소멸되고 난 뒤에도 오랫동안 거기에 남아 있을 것이다. 반면 지금까지 살았던 사람들 중 가장 유명하고 널리 알려진 사람들의 명단을 찾으나 그 이름들이 없다는 것을 알고 또 큰 충격을 받을 것이다. 하나님의 관점에서 기록된 〈후즈후, *Who's Who*〉(인명록)를 보고 얼마나 눈이 휘둥그레지겠는가! 하나님의 책에는 친히 "평범한 사람들"이라고 말씀하시는 자들의 이름들이 기록되어 있다. 드문 일이긴 하지만 가끔씩 왕이나 총독 혹은 황제의 이름이 언급되기도 한다. 물론 그런 경우는 예수 그리스도께서 그들을 만나셨을 때이다. 『**지혜로운 자가 많지 않고 권력 있는 자도 많지 않으며 좋은 가문에서 태어난 자도 많지 아니하니라**』(고전 1:26).

1964년 이래로 이곳 펜사콜라성경신학원(PBI)에서 내가 훈련시켰던 젊은이들의 이름은 어린 양의 생명책에 기록되었다(빌 4:3, 눅 10:20). 내가 훈련시킨 젊은이들은 무명에, 그들을 알아 주는 이도 없고, 아무에게도 인정받지 못하는 "이단자들"이겠지만, 『**책들이 펴져**』 있을 때쯤이면(단 7장, 계 20장), 이미 1,000년 동안(계 20:1-10)을 지상에서 예수 그리스도와 함께 통치하고 난 상태일 것이다(계 20:1-6). 간혹 그 학생들 가운데 거듭나지 않고 3년간 PBI 과정을 대충 때운 사람들이 더러 있을지 모르지만 그럴 가능성은 거의 없다. 37년간을 성경의 한 단어라도 결코 손상시켜 본

적이 없는 교회에 정기적으로 출석하는 가운데, 일 주에 40시간을 일하고 일주일에 5일간의 야간 학교 수업에 참석하면서 이 빡빡한 과정을 이수해 내는 사람은 거의 드물다. 아무리 그들이 구원받은 헌신된 젊은이들이라도 말이다. 구원받지 않은 사람이라도 일종의 "장애물 코스"를 잘 견뎌낼 수 있을지 모른다. 그러나 그런 경우는 매우 불가능하다.

물론 모든 학생들이 다 열매를 맺는 것은 아니다. 간혹 "괴짜들"과 "미치광이들"이 있으며, 또 중도에 포기하는 사람들도 있다. 그럼에도 우리에게는 다음과 같이 역사적인 계보가 있다.

워싱턴 및 볼티모어가에서 빠져 나온 존 가드너(John Gardner), 알란 라이만(Alan Ryman), 안젤로 데페오(Angelo Defeo)는 마약상에 마약 소비자였고, 길거리 폭력배들에 연루되어 지옥으로 향해 가는 자들이었다. 이들 중 가드너와 라이만은 목사가 되었고, 데페오는 죄수들과 재활원 내 마약 중독자들과 거리의 부랑아들에게 복음 증거 사역을 하고 있다. 또 우리에게는 4년 내지 8년간 형기를 치른 젊은이들이 네 명 있는데, 그들 역시 구원받고 깨끗하게 되었으며, 거리에서 설교하고 〈킹제임스성경〉을 외국어로 번역하는 일을 도와주며, 죄인들을 그리스도께로 이겨오는 데 전적으로 섬기고 있다.

그들 모두 내 회중 가운데 오래도록 남았으면 하는 것이 내 개인적인 바람이지만, 그들은 모두 주님의 부르심을 받아 사역지로 나가 있다. 쿠퍼(Cooper)는 스페인에 가서 침례교회를 세웠고, 그 이후 휴가도 없이 20년 이상을 현지에서 머물렀다. 마쯔페리(Mazzeferi)는 믿음으로 이탈리아로 가서, (원래는 6개월만 머물 팀에 속해 있었지만) 30년 이상을 현지에서 지내며 표준원문에서 번역된 이탈리아어 〈디오다티성경〉을 재발행했다.

휘트(Wheat) 형제는 오스트레일리아로 갔고, 로즈(Rose) 형제는 뉴질랜드에서 사역했다.

샌 브루노(San Bruno) 출신의 노령의 깡패 싸움꾼 헤르난데즈(Hernandez)는 하와이에 있는 한 침례교회에서 목사로 사역하며, 전임 교도소 사역을 맡고 있다. 밀러(Miller)는 스코틀랜드로 갔고, 디킨스(Dickens)는 영국에서 사역을 하고 있다. 카스텔로(Castellaw)와 머피(Murphy)는 독일에 상륙했다. 긴 머리에 마약 중독자였던 크리스토퍼 루(Christopher Rue)는 깨끗하게 되어 아름다운 그리스도인 처녀와 결혼하고 우크라이나에 가 있는데, 그곳에서 내 책들을 러시아어로 번역하고 있다. 그의 북쪽에서는 히긴스(Higgins) 형제와 데모포루스(Demopolus) 형제가 러시아의 우크라이나인 처녀들과 결혼하고 마치 거기에서 태어난 사람들처럼 러시아어를 습득하고 있다. 그들은 세 개의 지역 교회들을 세우고 20명의 러시아의 젊은이들을 설교자로 훈련시키고 있다. 말하자면 러시아의 "PBI"에서 제자들을 양성하고 있는 것이다.

이송오 형제는 서울에 "한국 펜사콜라성경신학원"(Pensacola Bible Institute of Korea)을 설립하고(현재는 킹제임스성경신학대학), 필리핀 사람 산체스(Sanchez) 형제는 필리핀 제도의 루손 섬에 "PBI"를 설립했다. 우리 학교 학생들 중 하나인 부르나스(Vournas)는 한 필리핀 처녀와 결혼하고 두 개의 현지인 침례교회들을 세운 뒤 〈킹제임스성경〉을 "일롱고어"로 번역하고 있다. 브리그햄(Brigham)은 도쿄로, 바이레이(Bailey)는 그리스로, 로버츠(Roberts)는 베트남으로, 파남(Farnam)은 인도로, 데로스(Theros)는 캐나다로, 존슨(Johnson)은 뉴기니아로, 존스(Jones)는 과다라하라(Guadalahara) 등지로 향했다. 또 폴란드에는 볼스키(Wolski), 남아프리카에는 사이키스(Sykes)와 도빈스(Dobbins), 멕시코에는 아빌스(Avils), 루마니아에는 머피(Murphy), 불가리아에는 웰치(Welch), 몽골에는 피츠제랄드(Fitzgerald)가 있다. 문자 그대로, "PBI에서 태양이 지는 법은 없다." 75명 이상의 젊은이들이 미국 내에 목사, 복음전도자, 부목사로 남아 있고, 그들 중 40명은 "맨땅에서" 침례교 지역 교회들을 시작했다. 말하자면, 어떤 교파, 친교회, 학교, 집회 혹은 모교회로부터 어떠한 도움도 받지 않고 "무"에서 시작했던 것이다.

수많은 선교 연합회가 있지만, 단일 교회로서 이러한 일을 수행할 수 있는 교회가 어디에 있을까? 이상 내가 거명한 모든 사람들의 이름은 하늘과 땅이 사라져도 남아 있을 한 책에 기록되어 있다. 게다가 이들 모두는 미국 남부의 한 소도시에 있는 하나의 작은 교회에서 전임 사역으로 부르심을 받았다.

한번은 라스베이거스 출신이자 일전에 "마약 거래자"였던 한 사람이 나를 찾아왔다. 그는 회심한 지 약 5년 된 사람이었다. 그는 약 50,000부의 전도지와 헬리콥터 한 대를 어디에서 구할 수 있을지 알고 싶어했다. 그는 전도지들을 가지고 바티칸을 "폭파"하고 싶었던 것이다. 미친 사람이었을까? 어쨌든, 그의 이름은 빌 유뱅스(Bill Eubanks)였다. 그는 당시 내 비서로 있던 자넷 영(Janet Young)이란 자매와 결혼을 했다. 그녀는 하나님께서 이 지상에 두신 가장 아름다운 그리스도의 증인들 가운데 한 사람이었다. 그들은 떠났고, 이후 15년 내지 20년 동안을 전적으로 믿음에 따라 살면서 전도지들을 나누어 주며 이 도시에서 저 도시로 돌아다녔다. 그들은 아테네, 뉴욕, 라스베이거스, 샌프란시스코, 시카고, 멤피스 그리고 독일 및 이탈리아, 필리핀, 러시아, 쿠바 등지의 여러 도시들을 다니며 이 사역을 해나갔다.

그러던 어느 날 세스너기(Cessna, 미국제 경비행기) 한 대와 약간의 복음 "폭탄들"이 바티칸 상공에 갑자기 나타났다. 결국 유뱅스는 전도지들로 바티칸을 폭파시켜 버린 것이다. [우리는 「바티칸 상공에서의 13분, *13 minutes over the Vatican*」이라는 내용의 전면기사를 게재한 적이 있다. 물론 CBS, NBC, CNN, ABC, 라이프, 타임즈, 뉴스위크 등은 그에 대해 아무런 언급도 하지 않았다. 그들에게 PBI 출신의 존재는 아무 의미도 없던 것이다. 그러나 일찍이 밥 존스 시니어는 다음과 같은 말을 했다. "언론에서 어떤 사람이 받는 선전의 양은 그가 통제받을 수 있는 정도에 정비례한다."]

에스라는 예루살렘으로 들어온 여정에 관한 기사를 짤막하게 기록하고 있다. 그는 아하와 강가에서 3일 동안 "인원점검"을 하고(15절), 레위인들이 빠져 있다는 사실을 발견하게 된다. 즉시로 그는 16절에 열거된 사람들을 통해 페르시아(『**카시피야**』)로 전갈을 띄운다. 그들은 『**하나님의 전을 위하여 일꾼들을**』 얻어야만 한다(17절). 그리고 에스라 7:28에서 언급했던 바대로 『**하나님의 선하신 손길**』(18절)이 나타난다.

이곳(17,20절)과 에스라 2:43,70; 8:17,20, 느헤미야 7:46,60,73 등에서 언급된 『**느디님인들**』은 "성전 봉사자들"이다. 비록 그들은 레위 지파 출신은 아니지만, 레위인의 제사장들에게 봉사하는 것이 그들의 임무였다.

8:15 내가 그들을 아하와로 흐르는 강가에 모았으며 거기서 우리가 삼

일 동안 장막에서 기거하니라. 내가 백성과 제사장들을 살펴보았
으나 거기에 레위의 아들들은 한 명도 없더라.
16 그때 내가 보내어 우두머리들, 즉 엘리에셀과 아리엘과 스마야와
엘나단과 야립과 엘나단과 나단과 스카랴와 므술람을 부르고 또
명철한 자들 요야립과 엘나단도 불러서
17 카시피야 지방의 족장 잇도에게 명과 더불어 그들을 보내며 그들
이 잇도와 카시피야 지방에 있는 그의 형제 느디님인들에게 말할
것을 일러주었으니, 즉 그들이 우리 하나님의 전을 위하여 일꾼들
을 우리에게 데려와야 한다는 것이라.
18 우리 하나님의 선하신 손길로 그들이 이스라엘의 손자, 레위의 아
들 말리의 아들들 중에서 우리에게 한 명철한 사람을 데려오고 또
세레뱌와 그의 아들들과 형제들 십팔 명과
19 하사뱌와 므라리의 아들들 중 여사야와 그의 형제들과 그들의 아
들들 이십 명을 그와 함께 데려오고
20 또 느디님인들 중에서 다윗과 고관들이 레위인들의 봉사를 위하여
임명하였던 느디님인 이백이십 명을 데려왔으니 그들 모두는 이름
이 명시되었더라.
21 그때에 내가 거기 아하와 강가에서 금식을 선포하였고 우리 하나
님 앞에서 우리가 스스로 겸손해져서 우리와 우리 어린 것들과 우
리의 모든 소유를 위하여 곧은 길을 그분께 구하였으니
22 이는 우리가 전에 왕에게 고하여 말하기를 "우리 하나님의 손은
그분을 찾는 모든 자에게 선을 베푸시나 자기를 버리는 모든 자에
게는 그의 권능과 진노를 베푸신다." 하였으므로 도중에 원수를

대적하여 우리를 도울 군대와 기병들을 왕에게 요구하기를 내가 부끄러워하였음이라.

23 **그러므로 우리가 금식하고 이것을 위하여 우리 하나님께 간구하였더니 그분께서 우리의 간구를 들으셨더라.**

에스라는 그가 이끄는 "귀환자들"의 무리가 하나님께서 그들에게 주리라고 약속하셨던 약속의 땅으로 돌아가도록 하기 위해, "금식과 기도"(마 17:21 참조)에 의지한다. 코란에서 "알라"는 마호메트에게 예루살렘과 팔레스타인이 이스라엘에게 속한 것이라고 말했다(〈거룩한 성경 대 거룩한 코란, *Holy Scriptures vs. the Holy Koran*, 2002〉에 나오는 코란의 인용문들 참조). 만일 알라가 하나님이었다면 이스마엘의 후손들(마호메트와 아라비아인들)에게 "떠날 것"을 명령했을 것이다. 『**그러나 성경이 무엇이라 말하느냐? "여종과 그녀의 아들을 내어쫓으라. 이는 여종의 아들이 자유로운 여자의 아들과 함께 상속을 받지 못할 것임이니라."고 하였느니라**』(갈 4:30).

모슬렘의 "거룩한" 책에 따르면, 남자는 자신의 아내, 곧 네 명의 아내들(수라 4:3) 중 어느 누구라도 때릴 수 있다(수라 4:34). 그리고 유대인이든지 그리스도인이든지 친구로 사귈 수 없다(수라 5:34). 모든 배교한 모슬렘인들(예수 그리스도를 믿음으로 거듭난 적이 있는 모슬렘인들)은 암살당해야 한다(수라 9:12). 또 교회와 국가의 분리는 사탄적이므로, 모든 정부는 대중들을 통제할 이슬람교를 채택해야 한다(수라 2:193). 만일 당신이 십자가에 죽으신 그리스도를 믿고 있다면 당신은 "불신자"가 되는 셈이다(수라 전체에서). 이 모든 불신자들은 지옥에서 생을 마감하게 된다(수라 전체에서. 〈거룩한 성경 대 거룩한 코란〉 참조).

『**왕에게 요구하기를 내가 부끄러워하였음이라**』(22절).

카톨릭 교황과 진짜 유대인 구약성경 서기관 사이에 나타나는 현저한 대비를 주목하라. 교황 요한 바오로는 방탄식 "교황전용차"를 타고 여행을 하며, 독일제 권총으로 무장한 스위스 사설 경호원을 대동한다. 이유가 무엇인가? 이는 그가 믿음을 가져본 적이 없었기 때문이다. 당신은 "교황은 한때 저격당한 적이 있었잖아요!"라고 말할지도 모른다. 그래서 어쨌단 말인가? 바오로의 적들은 그의 전 생애를 걸쳐 그를 살해하려 했었는데, 마침내 그렇게 했던 것이다. 그래서 어쨌단 말인가? 그리스도의 적들은 그분이 태어나시기 전에도, 그 후에도 주님을 죽이려고 했다(마 2장). 게다가 주께서 설교하기 시작한 이후에 두 차례나(눅 4:29, 요 8:59) 그렇게 했던 것이다. 그래서 어쨌단 말인가? "예수님 전용차"가 어디에라도 있었단 말인가?

"사도들의 왕"(베드로, 마 16:18)을 『**믿음이 적은 자**』(마 14:31)라고 책망했던 분께서는 평생에 어떤 보호도 받지 못하셨다. 보호받았던 순간에도(요 18:10) 그분은 이를 거절하셨다(요 18:11). 어떻게 교황을 두고 예수 그리스도의 제자니, 심지어 그분의 추종자라고 생각할 수 있단 말인가? 정말이지, 성경을 자물쇠로 잠가 40년 동안이나 선반 위에다 방치하지 않았던들 어떻게 그런 생각을 할 수 있단 말인가. "그리스도의 대리자라니!?" 어떤 로마카톨릭 교황도, 하나님께서 눈먼 바디매오나 가다라 지방의 미치광이(막 5장)에게 주셨던 믿음을 가져본 적이 없다.

23절을 이렇게 읽어 보라. "그러므로 우리 교황들은 금식하고 기도하며,

하나님께 세계평화와 지상의 평화를 위해 간구 하였더니, 그분께서 우리의 간구를 들으시고 응답해 주셨더라."

에스라는 기도가 응답될 것이라는 확신에 차 있었다. 교황 요한이 드리는 기도는, 그 누구를 위한 것이든, 마돈나나 엘비스 프레슬리가 드리는 기도 정도의 가치가 있을 뿐이다.

8:24 그때 나는 제사장들 중 우두머리 열둘을 구별하였으니 세레뱌와
하사뱌와 그들과 함께한 그들 형제 열 명이었으며
25 또 그들에게 왕과 그의 의논자들과 그의 군주들과 그곳에 참여한
온 이스라엘이 바쳤던 은과 금과 기명들과 우리 하나님 전의 예물
들까지 달아 주었으니
26 내가 그들의 손에 달아 준 것이 은 육백오십 달란트와 은 기구 일
백 달란트와 금 일백 달란트요,
27 또 일천 드람의 금대야 이십 개와 금처럼 진귀하고 순수한 동그릇
두 개더라.
28 내가 그들에게 말하기를 "너희는 주께 거룩한 자들이요, 그 기명
들도 거룩하니라. 은과 금은 너희 조상의 주 하나님께 바친 자원
하는 예물이니라.
29 너희가 예루살렘 주의 전의 방들에서 제사장들과 레위인들의 우두
머리와 이스라엘 족장들 앞에서 그 기명들을 달 때까지 너희는 그
것들을 지켜보고 또 지키라." 하니라.
30 그리하여 제사장들과 레위인들이 예루살렘으로 우리 하나님의 전

에 가져올 은과 금과 기명들의 그 무게를 받으니라.

본문에 전개되고 있는 내용은 매우 값비싼 "물품"(26-28절)을 관리할 몇몇의 "청지기들"이 매우 중대한 책임을 맡게 된다는 내용이다. 곧 그들은 (미국 화폐로) 백만 달러 이상 나가는 『**거룩한**』 기명들을 예루살렘으로 안전하게 가지고 가야 했던 것이다. 신약에도 이에 상응하는 상황이 나오는데, 바울이 로마서와 고린도전후서에서(빌립보서에서도) 가난한 성도들을 위해 모아진 기부금에 관해 시간을 할애하여 언급하고 있는 것에 주목하라. [저자의 주석서 〈로마서〉, 〈고린도전서〉, 〈고린도후서〉, 〈빌립보서〉에서 다음의 구절들을 주의 깊게 공부하라. 롬 15:15-28,31, 고전 16:1-3, 11,15-18, 고후 4:2; 8:1-24; 9:1-15; 11:7-9, 빌 4:10-14.]

8:31 그리고 나서 우리가 첫째 달 십이일에 아하와 강을 떠나 예루살렘
으로 가는데 우리 하나님의 손이 우리에게 계셔 원수의 손과 길에
서 매복한 자들의 손에서 우리를 구해 주셨도다.
32 우리가 예루살렘으로 와서 거기서 삼 일간 머물렀더라.

또 다시 『**하나님의 손**』이 등장하고, 22,23절의 에스라의 기도는 응답된다. 이때는 아빕월(첫째 달) 12일 내지는 (벌링거에 따라) 니산월 4일에 해당한다. 그러나 이것은 그다지 큰 의미가 없는데, 이는 벌링거가 그저 "니산월"에 대한 또 다른 이름으로서 아빕월을 제시한 것이기 때문이다(〈컴패니언 바이블, *Companion Bible*〉 부록 51, p.74). 현대력으로 볼 때, 아빕월은 3-4월에 해당한다. 에스라가 이끄는 거대한 여행단은 예루살렘까지 여행하는데 한 달도 안 걸린 셈이다. 이 여행 거리는 600-700마일 정도인데, 그렇게 되면 하루에 30-35마일을 여행한 셈이 된다.

**8:33 이제 넷째 날에 우리 하나님의 전에서 제사장 우리야의 아들 므레
못의 손으로 은과 금과 기명들을 달았더라. 피느하스의 아들 엘르
아살이 그와 함께 있었고 레위인 예수아의 아들 요사밧과 빈누이
의 아들 노아댜가 그들과 함께 있었으며**
34 모든 것을 계수하고 달아보고 모든 무게가 그때에 기록되니라.
**35 끌려갔었던 자들의 자손들도 사로잡힘에서 풀려 나와 이스라엘의
하나님께 번제를 드렸으니 온 이스라엘을 위한 수송아지 열둘과
숫양 아흔여섯과 어린양 일흔일곱과 속죄제를 위한 숫염소가 열둘
이더라. 이 모두가 주께 드리는 번제물이더라.**
**36 그들이 왕의 조서를 왕의 대신들과 강 이편의 총독들에게 전하였
더니 그들이 백성의 기운을 돋우고 하나님의 전도 그리하더라.**

엘르아살과 다른 사람들에 대해서는, 에스라 2:2과 7:5을 참조하라. 본문의 『**노아댜**』는 느헤미야 6:14에 나오는 그 함족 아라비아인이 아니다. 그 함의 자손은 이세벨처럼 여자인 반면, 여기 본문에 나오는 『**노아댜**』는 남성이며 게다가 레위인이다. 『**레위인... 빈누이의 아들**』(33절).

『**왕의 조서**』(36절)의 내용은 아닥세르세스가(7:21) 보낸 지시 사항들이

었다. 이는 유프라테스 서쪽의 모든 "사트라프들"(satraps, 즉, 『**왕의 대신들... 강 이편의...**』, 36절)이 그 통보를 받았다는 사실을 의미한다. 그들은 유대인들을 도와, 유대인들이 성전을 건축하고 성전에 기명들을 채우는 노력에 기운을 돋워주었다.

에스라 9장

9:1 이런 일이 이루어지자 고관들이 내게 와서 말하기를 "이스라엘 백
성과 제사장들과 레위인들이 그 땅의 백성들로부터 구별되지 아니
하고 카나안인들, 힛인들, 프리스인들, 여부스인들, 암몬인들, 모압
인들, 이집트인들과 아모리인들의 가증함을 따라 행하니
2 이들이 그들의 딸들을 취하여 자신들과 그들의 아들들의 아내로 삼
았으므로 거룩한 씨가 그 땅들의 백성을 자기들과 섞었으니 실로
고관들과 관원들의 손이 이 죄에 으뜸이 되었도다." 하더라.
3 내가 이 일을 듣고 내 옷과 외투를 찢고 내 머리털과 수염을 뜯고
기가 막혀 앉았는데
4 이스라엘의 하나님의 말씀에 떠는 모든 자가 사로잡혀갔었던 자들
의 범죄로 인하여 내게로 모여들었고 내가 저녁 제사 때까지 기가
막혀 앉아 있었도다.

이제 우리는 여러 시대들이 안고 있는 바로 그 문제에 정면으로 봉착하게 된다. 창세기 11장 이래로 인류를 어떤 통치자나 통치자들 아래로 한데 모으려는 인간의 모든 시도 배후에는 항상 그 문제가 도사리고 있다. 이는 또 마치 그것이 과거에 이루어졌어야만 했던 것처럼, 무언가를 실현시키려 하는 20세기 및 21세기 미국의 기독교가 낳은 모든 실패들의 배후에도 숨어 있다.

그 문제란, 곧 "분리"의 문제다(1-15절). 신명기 32:8을 참조하라.

이러한 인종 차별 문제는 신약에서는 영적 성별의 문제로 전환되어 더 이상 인종 차별에 대한 명령은 찾아볼 수가 없게 된다. 그러나 여전히 통합에 대해서는 경고를 하고 있다. (저자의 주석서 〈사도행전〉과 〈고린도전서〉의 행 16:1-3과 고전 13:4-7의 내용을 참조할 것.) 구약에서는 인종통합(이는 종교통합과 밀접한 연관이 있다. 왕상 11:1-9, 느 13:26을 참조할 것)이 이스라엘 민족이 파괴된 직접적인 원인이 되었다(왕상 12-14장을 읽어 보라).

유대인들은 인종들 간에만 차별을 둔 것이 아니었다. 할례와 안식일 의식뿐만 아니라 의복 재료(레 19:19), 농작물(레 19:19), 복장(신 22:5), 음식(레 11장), 머리모양(레 19:27)에도 구별을 두어야 했던 것이다.

그들은 분리된 사람들이 되어야 했다. 하나의 "민족"(호 3:4, 민 23:9 참고)으로서, 국제연맹이나 국제연합에 소속되어서는 안 되었다. "분리"(separation)는 부정한 단어다. "세상의, 세상에 의한, 세상을 위해" 존재하는 죄인들의 모든 세계적인 운동들은, 그 "저주의 말"에 반작용을 일으키는 것이 특징이라 할 수 있다. 분리는 그들에게 있어서 "죄"를 의미한다. 그들은 현세 너머에 대해서는 어떤 것도 생각하지 못하기 때문에, 이 세상은 그들을 위해서 지금 당장에 "천국"으로 바뀌어야만 한다. 전 세계의 모든 주요 정치 종교 지도자들은 이와 같은 독단적인 신조에 동의를 표명하고 있는데, 그들은 지금까지 항상 그래왔고 앞으로도 언제까지나 그런 신조를 저버리지 않을 것이다. 이 부분에 관한 한 그들은 불치병에 걸려 있는 것이다.

그들은 항상 협력, 일치, 해방, 자유, 평등, 정의, 형제애, 평등, 통합 등을 외치나, "평화협상"에 관련된 모든 "평화 수호자들"은 사실상 성경을 거부하는 죄인들이다.

자, 본문에서 하나님, 곧 『**하늘의 하나님**』의 율법의 서기관은 이제 막 분리를 시행하려 한다. 분리의 창시자는 아브라함과 이삭과 야곱의 하나님이셨다(신 32장). 그리고 바울은 신약에서 그분이 바벨탑에 모인 국제연합을 혼란시키셔서(행 17:26,27), 민족들이 함께 연합할 수 없도록 하신 분(창 11:1-10)이라고 언급하고 있다. 하나님께서는 이렇게 하심으로 사람들이 구원받을 수 있도록 하셨다(행 17:27).

이사야 24,34,64장, 요엘 3장, 스파냐 3장, 학개 2장, 스카랴 14장, 요한계시록 14,19장에 나오는 세부 내용들에 따르면, UN(전체 191개 국가)은 이제 곧 완전히 파멸될 것이다. 이는 UN이 국제적인 통합(마 13:30,40, 습 3:18)을 시행하려고 시도했기 때문이다(사 8:9,12). 오늘날에는 사회통합 및 성적통합뿐 아니라 경제통합 및 종교통합이 나타나고 있다.

여호수아와 재판관기에서 이스라엘 백성들이 스스로 분리해야만 했던 민족은 하나같이 노아의 아들이자 소돔인이었던 함과 직·간접적으로 연관되어 있었다. 그들의 명단을 창세기 10장, 출애굽기 3:17, 신명기 7:1, 재판관기 1장, 여호수아 9:1에서 찾아볼 수 있다.

암몬과 모압(느 13:23)은 롯이 자신의 두 딸과 근친상간하여 불법적인 방법으로 낳은 두 아들이었다(창 19:34-38). 마호메트의 이스마엘처럼(창 21:10), 그 두 딸의 어머니는 이집트 여인이었다. 야세르 아라파트도 마찬가지였다.

아스돗(느 13:23)에서 나온 이교도들은 필리스티아인들이었다(삼상 5:1, 3,5-7 참조). 오늘날 그들은 "팔레스타인인들"(이는 『**필리스티아**』에서 비롯된 말. 창 10:14)이라 불린다. 그들의 조상은 또 이집트인(창 10장 - 『**미스라임**』)이므로, 언론에서 "팔레스타인자치정부"(PA)라 부르는 팔레스타인해방기구(PLO)의 기원은 팔레스타인이 아니라 이집트다. 그러나 사람들은 언론 매체로 인해 이 모든 것을 놓치고 있다. 어떤 TV 뉴스해설자도 그가 모슬렘인들과 유대인들을 다룰 때, 스카랴 14장을 설명할 때만큼이나 민족의 뿌리에 관해서는 잘 알지 못한다. 스카랴 14장을 보면 천년왕국 때 만왕의 왕(슥 14:9, 계 19장)께서 성전 경배에 관한 한 카나안인들을 냉대하시는 것을 알게 된다(슥 14:21).

1절에서 열거된 모든 민족은 『**함**』의 후손들이다.

그 땅들의 『**백성**』(2절)은, 성경에 이른 바 하나님께서 선택하신 그 『**거룩한 씨**』(2절)와 통합했다. 이 거룩한 씨 가운데 10분의 1은 요한계시록 11:1과 6:9의 예루살렘 제단에서 먹히게 될 것이다. 여기에서 그런 내용을 상세하게 설명할 겨를이 없다!

재판관기 1-3장에서 겪었던 혼란 속으로 남은 자들을 다시 끌고 들어가는 사람들은 다름 아닌 유대인 지도자들이다(2절, 『**고관들과 관원들**』).

4절에서 『**기가 막혀**』에 해당하는 영어 "astonied"는 "astonished"(놀란)의 옛 표현이다. 그 단어는 『**돌처럼 조용해지리니**』(출 15:16 참조)나 "돌처럼 굳어진"(petrified)을 의미하기 때문에 옛 영어 표현이 훨씬 더 훌륭하다 할 수 있다. 이쯤에서 『**하나님의 말씀에 떠는**』 사람들, 곧 회개하고 에스라의 명령을 따르게 될 이스라엘 백성들에게 이사야 66:2이 성경적으로 어떻게 적용되고 있는지 주목하라. "하나님의 말씀에 떤다"는 것은 기초 원리나 원칙 또는 교훈이나 주된 교리들이 아니다. 막 임박해 있는 부흥은 이사야 66:2을 전제로 하고 있다. 이것이 의미하는 바는 다음과 같다. 즉 2003년 미국 내 수많은 그리스도인들이 아무리 이스라엘을 위한 이스라엘의 기도(대하 7:14의 기도)를 드린다 해도, 또 그들이 아무리 『**그들의 악한 길**』에서 멀리 돌이킨다 해도, 휴거 이전에 민족적 규모의 부흥은 결코 다시 일어나지 않을 것이다. 왜냐하면, 미국 내 기독교 "고등" 교육계에서, 하나님께서 신·구약에서 말씀하셨던 어떤 말씀에도 "떨" 줄 아는 세 명의 이렇다 할 만한 눈에 띄는 기독교 지도자들은 없기 때문이다. 더욱이 미국 내 어떤 기독교 교육자에게도, 어떤 언어로 된 어떤 성경이든지 그 안에서 발견된 어떤 말씀에 "떨" 생각을 하고 있을 교직원들이 세 명조차 없다.

현대 기독교에는 빌립보서 2:12, 욥기 28:28, 히브리서 12:28에서 보게 되는 『**주를 두려워하는 것**』이 전혀 없다. 하나님께서 말씀하셨던 어떤 말씀에도 떠는 미국인들은 없다. 어떤 미국인도 요시야가 그랬던 것처럼(대하 34:19-27) 반응하지 않는다. 그들은 그 문제에 관해서는 사악한 아합왕만큼도(왕상 21:27-29) 꿈쩍 않고 있는 것이다.

9:5 저녁 제사 때에 내가 낙담해서 일어나 옷과 외투를 찢은 채로 무릎
을 꿇고 주 나의 하나님께 손을 들고
6 말씀드렸도다. "오 나의 하나님이여, 내가 부끄럽고 얼굴이 뜨거워
서 내 얼굴을 내 하나님께 들지 못하오니 이는 우리의 죄악이 많아
져서 우리의 정수리에 넘치고 우리의 허물이 쌓여서 하늘들에 미침
이니이다.
7 우리 조상의 때부터 오늘에 이르기까지 우리가 큰 허물 가운데 지
내왔으며, 우리의 죄악으로 인하여 우리와 우리의 왕들과 제사장들
이 그 땅의 왕들의 손에 넘겨져서 칼날과 사로잡힘과 약탈과 수치
스런 얼굴에 내어짐이 오늘과 같나이다.
8 이제 잠시 동안 주 우리 하나님으로부터 은혜가 내려 우리에게 남
은 자들을 남겨 주어 피하게 하셨고 그의 성소 안에서 우리에게 못
을 주셨으니 이는 우리 하나님께서 우리의 눈을 밝혀 주사 노예 생
활 가운데서 우리를 조금 소생시키려 하심이니이다.
9 우리가 노예 되었으나 우리 하나님께서는 노예 생활 속에 우리를
버리지 아니하시고 페르시아 왕들의 목전에서 우리에게 자비를 베
푸시어 우리를 소생시키시고 우리 하나님의 전을 세우게 하시며 그
황폐한 것을 개수케 하시고 유다와 예루살렘에 성벽을 주셨나이다.
10 오 우리 하나님이여, 이제 이같이 된 후에 우리가 무엇을 말하리이
까? 이는 우리가 주의 계명들을 버렸음이오니
11 이것은 주께서 주의 종 선지자들로 명하여 말씀하시기를 '너희가
가서 차지하려는 땅은 그 땅의 백성의 불결함과 그들의 가증함으로
더러운 땅이니 이 끝에서 저 끝까지 그들의 더러움으로 가득 찼느

니라.

12 그러므로 이제 너희의 딸들을 그들의 아들들에게 주지 말고 그들의
딸들도 너희 아들들에게 데려오지 말며 그들의 화평이나 그들의 안
녕도 영원히 구하지 말라. 그리하면 너희가 강성하게 되어 그 땅의
좋은 것을 먹고 그 땅을 영원토록 너희 자손에게 유업으로 남겨 주
게 되리라.' 하신 것이니이다.

13 우리의 악한 행실과 우리의 큰 죄악으로 인하여 이 모든 일이 우리
에게 임하였사오나 우리의 하나님 **주께서는 우리의 죄악이 받아야**
할 것보다 적게 벌 주시어 우리에게 이와 같은 구원을 주셨나이다.

14 우리가 다시 주의 계명을 어기고 이 가증한 백성과 더불어 인척 관
계를 맺겠나이까? *그리하오면* **주께서 우리에게 진노하시어 남는 자나**
피할 자가 없도록 진멸하지 아니하시겠나이까?

15 오 이스라엘의 주 하나님이여, **주께서는 의로우시나니 이는 우리가**
남아 피한 것이 오늘과 같음이니이다. 보소서, 우리가 주 앞에 범죄
하였사오니, 우리가 이로 인하여 주 앞에 서지 못하겠나이다."

이 긴 기도는 참회하는 마음에서 나오는 질문으로 끝을 맺고 있다. 『**우리가 다시… 이 가증한 백성과 더불어 인척 관계를 맺겠나이까?**』(14절, 눅 16:15 참조). 『*그리하오면* **주께서 우리에게 진노하시어 남는 자나 피할 자가 없도록 진멸하지 아니하시겠나이까?**』(14절)

이것이 바로 A.D. 2003년에 UN과 통합에 관해 갖고 계신 하나님의 생각이다.

유감스럽지만 사실이 그러하다. 에스라가 옳았던 것인가? 아니면 성경을 거부하는 죄인들이 옳았던 것인가?

마호메트는 자신의 며느리와 결혼했고, 12살 난 소녀와 동침을 했다. 그럼에도 그런 부류의 죄인과 그런 자의 종교와 통합하겠는가? 카톨릭 교황들은 종교재판소에서 고문과 살인을 조직하고 지원했다. 군대를 일으켜 그들과 종교가 다른 사람들을 죽였으며, 30년 미만의 기간 동안(1914-1918과 1939-1945) 두 차례의 세계대전을 유발시켰다. 그럼에도 성경대로 믿는 그리스도인이 그들과 통합해야만 한단 말인가? 정말이지, 당신은 남성동성연애 및 여성동성연애에 대해 떠벌리는 자들과 통합하겠는가? 당신의 자녀들이 어쩔 수 없이 다녀야 하는 학교들에서 성경과 기도를 치워 버리기 원하는 그들과 통합하겠는가? 에스라가 언급하고 있는 이교도들이 『**가증한**』 범죄를(14절) 저질렀다면, 이는 무엇을 의미하는 것인가? 『**너희 간음하는 남자들과 간음하는 여자들아, 세상과 친구 되는 것이 하나님과 원수 되는 것임을 알지 못하느냐? 그러므로 누구든지 세상의 친구가 되고자 하는 자는 하나님의 원수가 되느니라**』(약 4:4).

알다시피, 분리를 원하는 에스라의 갈망 이면에는 단순히 "흑인들이 백인들과 결혼하는 문제"나 유대인들이 함족 및 카나안인들과 결혼하는 문제보다 더 많은 의미가 숨겨져 있었다. 성별(분리)은 신약적인 명령으로(고후 6:14-17, 고전 5,6장), "종파"(딛 1:12,13)는 물론, 각 개인(딤후 2:19-21)의 문제에도 적용된다. 신약에서 하나님께서는 고린도전서 12장의 사도적 은사들을 가진 체하며 입으로만 그리스도인이라고 하는 자들을 견딜 수 없어 하는 그리스도인을 칭찬하고 격찬하기를 주저하지 않으신다. 그런 입으로만 고백하는 자들은 『**거짓말쟁이**』(계 2:2)일 뿐이다. 성령께서는 이들을 가리켜 『**거짓말쟁이**』들이라고 부르셨다.

6-15절은 별다른 설명이 필요 없다. 이는 민족의 죄와 죄들을 자백하는 내용이다. 잠시나마 구원과 자유를 베풀어 주신 것에 대해 감사에 감사를 드리며 자백하고 있는 것이다(8,9절). 뒤이어 21세기 모든 주요 종교, 교육, 과학 분야의 지도자들이 부인했던 그 위대한 "인간 붕괴의 법칙"(Law of Human Collapse)이 재판관기 시대(판 1-21장)와 마찬가지로 지금도 여전히 유효하다고 자백 드리는 내용이 나온다. 신·구약의 경우에 이것은 "진창으로 돌아가는 것"과 "토한 것으로 되돌아가는 것"(벧후 2:22)이라 할 수 있다. 하나님의 신성한 능력과 초자연적인 개입이 없으면, 이를 멈추게 한다거나 그 속도를 늦출 수도 없다. 인간 스스로서는 완전히 실패할 수밖에 없다. 게다가 지금까지 살았던 사람들 중 가장 위대한 그리스도인(롬 15:16)도 언급했던 바, 『**(곧 내 육신 안에는,) 선한 것이 거하지 않는**』(롬 7:18)다고 하는 그리스도 안에서의 새로운 삶(롬 8:1-15)에 관한 진리는 여러 번 입증되고도 남음이 있다. 이는 거듭난 이후의 삶에 대한 언급이었다(고전 15:8).

죄에 대한 에스라의 태도(13절에서)와 창세기 4:13의 죄에 대한 카인의 태도를 비교해 보라.

본문 12절은, UN 소속의 모든 국가들이 추구하는 거짓 "신들"이 무엇인지를 암시해 주고 있다. 그것들은 곧 『**화평**』과 『**안녕**』이다(신 23:6, "평안"과 "번영").

에스라는 지금 유대인들에게 이슬람교, 불교, 브라만교, 힌두교, 정령숭배사상, 인본주의, 발라암의 교리, 조로아스터교(페르시아), 그리스신화를 숭배하는 자들과 결혼하는 것은 절대적으로 금지되었다고 말한다. 또한 그들을 위해 『**그들의 화평이나 그들의 안녕**』을 구하지 말 것도 말한다. 이는 1,100년 전에 주어졌던 모세의 명령과도 잘 맞아떨어진다.

그것이 바로 지금 UN이 하고 있는 일이다. 즉 UN은 『**화평**』이라고 하는 잘 잡히지도 않는 “도깨비불”을 경배하고 있는 것이다. 지난 36세기 동안, 곧 모세에서 에스라까지 1,100년, 에스라에서 그리스도까지 500년 그리고 그리스도에서 21세기까지 2,000년 동안 변한 것은 아무것도 없다. 인간의 본성은 결코 변하지 않는다. “인간”은 늘 실패자였을 뿐만 아니라, 우상 숭배자들이었다.

에스라 10장

10:1 에스라가 하나님의 전 앞에서 울며 엎드려 기도하고 자백하자, 이스라
엘에서 남녀와 어린아이의 심히 큰 무리가 그에게로 모여들었으며,
백성이 심히 통곡하더라.
2 엘람 자손 중 하나인 여히엘의 아들 스카냐가 에스라에게 대답하
여 말하기를 "우리가 우리 하나님을 거역하여 범죄하였고 그 땅의
백성에게서 타국 아내들을 취하였으나 오히려 이제 이스라엘에는
이 일에 대하여 소망이 있나이다.
3 그러므로 이제 내 주와 우리 하나님의 계명 앞에서 떠는 자들의 의
견대로 우리로 우리 하나님과 언약을 세워 모든 아내들과 그들에
게서 태어난 소생을 내어 보내게 하여 이 일이 율법에 따라 이루
어지게 하소서.
4 일어나소서. 이 일이 당신께 속하였나이다. 우리도 당신과 함께하
리니 용기를 내어 그 일을 행하소서." 하더라.
5 그때 에스라가 일어나 선임 제사장들과 레위인들과 온 이스라엘에

게 이 말에 따라 행할 것을 맹세케 하였더니 그들이 맹세하더라.

1절의 내용은 흔히 "죄를 뉘우치게 하시는 성령님의 참된 역사"라고 불린다. 이 집회는 소집된 것도 아니었다. 누군가가 모이라고 알리거나 광고한 적도 없다. 특수 음악을 사용하지도 않았고, "특별출연자들"이나 노래 인도자가 있는 것도 아니었다. 이 역사는 무릎 꿇는 한 사람의 기도를 통해 일어난 것이었다. 즉, 자신의 백성들이 연루된 어떤 문제에 관해 하나님께서 말씀하셨던 내용을 깨닫고 이에 부담을 느낀 한 사람 때문이었던 것이다. 집회는 『**남녀**』, 심지어 『**어린아이의 심히 큰 무리**』(1절)까지 그 규모가 확장되었다. 그들은 자발적으로 스스로 모여들었으며 여기에는 어떤 강요도 선전도 없었다. 또 누군가 초청한 적도 없었고 억지로 떠밀지도 않았다. 부흥이란 바로 이런 것이다(합 3:2).

에스라의 경건함이 회중들에게 미치고 있다. 그가 죄들을 자백하자, 회중들도 자신들의 죄들을 자백하게 된다(2절). 이처럼 하나님의 뜻대로 하는 슬픔은 회개에 이르게 하므로 후회할 것이 없다(고후 7:10). 이는 그 회개가 단순히 말로만 그치는 것이 아니라 개선을 위한 행위로 연결되기 때문이다. 『**그러므로 이제... 우리로 우리 하나님과 언약을 세워 모든 아내들...을 내어 보내게 하여**』(3절). 이제 그들은 "단순히 듣기만 하는 자"가 되지 않고 "말씀을 행하는 자"(약 1:22)가 되어 행동으로 옮기고 있다. 이제 막, 오늘날의 상황에서는 도저히 용납될 수 없는 일을 하려 한다. 즉 분리를 하려고 하는 것이다.

지도자들은 지금 다음과 같은 말로 에스라를 지지하고 있다. 『**우리도 당신과 함께하리니**』(4절). 이 말은 지상에서 자신의 "양무리"를 성경적인 길들로 지도 및 인도하려고 부단히 애쓰는 목자들이 듣고 싶어 하는 가장 고무적인 말이기도 하다. 나는 이제 막 사역을 시작할 준비를 하는 젊은이들을 위해 기도할 때 이 말을 빼놓는 법이 없다.

10:6 그러자 에스라가 하나님의 전 앞에서 일어나서 엘리아십의 아들
요하난의 방으로 들어가니라. 그가 거기에 들어가서 빵도 먹지 아
니하고 물도 마시지 아니하였으니 이는 그가 끌려갔었던 자들의
죄로 인하여 애도하였음이더라.
7 그들이 유다와 예루살렘 전역에 사로잡혀갔던 모든 자손들에게 공
표하기를 그들이 예루살렘으로 다 모여야 한다고 하며
8 삼 일 안에 오지 아니하는 자는 누구든지 고관들과 장로들의 의견
에 따라 그 사람의 재산을 모두 몰수하고 끌려갔던 자들의 모임에
서 분리시키리라 하였더라.

에스라는 공표할 내용을 글로 써서 보내기 이전에(7절) 다시 한번 금식에 들어간다(6절). 그 내용은 예루살렘에 모일 것을 요구하고 있다. (신약의 경우 사도행전 15장이 이에 해당된다.) 당신은 이 모든 기간(B.C. 1100년 다윗왕 때부터 B.C. 520년 에스라 시대까지) 동안 예루살렘이 유대국가의 수도였다는 사실을 알고 있다. 500년 동안 "팔레스타인인들"은 전부 유대인들이었던 것이다. 최초의 "팔레스타인인들"은 카나안 사람들이었다. 팔레스타인은 유대 국가였을 때를 제외하고는 지금까지 한 번도 하나의 국가였던 적이 없었다. 3,000년(B.C. 1500년에서 A.D. 2000년까지) 이상의 기간 중에 단 한 번도 없었다.

팔레스타인은 그리스나 로마의 지배 하에서는 국가가 아니었다. 속박당했을 때는 유대국가에 속해 있었을 뿐이다. 팔레스타인은 터키인들과 아랍인들이 그 땅을 차지한 이후에도 국가가 아니었다. A.D. 135년과 1917년 사이 수세기 동안, 모슬렘교도, 아랍인, 터키인, "팔레스타인인" 어느 누구도 팔레스타인을 "국가"로 세우지는 못했다. 또 팔레스타인에 "수도"를 세워 운영하지도 못했으며, 어떤 터키인이나 아랍인 혹은 이집트인(모두 모슬렘교도들임)들을 "팔레스타인인들"로 인식하지도 않았다. "팔레스타인인들"이라는 용어는 이집트 테러리스트 조직(PLO)에 의해 고안되었다. 팔레스타인해방기구(PLO)는 카톨릭 크로아티아의 우스타쉬(Ustashi) 테러리스트 조직과 카톨릭 아일랜드의 아일랜드공화국군(IRA)이라는 카톨릭 조직을 본떠서 조직되었다.

현재 3백만 명의 모슬렘인들은 미국이 "팔레스타인자치정부"(PA)의 대통령에 대해 이의를 제기하는 것에 대해 불평을 토로하고 있다. 그러나 팔레스타인자치정부(PA)는 어떤 대통령도 없고, 어떤 대통령도 필요하지도 않았으며, 대통령을 두는 국가였던 적이 한 번도 없었다. 게다가 1917년 영국이 알렌비(Allenby) 장군의 지휘 아래 터키인들을 팔레스타인에서 몰아낸 이후로, 대통령을 선출하기 위한 어떠한 투표제도도 갖춘 적이 없었다. 마호메트 사후 1948년까지 지상의 어떤 모슬렘인도 "팔레스타인" 국가를 위한 "대통령"을 선출하자고 논의한 적도 없었다.

예루살렘은 와이키키 해변이나 "루르드의 복되신 동정녀 마리아 기념일"과는 아무 연관도 없듯이, 아라비아나 모슬렘 역사와 "거룩하다"거나 "신성하다"고 할 만한 어떤 연관성도 갖고 있지 않았다.

유대인과 연관된 내용들로는 다음과 같은 것들이 있다. 십일조의 기원(창 14장)과 한 이방인 제사장이 아브라함을 축복하는 내용(창 14장), 여호수아가 유다와 시므온으로부터 모은 군대로 예루살렘을 정복하는 내용(판 1장), 다윗이 장군 요압과 함께 강습하여 예루살렘을 차지하는 내용(삼하 5:6-10), 이스라엘의 수도인 예루살렘(삼하 5:5)에 보좌에 앉게 될 아들이 끊어지지 않을 것이라는 약속을 하나님께서 친히 유대인의 왕에게 주신 내용. 이런 내용이 그다지 "신성한 연관성"이 있는 것으로 생각되지 않는다 해도, 다윗의 아들은 그리스도의 예표로 나타나고 있다(마 12:42). 그리고 그는 『**위대한 왕의 도성**』(마 5:35)에서 왕의 보좌(눅 1:30-33) 위에 앉아 다스릴 진짜 『**다윗의 아들**』(마 1:1)의 천년 통치의 원형을 제시해 준다.

그것으로 충분하지 않다 해도, 재림 때 지상에 여전히 살아 있는(계 19,20장, 행 1장, 사 2,11장 등) 모든 모슬렘인들은 팔레스타인의 수도(사 60:12)에서 유대인의 보좌 위에(눅 1:30-33) 앉아 있는 한 유대인 왕을 경배하기 위해 예루살렘으로 가야만 할 것이다(슥 14:16-20).

자, 유럽과 미국에 살고 있는 당신의 친한 모슬렘 친구들이 어떤 면에서 예루살렘과 "신성한 연관성"을 맺고 있다 생각하는가?

그들이 끔찍이도 믿고 있는 바는 600개의 날개 달린 한 천사가 마호메트를 예루살렘으로 옮겨왔고, 그곳에서 위조된 흰 말 한 마리가 그를 데리고 일곱 번째 하늘로 올라갔다는 것이다. (그러나 성경은 세 개의 하늘만 있다고 말씀한다. 고후 12장) 그 하늘에서 "알라"는 그에게 아무것도 보여주지 못했다. (지금까지 살펴본 대부분의 총명한 아랍 학자들은, 코란에 대해 주석을 달면서 마호메트가 실제로 존재한 "낙원"에서 본 것은 아무것도 없었다고 말한다. 여자들, 나무들, 열매, 샘들은 모두 다 비유적인 것이었다. 낙원은 하나의 "우화"였던 셈이다.)

1. 우선 그는 하나님께서 자기에게 순혈종의 아라비아 산 흰 말 한 마리를 주셨다고 속였다. 그는 이런 내용을 요한계시록 19장에서 훔쳤지만, 그의 "흰 말"이 요한계시록 6:2에 나오는 흰 말이 될 수도 있다는 사실에는 전연 무지했다. 그는 문맹이었기에, 설사 성경을 가지고 있었다 해도 그것을 자세히 살펴볼 수는 없었을 것이다.

2. 다음으로 고린도후서 12장에 기록된 대로 셋째 하늘로 여행한 바울의 경험을 훔쳤고, 셋째 하늘을 "일곱 개의 하늘들" 가운데 일곱 번째 하늘로 바꾸어 버렸다. "일곱 하늘들"에 대한 개념은 그리스도의 시대 이후 구원받지 못한 모든 이교도 아랍인들이 믿었던 내용이다.

3. 그리고는 엘리야의 "천둥소리"를 훔쳤고, 그의 말은 날개가 있기에 하늘을 날 수 있었다고 주장했다. 그것은 "부라크"(Buraq)라고 불리는 한 여성, 곧 몽마(夢魔, nightmare, 수면 중인 사람을 질식시킨다고 상상되는 마녀 - 역자 주)였다.

4. 다음으로 그 간음자는, 여전히 하나님을 거짓말쟁이로 만들려고 하는 가운데, 그의 "몽마"(그에 따르면 한 여성이었다.)가 엘리야가 올라갔던 것처럼(왕상 2장) 일곱 번째 하늘로 올라갔다고 주장했다.

불행하게도 마호메트는 그 위쪽으로의 여행을 했음에도 낙원에 관한 충분한 계시를 받지 못했기에 냅킨 뒷면에조차 기록할 내용이 없었다. 계시자인 요한(계 1:1-4)은 얀네나 얌브레처럼 알라의 "선지자" 옆에서 하늘로의 항해를 했는데, 이는 그가 셋째 하늘의 계시들에 관한 정보를 기록하는 데 무려 17장이나 할애하고 있기 때문이다(계 5-22장).

자, 예루살렘이 "팔레스타인인들"에게 차지하는 비중에 관한 이 시시하고 조잡하고 보잘것없는 이야기를 창세기부터 마태복음 25장까지의 내용에서 발견되는 영감받은 역사적인 기록과 비교해 보라. 정말이지 지능지수가 60인 사람도 그 "거룩한 성읍"이 누구의 것인지 말할 수 있을 것이다! 모슬렘 형제단과 아랍 연맹은 그 땅이 자기들 땅인 체하고 싶어 했을 뿐이다. 그렇게 되면 그들의 사람들을 아라비아 국가들로 다시 데리고 갈 필요가 없게 된다. 그 땅에다 그들의 사람들을 남겨 놓고, 유대인들을 살해하는 데 이용할 목적으로 이들은 "피난민"일 뿐이라고 속이고 있다.

8절은 하나님의 말씀에 "떨지" 않았던 유대인이라면 그 누구에게라도 닥칠 수 있는 위협이 된다. 에스라는 그 사람을 "떨게" 하는 그 무언가를 제시했을 것이다. 이를테면 추방이라든가 재산 몰수("자산압류")를 통해서 말이다.

10:9 그러자 유다와 베냐민의 모든 사람이 삼 일 안에 예루살렘에 다
모였으니 그때가 아홉째 달이었고 그 달의 이십일이더라. 모든 백
성이 하나님의 전의 거리에 앉아 이 일과 큰 비 때문에 떨더라.
10 제사장 에스라가 일어서서 그들에게 말하기를 "너희가 범죄하여
타국의 아내들을 취하여 이스라엘의 죄를 증가시켰도다.
11 그러므로 이제 너희 조상의 주 하나님께 자백하고 그의 기쁘심을
행하여 그 땅의 백성과 타국 아내들로부터 너희 자신을 분리시킬
지니라." 하니

12 온 회중이 큰 소리로 대답하여 말하기를 "당신이 말씀하신 대로 우리가 마땅히 행하리이다.
13 그러나 백성이 많고 많은 비가 내리는 때라 우리가 밖에 서 있을 수도 없고 이것은 하루나 이틀에 할 일이 아니니, 이는 우리가 이 일로 많이 범죄하였음이니이다.
14 이제 온 회중에서 우리의 관원들을 세우고 우리의 성읍들에서 타국의 아내들을 취한 모든 자들로 정한 때에 각 성읍의 장로들과 재판장과 함께 오게 하여 이 일로 인한 우리 하나님의 불 같은 진노가 우리에게서 돌이켜지게 하소서." 하더라.

벌링거에 따르면 이 날짜(9절)는 키슬루 월(오늘날 12월에 해당됨) 20일에 해당한다. 그래서 백성들 위에 내리는 비가 차가운 것이다(9절). 그러나 그곳에 있는 백성들이 여전히 떨고 있다는 사실을 주목하라. 비는 단지 그 정도를 심하게 하고 있을 뿐이다. 백성들은 여전히 죄를 뉘우치고 있다(『**이 일... 때문에 떨더라.**』 9절). 10-12절은 별다른 설명이 필요 없다. 지금 회중 전체가 "초청"에 반응하고 있는 것이다. 만약 당신에게 인종혼합에 관한 하나님의 뚜렷한 명령들(11절)을 실행할 의향이 있다면, 이곳 "제단의 부르심"(altar call) 앞으로 나와야 한다.

그 집회는 합법적인 요청으로 며칠간 지연된다. 이것이 13,14절의 내용이다. 『**이제... 관원들을 세우고... 각 성읍의 장로들과 재판장**』(14절). 그렇다. 그것은 합법적인 요청이었다. 지시를 내리는(마 23:3) 지도자들(신약 시대의 바리새인들을 참조, 마 23:1-4)이 당신에게 지켜야 할 올바른 것이 어떤 것인지 말해 줄 수 있을지는 모른다. 그러나 만일 그들 스스로가 지키고 있지 않다면, 그들은 바리새인들과 같은 사람인 셈이다(마 23:4). 즉 "독사들," "눈먼 안내자," "위선자" 등(마 23:15-32)의 사람들인 것이다.

10:15 아사헬의 아들 요나단과 틱와의 아들 야하시야만이 이 문제에 대하여 반대했고 므술람과 레위인 삽브대가 그들을 도왔으며
16 사로잡혀갔던 자들의 자손도 그렇게 하니라. 또 제사장 에스라는 몇몇 족장들을 그들 조상의 가문을 따라 지명하고 열째 달 일일에 앉아 그 문제를 심사하여
17 그들이 첫째 달 일일까지 타국 아내를 취한 모든 자들의 조사를 끝마쳤더라.

두 사람이 "지도하고"(15절), 레위인 "조력자들" 두 명(『**므술람과... 삽브대**』)이 그들을 돕고 있다.

약 90일이 지나서야(오늘날 1월 1일부터 4월 1일까지) 그 마음 아픈 작업이 끝나게 된다. 『**그들 중 얼마는 자식을 낳은 아내들도 있었더라.**』(10:44)는 구절에서 매우 괴로운 장면을 보게 되므로, "마음이 아프다"라고 말하는 것이다. 수십 명의 유대인들이 자녀들을 낳아 그들의 가정에서 가족의 구성원으로 길러왔기 때문에, 이 작업은 강제로 "이혼"시키는 것이나 다름없는 셈이다. 그들 중에는 생후 1개월 된 아기들에서 10살 혹은 20살 된 자녀들을 둔 사람도 있었을 것이다. 참으로 슬픈 장면이 아닐 수 없다. 신약에서 이와 유사한 상황이 누가복음 14:26,27에 나타난다.

10:18 제사장들의 아들들 가운데 타국 아내를 취한 것으로 판명된 자들
은 요사닥의 아들인 예수아의 아들들과 그의 형제 중에서 마아
세야와 엘리에셀과 야립과 그달랴요,
19 그들이 그들의 손을 내밀어 *맹세하기를* 자기들의 아내를 내어 보내
기로 하고 죄지은 자로서 그들은 자기 죄로 인하여 양떼 중에서
숫양 한 마리를 드리더라.
20 또 임멜 자손 중에서는 하나니와 스바댜요,
21 하림 자손 중에서는 마아세야와 엘리야와 스마야와 여히엘과 웃
시야요,
22 파술 자손 중에서는 엘료에내와 마아세야와 이스마엘과 느다니엘
과 요사밧과 엘라사였더라.
23 레위인 중에서는 요사밧과 시므이와 글라야와 (이는 글리타라)
브다히야와 유다와 엘리에셀이더라.
24 노래하는 자들 중에서도 엘리아십이요, 문지기들 중에서도 살룸
과 델렘과 우리더라.
25 또 이스라엘 중에서는 파로스 자손 중에서 라미야와 여시야와 말
키야와 미야민과 엘르아살과 말키야와 브나야요
26 엘람의 아들들 중에서는 맛타냐와 스카랴와 여히엘과 압디와 여
레못과 엘리야요,
27 삿투의 아들들 중에서는 엘료에내와 엘리아십과 맛타냐와 여레못
과 사밧과 아시사요,
28 베배의 아들들 중에서는 여호하난과 하나냐와 삽배와 아들래요,
29 바니의 아들들 중에서는 므술람과 말룩과 아다야와 야숩과 스알

과 라못이요,
30 파핫모압의 아들들 중에서는 앗나와 글랄과 브나야와 마아세야와
맛타냐와 브살르엘과 빈누이와 므낫세요,
31 하림의 아들들 중에서는 엘리에셀과 이시야와 말키야와 스마야와
시므온과
32 베냐민과 말룩과 스마랴요,
33 하숨의 아들들 중에서는 맛트내와 맛타다와 사밧과 엘리벨렛과
여레매와 므낫세와 시므이요,
34 바니의 아들들 중에서는 마아대와 암람과 우엘과
35 브나야와 베드야와 글루와
36 와냐와 므레못과 엘리아십과
37 맛타냐와 맛트내와 야아사우와
38 바니와 빈누이와 시므이와
39 셀레먀와 나단과 아다야와
40 막나드배와 사새와 사래와
41 아사르엘과 셀레먀와 스마랴와
42 살룸과 아마랴와 요셉이더라.
43 느보의 아들들 중에서는 여이엘과 맛티댜와 사밧과 스비나와 야
다우와 요엘과 브나야더라.
44 이들 모두가 타국 아내를 취한 자들이며 그들 중 얼마는 자식을
낳은 아내들도 있었더라.

위 명단에 관해서는 그다지 언급할 게 없다. 단순히 하나의 명단일 뿐이

다. 그러나 에스라 주석을 끝내기에 앞서 잠시 진지하게 우리의 성경 공부를 해 보도록 하자. 또 22권짜리 주석전집과 다섯 권의 히브리어 어휘집, 두 권의 히브리어 사전, 탈무드, NIV, ASV, NASV, NRSV 그리고 벌링거의 〈컴패니언 바이블〉 등을 포함한 발간된 모든 "성경공부용" 성경들("study" Bibles)을 다시 한 번 버리도록 하자. 에스라와 느헤미야가 전천년주의 질서 속에서 몇 가지 21세기에 부합하는 적용들을 하고 있으므로, 이 첫 번째 귀환이 이사야 11:11에서 이사야가 언급했던 『**두 번째**』와 어느 정도 연관되어 있는 것이 분명하다.

우리는 하나님께서 이스라엘을 다시 다루기 시작하실 것이라는 사실을 알고 있다. 그것은 너무나 분명하다. 그 밖에 다음과 같은 분명한 사실이 있다. 즉 믿음과 행위에 의한 구원 방법(계 12:17; 14:12)이 율법하에서처럼(마 24:20) 다시 회복된다. 또 다른 확실한 사실은 매우 이상하게 생각될 만한 내용인데, 즉 이 땅에 2,600년 이상 없었던 구약의 두 인물(계 11:1-8)이 지상에 다시 나타난다는 것이다. 그들은 모세와 엘리야다(말 4:4-6). 더욱이 만일 당신이 댈러스, 포트워스, 시카고, 루이빌, 덴버, 뉴올리언스 등의 신학교에서 공부하는 데 시간을 낭비하는 대신 요한계시록에 정말이지 아주 세심한 주의를 기울인다면, 구약의 인명과 지명들이 등장하는 가장 놀랄 만한 재출현을 보게 될 것이다. 요한계시록에서 『**발라암**』(계 2:14)과 『**이세벨**』(계 2:20), 『**바빌론**』(계 17장)이 갑자기 다시 등장한다. 또 이스라엘이 광야에서 다시 부양받는다(계 12장). 그것으로 충분하지 않다면, 계시록에서 유대인들이 바빌론으로부터 나오라는 말을 듣게 된다(계 18:2-5). 게다가 『**큰 강 유프라테스**』가 등장한다(계 16:12).

유프라테스는 카나안 땅에서 부동산에 대한 논쟁이 시작된 장소라 할 수 있다. 이는 그 강이 아브라함에게 약속되었고(창 15장), 다윗이 차지했으며(삼하 8:3) 솔로몬이 통치했던(왕상 4:21) 경계선이었기 때문이다.

따라서 우리는 자연스럽게 에스라와 느헤미야로 돌아와 몇 가지 비교를 해 봐야 한다. 자, 우리는 여기에서 구약 인물들의 가장 주목할 만한 명단 중 하나가 나타나고 있음을 보게 된다. 아래 열거하려는 모든 이름은 구약의 주요 인물들이다.

에스라에서는 『**엘리야**』(10:21), 『**스마야**』(왕상 12:22), 『**여히엘**』(대상 9:35), 『**웃시야**』(대하 15:30), 『**파술**』(대상 9:12), 『**이스마엘**』(22절), 『**요사밧**』(대상 12:20), 『**시므이**』(왕상 2:36-42), 『**유다**』(23절), 『**엘리에셀**』(창 15:2) 등이 나온다.

에스라 10장에서 발견되는 이 이름들은 에스라가 태어나기 전 구약의 어딘가에서 한 번씩 등장했던 이름들이다. 물론 여기 나오는 사람들은 과거에 등장했던 사람들과 다른 사람들이다. 그러나 동일한 이름의 사람들이 등장한다는 것을 통해 무엇인가를 암시받을 수 있는 것이다. 에스라의 명단에서 발견되는 바, 특별한 이름들을 가진 이 뛰어난 구약 인물들을 주목하라. 엘리야, 시므이, 이스마엘, 유다, 이스라엘(25절), 브나야(25절), 브살르엘(30절), 베냐민(32절), 여레매(예레미야, 33절), 암람(34절), 요셉(42절) 그리고 요엘(43절).

이어서 느헤미야의 명단도 살펴보라.

『**예레미야**』(느 10:2), 『**오바댜**』(느 10:5), 『**다니엘**』(느 10:6), 『**호세아**』(느 10:23), 『**미카**』(느 10:11). 구약의 선지자들과 동일한 이름이 다섯 명이나 등장한다. 『**아히야**』(10:26), 『**아히툽**』(10:26), 『**사독**』(11:11), 『**요나단**』(12:14), 『**요셉**』(12:14), 『**에벨**』(12:20), 『**유다와 베냐민**』(12:34), 『**미**

카야』(12:41).

이름들이 얼마나 유사한지, 거의 구약 성도들의 "재결합"처럼 보일 정도이다. 한 민족의 부활과 회복에 관한 한 편의 그림을 보는 것과 같다. 이들이 귀환하는 생생한 장면이 아닐 수 없다. 결국 유다도 다시 오고("멸망의 아들," 계 17:12, 살후 2:3, 계 17:8) 모세도 다시 나타나며 엘리야도 다시 오게 된다. 예수 그리스도께서도 다시 오신다.

요나가 그랬던 것처럼(욘 4:11) 이쯤에서 물음표로 끝내도록 하자.

느헤미야 서문

느헤미야는 전체 13장, 406절, 10,483단어로 되어 있으며(영어 〈킹제임스성경〉의 경우), 약 B.C. 445-440년경에 기록되었다. 구약의 마지막 책은 약 B.C. 389년에 완료되었다.

21세기와 "연관"지어 볼 때 (에스라와 더불어) 느헤미야는 적그리스도가 나타날 때 유대인에게 닥칠 일들을 묘사해 주고 있는 예레미야를 제외하고 구약의 어떤 다른 책보다 더 현 시대의 모습과 밀접한 관련이 있다.

에스라와 느헤미야는 A.D. 1917년과 A.D. 2010년 혹은 그 이상의 연대 사이에 전 세계적으로 일어나고 있는 일을 묘사하고 있다. 이상 우리가 주목했던 두 책에서는 이방인들이 버림받고 유대인들로 대체되는 사건(에 2-4장 참조)이 있기 전에 유대인들이 팔레스타인으로 돌아오는 내용을 다루고 있다. 〈킹제임스 권위역본〉의 성경배열 순서는 히브리어 사본들의 모든 히브리어 구약 성경들에서 발견되는 성경배열 순서에 비해 향상된 계시를 따르고 있다.

이 두 책에서는 유대인들이 첫 포로 기간(산헤립과 느부캇넷살, 왕하

17,25장) 이후 팔레스타인에 "첫 번째"로 다시 모이는 사건을 묘사하고 있다. "두 번째" 모임은 1917년과 1948년 사이에 일어났다. 이는 과거 이방인 왕(페르시아의 코레스)의 보호 아래 유대인들이 다시 모였던 것처럼 이방인 왕(영국왕 조지)의 보호 아래 다시 모일 수 있었던 것이다. 두 경우 모두 아랍인들이 등장하고 있는데, 이들은 "사우디아라비아인들"뿐만 아니라 "트랜스요단 아랍인들"로 에스라와 느헤미야의 때에는 "암몬인들"에 해당했었다. 느헤미야와 에스라 당시에 "서안지구 모슬렘인들"은 혼혈 페르시아인들이었다(스 4:9 참조). "팔레스타인인들" 가운데 팔레스타인에 살았던 사람은 아무도 없었다. 지난 6,000년의 역사에서 팔레스타인은 한 국가로서 존립해 본 적도 없으며 한 개의 수도조차 정해 본 적도 없었다. 다만 이스라엘 민족이 예루살렘을 유대인의 수도로 정한 때만 있었을 뿐이다(사무엘하에서 열왕기하까지).

노아의 시대부터 B.C. 1500년까지는 팔레스타인의 각 성읍에 각각의 왕이 다스리고 있었다(수 12장). 로마인들이 팔레스타인을 차지했을 때 그 지역은 로마의 땅이었을 뿐 모슬렘이나 아라비아의 땅이 아니었다. 더욱이 모슬렘인들이 그 땅을 차지했을 때도 어떤 수도도 갖지 못한 또 하나의 정복 "식민지"에 불과했던 것이다. 그리고 영국이 터키로부터 그 땅을 빼앗았을 때, 그 지역은 영국 땅(영국령)이었다. 다시 한번 말하지만 그 지역에는 어떤 "국가"도 어떤 "수도"도 존재한 적이 없었던 것이다. 1948년 유대인들이 그들의 본국으로 다시 돌아왔을 때, 팔레스타인은 국가가 아니었다. 문화도 없고 아라비아의 이슬람을 따르는 종교도 없었다. 공용어도 어떤 정치 지도자들도 없었다. "수도"는 말할 것도 없다. 유대인들이 그 땅에 돌아왔을 때 그들을 공격했던 모슬렘 5개국이 있었는데, 그 유대인들로 인해 모슬렘 5개국이 질색하게 되었을 때에야 비로소 아라파트는 팔레스타인이 "권력"(Authority)과 "대통령"(President), "수도"(Capitol)를 갖고 있는 하나의 "국가"라고 허풍을 떨기 시작했던 것이다.

존재하지 않는 팔레스타인 "국가"의 초대 "대통령"은 이집트에 팔레스타인해방기구(PLO)를 창설한 이집트인(아라파트)이다. 1948년 이스라엘이 도착했던 당시는 말할 것도 없이 팔레스타인에서 태어난 일조차 없는 이 모조 "피난민들"은 현재 그 수가 거의 4백만 명에 달한다. 뉴스 미디어 방송국들은 하나같이 이 사건에 대해 오보하고 있다. 그들 모두는 진리를 왜곡하고 있는 것이다. 그 중 어떤 것도 역사적으로 정확한 근거가 없다. 게다가 그들 모두는 이스라엘을 대적하여 바티칸식 태도를 취하고 있다. 이는 1917년 발포된 밸푸어 선언(the Balfour Declaration) 이후 줄곧 달라진 것이 없다. (저자의 〈죽음의 재 같은 땅 이스라엘, *ISRAEL : A Deadly Piece of Dirt*, 2001〉 참조)

"최초의"(original) 예언이 예수 그리스도께서 태어나시기도 800년 전에 기록되었고, 지금으로부터 380년 훨씬 전에 출판된 〈킹제임스성경〉에는 바로 이 "두 번째 귀환"이 기록되었다(사 11:11 참조).

현재(2004) 뉴욕 번화가의 191개국은 이상 두 가지 기록들을 거부해왔다. 그들은 이슬람이 유대인의 대량학살 프로그램(슥 14:2)을 수행할 수 있을 것으로 확신 가운데 전망하고 있는 것이다. 로마카톨릭 신자 히틀러에 의한 "홀로코스트"(유대인 대학살)를 "오케이 목장의 결투" 정도로 보이게 할 만한 대량학살 프로그램 말이다.

느헤미야 1장

1:1 **하칼랴의 아들 느헤미야의 말이라. 제이십년 키슬루월에 내가 수산**
궁에 있을 때의 일이라.
2 **나의 형제 중 하나인 하나니가 유다 사람 몇 명과 왔기에 사로잡힘**
을 면하여 피한 유대인들과 예루살렘에 관하여 내가 그들에게 물으
니
3 **그들이 내게 말하기를 "사로잡힘을 면하여 남은 자들이 그 지방에**
서 큰 고난과 능욕 가운데 있으며 예루살렘 성벽도 허물어졌고 그
문들도 불태워졌도다." 하니라.
4 **내가 이 말을 듣고 나서, 앉아 울며 며칠 동안 애도하여 금식하고**
하늘의 하나님 앞에 기도하며

『**키슬루월에... 수산 궁에**』(1절)란 말을 통해서 사건이 전개되는 때와 장소를 알 수 있다. 키슬루 월은 유대인의 경우 대략 11월 25일에서 12월 25일까지 해당한다. 수산은 왕의 궁전으로, 페르시아의 티그리스 강 동쪽

고대 수시아나(Susiana)의 수도에 위치했었다.

『**제이십년**』이란 시점에서 다소 문제들이 제기된다. 벌링거는 예루살렘이 마지막으로 파괴된 연대를 B.C. 489년으로 잡는다. 반면에 모든 표준 연대기들은 B.C. 587-598년으로 보고 있다. 거의 100년 정도의 차이가 나는 셈이다. 본 주석에서는 표준 연대기를 따를 것이다.

벌링거가 계속해서 자신의 주장을 고집할 경우 성령님을 거짓말쟁이로 만들 수밖에 없는 자신을 발견하게 될 것이다. 『**제이십년**』에 대해서, 그는 우선 그 구절이 "포로 기간의 시작부터 42년이 되는 해"를 의미하는 것이라고 주장한다. 그리고는 "여호야긴이 포로로 잡혀간 시점에서 볼 때 35년이 되는 해"라고 말한 뒤 결국 "예루살렘이 파괴된 때로부터 23년이 되는 해"라고 마무리짓는다. 그러나 보다시피 그의 주장은 스스로가 그 구절을 믿지 않았다는 사실 외에 아무것도 의미하지 않는다. 그 구절과는 아무런 관련도 없는 세 개의 서로 다른 숫자들을 날조해 냈을 뿐이다.

『**나의 형제 중 하나**』(2절)란 말을 통해서 하나니는 "유대인 형제"였을 뿐만 아니라 진짜 가족의 "형제"(느 7:2에서 『**내 형제**』를 참조)였음을 알 수 있다. 하나니와 『**유다 사람 몇 명**』은 유대에서 이제 막 페르시아로 돌아온 상태였고 예루살렘의 상황을 "직접" 목격한 사람들이기도 했다. 즉, 예레미야 39:10과 40:15에서 묘사된 『**남은 자들**』(3절)과 『**성벽**』(3절) 및 『**문들**』을 목격한 증인들이었던 것이다. 요약해 보면, 성읍은 여전히 폐허 상태고, 남은 자들은 가련한 사람들로(애 1:11; 5:1-16) 우상 숭배에 빠져 있는(왕하 17:30,31; 2:9-11; 4:4-19) 혼혈 "사마리아인들"(왕하 17:24, 요 4:9 참조)에게 둘러싸여 있다.

『**남은 자들**』(3절)은 밤낮으로 아무런 보호도 받지 못한 채 적들에게 노출되어 있다. 『**문들도 불태워졌도다**』(3절). 성읍들은 까맣게 타버린 재 더미 상태거나 "조금씩" 여러 가지 이유로 부식되어 이중 삼중으로 균열이나 있는 상태다.

그러나 이에 대한 느헤미야의 반응은 훨씬 더 극적이다. 그는 울고(4절), 애도하며(4절), 금식하고(4절), 기도를 한다(4절)

1:5 말하기를 "오 하늘의 주 하나님**이여, 위대하시고 두려우신** 하나님**이여, 주께 내가 간구하오니 주께서는 주를 사랑하고 주의 계명들을 준수하는 자들에게 언약과 자비를 지키시나이다.**

6 이제 주의 귀를 기울이시고 주의 눈을 여시어 이제 주 앞에서 주의 종들인 이스라엘 자손을 위하여 주야로 기도하는 주의 종의 기도와 우리가 주께 대하여 범죄한 이스라엘 자손의 죄들을 자백하는 것을 들으소서. 나와 내 아버지의 집이 모두 죄를 지었나이다.

7 우리가 주께 대하여 심히 타락하게 행하여 주께서 주의 종 모세에게 명하신 계명들과 규례들과 명령들을 지키지 아니하였나이다.

에스라의 기도(스 9장)와 다니엘의 기도(단 9장)에서 보듯이 여기에서도 기도의 첫 번째 요소는 죄를 자백하는 것임을 주목하라. 본문의 "참회하는 사람들" 속에는 자기 자신뿐 아니라 자신의 백성과 민족 지도자들의 죄들이 포함되어 있다. (『**우리가... 범죄한... 나와 내 아버지의 집이**』, 6절)

자, 성벽은 구약 시대에 있어서 매우 중요한 것이었다. 사무엘하

11:20-24에서 다윗이 염려했던 내용을 통해서도 이 사실을 확인할 수 있다. 『**활 쏘는 자들**』은 어떠한 포위 공격에서도 "높은 고지"를 점령해야 하기에 성벽 위에 위치하게 된다. 현대전에서의 높은 고지는 더 이상 언덕이나 바위 혹은 산(판 4:14)이 아니라, 해발 400 내지 35,000피트 높이의 구름 속이다. 산헤립(과 적그리스도)은 『**성벽이 없는 마을들**』을 공격할 것이다(겔 38:11). 중국의 만리장성은 침입자들을 막기 위해 축성되었다. 바빌론을 둘러싼 성벽과, 스코틀랜드와 잉글랜드 사이에 건축된 하드리안 성벽(Hadrian's Wall)도 마찬가지였다.

그 유명한 "통곡의 벽"은 사람을 침입자들로부터 보호하기 위해 성읍 외곽에 만들어진 성벽이 아니었다. 그것은 성읍 안쪽에 있는 성벽으로 성읍의 동쪽 중앙에 위치해 있다. 거대한 벽돌로 지어진 이 성벽은 성전지역과 성전의 3면(북쪽, 서쪽, 남쪽) 중 서쪽구역 주변에 세워졌고, 그 길이가 약 800피트 정도 된다. 1967년 모세 다이안(Moshe Dyan)이 "성전 지역"을 차지했지만 그것을 계속해서 지키지 못하는 실수를 저지르고 말았다. 즉, 오늘날 모슬렘 교회 국가의 수도라고 주장하는 모슬렘인들의 손에 다시 넘어가고 말았던 것이다.

느헤미야의 회개 기도는 다니엘 9장에 나오는 다니엘의 위대한 회개 기도에 비해 훨씬 짧긴 해도 그 기도 내용과 잘 어울린다. 다음과 같이 유사한 특징을 주목하라. 『**우리가 주께 대하여 범죄한 이스라엘 자손의 죄들을 자백하는 것... 나와 내 아버지의 집이 모두 죄를 지었나이다. 우리가... 심히 타락하게 행하여... 계명들...을 지키지 아니하였나이다**』(6,7절).

성경에는 위대한 회개 기도 네 가지가 나오는데, 다니엘 9장, 시편 51편, 에스라 9장, 느헤미야 1장이 그것이다.

특히 『**죄들**(sins)』과 『**범죄한**(sinned)』이라는 두 단어에 주목하라. 『**죄**』라는 단어는 창세기 4:7에서 처음 나오며 여기서는 최초의 살인자인 카인과 관련되어 있다. 『**죄인들**』이란 단어는 창세기 13:13에서 처음으로 등장하며, 여기서 죄인들은 "성도착자들"이다.

바울에게 계시되었듯이 『**모든 불의가 죄**』이기 때문에, 신약에서는 구약에서처럼 "죄인들"과 "의인들" 사이에 어떠한 차별도 두지 않는다(요 9:24, 마 9:11, 눅 7:39). 바울 서신에서 말한 바와 같으니, 『**의인은 없나니 없도다, 한 사람도 없도다**』(롬 3:10). 즉 어떠한 차별도 없는 것이다(롬 3장). 본문에서(느 1장) 느헤미야(스 9장의 에스라처럼)는 자신과 하나님의 선택받은 백성을 살인자들(카인) 및 성도착자들(창 13:13)과 같은 부류로 분류했다. 이것이 바로 회개다! 당신이 "행한 일"이 아니라 바로 "당신 자신"에 대해 후회를 해야 하는 것이다.

빌라도가 하나님의 아들에게서 들었던 마지막 말은 "나누어 주라," "돌보아 주라," "사랑하라" 혹은 "스트레스와 긴장으로부터 벗어나라"는 말이 아니었다. 다름 아닌 『**죄**』였던 것이다(요 19:11).

"복음"에 관한 설교 내용이 75%가 부정적이지 않다면 그것은 "복음" 설교라 할 수 없다(고전 15:1-4). 만일 설교자가 당신의 죄들(바울이 항상 설교했던 것처럼. 행 24:25 참조), 곧 그리스도께서 지신 죄들에 대해 설교하지 않는다면, 그는 결코 "복음" 설교자라 할 수 없다. 그는 겁이 많고 나약한데다가 남을 배려하는 데만 신경을 쓰는 인본주의자이다.

성경에서 죄가 질병, 속박, 전염, 장애물, 가정파괴자, 건강파괴자, 시간낭비자, 하나님의 명예를 손상시키는 것, 게다가 죄인들이 지옥 가는 이유와 같은 모습으로 제시된다는 이유로, 미국의 전미교육협회(NEA)는 유치

원에서부터 대학 수준까지 모든 공립학교에서 가르치고 있는 모든 교과서에서 그 단어를 조심스럽게 제거해버렸다. 그러고 나서 성경에 나오는 죄들에 관한 목록(롬 1,3장, 고전 6장, 갈 5장, 막 7:21,22, 계 21:8 참조)을 다른 애매모호한 말들로 바꿈으로써, 그 단어의 위치를 제대로 찾을 수 있는 학생들의 능력을 파괴해 버렸다. 이로 인해 그 단어는 죄들이라는 단어로 더 이상 나타나지 않게 된다.

느헤미야는 솔로몬 왕이 "여러 문화권"의 여인들과 친척 관계를 형성했을 때, 범죄 했던 사실을 언급하고 있다(느 13:26).

솔로몬의 부왕이며 하나님의 선택하심을 입은 것으로는 첫 번째라 할 수 있는 공식적인 "유대인 왕"은 다음과 같이 고백하고 있다. 『**내가... 죄를 지었노라**』(삼하 12:13, 시 51편). 이는 신약에서 탕자가 고백했던 내용이다(눅 15:21). 미국의 공립학교를 다니는 어떤 학생도 앞으로 영원히 어느 때 어떤 상황 하에서도 그렇게 고백하라고 교육받지 않는다. 미국인들은 충분히 말을 할 수 있는 나이가 되어서도 하나같이 자신은 죄가 없다고 생각할 것이다.

그들은 그저 "가치판단"에 있어서 "실수"를 하거나 "논리상 오류"를 범하는 것 혹은 "교훈을 배우지" 못하거나 "어쩌다가 불안감을 조성시키는 것"이라는 등 그렇게 생각할 뿐이다. 즉 죄인은 한 명도 없는 셈이다. 동양인들은 말하기를, 죄에는 단순히 이중적인 면이 있을 뿐이라고 한다. 헬라인들은 죄를 법정용어로 생각한다. 라이프니츠(Leibnitz)는 그 단어가 오역된 것이라고 했는데, 그에 따르면 "죄"란 사실 "결핍"을 의미하는 것일 뿐이다. 스피노자(Spinoza)는 한 발짝 물러선 입장에서, 죄는 "환각"이라고 말했다. 전미교육협회(NEA)는 그것이 "성장 결핍"을 의미한다고 주장한다. 독일의 철학자 슐라이어마흐(Schleiermarcher)는 죄를 가리켜 "왕국에 반대되는 것"이라고 말했다.

오늘날 세상은 얼마나 불경스런 변절자들의 소굴이 되고 있는가? 개인이든 집단이든 그 누구라도 젊은이들을 교육할 책임이 있다. 그러나 세 개의 철자("S-I-N")로 이루어진 한 단어를 제거하기 위해서 무슨 짓이든 서슴지 않았던 그들의 모습을 보라. 이런 그들의 소행은 성경에서 550회 이상이나 발견된다.

현대의 모든 "정신과의사들"의 학장격인 칼 메닝거(Karl Menninger, 캔자스 주 토피카) 박사는 죽기 전에 이렇게 한탄했다. "도대체 죄는 어떻게 되었단 말인가?!"

좋은 질문이다. 이에 대한 답변은 무엇인가? 아주 쉽다! 1611년 이래로 5개 대륙에서 대학교육을 받은 교수라면 누구든지 이 세상에서 그 단어를 제거하고자 전 시간을 투자했던 것이다. 이들의 노력은 미국과 유럽에서 성공을 거두었다. 오직 "구식" 노인들만이 그 용어를 고수하고 있을 뿐이다. 하지만 그들이 은사주의자들이나 "프라미스 키퍼스"(Promise Keepers) 혹은 그들의 모든 설교자들 및 교사들, 사제들 그리고 교황들에게 가담할 때는 대중 앞에서 그 단어를 빠뜨리고 만다. 즉 죄라는 단어는 대중 앞에서 사라져 버리게 된다. 때로는 나타날 때가 있지만, 성경에서처럼 『**모든 불의가 죄**』(요일 5:17)라고 정의되는 법은 한 번도 없다.

공산주의자들은 어떤가? 그들은 "변화하지 못하는 것"이라고 정의 내린다. 뉴스 미디어는 뭐라고 하는가? 하나의 "생활 양식"에 불과하다고 말한다. 미국시민자유연맹(ACLU)과 인본주의자들은 어떤가? 그들은 "인간에 대한 신뢰 부족"이라고 말한다. 사회주의자들은 뭐라고 하는가? 이들은

"문화적인 낙후"라고 정의를 내리고 있다.

성경에서 죄는 토해낸 것(벧후 2:22)이고, 상한 것(사 1:4-6)이며 족쇄(잠 5:20-23)고 문둥병이다(레 13,14장). 이 지구상에는 죄인들만 살고 있는 것이다. 『**모든 사람이 죄를 지었으므로**』(롬 3:23). 상황이 이러하기에 모든 죄인들은 그 단어를 제거하기로 합의를 보았다. 이 땅에는 종교적인 죄인들, 상업적인 죄인들, 은밀한 죄인들, 세상이 다 아는 죄인들, 군대의 죄인들, 재능을 소유한 죄인들, 재능이 없는 죄인들, 의학계의 죄인들, 정치계의 죄인들, 남성 및 여성 죄인들, 지적인 죄인들, 무식한 죄인들, 흑인, 황인 및 백인 죄인들, 젊은이, 중년 및 노년의 죄인들, 경건한 독선적인 죄인들(눅 18:11)이 살고 있는 것이다.

『**우리가 주께 대하여 범죄한**』(느 1:6).

당신이 "저주받은," "지옥," "죄," "죄인들"과 같은 단어들을 제거할 때, 그것은 성경을 제거하는 것과 마찬가지다. "죄"라는 단어는 성경에서 570번이나 나오며, 66권의 책들 중에서 40권의 책에 그 단어가 포함되어 있다. 성경의 첫 번째 책을 다 읽기도 전에 죄라는 단어가 8번씩이나 당신의 면전에 들이밀 것이다. 이는 50년 이상 미국의 공립학교 교실에서 그 단어가 언급되는 것을 듣게 되는 횟수보다 더 많은 횟수일 것이다. 이런 사실에 대해 곰곰이 생각해 보라.

기도할 때 자백한 다음에는 간구(8-11절)가 뒤따르기 마련이다. 간구의 내용에는 "중재"가 발견된다. 이는 느헤미야가 이제 막 자기 자신뿐만 아니라 자신의 백성을 위해서 중재하고 있기 때문이다.

5절은 출애굽기 20:6에서 하나님께서 친히 주셨던 것처럼 직접적인 계시에 대해 직접적인 호소를 하는 내용이다. 느헤미야가 자백하는 죄들은 하나님 그분께 대하여 범한 죄들(6절, 『**주께 대하여 범죄한**』)이라고 언급되는 것을 주목하라. 정확히 말해서 이는 탕자와 다윗이 고백했던 내용이다(시 51:4, 눅 15:21).

1:8 내가 주께 간구하오니 주께서 주의 종 모세에게 명하여 말씀하시기를 '만일 너희가 범죄하면 내가 너희를 민족들 가운데 흩어 버릴 것이요

9 만일 너희가 내게로 돌이켜 내 계명들을 지키고 그것들을 행하면 너희 가운데 하늘의 맨 끝까지 쫓겨난 자가 있다 할지라도 내가 그들을 거기서 불러 모아 내가 내 이름을 두려고 선정한 장소로 그들을 데려오리라.' 하신 그 말씀을 기억하소서.

10 이제 이들은 주께서 주의 위대하신 능력과 강한 손으로 구속하신 주의 종이요 주의 백성이니이다.

11 오 주여, 내가 주께 간구하오니 주의 종의 기도와 주의 이름을 두려워하기를 열망하는 주의 종들의 기도에 이제 귀기울이소서. 내가 주께 기도하오니 오늘 주의 종으로 형통하게 하시어 이 사람의 목전에서 종에게 자비를 베푸소서." 하였으니 이는 내가 왕의 잔 받쳐든 자였음이라.

8절과 9절은 신명기의 저자가 모세 자신이었다는 사실을 입증해 주는 구절들이다. 소위 "그라프-벨하우젠 이론"이라고 불리는 바, 800년이 지난 뒤에 합작하여 이야기를 날조했다는 "J"(여호와 문서), "E"(엘로힘 문서), "D"(신명기 문서), "P"(제사장 문서)의 "편집자들"은 모세오경과 아무런 연관이 없다. 이는 그라프(Graf)와 벨하우젠(Wellhausen) 등 여러 자유주의 신학자들이 만들어낸 어리석은 이론인데, 즉 모세오경은 모세가 쓴 것이 아니라 후대의 여러 문서들이 조합된 것이라는 이론이다. 이런 말도 안 되는 주장은 사실 아라비아의 학자들, 즉 코란의 부패한 본문을 애써 정당화시키려는 자들에 의해서 거듭 사용된 것이었다. 그들은 성경이 모세, 다윗, 베드로, 마태, 야고보, 누가, 바울, 마가가 기록한 이후에 "변화"했다고 주장한다. 즉 성경의 최초 원본은 코란과 조화를 이루고 있었기에, 성경에서 코란과 어울리지 않는 요소들이 발견될 때 그 모든 자료들은 위조된 것들이라는 말이다. 일례로, 구약에서 이삭과 이스마엘을 다루는 모든 내용들, 구약에서 이스라엘의 회복을 다루는 모든 내용들, 구약에서 하나님의 아들의 신성을 언급하는 모든 내용들(사 9:6, 시 2:7; 110:1 등), 그리고 함족 사람들, 곧 이집트인들(미스라임)과 함의 땅(시 106:22, 창 10장)을 다루는 모든 내용들을 들 수 있다. 아라비아의 코란 학자들은 신약에서 다음의 내용을 다루는 모든 구절들 역시 거부한다. 이를테면 거듭남, 믿는 자의 영원한 보장, 그리스도의 죽음, 그리스도의 부활, 그리스도의 신성, 그리스도의 재림, "마호메트"나 "알라"보다 뛰어난 이름을 지니신 예수 그리스도(빌 2:9, 행 4:12)에 관한 구절들 말이다.

이런 구절들은 신약에서는 최소 200구절 이상, 구약에서는 500구절 이상이나 된다. 만일 미국의 어떤 공립학교 시스템에서 "이슬람"을 가르치고 있다면, 그것은 교실 안에서 〈킹제임스성경〉과 기도 위에 세워진 학교 교육 시스템(1700–1900)을 인수하여 일부다처제인 이교도 관습으로 대체시키려는 교회국가(이슬람교도들)일 뿐이다. 게다가 이 이교도는 노예 제도와 비무장한 남자 및 여자와 아이들을 살해하는 행위를 정당화하고 있다(〈성경 vs. 코란, *The Holy Scriptures vs. the Holy Koran*, 2001〉 참조).

느헤미야는 지금 기도하는 가운데 요구하고 있는 약속이 다름 아닌 모세를 통한 것이라고 기도했다. 이 약속은 신명기 28:64과 30:2–5에서 볼 수 있을 것이다. 예수 그리스도께서는 신명기가 모세의 기록이라고 말씀하셨다(요 5:46). 이에 덧붙이시기를, 어떤 죄인이 모세가 기록했던 것을 믿지 못했다면(요 5:47) 그는 예수께서 친히 설교하셨던 내용도 믿을 수 없었을 것이라고 말씀하셨다(요 5:47). 이는 당신이 모세가 기록했던 "창세기의 기사"(창 1–3장)를 믿지 못하는 기독교 "신자"를 보게 될 때, 지금 한 명의 위선적인 거짓말쟁이를 대하고 있다는 사실을 의미하는 것이다. 적어도 예수 그리스도의 말씀에 비추어 보면 그렇다.

유대인들은 "흩어졌고" 그것도 『**민족들 가운데**』(8절)로 흩어져 버렸다. 국제연합(United Nations)의 운명은 이미 그리스도께서 출생하시기 전 500년도 훨씬 더 되는 시기에 신격의 세 번째 인격이신 분에 의해서 결정되었다. 『**주가 말하노라. 이는 내가 너와 함께 있어 너를 구원할 것이요, 내가 너를 흩어 버렸던 모든 민족들은 완전히 끝낼지라도 내가 너는 완전히 끝내지 아니할 것임이라. 그러나 내가 너를 공의로 바로잡으리니 너를 전혀 벌하지 않은 채 두지는 아니하리라**』(렘 30:11).

191개국으로 구성된 국제연합을 한 번의 "강타"로 쓸어버릴 방법에 대해서는 그리스도께서 태어나시기 전 400년도 훨씬 넘는 시기에 성령님께서 기록해 두셨다(사 2,11,34,65,66장, 단 2,7,9,11장, 겔 20–28장, 30–37

장, 시 2,13,52,68,89,110편). 『**주가 말하노라. 그러므로 너희는 내가 일어나서 먹이로 삼는 날까지 나를 기다리라. 이는 내 결심이 민족들을 모으는 것임이니 내가 왕국들을 모아서 그들 위에 내 분노, 곧 나의 모든 격노를 쏟으리라. 이는 온 땅이 내 질투의 불로 삼켜질 것임이라**』(습 3:8).

이렇게 행하시는 "이유"에 대해서는 동성연애자 세상의 수도인 샌프란시스코에 UN이 구성되기 2,300년도 훨씬 전에 기록되었다. 『**내가 모든 민족들을 모아 예루살렘을 대적하여 싸우게 하리라. 성읍은 함락되고 집들은 강탈당하며 여자들이 욕을 당하고, 성읍의 절반이 사로잡혀갈 것이나, 백성의 나머지는 성읍에서 끊어지지 아니하리라**』(슥 14:2). 『**그 날에 내가 예루살렘을 모든 백성에게 무거운 돌이 되게 하리라. 비록 세상의 모든 백성이 그것을 치려고 함께 모일지라도, 그 돌을 드는 자들은 모두 산산이 부서지리라**』(슥 12:3).

주목할 것은, 성령께서는 A.D. 325년 이래로 모든 교황들이 가르쳤던 내용을 모두 다 위반하시는 가운데 느헤미야에게 다음과 같은 사실을 알게 해주신다는 것이다. 즉 카톨릭 사제나 모슬렘 "승려"에게는 예루살렘에 대해 관여할 어떤 권리도 없듯이 "알라"나 "마호메트" 역시 마찬가지라는 사실이다. 『**여종**[이집트 여인 하갈]**과 그녀의 아들**[이스마엘]**을 내어쫓으라.**』(갈 4:30)고 말씀하셨던 느헤미야의 하나님께서는 친히 예루살렘을 선정했다고 말씀하셨는데(9절), 이는 예루살렘이 주의 땅에 있는 주의 성읍이었기 때문이다(왕상 8:13, 시 68:16; 2:6, 암 9:15). 그래서 하나님께서는 확실한 권리증서, 즉 『**내가 내 이름을 두려고 선정**』(9절, 단 9:27, 왕상 8:13, 시 68:16, 렘 33:16; 3:17, 스 7:15) 하셨다는 근거 위에 자신의 이름을 두셨던 것이다.

이는 에스겔 48:35에서도 나타난다. 『**주께서 거기 계시다.**』 한 분 하나님이시며 참되시고 전능하신 『**신들의 하나님**』(단 11:36)께서는 로마, 이탈리아, 아라비아, 터키, 이라크, 이란, 레바논, 시리아, 스페인, 프랑스, 메카, 오스트리아, 멕시코, 알제, 모로코, 수단, 미국, 러시아, 중국 모두를 완전히 멸하신 후에 거기에 거하실 것이다. 『**주가 말하노라. 이는 내가 너와 함께 있어 너를 구원할 것이요, 내가 너를 흩어 버렸던 모든 민족들은 완전히 끝낼지라도 내가 너는 완전히 끝내지 아니할 것임이라. 그러나 내가 너를 공의로 바로잡으리니 너를 전혀 벌하지 않은 채 두지는 아니하리라**』(렘 30:11).

이제 느헤미야는 그에게 자비를 베풀어 달라고 하나님께 간구를 드리고 있다. 왜냐하면 이제 페르시아 왕(전형적인 동양의 군주)을 알현하여 간청할 참이기 때문이다. 분명 그는 본문 2절에서 언급된 하나니와 "유다 사람 몇 명"에게 함께 기도해 달라고 요청했을 것이다. 『**주의 종들의 기도**』(11절)란 말을 주목해 보라.

8절과 9절을 보면 야곱이 그러했던 것처럼(창 32:9,10) 느헤미야는 기도의 응답을 위해 하나님께 친히 하신 말씀을 기억해 주시라고 간구하고 있다. 모세 역시 하나님께서 이스라엘 백성을 지면에서 쓸어버리시는 것을 막기 위해 중재하면서 이와 동일한 간구를 드린다(출 32:13). 느헤미야의 경우 그는 하나님께서 하신 약속, 곧 모세가 신명기 30:1-5에 기록한 그 약속을 하나님께 상기시켜 드리고 있다.

알다시피, 뉴욕 번화가에 있는 191개국 국제연합의 모든 미래 역사는 느헤미야 1:9에 달려 있다. 이는 UN이 창설되기 전 330년도 훨씬 더 되는 시기에 기록되었다. UN에 속한 어떤 사람도 이런 사실에 대해선 무지하다. 카톨릭교도, 무신론자, 자연신교도, 개신교도, 불교도, 인본주의자, 그리스정교회원, 힌두교도, 모슬렘교도 중 그 어느 누구도 이 사실을 모르고 있다. 지금 UN은 총체적으로 완전 암흑 속에 빠져 있다. 예레미야 25장(그들은 25장 전체 내용에 대해서 무지하다.)과 요엘 3장(그들은 이 내용을 믿지 않는다.) 그리고 이사야 63장(그들 중 어느 누구도 63장을 본 적이 없다.)의 내용이 그들에게 임할 때까지도 그들은 눈먼 채 남아 있을 것이다(창 3장, 합 3장, 시 68편, 롬 16장, 계 19장).

모든 모슬렘교도들, 카톨릭교도들, 개신교도들 등은 시편 105:8-11과 창세기 15:18-21에 기록된 약속들이 조건적으로 주어진 것이었다고 믿는다. 그래서 이스라엘이 그들의 메시야를 거부했을 때, B.C. 1400년에서 B.C. 600년까지 차지해 왔던 그 땅(왕상 4:21, 삼하 8:3 참조)을 그들의 고국으로 소유할 수 있는 기회에 대해 영원히 자격을 상실해 버렸다고 주장하는 것이다. 그러나 야곱의 아들들과 함께 하는 하나님의 『**영원한 언약**』(시 105:8-11)에는 어떤 "조건"도 부가되지 않았다.

이에 대해서는 갈라디아서 3:18에 설명되어 있는데, 이 구절을 보면 아브라함의 약속들이 율법보다 앞서 있기는 하지만(갈 3:17,18), 그렇다고 율법이 왔다고 해서 그 약속들을 폐기하거나 고치고 폐지할 수는 없다는 사실을 알게 된다(갈 3:15). 유대인의 왕이 옛 유대의 유대인으로서 옛 유대의 유대인(다윗)의 보좌에 앉기 위해 『**위대한 왕의 도성**』(마 5:35)으로 오시고 이스라엘을 포함하여 현 국제연합 소속 191개국 모두를 『**철장**』(시 2:9, 계 2:27)으로 『**통치**』(눅 1:30-33, 사 2:1-6)하실 것이라는 절대적으로 확실한 이 예언은 "사망이나 세금"보다도 훨씬 더 확실한 사실이다. 우리는 이것을 가리켜 "전천년주의"라 한다. UN과 연관된 모든 정치·종교

지도자들의 입장은 "후천년주의"로 대변할 수 있다. "전천년주의"는 구약에서는 자그마치 500구절 이상, 신약에서는 100구절 이상이나 노래되고 있다.

11절에서, 느헤미야는 이제 막 왕으로부터 무언가를 요청할 참이다. 그리고 요청하기에 앞서 하나님께서 왕에게 역사해 주실 것을 기도하고 있는 것이다. 『**이 사람의 목전에서... 자비를 베푸소서." 하였으니 이는 내가 왕의 잔 받쳐든 자였음이라.**』

『**왕의 잔 받쳐든 자**』라는 직분은 당시로서는 아무것도 부러울 것이 없는 직위에 해당된다. 그도 그럴 것이 왕이 마시는 것은 무엇이든 가장 먼저 "맛보아야 할 사람"이 바로 그 사람이기 때문이다. 이렇게 누군가가 왕이 마시는 것에다 독소 따위를 "탄다"거나 "섞는다" 한들, 이 잔 받쳐든 자는 "전갈"을 전달하면서 무릎을 꿇는다. 더욱이 동양의 경우 군주의 면전에 있는 사람은 누구든지 그들이 군주를 알현할 때는 언제나 환한 미소를 머금고 있지 않으면 안 되었다. 그렇게 하지 않을 경우 그들은 중죄, 곧 "가장 높으신 분"의 기분을 우울하게 만드는 죄를 범하는 것이 된다. 낙담해 있는 느헤미야는 그런 슬픈 모습이 자신의 얼굴에 나타나게 될 것을 알고 있는 것이다.

느헤미야 2장

2:1 아탁세르세스왕 제이십년 니산월의 일이라. 포도주가 그의 앞에 있
어 내가 그 포도주를 들어 왕에게 주었는데, 전에는 내가 그의 면
전에서 슬퍼하지 아니하였으므로,
2 왕이 내게 말하기를 "네게 병이 없는 줄 아는데 어찌하여 네 용모
가 슬프냐? 이것은 다름이 아니라 마음의 병이라." 하더라. 그러자
내가 심히 무서워하여
3 왕에게 말하기를 "왕께서는 영원히 사소서. 그 성읍, 즉 내 조상의
묘들이 있는 곳이 황폐하게 되고 그 성문들이 불에 탔으니 어찌 내
용모가 슬프지 아니하겠나이까?" 하니
4 왕이 내게 말하기를 "네가 무엇을 원하느냐?" 하기에 내가 하늘의
하나님께 기도하고
5 왕에게 말하기를 "왕께서 기뻐하시고 왕의 종이 왕의 목전에 은총
을 입었다면 나를 유다, 즉 나의 조상의 묘들이 있는 성읍으로 보
내시어 나로 그 성읍을 재건하게 하소서." 하니라.

6 왕이 내게 말하기를 (왕후도 왕의 곁에 앉아 있었는데) "네 여정이 얼마나 걸리겠느냐? 네가 언제 돌아오겠느냐?" 하며, 왕이 나를 보내기를 기뻐하기에 내가 왕에게 때를 정하여 주었더라.

니산 월은 유월절이 들어 있는 달이다(출 13:4에서는 아빕 월로 불린다). 이는 느헤미야가 1:1에서 예루살렘에 관한 정보를 들은 지 약 4개월 정도가 지난 시점일 것이다. 느헤미야가 왕에게 고하기 전에 기도했던 것은 잘한 일이라 할 수 있는데, 이는 분명 그의 마음이 낙심해 있기 때문이다(2절). 지금까지 살았던 사도 중에서 가장 위대한 사도가 카이사의 집안에 말씀을 증거하기에 앞서 "담대함"을 위해 기도했던 것(빌 1:13, 엡 6:19,20)을 주목하라. 『**의로운 자들은 사자처럼 담대하니라**』(잠 28:1). 굳이 사자처럼 담대한 사람을 들자면 사도 바울을 따라갈 사람이 없다. 하지만 그렇게 담대했던 바울조차도 사도행전 4:12,13의 베드로와 요한처럼 담대하게 처신할 수 있도록 기도했던 것이다. 그리스도께서는 자신의 제자들을 선택하시기에 앞서 기도로 온 밤을 지새우신다(눅 6:12,13).

만일 느헤미야가 직접 왕의 포도주를 만들었다면(창 40:11을 참조), 그가 한 것은 포도를 잔에다 짜 넣는 것이었을 것이다. 이로 인해 독이 들어갈 염려는 전혀 없었지만 그럼에도 포도주를 만드는 사람은 여전히 먼저 시음을 해야 했다. 예수께서는 열두 제자들을 위해 잔을 따르는 자로서 행하시며 바로 식탁에다 "포도주"(포도즙)를 만들어 놓으신다. 이로써 그것이 발효된 포도주가 아님이 분명하게 입증되고 있다(정확한 해석을 위해서는 사 65:8과 마 26:29을 참조). 그것은 『**새 포도주**』로서, 새 포도주는 결코 발효된 포도주가 아니다. 그것은 "포도송이에 보이는" 것이다(사

65:8). 본문에서 하나님의 자녀를 위한 아름다운 영적 적용을 발견하기 원한다면 다음을 보라.

1. 왕의 면전에서는 결코 슬퍼해서는 안 된다.
2. 이는 왕의 사랑이 『**포도주보다 나음**』이기 때문이다(솔 1:2).
3. 따라서 잠언 31:4-7의 포도주는 필요하지 않다.
4. 대신 성령으로 충만하면 된다(엡 5:18).

고대에 인간 폐하를 알현할 때, 흔히 사용되는 다음의 기원문을 주목해 보라. 『**왕께서는 영원히 사소서**』(3절). 하지만 지난 60세기를 돌아볼 때, 지상에 어떤 왕도 영원히 살지 못했다. 이제 영원히 사시는(시 110:1; 2:6, 7) 한 왕이 나타나실 것이지만(마 5:35, 계 19:16), 그가 페르시아인이라든지 아니면 바빌론인이나 아라비아인 혹은 카톨릭 신자나 모슬렘 신자가 아닌 것은 분명하다. 그는 옛 유대의 유대인(요 4:22)으로서, 유다 지파에서 나올 것이다(창 49:10, 계 5:5).

『**네가 무엇을 원하느냐?**』(4절)

이는 대답하기 상당히 까다로운 질문이다. 자칫 잘못된 요구를 하다가 목이 날아갈 수도 있기 때문이다(에 4:11의 에스더와 비교). 아도니야는 괜한 요청을 했다가(왕상 2:13,17) 목이 도마 위에 올려지는 신세가 되었다(왕상 2:25).

느헤미야는 즉시로 기도했을 것이다. 이런 경우 경과된 시간이 4초 이상일 리는 없다. 만일 그가 지체한 시간이 5초 내지 6초였다면 틀림없이 왕의 마음속에는 미심쩍은 생각이 일어났을 것이다. 그래서 느헤미야는

"바로 그 자리에서" 기도를 하고 있다. 내 경우를 보더라도 이런 일은 비일비재했었다. 그리스도인이라면(심지어 비그리스도인이라도) 누구나 위험한 상황에 처할 때 즉석에서 기도를 하기 마련이다. 시몬 베드로의 경우를 보라. 『**주여, 나를 구해 주소서**』(마 14:30).

한 복음전도자가 밤에 아내와 함께 차를 타고 가다가 안개 속에서 화물열차와 부딪히기 "일보직전"에 처한 일이 있었다. 그들이 철로를 가로질러 가다가 약 2피트 차이로 기관차의 배장기 앞을 살짝 지나쳤을 때, 그녀는 "주여, 우리를!"이라고 소리쳤었다.

존 F. 케네디 여사는 그녀 남편의 머리 뒷부분이 차 전면에 부딪혔을 때, "마리아 만세"라든지 "우리의 아버지여"라는 말로 단 5초도 낭비하지 않았다. 그녀는 단 2초도 안되는 찰나에 자신의 로마카톨릭식 훈련을 까맣게 잊고는 "오 하나님!"이라고 소리를 질렀던 것이다.

한번은 내가 학위논문에 관한 자료를 구하고자 밥 존스 시니어를 방문했을 때, 그 백전노장께서는 내게 빌리 선데이에 대한 몇 가지 일화들을 말해 주었다. 그의 말에 따르면, 빌리는 주님과의 관계가 너무나 친밀하여 그가 지금 주님께 말씀드리고 있는 것인지 아니면 사람들에게 이야기하고 있는 것인지 가끔씩은 분간하기가 어렵다는 것이었다. 밥 존스는 내게 이렇게 말했다. "빌리가 열었던 캠페인 기간 중에 오전이나 오후 집회 같은 특별집회가 있게 되면, 나는 종종 그를 대신해서 인도해 달라는 요청을 받곤 했다네. 우리가 천막 혹은 장막으로 함께 걸어가고 있었을 때, 빌리는 팔을 내 어깨에 걸치고는 이런 식으로 말하곤 했었지. '주님, 이제 밥을 성령으로 채워 주십시오. 집회를 마칠 때까지 계속해서 회중들에게 온전한 진리를 설교할 수 있도록 밥 자네를 충만히 채워 주시라고 주님께 간구하게나. 될 수 있는 한 그는 진리를 말할 것입니다. 주님, 저는 그를 압니다. 그는 결코 주님께 실망을 안겨다 드리지 않을 것입니다. 주님, 그가 낙심하지 않도록 해 주십시오. 그를 붙들어 주소서. 밥, 주께서는 자네를 붙들어 주실 걸세. 자네도 그걸 잘 알지 않나. 주여 그를 축복하소서. 밥 그들을 축복해 주게나. 그들에게는 축복이 필요하다네...' 등등."

난 지금까지 여러 지역을 다니면서 집회를 인도하는 가운데 어떤 질문을 받게 되면, 5초 이내로 그 질문에 대한 성경 구절을 찾아 답해주곤 한다. 나는 모임이 있을 때마다 강당으로 들어가기에 앞서 하나님께 잠언 22:19-21을 성취해 달라고 기도드리곤 했다. 그러나 기도를 드렸다 해도 준비되지 못할 때가 있는 법이다. 그러면 나는 "질문을 다시 해주시겠습니까?" 하고 요청한 다음, 그 사람이 질문을 다시 하는 동안 나는 재빠르게 "4초간의 느헤미야 기도"를 드린다. "하나님 저를 도와주십시오. 구절이 생각나게 해주십시오. 주께서는 그 구절이 어디에 있는지 아시나 저는 모릅니다. 주께서 도와주시지 않는 한 아무 대답도 할 수 없습니다." 그리고 그 기도에 응답받지 않은 적은 한 번도 없다.

5절에서 느헤미야가 요청했고 6절에서 왕은 답변했다. 하나님께서 얼마나 철저하게 아탁세르세스의 마음을 준비시켜 주셨는지(잠 21:1) 주목하라. 왕은 "가도 좋다."는 말을 하는 대신 『**네 여정이 얼마나 걸리겠느냐? 네가 언제 돌아오겠느냐?**』(6절)고 묻는 것이다. 그는 그만큼 느헤미야가 선한 사람이라는 사실을 당연한 것으로 여기고 있는 것이다.

2:7 또 내가 왕에게 말하기를 "왕께서 기뻐하시거든 강 저편 총독들에
게 내리시는 칙서를 내게 주시어 그들로 나를 통과하게 하여 유다
에 이르게 하시고
8 또 왕의 산림 감독 아삽에게 칙서를 주사 그로 전에 속한 궁의 문
들과 성읍의 성벽과 내가 들어갈 집을 위한 들보를 만들 재목을 내
게 주게 하소서." 하자 내게 임하신 하나님의 선하신 손을 따라 왕
이 내게 허락하였더라.
9 내가 강 저편 총독들에게 가서 왕의 칙서를 그들에게 전하였더라.
그때 왕이 군대 대장들과 기병들을 나와 함께 보내었는데
10 호론인 산발랏과 그 부하 암몬인 토비야가 이스라엘 자손의 안녕을
구하려고 한 사람이 왔다는 말을 듣자 그들이 그 말로 심히 근심하
더라.
11 그리하여 내가 예루살렘에 가서 삼 일을 지내니라.

7절은 별다른 설명이 필요 없다. 왕이 친히 서명한 추천장을 지니고 있으면 아무도 그의 권위에 의문을 제기하지는 못할 것이다.

『**왕의 산림 감독 아삽**』(8절)은 분명 레바논의 백향목 산림을 관리했던(대하 2:8) 투로 왕 후람의 후손의 "친척"이다(대하 2:3-10). 느헤미야는 솔로몬처럼 백향목 목재들을 "뗏목"을 통해서 레바논에서 욥파까지 운송한 후, 노새와 낙타를 활용하여 예루살렘까지 운반해야 한다. (참조. 에스라 3:7에서 해변가에 있는 이 나무의 원산지는 욥파 북쪽에 있는 투로와 시돈이었다. 또 이러한 연관성을 통해 느헤미야 13:16에서 투로 출신의 "물고기 파는 사람들"이 나타나 느헤미야에게 그의 "안식일" 문제를 야기했던 배경을 설명할 수 있다.)

느헤미야가 마지막으로 마호메트의 조상들(6:1, 『**아라비아인 게셈**』)과 함께 "팔레스타인인들"을 대면하게 될 때, 그는 120개 지방을 다스리는 왕이 서명한 공식 성명서를 가지고 있을 뿐 아니라, 연방 군대 경비병을 대동하고 있다(9절). "팔레스타인인들"은 심히 근심했다(10절). 그들은 무기력한 존재가 되어 버렸다. 다시 말해서, 그들은 왕에게 어떠한 도움도 호소할 수 없어 "자살 폭탄 테러"를 감행해야만 할 판이다.

2:12 나와 함께한 몇 사람과 함께 내가 밤에 일어났는데 하나님께서 예
루살렘에서 행하라고 내 마음에 넣어 주신 것을 내가 아무에게도
말하지 아니하였으며 내가 탄 짐승 외에는 나와 함께한 다른 짐승
이 없었더라.
13 내가 밤에 골짜기문으로 나가 용 우물 앞에서 나가 똥문으로 가면
서 예루살렘 성벽을 보니 허물어져 내렸고 그 성문들은 불에 탔더
라.
14 그때 내가 샘문으로 나아가 왕의 못에 이르렀으나 거기에는 내가
탄 짐승이 지나갈 자리가 없는지라.
15 이에 내가 그 밤에 시내를 따라 올라가 성벽을 살펴보고 돌이켜
골짜기문으로 들어와 돌아왔더라.
16 치리자들은 내가 어디를 갔으며 무엇을 했는지 알지 못하였으며
나도 유대인들에게나 제사장들에게나 귀족들에게나 치리자들에게
나 그 일을 했던 남은 자들에게도 아직 그 일을 말하지 아니하였

더라.

모든 것이 명확하다. 본문은 느헤미야가 예루살렘에서 3일을 지낸 뒤에(11절) 행했던 일에 대한 개요다. 그는 밤중에 일어나 정찰을 돈다. 그는 말을 타고, 몇몇의 경비병들은 도보로 그의 뒤를 따른다(12절). 『**골짜기 문**』은 『**힌놈의 골짜기**』(수 18:16)라 불리는 게헨나 골짜기 쪽에 있다. 13절에 나오는 『**똥**』과 『**용**』은 게헨나 바로 서쪽 지역으로 성읍의 온갖 오물을 매립하는 곳이다. 느헤미야는 동쪽으로 가면서 성벽과 문 상태를 점검하고 있다(13절). 그리고 북쪽으로 키드론 시내(요 18:1의 『**케드론**』 참조)를 따라 올라가다가 다시 남쪽으로 돌아와 『**골짜기문**』을 통해 성읍으로 다시 들어온다(15절). (부록 2 참조)

느헤미야는 이 모든 사실에 대해 자신만 알고 있다가 후에 자신의 임무가 무엇인지, 곧 그가 온 이유와 와서 하게 될 임무에 대해 그들에게 말을 하게 된다(18절).

자, 세 번이고 네 번이고 주시해 보라. 모슬렘이나 카톨릭의 모든 사람들, 곧 "평신도의 지배자"(계 2:6, "니콜라파")로서 "우월한 장소를 점유하기 원하는" 그들이 왜 그토록 교회국가 기구를 갈망하고 있는지 그 이유에 대해 관찰해 보라. 그 구약의 기구 속에서 하나님께서는 한 민족을 택하시어 신정(영적이고 "종교적인") 왕국(정치적이며 땅에 속한)이 되게 하셨고, "종교"에 통치 규정과 규례들(출애굽기, 레위기, 신명기를 참조)을 부가하셨다. 이 사실을 주목하라. 『**제사장들의 왕국**』(출 19:6).

이 왕국은 "교회국가"나 다름없다. 그것은 땅에 속하고 세상에 속한데다가 영적이고 하늘에 속한 기능이 결합되어 있는 정치적인 실재다. 하지만 그런 신성한 체제는 마호메트 및 250명 이상의 교황들을 포함하여 지금까지 살았던 카톨릭이나 모슬렘 교도들 중 어떤 이에게도 주어진 적이 없었다.

A.D. 70년과 A.D. 1900년 사이에 유럽에 존재했던 모든 교회국가 기구는 구약의 이스라엘을 흉내 낸 사탄의 모조품에 불과했다. 이런 모조품으로는 개혁 교회들(네덜란드, 스위스, 스코틀랜드), 영국 국교회 교회들(잉글랜드, 덴마크, 독일, 스웨덴 등), 그리스 정교회 교회들(러시아, 세르비아, 루마니아, 불가리아, 그리스 등), 그리고 "이슬람교"(레바논, 시리아, 터키, 파키스탄, 모로코, 아라비아 등)가 있다.

이 중 어떤 종파든지 신약의 성경적인 기독교 형태와 비교해 볼 때 닮은 데가 있는 종파는 하나도 없다. 이들은 모두 유대인의 구약이 땅에 속한 세속적인 모습으로 왜곡된 것들이다.

알다시피, 한 민족에게만 그런 임무가 주어졌고 그 권리가 한 민족에게만 위임된 것이라면(출 19:6), 그 민족은 야망에 차 있고(사 14장) 이 세상의 신을 "신"으로 섬겼던(고후 4:4) 모든 속물(눅 4:5,6)의 시샘의 대상이 될 수밖에 없을 것이다. 이런 이유로 교황은 교회의 대표자인 체하며 한 국가로서 UN에 받아들여지길 원하는 것이다.

일단 사탄이 시온 산에 있는 예루살렘의 유대인 성전에 앉게 되면(딤후 2장, 단 11장, 계 13장), 그는 틀림없이 무장 군대를 보유하여 세상으로 하여금 자신을 신으로 경배하도록 강요할 것이다. 즉시로 육군, 해군, 경찰력, 특수부대, 군 보안관, 순경, 경비원, 공군 그리고 정치적이고 세속적인 정부의 공격수단과 자신의 종교(자신의 "교회")를 지원할 모든 컴퓨터 시스템과 "신체에 이식하는 칩 조각들"을 입수(소유)할 것이다.

미국에서는 교회국가들이 각 지역들을 인수하기 위해 어떤 일들을 했는지 그 실례들이 여럿 있다. 웨이코(Waco)에서의 유태인 대학살의 경우를 보면, 17명의 미성년 아이들이 가스에 그을려 (문자 그대로) 소각된 일이 있었다. "국가"는 연방 군장비를 사용하여, 지금까지 누군가를 죽여 본 적도 없고 심지어 누군가의 생명을 위협해 본 적이 없었던 수십 명의 사람들을 살해했던 것이다. 그들은 "반카톨릭"과 "반개신교도"였다. 이것 때문에 그들은 죽어야 했던 것이다. 여러 해 전(텍사스, 성체 축일에) 네브래스카에서는 두 명의 성경대로 믿는 침례교도들이 체포되어 감옥에 갇혔던 일이 있었는데, 그들의 죄목이란 그들의 교회를 국가에 예속시키지 않았다는 것이었다. 기도와 성경이 빠진 "국가"에 대해 상상해 보라(1960-1963). 이런 일들이 벌어지는 동안 미국시민자유연맹(ALCU)는 어디에 있었단 말인가?

지미 카터가 대통령이 되었을 때, 조지아 주에서 무슨 일이 일어났었는지 기억하는가? 그는 그가 다녔던 교회에 흑인들이 들어오기를 원했다. 그래서 흑인들의 출석을 보장해 주기 위해 법 집행 무장 경관들, 곧 주 및 연방 집행 경관들을 대동하고 주일학교에 다녔던 것이다. 느헤미야의 기수처럼, 그는 한 지역 침례교회에 정부 규정을 시행하기 위해 무장 병력을 대동하고 나타났던 것이다. 하지만 이것이 바로 "필그림 파더즈"(Pilgrim Fathers)가 영국과 네덜란드를 떠난 주된 이유였다.

현 국가는 어떤 교회든지 나름대로의 종교적인 신념을 버리고 국가와 연합할 것을 강요하고 있다. 학식 있는 사람이라면 누구나 알고 있듯이, 연방 학교 교육제도 안에 들어 있는 모든 학교들에서 가르치고 있는 바, 미국의 교회국가가 공식적으로 표방하고 있는 종교는 인본주의다. "인본주의"란

"무신론"을 고상하게 표현한 단어로서, 미 대법원은 이를 종교로 규정짓고 말았다(1974).

미 대법원 및 FBI와 더불어 미 법무성은 국가적인 교회국가를 위해 법을 집행하는 기관들이다. 이는 아라비아, 스페인, 터키, 이탈리아, 멕시코, 오스트리아, 온두라스, 파키스탄, 아프가니스탄, 러시아, 프랑스, 크로아티아, 이라크, 이란에서 일어나고 있는 일들이다.

앞서 구약의 경우를 보더라도 느헤미야는 연방의 무장 군대를 사용하여 자신의 종교적 신념을 행사하고 있는 것이다. 이는 모든 카톨릭 교황이 지상의 인류 역사에서 가장 어두웠던 기간인 암흑시대(A.D. 500년에서 A.D. 1520년까지)에 사용했던 방법과 정확히 일치한다. 하지만 이 일은 구약 유대인들을 제외하고는 누구에게나 불법이다.

2:17 그후 내가 그들에게 말하기를 "우리가 처한 고난은 너희가 보고 있는 바라. 예루살렘이 황폐하게 되고 그 성문들이 불에 탔으니, 오라, 우리가 예루살렘 성벽을 재건하여 다시는 비난을 받지 말자." 하고

18 내게 선하셨던 나의 하나님의 손길을 그들에게 말하고 내게 한 왕의 말도 전하니 그들이 말하기를 "일어나서 건축하자." 하더라. 그리하여 그들이 이 선한 일을 위하여 힘을 내더라.

19 그러나 호론인 산발랏과 그 부하 암몬인 토비야와 아라비아인 게셈이 이 말을 듣자 우리를 비웃고 멸시하며 말하기를 "너희가 행하는 이 일이 어찌된 것이냐? 너희가 왕에게 반역하려 하느냐?"

하기에

20 내가 그들에게 대답하여 말하기를 "하늘의 하나님께서 우리로 번영하게 하시리라. 그러므로 그분의 종들인 우리가 일어나 재건하리라. 그러나 너희는 예루살렘에서 아무런 분깃도 없고 권리도 없으며 기록도 없도다." 하였더라.

본문은 별다른 설명이 필요 없다. 『**하나님의 선하신 손**』(8절)이 18절에서 다시 한 번 나타난다. 느헤미야는 귀족들과 제사장들, 치리자들(16절)에게 페르시아 왕이 그에게 말했던 말들을 전했다. 이로 인해 용기를 얻은 귀족들과 제사장들, 치리자들은 즉각적으로 반응을 보이며 이렇게 말했다. 『**일어나서 건축하자**』(18절).

이렇게 해서 그들은 성읍을 건축했던 것이다(3-7장).

하나님께서 세우신 유대 국가를 제거하려는 "팔레스타인들"(호론인들, 암몬인들, 아라비아인들, 19절)의 노력을 한 번 더 주목하라. 그러나 그들은 다시 한 번 꾸지람을 듣게 된다. 느헤미야는 스룹바벨이 거칠게 응수했던 것(스 4:3)에 한 술 더 떠서 모욕까지 주고 있다. 『**그러나 너희는 예루살렘에서 아무런 분깃도 없고 권리도 없으며 기록도 없도다**』(20절).

그가 보인 인종 및 종교적 차별은 전능하신 하나님께서 세우신 구약의 신정과 맥락을 같이하고 있다(신명기). 이 말씀은 아라비아와 영국뿐만 아니라 전 세계 어느 나라에도 적용할 수 있다. 다시 말해서 요한복음 17:17, 이사야 65-66장, 에스겔 37,40-48장, 예레미야 25,30,33장, 이사야 30:12, 스카랴 12-14장의 성경 말씀이 진리이거니와, 그렇다는 것이다.

느헤미야 3장

3:1 그후 대제사장 엘리아십이 그의 형제 제사장들과 함께 일어나서 양
문을 건축하였으며, 그들이 그것을 성결케 하여 그 문에 문짝들을
달고, 메아 망루에 이르기까지 성결케 하여 하나느엘 망루에까지
이르렀더라.
2 그 다음으로 여리코 사람들이 건축하고 그들 다음으로 이므리의 아
들 삭쿨이 건축하였더라.
3 그러나 물고기문은 핫세나아의 자손들이 건축하였으며 거기에 들보
를 얹고 문짝들과 자물쇠들과 빗장들을 달았더라.
4 그들 다음으로는 코스의 손자요 우리야의 아들인 므레못이 개수하였
고 그들 다음으로는 므세사브엘의 손자요 베레키야의 아들인 므술람
이 개수하였으며, 그들 다음으로는 바아나의 아들 사독이 개수하였더
라.
5 그들 다음으로는 트코아인들이 개수하였으나 그들의 귀족들은 그들
의 주의 일에 협력하지 아니하였더라.

6 또 옛문은 파세아의 아들 여호야다와 브소드야의 아들 므술람이 개
수하였으니 그들이 거기에 들보를 얹고 문짝들과 자물쇠들과 빗장
들을 달았더라.
7 그들 다음으로는 기브온인 믈라티야와 메로놋인 야돈과 기브온과
미스파 사람들이 강 이편에 있는 총독의 보좌까지 개수하였으며
8 그 다음으로는 금 세공장이 할하야의 아들 웃시엘이 개수하였고 그
다음으로는 약제사들 중 하나의 아들인 하나냐가 개수하였고 그들
이 예루살렘을 넓은 성벽까지 축성하였으며
9 그들 다음으로는 예루살렘 절반의 치리자 훌의 아들 르바야가 개수
하였으며
10 그들 다음으로는 하루맙의 아들 여다야가 자기 집과 마주 보는 곳
을 개수하였고 그의 다음으로는 하삽냐의 아들 핫투스가 개수하였
더라.
11 하림의 아들 말키야와 파핫모압의 아들 하숩이 다른 부분과 용광로
의 망대를 개수하였고
12 그 다음으로는 예루살렘 절반의 치리자 할로헤스의 아들 살룸과 그
의 딸들이 개수하였더라.
13 골짜기문은 하눈과 사노아 거민들이 개수하였으며 그들이 문을 건
축하고 문짝들과 자물쇠들과 빗장들을 달고 똥문까지 성벽 위에 일
천 큐빗을 세우니라.
14 그러나 똥문은 벧학케렘 지방의 치리자 레갑의 아들 말키야가 개수
하였으니, 그가 문을 건축하고 문짝들과 자물쇠들과 빗장들을 달았더
라.

15 그러나 샘문은 미스파 지방 치리자인 골호세의 아들 살룬이 개수하
였으니, 그가 문을 세우고 덮었으며 문짝들과 자물쇠들과 빗장들을
달고 또 왕의 정원 옆에 실로아 못의 성벽을 개수하여 다윗 성읍에
서 내려가는 계단들까지 이르렀더라.
16 그의 뒤로는 벧술 지방 절반의 치리자 아스북의 아들 느헤미야가
개수하여 다윗의 묘들과 마주 대하는 곳에 이르고 또 파서 만든 연
못을 지나 용사의 집까지 이르렀더라.
17 그의 뒤로는 레위인 바니의 아들 르훔이 개수하였고 그 다음으로는
크일라 지방 절반의 치리자 하사뱌가 그의 지방에서 개수하였으며,
18 그의 뒤로는 그들의 형제 크일라 지방 절반의 치리자 헤나닷의 아
들 바왜가 개수하였고
19 그 다음으로는 미스파의 치리자 예수아의 아들 에셀이 병기고에 이
르는 오르막길 맞은편, 성벽의 굽이에 또 한 부분을 개수하였더라.
20 그의 뒤로는 삽배의 아들 바룩이 다른 부분을 열심히 개수하였는데
성벽의 굽이에서부터 대제사장 엘리아십의 집 문까지 이르렀으며
21 그의 뒤로는 코스의 손자요, 우리야의 아들인 므레못이 또 한 부분을
개수하였으니 엘리아십의 집 문에서 엘리아십의 집 끝까지 이르렀더
라.
22 그의 뒤로는 평지에 사는 사람들, 즉 제사장들이 개수하였으며
23 그의 뒤로는 베냐민과 하숩이 그들의 집 맞은편을 개수하였고 그의
뒤로는 아나냐의 손자요 마아세야의 아들인 아사랴가 그의 집 옆을
개수하였으며
24 그의 뒤로는 헤나닷의 아들 빈누이가 또 한 부분을 개수하였으니

아사라의 집에서부터 성벽의 굽이, 즉 그 모퉁이까지 하였더라.

아무리 제미에슨, 포셋, 브라운이 『**메아**』(1절)는 오역된 단어라고 확신시키려 할지라도 문들의 목록에는 특별히 문제될 게 없다. 그 단어는 숫자 "100"에 해당하는 히브리어 단어이기 때문에 〈킹제임스성경〉이 그것을 망루의 명칭으로 부르는 것은 잘못된 것이라고 생각할 수도 있다. 그래서 제미에슨, 포셋, 브라운은 이 구절을 "망루 100에 이르기까지"(unto the tower 100)라고 읽어야 한다고 주장한다. (NIV에서도 마찬가지) 하지만 이는 솜씨가 서투른 전형적인 알렉산드리아 학문이라 할 수 있다. 그렇게 되면, "그들은 양문까지 건축"한 것이 되고, 그것을 성결케 하되 "망루 100에 이르기까지" 그것(즉 "양문")을 성결케 한 것이 되고 말 것이다.

망루에는 이름이 있어야 하는데, 이는 동일한 구절에서 『**하나느엘**』이라는 이름의 또 다른 망루, 곧 문이 아닌 망루가 나오기 때문이다.

흥미로운 것은 20절에 『**열심히**』라는 단어가 삽입되어 있다는 사실이다. 이처럼 수백 명의 사람들이 개수하고 있는 가운데, 『**개수**』라는 단어는 31회씩이나 나오는 반면, "개수자"가 『**열심히**』 개수하였다는 언급은 단 한 번 등장한다(20절). 에스라에서도 긴 목록이 나오거니와, 이 길고 지루한 이름들의 목록 속에서도 어떤 영적이며 실제적인 교훈들을 얻고자 한다면 얻을 수 있는 내용들이 있을 것이다. 어떤 일꾼 한 명이 『**열심히**』 일했다. 즉, 신약으로 보자면 그는 골로새서 3:17,23, 로마서 12:11의 말씀에 순종한 것이다. 구약으로 보면, 삽배의 아들 바룩의 열심 있는 모습은 전도서 9:10의 말씀 속에서 찾아볼 수 있을 것이다.

**3:25 우새의 아들 팔랄은 성벽 굽이 맞은편과 왕의 윗 궁에서 내어민
감옥의 마당 옆에 있는 망대를 *개수하였고*, 그의 뒤로는 파로스의
아들 프다야가 *개수하였더라*.**

**26 또 오펠에 거하는 느디님인들은 동쪽으로 향한 물문 건너편 장소
와 내어민 망대까지요,**

**27 그들 뒤로는 트코아인들이 또 한 부분을 개수하였는데 내어민 큰
망대 건너편에서 오펠의 성벽까지더라.**

**28 말문 위로부터는 제사장들이 개수하였는데 각기 자기 집 맞은편이
더라.**

**29 그들 뒤로는 임멜의 아들 사독이 자기 집 맞은편을 개수하였고 그
의 뒤로는 동문지기 스카냐의 아들 스마야도 개수하였더라.**

**30 그의 뒤로는 셀레먀의 아들 하나냐와 살랍의 여섯째 아들 하눈이
또 한 부분을 개수하였고 그 다음은 베레키야의 아들 므슐람이 자
기 방의 맞은편을 개수하였으며**

**31 그의 뒤로는 금 세공장이의 아들 말키야가 느디님인들과 상인들의
자리까지 개수하였으니 밉캇문 맞은편과 성 모퉁이의 오르막길까
지더라.**

**32 성 모퉁이의 오르막길 사이부터 양문까지는 금 세공장이들과 상인
들이 개수하였더라.**

예루살렘을 둘러싸고 있는 성벽들을 통해 나 있는 문들은 12개이다.

1. 『**양문**』(3:1)
2. 『**물고기문**』(3:3)

3. 『**옛문**』(3:6)
4. 『**에프라임 문**』(8:16; 12:39)
5. 『**골짜기문**』(3:13)
6. 『**똥문**』(3:14)
7. 『**술 문**』(왕하 11:6)
8. 『**샘문**』(3:15)
9. 『**물문**』(3:26)
10. 『**동문**』(3:29, 겔 46:1,2; 47:2)
11. 『**말문**』(3:28)
12. 『**밉갓문**』(3:31)

메아 및 하나느엘 망루들(1절), 용광로의 망대(11절), 오벨의 망대, 다윗의 망대, 이름 없는 망대는 이 성벽들 위에 있다. 완전수 7을 만들기 위해서는 『**양떼의 망루**』(미 4:8)도 포함시켜야 할 것이다. 위치를 언급하자면, 그 망루는 북동쪽 모퉁이에 있는 물고기 문과 감옥 문 사이에 있을 것이다.

"유대인들"이란 용어가 유다에 거주하는 사람들에만 국한되지 않고 있음을 주목하라. 이는 에스라 10:25에서 예루살렘과 유다에 사는 많은 거주민들이 "이스라엘인들"이었다고 말했기 때문이다.

많은 사람들은 느헤미야 3-6장의 내용이 아모스 9:11을 성취한 것이라고 생각해 버린다. 하지만 그렇지 않다. 아모스 9:11은 단지 이중적인 적용을 할 수 있는 구절일 뿐이다. 알다시피, 그들이 사도행전 15:16을 읽어봤다면, 아모스 9:11의 내용이 에스라나 느헤미야 시대에 일어날 수가 없었다는 사실을 깨달았을 것이다. 이는 야고보가 아모스 9:11의 내용을 미래의 사건, 곧 교회 시대에 이방인들 가운데서 부르심이 있은 다음에 일어날 사건이라고 말하고 있기 때문이다(행 15:16). 느헤미야 3-6장은 단지 부분적으로 성취되었을 뿐이다.

성경을 부주의하게 읽은 대가로 유대인 6백만 명 이상의 목숨이 희생되었고 모든 교황들의 손은 온통 피로 얼룩지게 되었다. 유럽의 전쟁은 계속 끊이지 않았으며(A.D. 400년에서 현재까지) 이로 인해 4천만 명의 사망자와 2억 명의 부상자라는 기록적인 사상자 명단을 내기에 이르렀다.

카톨릭과 모슬렘은 사악하리만치 그들이 갖고 있는 성경(혹은 코란)을 "신중하게" 연구하지 않았다. 그 대가로 모슬렘인들(A.D. 600년에서 현재까지)의 사상자 수는 그 이상도 될 수 있으나 최소 8백만 명에 달하게 되었다.

초등학교 3학년 교육수준으로도 에스라와 느헤미야가 아모스 9:11을 성취한 것이라고 혼동할 사람은 아무도 없다. 분명 동일한 장 15절에서 다음과 같이 말씀하고 있기 때문이다. 『**내가 그들을 그들의 땅에다 심으리니 그들이 다시는 내가 그들에게 주었던 그들의 땅에서 뽑히지 아니하리라. 주 너의 하나님이 말하노라**』(암 9:15).

신약이 완성된 이후, 유대인들은 그들의 땅에서 뽑히고 말았다. 지금 그걸 모르는 사람이 있겠는가? 마호메트와 교황들은 모든 죄인들이 하는 행동을 했을 뿐이다. 즉 성경에서 마음에 들지 않는 구절들을 모두 다 밖으로 던져 버렸던 것이다! 이사야 60:20은 다음과 같이 말씀한다. 『**네 태양은 더 이상 지지 아니하며 네 달도 물러가지 아니하리니 이는 주가 너의 영원한 빛이 될 것이며 또 네 슬픔의 날들이 끝나게 될 것임이라.**』

그러고 나서 (똑같은 장에서) 아모스가 언급한 회복이 일어날 때, 세상의 모든 나라들은 이스라엘을 섬기든지 아니면 하나님께서 그들을 쓸어버리실 것이라고 말씀한다. 『**너를 섬기지 아니하는 민족과 나라는 멸망하리니 정녕, 그러한 민족들은 완전히 황폐하리라**』(사 60:12). 참으로 끔찍한 이야기 아닌가? UN에 속한 사람들 중 성경에서 그 기구에 관해 무엇이라고 말씀하시는지 감히 당신에게 말해 줄 사람은 한 명도 없다.

31절에 언급되었던 『**느디님인들**』은 종들의 종들이다. 즉, 노예들일 뿐만 아니라 보통의 종의 수준보다 더 낮은 신분의 사람들이다. 비록 벌링거가 그들을 이스라엘 자손의 출신이라고 했지만(〈컴패니언 바이블〉 p.228 참조), 그들은 분명 하나님의 집뿐만 아니라 이스라엘의 모든 회중을 위한 "나무패는 자와 물긷는 자"(수 9:21,27)들이다.

이 종들은 레위인들을 섬기거나 성전에서 맡고 있는 그들의 일만 하는 것이 아니다. 그들은 본래 "히위인들"로서 기브온에 거주하고 있었다(수 9장). 그들은 2,3백 년 정도가 아니라 영원히 이스라엘에 예속된 사람들이었다(수 9:23,27, 삼하 21:1-4 참조).

느헤미야 4장

4:1 그러나 산발랏은 우리가 성벽을 건축한다는 것을 듣자, 화를 내고
크게 격분하며 유대인들을 조롱하더라.
2 그가 그의 형제들과 사마리아의 군대 앞에서 선언하여 말하기를
"이 유약한 유대인들이 무엇을 하는 것이냐? 그들이 힘을 보강하겠
는가? 그들이 제사를 드리려는가? 그들이 하루 만에 끝장을 내려는
가? 그들이 불타 버린 쓰레기더미에서 돌들을 일으키려는가?" 하더
라.
3 그때 그 곁에 있던 암몬인 토비야가 말하기를 "그들이 건축하는 것
위에 여우 한 마리가 올라가도 그들의 돌 성벽을 부수어 내리리
라." 하더라.
4 오 우리 하나님이여, 들으소서, 우리가 멸시를 받았으니 그들의 욕
을 그들의 머리 위로 돌이키사 그들이 사로잡혀간 땅에서 먹이가
되게 하시고
5 그들의 죄악을 덮지 마시며 그들의 죄를 주 앞에서 지우지 마소서.

이는 그들이 건축하는 자들 앞에서 주를 격노케 하였음이니이다.
6 그리하여 우리가 성벽을 건축하여 모든 성벽이 연결되어 그 절반에
이르렀으니 이는 백성에게 일할 의사가 있었음이더라.

『**화를 내고 크게 격분하며... 조롱하더라**』(1절).

그는 『**사마리아의 군대**』라고 불리는 "팔레스타인해방기구"(PLO)를 소유하고 있으며, 전형적인 "팔레스타인 사람"이다. 즉 국가도, 대통령도, 어떠한 정부 형태도, 문화도, 자주도 없는, 외국 식민지에서 태어나고 자라났던 사람인 것이다. 전 지역이 페르시아에 속해 있었고, 그 이전에는 바빌론에 예속되어 있었다. 말하자면, 이 두 나라에 예속된 식민지에 불과했던 것이다.

여기 『**조롱**』이라는 단어가 나온다. 이는 누군가를 비웃는 것, 즉 그들을 놀림감으로 삼는 것을 의미한다. 당신은 그 보잘것없는 단어에 내재되어 있는 힘에 관해 생각해 본 적이 없었을 것이다. 어떤 사람이든지 성인이 되면, 누군가를 비웃고 조롱한다고 해서 그 사람이 마음에 상처를 받는다거나 심지어 마땅히 해야 하고 혹은 그렇게 되어야 할 일을 그만두게 될 것이라고는 배우지 않았을 것이다.

고통은 실제적인 것이다. 일종의 박해와 같은 유형들은 실제적으로 위협을 가할 수 있는 수단이 된다. 이를테면, 총을 빼앗고 체포하며 감금하는 것, 고문하는 것, 당신이나 당신의 가족에게 신체적인 상해를 입히는 것, 재산을 불태우는 것, 당신의 집기류나 당신 자신 혹은 당신의 가구를 훔치는 것 말이다. 그러나 "비난"하고 "조롱"하는 행위는 너무 시시한지라 거의 아니 전혀 문제가 되지 않는다. 그런 것으로는 성인 남자들에게 하품만 나오게 할 뿐 상처를 받을 가능성은 거의 없는 것이다.

미국인의 인성과 자유를 파멸시키기 위해 많은 일을 수행한 법령에서 찾아보자면, 1964년의 공민권법(the Civil Rights Act)을 들 수 있을 것이다. 이 법령을 보면, "모욕을 주는 것"과 "모욕을 당하는 것," "욕설을 하는 것"과 "욕설을 듣는 것" 따위의 용어는, 말이나 문학 혹은 운동으로 누군가의 "기분을 상하게 하는"(upset) 사람들에 대한 연방 판결에 있어서 중요한 단어들이 되고 있다. 이런 일련의 과정들은 간단하게 이루어졌다. 어느 누구에 의해서 "통과"된 적도 없는데, 다음과 같은 불문법이 제정되었던 것이다. 즉 당신이 어떤 여자나 흑인, 성도착자, 카톨릭신자 혹은 모슬렘교도의 감정을 상하게 했다면, 당신은 자동적으로 "교도소 갈 짓"을 한 것이 되는 것이다. 이러한 죄인들은 존중받을 뿐만 아니라 관대한 대우를 받을 "권리"를 지니고 있었다. 그러나 어떤 식으로든 그들의 기분을 상하게 했다면 범죄가 되는 것이었다. 상황은 그렇게 된 것이었다.

그러나 자녀들이 그들의 의지와는 무관하게 어쩔 수 없이 진화론을 배워야 하고 학교 화장실에서는 동성연애자들에게 노출되어 있어야 하며 에어로빅이나 체조라는 명목으로 어쩔 수 없이 록 음악에 맞추어 춤을 춰야 하는 현실에 분개하는 성경대로 믿는 그리스도인들을 모욕하는 행위는 정당하고 합법적인 것으로 보장되어 있다.

유대인들은 무방비 상태로 남아 있었다. 그들은 미국의 뉴스 미디어가 역사적인 사실들, 테러리스트 망명자들, 요단 강 서안 지구, 여자들과 아이들이 암살당한 것에 대한 보복 행위, 팔레스타인인들, 이스라엘의 땅, 그들의 권리에 대해 보도했던 내용으로 인해 모욕과 상처를 받았다. 그뿐만 아니라 환멸과 혐오의 대상이 되었던 것이다.

자, 『**조롱**』이라는 단어의 의미를 알겠는가? 흑인들에 대해 농담을 하는 것은 조롱하는 것이 된다. 마호메트에 대한 농담도 마찬가지다. 동성연애자들에 대한 농담도 마찬가지다. JFK, 마틴 루터 킹 주니어, 프린세스 디와 같은 사람들의 죽음에 관해 농담을 하는 것도 조롱하는 것이 되는 것이다. 이는 연방법 위반이다. 어떤 동성연애자나 여성, 흑인, 카톨릭신자 혹은 모슬렘교도의 감정을 상하게 한다면 그것 자체가 바로 증오가 되는 셈이다.

그러나 이스라엘에서 유대인을 죽이려고 위협하고 더 나아가 그들을 살해한다면 그것은 "증오"가 되지 않는다. 모든 모슬렘인들에게는 "공민권"이 있기 때문이다.

지상에서 비카톨릭교도는 "저주받은 사람"이라고 말하는 것은 "증오"가 아니다. 이는 "가장 거룩한 트렌트 공회"의 결의 내용인 바, 모든 추기경들, 주교들, 대주교들, 교황들은 본 교령에 동의한다고 맹세해야 한다. 그러나 주 예수 그리스도만이 하늘나라에 갈 수 있는 유일한 길(요 14장, 마 11장, 행 4장, 빌 2장 등)이고 구원을 받기 위해 자신의 의를 신뢰하게 되면 지옥에서 최후를 맞게 될 것이라고 선포하면 "증오"가 되는 것이다. 인본주의는 1964년 이래로 모든 연방 정부 학교들이 가르쳤던 종교라 할 수 있다.

"조롱"(mock), "조롱을 받는"(mocked), "조롱하는"(mocking), "조롱하는 사람"(mocker)과 같은 단어들은 〈킹제임스성경〉에서 무려 60회 이상이나 나온다. 이 중 신약에 나오는 13번의 경우는 예수 그리스도께서 그분의 적들에게서 받으셨던 조롱과 관련되어 있다. 그들은 『**하나님은 우롱당하지 아니하시느니라.**』(갈 6:7)는 말씀을 알고 있음에도 그분을 조롱했던 것이다. 하나님께서는 바로 그 갈보리에 계셨다(요일 5:20).

자, 느헤미야는 그러한 조롱 따위를 싱크대 위의 과자 부스러기 마냥 무시해 버리고, 그 "조롱하는 자들"에 대한 처분을 하나님께 넘겨드린다(4,5절).

『그들이... 쓰레기더미에서 돌들을 일으키려는가?』(2절) 그렇다. 그들은 그렇게 할 것이다. **『그들이 제사를 드리려는가?』**(2절) 그렇다. 그들은 그렇게 할 것이다. 에스겔 42-48장을 읽어 보라. 그 제사는 "사독의 아들들"이 맡을 것이다. 메시아께서 한 번의 영원하고 충분한 속죄제(히 10:8-12)를 드리셨음에도 그 제사는 드려질 것이다.

존 칼빈은 느헤미야 4:2의 아라비아인의 입장을 취했다. 모든 후천년주의 및 무천년주의 성경교사들이 그의 뒤를 따랐고, 그레고리 1세에서 요한 바오로 2세에 이르기까지 모든 카톨릭 교황이 그 뒤를 이었다. 댑니, 와필드, 모로, 핫지, A.T. 로버트슨 모두는 어거스틴의 〈하나님의 도성, *City of God*〉을 쌓아두고 이렇게 맹세했다. 즉 이스라엘이 처음에 그들의 메시야를 거절했기 때문에, 하나님께서는 약속된 신정왕국을 이스라엘 집과 유다 집(히 8:8-10 참조)에 결코 회복시키지 않을 것이라고 맹세했던 것이다. 그들 중 어느 누구도 구약에서 500개 이상의 구절들이, 야곱의 열두 아들들에게서 나온 유대인들로 구성된 이스라엘 민족이 유대인 왕의 통치 하에 전 세계를 통치할 것이라고 말한다는 사실을 믿지 않았다. 그분은 오마르의 모스크를 멸하시고 바위돔 위에 다윗의 보좌를 세우고 앉으실 것이다. 그들 중 어느 누구도 이러한 진리를 믿지 않는다. 아다만티우스 오리겐(Adamantius Origen)은 이를 "유대인의 꿈"이라 불렀고, 고귀한 독일의 히브리어 학자 프란츠 델리취(Franz Delitzsch)는 "형편없는 문자주의"

라고 주장했다.

2절은 유대인들이 성벽을 개수하기 시작했을 때 퍼져 나갔던 "소문"에 대한 기록들이다. 그들은 "여우" 한 마리로도 그들이 건축한 성벽을 부수어 내릴 수 있다고 말한다(3절). 이는 20세기 후반 사다트(Sadat), 아라파트(Arafat), 나사르(Nassar)가 발표했던 20세기식 성명서를 생각나게 한다. "우리는 너희들(유대인들)을 10일 이내로 지도에서 완전히 지워 버릴 것이다!" "1997년에는 예루살렘에 팔레스타인 국가가 세워질 것이다." "1999년에는 예루살렘에 팔레스타인 국가가 건립될 것이다." "너희들(유대인들)은 우리가 공격할 경우 일주일도 못 버틸 것이다!" 등등.

느헤미야는 그들과 논쟁하지 않는다. 그는 그들과 토론하기 위해 만나지도 않는다. 그들을 비난하지도 않으며 그들의 질문에 일일이 대답해 주지도 않는다. 심지어 자신의 백성들을 향해 그들을 반박하는 데 조금의 시간도 쓰지 않는다. 오히려 그들에 대한 처분을 하나님께 맡기고는(4,5절) 전 성벽의 절반이 완성될 때까지(6절) 계속해서 공사를 진행해 나간다(6절).

4:7 그러나 산발랏과 토비야와 아라비아인들과 암몬인들과 아스돗인들은 예루살렘 성벽이 완성되고 파손된 부분이 그치기 시작하였다 함을 듣자 심히 분노하여
8 그들이 함께 음모하기를 "예루살렘으로 가서 싸워 방해하자." 하더라.

9 **그러므로 우리가 우리 하나님께 기도하고 그들 때문에 밤낮 그들에**
대하여 파수꾼을 세웠더라.
10 **그때 유다가 말하기를 "짐을 지는 자들의 힘은 쇠잔한데 흙더미는**
많으니 우리가 성벽을 건축하지 못하리라." 하였으며
11 **우리의 대적들은 말하기를 "그들이 알지도 못하고 보지도 못하게**
우리가 그들 가운데로 들어가서 그들을 죽이고 공사를 중단하게 하
자." 하며
12 **그들 곁에 거하는 유대인들도 와서 열 번이나 우리에게 말하기를**
"너희가 우리에게로 돌아올 모든 곳으로부터 그들이 너희에게 임하
리라." 하더라.

이제 "증오 연설"이 "지하드," 곧 성전(聖戰)에서 폭발할 찰나에 있다(8절). 물론 이 "성전"은 마호메트의 조서에 따라 "자기들을 지키기 위한 전쟁"이 될 것이다. 알다시피 어떤 이슬람교도가 다른 누군가에게 속한 땅 위에 종교 시설을 세우기 시작할 때 이슬람의 "평화 협상"만큼 효과적인 것은 없다. 성경은 이 방법에 관해 완벽하게 기술하고 있다(신 20:10-15 참조). 우선, 그들은 종교의 자유를 믿으며 다른 종교와 협력할 것이리라는 근거 하에 평화 교섭을 개시한다(스 4:2). 이를 거절당할 경우에는 그들의 뒤를 쫓아다니며 쓸어버릴 궁리를 하게 된다. A.D. 600년에서 현재까지 이슬람은 이런 식으로 움직이고 있다. "평화가 당신에게 임하길. 우리는 평화를 원하고 갈망한다!" 하지만 사람들이 마호메트의 달의 신 "알라"에게 복종하지 않는 한 평화는 어디에도 임하지 않을 것이다. "따라서 당신이 평화를 원한다면, 우리가 당신의 영토에 들어가 알라를 위한 이슬람 사원들을 세우는 것을 허락하라. 더 나아가 당신들 모두가 알라의 숭배자들이 된다면 그때에야 비로소 평화는 임할 것이다! 그때까지는 오직 전쟁만이 있을 뿐이다."

이것이 바로 이슬람이다. 이슬람 사원을 세우기 위해 세금("지즈야")을 내라. 그렇지 않으면 죽음만 있을 뿐이다. 그것이 바로 과거의 이슬람이었다. 이는 또 현재의 이슬람이기도 하다. A.D. 600년 이래로 이슬람에는 "전쟁"이 끊이지 않았다.

다시 한 번 느헤미야는 무릎을 꿇는다(9절). 『**우리가 우리 하나님께 기도하고 그들 때문에 밤낮 그들에 대하여 파수꾼을 세웠더라.**』

여기서 "믿음과 일"에 주목하라. 어떤 어부가 폭풍이 그들을 향해 다가오는 것을 보자 다른 어부에게 이렇게 말했다 한다. "자네는 기도하게. 나는 배를 저을 테니."

『**유다가 말하기를**』(10절)에서 유다는 단순히 "유다"라 불리는 한 개인을 말하는 것이 아니라, 유다 지파의 모든 사람들을 가리키는 것이다. 그들의 힘이 쇠잔하게 된 데에는 분명한 이유가 있었다. 그들이 처리하고 있던 일의 양에 비해 인원수나 노동력이 적절하지 않은데다가, "초과근무"나 "이교대 근무"로 일하고 있었기 때문이다. 목재를 자르고 들어 올리는 일, 돌을 부수고 나르는 일, 들보와 돌을 들어 올려 임시로 만든 사다리와 경사판 위로 나르는 일은 패스트푸드점에서 음식 나르는 일과는 비교도 안 된다.

여기서 "팔레스타인인들"이 비무장한 채 작업 중인 유대인 일꾼들을 살해할 계획을 세우고 있는 것을 주목하라(11절). 이는 모든 모슬렘식 "탈취" 절차이다.

성읍 외곽에 있는 지방의 유대인들은 느헤미야에게 10번이나 와서, "팔레스타인인들"이 일꾼들을 공격할 계획을 세웠다고 말해 주었다(12절). 그들이 오후 6시에 일을 마치고 집으로 갈 때, 팔레스타인인들은 그들을 죽일 것이다.

4:13 그러므로 내가 성벽 뒤 낮은 곳과 높은 곳에 배치하되, 그들의 족
속을 따라 칼과 창과 활 가진 사람들을 배치하고
14 돌아본 후 일어나서 귀족들과 치리자들과 백성의 남은 자들에게
말하기를 "너희는 그들을 무서워 말고 위대하시고 두려우신 주를
기억하여 너희 형제, 너희 자녀, 너희 아내와 너희 집을 위해 싸우
라." 하였더라.
15 그 사실이 우리에게 알려졌다는 것을 우리 원수들이 들은 후 하나
님께서 그들의 계략을 무산시키셨으므로 우리 모두는 성벽으로 돌
아가 각자 자기 일을 하였더라.
16 그때로부터 내 종들의 반은 공사를 하였고 다른 반은 창들과 방패
들과 활들과 갑옷들을 지녔으며 치리자들은 유다 온 집 뒤에 있었
더라.
17 성벽 위에서 건축하는 자들과 짐을 지우는 자들과 짐을 지는 자들
은 각자 한 손으로는 공사를 하고 다른 손에는 무기를 지녔더라.
18 건축자들은 각자 자기 옆에 칼을 차고 건축하였으며 나팔 부는 자

는 내 옆에 있었더라.

느헤미야는 적의 음모가 있다는 보고를 믿고 이에 맞설 채비를 하게 된다. 1967년 이후에 이스라엘의 유대인 이주자들이 민간인이면서도 무장해야 했던 것과 똑같이, 본문에서도 일꾼들은 무장을 하고 있다. 느헤미야는 유대인들에게 그들을 무서워말라고 말하고 있는데, 그 이유는 다음과 같다. 『**위대하시고 두려우신 주를 기억하여 너희 형제, 너희 자녀, 너희 아내와 너희 집을 위해 싸우라**』(14절).

오늘날(2002. 12.) 어떤 이스라엘 대통령이 자신의 국민들에게 감히 그렇게 말했다면, 카톨릭 유럽과 미국에서 파송한 평화유지군에 의해 공격을 받았을 것이다. 1998년과 2000년 사이에 평화유지군이 세르비아인들을 공격했던 것처럼 말이다. 이들 "카톨릭 유지군"(보스니아 내전을 기억하라.)은 어떤 유대인이 자기 자신이나 자신의 가족 혹은 자신의 집을 방어하기 위해 무기를 드는 어떤 행위에 대해서도 제지하려 할 것이다. 만일 어떤 유대인이 그런 식으로 방어하는 가운데 어떤 "팔레스타인 사람"을 죽였다면, 그는 또 하나의 홀로코스트를 일으키는 "나치"라고 비난받을 것이다. 이것은 적어도 미국의 뉴스 미디어, 미국 대통령들, UN이 1948년 이래로 그런 문제들에 대해 다루었던 방식이다(〈죽음의 재 같은 땅 이스라엘, *ISRAEL: A Deadly Piece of Dirt*, 2001〉 참조).

1948년 이래로 UN에서 가결된 모든 의제들과 오슬로, 와이, 캠프데이비드에서 결정된 모든 협정들, 그리고 신문 기사나 TV 뉴스방송에서 다루었던 모든 내용은 이스라엘을 대적하고 이슬람이나 로마카톨릭 측에 찬성하는 판단 내용들이 주를 이루었다.

"국제 공산주의자들"이 유대인에게 강행한 결정들은 하나같이 한 가지 전제를 근거로 하여 이루어졌다. 이 전제는 심하게 왜곡되어 있어, 인류 역사에서 단 한 번도 긍정적인 결과를 가져온 적이 없다. 지금까지 수백 번씩이나 시도해 보았지만, 매번 100%의 "역효과"만 가져왔을 뿐이다. 그럼에도 불구하고 국제사회는 항상 이 전제대로 움직인다. 그 전제는 이렇다. "평화를 정착시키고 전쟁을 피하기 위해서는 언제나 평화를 추구하고 있다고 공언하는 독재자나 테러리스트의 요구를 충족시켜야 한다."

4:19 내가 귀족들과 치리자들과 백성의 남은 자들에게 말하기를 "공사가 크고 방대하여 우리가 성벽 위에서 나뉘어져 서로 멀리 떨어져 있으니

20 너희가 어디서든지 나팔 소리를 듣거든 거기로 모여 우리에게 오라. 우리 하나님께서 우리를 위하여 싸우시리라." 하였더라.

21 그리하여 우리가 일하였고 그 중 절반은 동틀 때부터 별이 보일 때까지 창을 지녔더라.

22 그때에 또 내가 백성에게 말하기를 "각자 자기 부하와 함께 예루살렘 안에서 유숙하여 밤에는 우리에게 파수가 되고 낮에는 일하여야 하리라." 하였더라.

23 그리하여 나나 내 형제들이나 내 부하들이나 나를 따르는 파수보는 사람들이나 우리 중 아무도 몸을 씻기 위하여 옷을 벗을 때를 제외하고는 옷을 벗지 아니하였더라.

"군대"를 집결시키기 위한 일환으로 하나의 신호를 정한다(20절). 만일 은사주의자들처럼 "불확실한 소리"(고전 14:8)를 냈더라면, 아무도 "전쟁 준비를 하지"(고전 14:8) 못했을 것이다. 은사주의자들은 오순절 나팔을 불어놓고 다음과 같이 행동한다.

1. 노래하고 춤을 춘다. 즉 회전하며 빙빙 돈다.

2. 의식을 잃고 짐승처럼 짖어대며 울부짖는다.

3. 아프리카 음악에 맞추어 "허리 부위를 내밀며 비트는 동작"을 한다.

4. 백만 달러어치의 초교파 놀이 집을 세운다.

5. "가려운 귀"를 만족시켜 주기 원하는 육욕적인 타락한 그리스도인들에게서 수백만 달러를 모은다.

6. 거짓 언어로 울면서 수다를 떤다.

7. 자신의 손을 들어 올리면서 "영적"인 체하고, "수동적인 상태"로 들어가기 위해 끊이지 않는 "주문"을 반복한다.

8. 바울 서신에서 발견되는 "건전한 교리"를 다루는 신약의 모든 구절들을 던져 버린다.

9. "기독교"라는 말을 "사랑, 배려, 나눔"이라고 정의내리는 모든 종교단체와 교류한다.

느헤미야의 나팔 소리는 불확실한 "소리"가 아니었다(18,20절). 그들이 가상나팔을 불었을 때, 이를 두고 소등나팔이나 귀영나팔로 오해하는 법이 없었을 것이다. 이는 분명 바울의 나팔을 불었던 필라델피아 시대 나팔수들의 나팔 소리로 들렸던 것이다. 『**전신갑옷을 입으라... 선한 싸움을 싸우라... 훌륭한 군사로서 고난을 견뎌 내라... 자기를 군사로 뽑은 자를 기쁘게 하려 함이라**』(엡 6:11, 딤전 6:12, 딤후 2:3,4).

『**우리 하나님께서 우리를 위하여 싸우시리라**』(20절). 출애굽기 14:14, 사무엘상 25:28, 역대기하 20:17,29, 여호수아 10:42, 신명기 3:22, 역대기하 32:8에서 하나님께서 싸우셨던 것처럼 말이다. 또 주님은 미래에 스가랴 14:3에서 싸우실 것이다.

매복공격(12절)을 막기 위해, 느헤미야는 "낮에 일하는 일꾼들"이 예루살렘 안에서 밤새 유숙하게 했다. 이로 인해 그들은 "해질 무렵"에도 집으로 돌아가지 않았을 것이다. 집에 돌아갈 필요가 있을 경우에는 동틀 때(21절) 이후에나 가능했다. 이제 모든 "군인들"은 목욕할 때를 제외하고는 "제복을 입고" 있어야 했다(23절). 즉, 잠도 옷을 입고 자야 했던 것이다. 따지고 보면 그들은 활들, 방패들, 칼들, 화살들(16절)을 그들이 잠자는 침상 바로 옆에 두고 잤던 것이다.

아주 여러 해 전 내가 아주 젊었을 무렵(23세), 보병 육군 소위로 베닝의 간부사관학교(OCS)를 막 졸업했을 때였다. 졸업하기 전 마지막 날, 우리는 여느 때처럼 중대 앞으로 나와 우측으로 정렬해 있었다. "열중 쉬어"라는 구령이 떨어졌고, 다시 "차려"라는 구령이 내려졌다. 그때 작전장교 에디 코플랜드가 희한한 구령을 내렸다. "받들어쉬어가!"

그때의 모습이란 우왕좌왕, 이루 말할 수 없었다. 당시 최초 200명의 지원병 중에서 아무리 뛰어난 사관생도라 해도 하위 절반은 탈락되어야 했었는데, 이 중에 살아남은 100명의 지원병들이 어쩔 줄 몰라 하고 있었다. 약 20명은 "받들어 총"을 했고, 70명 정도는 다시 열중 쉬어 자세로 돌아갔다. 몇 명의 사관생도는 "쉬어" 자세를 했으며, 나머지는 "어깨 총"을 하고 꿀 먹은 벙어리처럼 그 자리에 서 있었다. 두세 명의 생도는 대열에서 두 걸음 앞으로 나와 있었다.

모든 것이 정렬되자, 코플랜드는 다음과 같이 말했다. "이것이 제군들에게 한 가지 교훈이 되길 바랍니다. 제군들은 항상 자신의 명령을 명확하게 하달해야 합니다."

이것은 아이미 샘플 맥퍼슨(Aimee Semple McPherson)과 아주사 거리(Azusa Street)에서부터 베니힌과 브라운스빌에 이르기까지 전 은사주의 운동의 요점을 설명해 준다. 이 운동은 참으로 혼란스럽기 이를 데 없는 쓸데없는 짓에 불과하다.

느헤미야 5장

5:1 그때 백성과 그들의 아내들이 그들의 형제 유대인들에 대하여 크게
울부짖었으니,
2 어떤 이들은 "우리와 우리의 아들들과 딸들이 많으므로 우리가 그
들을 위하여 곡식을 얻어 먹고 살아야겠노라." 하고,
3 또 어떤 이들은 "기근으로 인하여 우리가 곡식을 사기 위해 우리의
땅과 포도원과 집을 저당 잡혔노라." 하며
4 또 어떤 이들은 "우리가 왕의 세금을 위하여 우리의 땅과 포도원을
잡혀서 돈을 빌렸노라.
5 우리의 육신이 우리 형제의 육신과 같고, 우리 자녀가 그들의 자녀
와 같은데, 보라, 우리가 우리 아들들과 딸들을 종이 되도록 노예로
팔았고 우리 딸들 중 얼마는 이미 노예가 되었으나 그들을 속량할
능력이 우리에게 없으니, 이는 다른 사람들이 우리의 땅과 포도원
을 가지고 있음이라." 하더라.

여기 본문에 묘사된 내용은 루즈벨트 대통령이 지배권을 행사하기 시작했을 때(1933), 미국에서 일어났던 것이다. 당시 무슨 일이 있어났었는지 모르는 역사가는 한 명도 없다. 은행들이 농장을 소유하기 시작했고, 연방정부는 그 은행들을 인수해 버렸다. 이는 오늘날 미국 정부가 1960년경 이후로 (최소 1970년까지는) 국제 마약 거래에 연루되어 깊이 관여해 왔을 것이라는 사실을 의미한다.

이를 철저하게 규명해 낸 저작이 1994년에 최초로 출간되었는데, 그 책에서 존 콜만(John Coleman) 박사는 380페이지 분량의 증거들을 독자들에게 제공하고 있다. 그는 은행들(국내 및 해외)이 황금의 초승달 지대(the Golden Crescent – 이란, 아프가니스탄, 북부 파키스탄에 걸친 마약 생산, 거래지대 – 역자 주)와 황금의 삼각지대(the Golden Triangle – 세계 생아편의 대부분을 생산하는 인도차이나 북부의 미얀마, 타이, 라오스, 중국이 국경을 접하는 지역 – 역자 주), 콜롬비아, 시칠리아에서, 그리고 (1990년 이후부터는) 러시아와 발칸 반도, 텍사스 주(휴스턴), 아칸소 주, 뉴욕에서, "돈벌이했던 것"과 같은 수법으로 어떻게 대부금, 적립금, 저축예금, 부동산 거래 등을 취급했었는지 그 증거들을 보여 주고 있다. 결국은 모든 사설은행들이 하나의 세계은행 안으로 "합병"될 것이다.

이와 같은 경영 역학은 〈차별 : 온전함에 이르는 열쇠, *Discrimination : the Key to Sanity*, 1994〉란 제목의 책에서 "차별과 마피아 원리"(Discrimination and the Mafia Principle)라는 소제목으로 잘 설명되어 있다. 이 책은 기록된 지 13년이나 넘었다. 핵심 단어는 "저당"(mortgage)이다(3절). 대부를 받기 위해서는 담보물건이 필요하다. 담보물건으로는 당신이 소유하고 있는 것 중에서 어떤 것도 상관없다.

그러나 어떤 정부도 돈을 벌기 위해 “일하지” 않는다. 돈을 “거두어들이는” 정부가 있을 뿐이다. 세금을 거두는 정부는 아무것도 담보로 잡을 필요가 없다. 그 “정부”는 그 돈을 상환하지 않아도 되며, 세금을 좀 더 내지 않을 경우에 생기는 “담보”에 대해서는 모두 취해가겠노라고 위협할 수 있는 여러 가지 제도를 마련해 놓았던 것이다.

이것이 바로 모든 “공산주의” 국가들이 일하는 방식이다. 이들 가운데 칼 마르크스가 주창한 원형 공산주의를 따르고 있는 국가는 없다. 마르크스주의를 따른다고 자처하는 가장 유명한 공산주의자들은 하나같이 군사독재자들(레닌, 스탈린, 모택동, 카스트로, 폴 포트)이었다. 그들은 재산을 빼앗기 위해서라면 국민들을 살해해도 된다고 믿었다.

느헤미야의 상황으로 돌아가 보자.

어떤 가족들은 가난에 너무 찌들어서 살아남기 위해 도둑질을 해야 했다(1절 - 잠언 6:30,31 참조). 당시 이스라엘 사람들은 적들에게 완전히 둘러싸여 있었다는 것을 기억해야 한다. 이런 현실은 지금도 마찬가지다. 현재 4백만 명도 채 안 되는 유대인들은 4천만 명이 훨씬 넘는 모슬렘 테러리스트들에 의해 사방으로 둘러싸여 있다. 이 테러리스트들의 “거룩한 경전”에 따르면, 그들에게는 모슬렘이 아닌 사람들을 향해 언제 어디서든 암살, 강탈, 거짓말, 살인, 공격을 행할 권리가 주어진다.

이런 냉혹한 현실이 느헤미야 시대에 예루살렘 주위에 만연했던 것이다. 유대인들은 일시적으로 외부의 도움으로부터 차단되어 있었다. 그들은 지금(4-6장) 그저 “목숨만 연명해” 나가고 있을 뿐이다.

그 다음으로 유대인들이 불평했던 것은 곡식을 훔치지 않고 얻기 위해서는 저당을 잡혀야 했던 현실이었다.

그 다음으로 불평했던 것은 그들이 살아남기 위해서는 페르시아 왕에게 바쳐야 했던(스 4:13,20-22 참조) 세금을 사용해야 했던 현실이었다. 이로 인해 그들의 땅과 포도원이 위태로운 상황에 놓이게 되었던 것이다.

마지막으로, 출애굽기 21:2; 22:25(특히, 레 25:39-44)을 위반하게 되었다는 현실에 대해 불평을 토로했다. 8절을 보라. 그들은 가난한 유대인들을 부유한 유대인들에게 "팔았을" 뿐만 아니라(노예 매매), 이방 적들에게까지 경매를 붙였던 것이다. 『**너희 형제를 팔고자 하느냐? 아니면 그들로 우리에게 팔리도록 하겠느냐?**』(8절)

5:6 내가 그들의 부르짖음과 그런 말을 듣고 심히 분노하여
7 숙고한 후에 귀족들과 치리자들을 꾸짖어 그들에게 말하기를 "너희가 각자 자기 형제에게서 고리를 거두는도다." 하고 그들에 대하여 큰 집회를 열어
8 그들에게 말하기를 "우리가 이방에 팔렸던 우리 형제 유대인들을 우리 힘으로 속량하였거늘 너희는 너희 형제를 팔고자 하느냐? 아니면 그들로 우리에게 팔리도록 하겠느냐?" 하니 그들이 잠잠하고 대답할 말을 찾지 못하더라.
9 내가 또 말하기를 "너희가 행하는 것이 좋지 않도다. 우리의 원수 이방의 비난 때문에라도 너희가 우리 하나님을 두려워함으로 행해야 하지 않겠느냐?
10 나와 내 형제와 내 부하들도 마찬가지로 그들에게서 돈과 곡식을

거두어들일 수도 있도다. 내가 청하노니, 우리가 이 고리대금업을
그만두자.
11 내가 청하노니, 오늘 그들에게 그들의 땅, 포도원, 올리브 밭과 집
들을 돌려주고 너희가 그들에게서 거둬들인 돈과 곡식과 포도주와
기름의 백분의 일도 돌려주라." 하니
12 그들이 말하기를 "우리가 그들에게 돌려주고 그들에게서 아무것도
요구하지 아니하리이다. 우리가 당신이 말씀하신 대로 행하리이다."
하더라. 이에 내가 제사장들을 불러 그들이 이 약속대로 행하리라
는 맹세를 그들로부터 받게 하였더라.
13 또 내가 옷자락을 떨치며 말하기를 "이 약속을 이행하지 않는 자는
하나님께서도 그의 집과 노역에서 이같이 떨쳐 내시리니 그가 그렇
게 떨쳐져 비게 되리라." 하니 온 회중이 "아멘." 하고 주를 찬양하
더라. 백성이 이 약속에 따라 행하였더라.

6-8절은 별다른 설명이 필요 없다.

느헤미야는 지금 엘리야(왕상 18:21)와 똑같은 상황에 직면해 있다. 즉, 유대인들은 "묵비권"을 행사하고 있는 것이다.

분명 느헤미야에게도 그들이 자행하고 있던 것을 할 수 있는 능력이 있었다. 이는 그가 그들의 도움 없이도 "자급자족"할 수 있었던 것을 보면 분명해진다. 느헤미야는 지역사회의 "유지"였음에도 유대인들에게 세금을 부과하거나(5:10) 그들을 이용하여 이득을 취하는 일을 삼갔다(느 5:18 참조). 그는 스룹바벨(총독의 지위)을 대신하는 『**틸사다**』였을 뿐만 아니라, 페르시아 군주 개인의 궁정 대리인이었다(느 2:6).

땅, 집, 포도원은 그들의 원 소유주에게로 회복되었고(11절), "자릿세"(『**돈...의 백분의 일**』, 11절)를 받는 일도 중지되었다. 그러고 나서 느헤미야는 제사장들로 하여금 그들이 이러한 약속들을 주의 깊게 이행할 수 있도록 하나님의 이름으로 맹세케 했다(12절). 회중은 느헤미야의 판결(13절)에 『**아멘**』으로 화답한 뒤, 그들이 하겠다고 말했던 약속을 그대로 이행했다(약 1:22,23).

5:14 또 내가 유다 땅에 그들의 총독으로 임명을 받은 때로부터, 즉 아닥세르세스왕 제이십년부터 삼십이년까지 십이 년 동안 나와 나의 형제들이 총독의 빵을 먹지 아니하였더라.

15 그러나 내 앞서 있던 이전 총독들은 백성에게 토색하여 은 사십 세겔 외에도 양식과 포도주를 착취하고 그의 부하들까지도 백성들을 압제하였으나 내가 하나님**을 두려워함으로 인하여 그렇게 행하지 아니하였더라.**

16 내가 실로 이 성벽의 공사를 지속하였고 우리가 어떤 땅도 사지 아니하였으며 나의 모든 부하들도 공사에 모였더라.

17 또 내 상에는 우리 주위의 이방 가운데서 우리에게 온 자들 외에도 유대인들과 치리자들 일백오십 명이 있었으니

18 날마다 나를 위하여 마련된 상에는 수소 하나와 좋은 양 여섯과 또 나를 위하여 날짐승들도 마련되었고 열흘에 한 번은 모든 종류의 포도주가 갖추어졌더라. 이 모든 것에도 내가 총독의 빵을 요구하지 아니하였으니 이는 이 백성에게 지우는 속박이 무거웠음이

더라.

19 나의 하나님이여, 내가 이 백성을 위하여 행한 모든 것을 따라 선한 것으로 나를 생각하소서.

본문은 앞에서 주석했던 문제다. 느헤미야는 그들을 이용해서 이득을 취할 수도 있었지만 그렇게 하지 않았다. 바울처럼 "자기 아래" 있던 사람들을 위해(고후 11:5-9) 합법적인 보수도 마다했던 것이다(고전 9:4-6; 9:16-19). 그는 수확물에 대한 총독의 "몫"을 요구할 수도 있었지만 그렇게 하지 않았다(15절). 느헤미야가 자신의 백성을 이용하여 이득을 취하지 않았던 이유는 너무나 분명했다. 즉 그는 하나님을 두려워하는 사람이었던 것이다(15절. 5:9 참조). 현대 그리스도인들이 모르는 것이 있다. 하나님을 두려워하는 사람은 사람들을 두려워하지 않는다. 이에 반해 사람들을 두려워하는 사람은 결코 하나님을 두려워하지 않는다. 『**사람을 두려워하면 덫에 걸리나**』(잠 29:25).

미국은 사람을 두려워한 나머지, 무신론 국가들(러시아)과 연합하고 종교적인 파시스트(바티칸 교권제도)에 굴복하며, 기독교 선교사들을 살해하고 감금하는 국가들(중국, 파키스탄, 인도네시아, 인도, 아라비아, 이라크, 이란)을 지원하고 있다. 언론을 두려워하면 마약중독자들, 살인자들, 성도착자들, 도둑들을 순수한 사람들이라고 판단할 수밖에 없게 된다. 그리고 사람을 두려워하면, "하늘 아래서 인간에게 주신"(행 4:12) 구원의 유일한 수단인 예수 그리스도를 거부하게 된다.

느헤미야는 "아무렇지 않게 할 수"도 있었을 못된 행동을 삼갔다. 이는 그의 눈이 전도서 12:14의 말씀을 향하고 있었기 때문이다.

심지어 그는 자신의 개인적인 부하들까지 공사에 투입시켰다. 그들은 그 일에서 면제될 수 있었지만 그렇게 하지 않았던 것이다(16절).

그 외에도 느헤미야는 특별한 몫("총독의 빵," 14절)을 요청하기는커녕, 오히려 150명의 다른 정부 관료들과 함께 자신의 몫을 나누었다(17절). 날마다 다량의 고기가 느헤미야의 뱃속으로 들어가지 않는다(18절). 그것은 151명분에 해당하는 양식이었다. (이는 제1차 세계대전 독일 보병 중대만한 규모였다.)

느헤미야 6장

6:1 산발랏과 토비야와 아라비아인 게셈과 우리의 원수들 중 남은 자들
이, 내가 성벽을 건축한 것과 그곳에 파손된 부분이 남아 있지 않
다는 것을 듣고서 (그때까지 성문들에 문짝을 달지는 아니하였으
나,)
2 산발랏과 게셈이 내게 보내어 말하기를 "오라, 우리가 오노 평지에
있는 마을들 중 하나에서 만나자." 하더라. 그러나 그들은 나를 해
치려 생각함이었더라.
3 이에 내가 그들에게 사자들을 보내어 말하기를 "내가 지금 큰 공사
를 하고 있으므로 내려갈 수 없노라. 어찌하여 내가 일을 떠나 너
희에게 내려가 공사를 중단시키겠느냐?" 하였더라.
4 그들이 그와 같이 네 번이나 내게 보내었으나 내가 그들에게 같은
방법으로 대답하였더라.

무장한 일꾼들이 "팔레스타인인들"(지금처럼 당시엔 실질적으로 아라비아인들임, 1절)에 대항하여 맞서자, 그들은 한 걸음 물러서더니 "오슬로 회담"(Oslo Conferences)과 "캠프 데이비드 평화협정"(Camp David) 혹은 "와이 협정"(Wye Agreements)을 들고 나와 "평화적인 절차"(peace process)를 밟고 있다. 『**오라, 우리가... 만나자**』(2절).

사탄이 한 첫 번째 말은 긍정적인 것이었다(창 3:1). 게다가 그가 아담과 이브에게 제안한 모든 것이 다 긍정적이었다(창 3:6). 하나님께서 이스라엘을 멸망시키기 전에 이스라엘과 유다를 속였던 모든 거짓 선지자들(렘 52장, 대하 36장, 왕하 25장)은 긍정적으로 사고하고 긍정적으로 말하며 "증오 연설"을 반대하는 선지자들이었다. 그들의 수는 무려 850명이나 되었다(왕상 18:22; 22:6).

『**우리가... 만나자.**』 참으로 눈치가 빠른 사람들이지 않은가? 교황과 야세르가 만나다니? 정말이지 이보다 더 "고무적인 일"이 어디 있겠는가?

그러나 그들의 목적은 분명했다. 『**그들은 나를 해치려 생각함이었더라**』(2절). 그들은 단지 "좋은 평판"을 얻기 위해 "함께 모이는 것"을 원했을 뿐이다. 그렇게 하면 세상은 그들이 평화를 사랑하고, 평화를 원하며, 평화를 애호하는 "피스메이커들"(peacemakers, 늘 그랬듯이 그 대열 선두에는 교황이 있다!)이라고 확신하게 될 것이다. 하나님께서는 마호메트나 야세르 아라파트가 태어나기 1,000년 이상 전에 그들의 의도를 기록하셨다.

『**그들이 주의 백성들을 대적하여 간사한 계략을 꾀하며 주께서 숨기신 자들을 대적하여 의논하였나이다. 그들이 말하기를 "오라, 그들을 단절하여 나라가 되는 것을 막아 이스라엘의 이름이 더 이상 기억되지 못하게 하자." 하였나이다. 그들이 한마음으로 함께 의논하였고 그들이 주를 대적하여 공모하오니**』(시 83:3-5).

『정녕, 그들이 나를 대하여 그들의 입을 크게 벌리고 말하기를 "아하, 아하, 우리 눈이 그것을 보았도다." 하나이다』(시 35:21).

『나는 화평을 원하나 내가 말할 때 그들은 전쟁을 원하는도다』(시 120:7).

그리스도께서 태어나시기 700년이 훨씬 넘는 시기에, 아라비아인들이 이스라엘을 대적하여 필리스티아인들과 동맹했던 사실(대하 26:7)을 주목하라. "팔레스타인인"(Palestinian)이란 단어는 "필리스티아인"(Philistines)이란 단어에서 비롯된다(출 15:14, 창 10:14 참조). "팔레스타인 난민들"과 "팔레스타인 국가"에 대해 현대적인 관점을 견지하려면, 영어 사전, 히브리어 사전, 성경 본문, 역사적인 사실들을 부인해야 한다. 더 나아가 바로 당신의 면전에서 일어나고 있는 테러행위마저도 부인해야 한다. 그래서 모든 뉴스 미디어 방송국들이 그 사실을 부정하는 것이다(1990-현재).

에스라 4:3에서 스룹바벨과 예수아가 그랬던 것처럼 느헤미야도 그런 자들의 제안을 쓰레기처럼 취급해 버렸다. 현대의 TV 방송 조류 속에서 느헤미야는 "평화적인 절차를 방해"하거나 "평화적인 절차를 중단"시켰던 것이다. 쉽게 말하면, 이는 그가 테러리스트들의 요구에 응하고 그들을 신뢰할 수 있는 시민들로 대하기를 거절했다는 것을 의미한다. 이는 오늘날의 이스라엘 상황과 대동소이하다(1948-현재). 이스라엘이 이 살인마들의 제안을 쓰레기 취급하듯 다루지 못하고 오히려 그들의 마음을 진정시켜 주거나 그들과 동반자로서의 길을 걸어 나가려고 했을 때, 그 대가로 세 차례의 전쟁(1956, 1967, 1973)만이 초래되었던 것이다. 게다가 비무장한 남자, 여자, 아이들을 살해하는 테러도 300%나 증가했다. 부시가 공포했던 이 어리석고 현존하지 않는 "테러와의 전쟁"은 오히려 테러행위를 1년 내에 300% 이상이나 촉진시켰던 것이다.

6:5 그러자 산발랏이 같은 방법으로 다섯 번째로 그의 부하를 내게 보
냈는데 그의 손에 봉하지 않은 편지를 들려 보냈으니
6 그 편지에 기록되기를 "이방 가운데 알려졌고 가스무도 말하는 바
는 너와 유대인들이 모반을 생각한다는 것인데 네가 성벽을 건축하
는 까닭은 그 말대로 네가 그들의 왕이 되려는 것이라.
7 또 네가 선지자들을 임명하여 예루살렘에서 너에 관하여 전파하여
말하기를 '유다에 왕이 있다.' 하였으니 이제 그 소문이 그 말대로
왕에게 전해질 것이라. 그러므로 이제 오라, 우리가 함께 의논하
자." 하였더라.
8 그때 내가 그에게 보내어 말하기를 "네가 말하는 대로 그렇게 된
일들은 없으니 네가 네 마음속에서 꾸며내는 것이라." 하였으니,
9 이는 그들 모두가 우리로 두렵게 하여 말하기를 "그들의 손이 일하
는 데 약해져서 이루지 못하리라." 함이라. 그러므로 이제 오 하나
님이여, 내 손을 힘있게 하소서.

6절에서 첫째 줄은 이스라엘에 관한 모든 내용을 부각시켜 주고 있는데, 이는 1948년 이래 500개의 일간신문에서 발행하고, 5개의 TV 방송망, 3,000개의 AM 라디오 방송망, 500개의 FM 방송국에서 방송했던 내용들이다. 이는 『**이방 가운데 알려졌고...**』란 말로 요약된다.

성경은 본질적으로 『**이방**』에 대해 열대 우림 지역이나 오스트레일리아의 "오지" 혹은 아마존 강 상류에 살고 있는 부시맨을 언급하지 않는다. 성경에서 언급하는 『**이방**』이란 UN처럼 뉴욕 번화가에 모여 있는 국가들을 말하는 것이다(시 2편, 슾 3장, 슥 14장 참조).

신약의 바울 서신들은 일종의 "분류주의자"(classicist)라 할 수 있는데, 이는 인류의 전 "인종"을 세 개의 부류로 분류하고 있기 때문이다. 그 부류로는 유대인, 교회, 이방인이 있다(고전 10:32). 이 중에서 오직 한 그룹만이 새로운 출생을 경험했으며, 이로 인해 다른 두 부류와는 완전히 단절되고 분리되어 있다. 그러므로 "이방인"이란 단어에는 영국, 독일, 미국의 모든 지식인들이 포함된다. 이탈리아, 오스트리아, 독일, 벨기에, 스페인, 폴란드, 멕시코의 모든 종교 지도자들도 마찬가지다. 게다가 모든 힌두교도들, 불교도들, 모슬렘교도들, 도교신자들, 인본주의자들, 불가지론자들, 무신론자들, 공산주의자들도 포함되어 있다. 유럽과 미국의 "이방인들"은 새로운 출생을 경험한 적이 없음에도 자부심으로 가득 찬 나머지 그들 자신은 우상을 숭배하는 "이방인"들과는 다르다고 생각해 버린다. 하지만 "이방인"이란 단어만큼 그들의 신분을 나타내는 정확한 단어는 없다. 즉, 그들은 교육받은 세련된 교양인들이다. 또 상류층에 속하고 "국가종교에 투철하며" 육신적이고 세속적인, 성경을 거부하는 이교도들인 셈이다.

자, 본문에서 에스라 4:4,5의 모함이 오늘날도 여전히 제기되는 것을 보게 된다. 우선, 풍문이나 뜬소문이 떠돈다(6,7절). 이런 소문들은 대개 다음과 같은 형태를 띠기 마련이다. "그는 독재자가 될 거야." "그는 이 교회가 자기 거라고 생각한다니까." "있잖아, 그는 말이지, 집사위원회를 자기 자신의 숭배자들로 채워서 교회 일들을 운영해 나간다니까!" (잭 하일스는 대부분의 대형 교회 목사들이 독재자들이 되어야 하는 이유에 대해, 교회를 움켜쥐려는 독재자들을 진압하기 위한 것이라고 말했다. 예를 들면 요한삼서 1:9의 디오트레페.)

그들은 느헤미야가 "팔레스타인 국가"를 세워 자신이 페르시아 왕과는 독립된 왕(6절)으로 통치하며 정상에 앉을 것이라고 고소하고 있는 것이다. 산발랏은 느헤미야를 밀고하려고 한다(7절, 『**이제 그 소문이... 왕에게 전해질 것이라**』).

산발랏이 왕에게 고소하는 "밀고자"로서의 역할을 하겠다고 위협할 때, 느헤미야는 그런 그를 향해 거짓말쟁이라고 부르고 있다(8절). 물론 그는 야세르 아라파트와 교황과 같은 거짓말쟁이다. 이 둘은 뉴스 미디어와 알렉산드리아 이단과 "경합"할 수 있을 정도로 아주 대단한 거짓말쟁이들이다.

이처럼 사람을 두려워하게 만들려는 시도(『**이는 그들 모두가 우리로 두렵게 하여**』, 9절) 앞에 느헤미야의 반응은 느헤미야 4:4,9에서 발견되는 모습과 동일하다. 그는 이렇게 기도했다. 『**오 하나님이여, 내 손을 힘있게 하소서**』(9절).

6:10 그후에 내가 두문불출하는 므헤타브엘의 손자, 들라야의 아들 스
마야의 집에 가니 그가 말하기를 "우리가 하나님의 전에서, 즉 성
전 안에서 만나 성전의 문을 닫자. 그들이 너를 죽이러 오리니 실
로 그들이 밤에 너를 죽이러 오리라." 하니,
11 내가 말하기를 "나 같은 자가 도망하겠느냐? 나 같은 자로서 누가
자기 생명을 구하고자 성전으로 들어가겠느냐? 내가 들어가지 아

니하리라." 하였더라.

12 보라, 나는 하나님께서 그를 보내신 것이 아니라는 것과 그가 나를 대적하여 이 예언을 발표하였음을 알았노니 이는 토비야와 산발랏 이 전에 그를 매수하였음이라.

13 그러므로 그가 매수되었으니 이는 나로 무서워하게 하고 그렇게 행하여 죄를 짓게 하여 그들이 악한 소문을 위한 일을 만들어 나를 비난하고자 함이더라.

14 나의 하나님이여, 주께서는 나를 두려움에 처하게 하려 한 토비야와 산발랏과 여선지자 노아다와 선지자들의 남은 자들을 그들의 이러한 행위들에 따라 생각하소서.

사람을 두려워한다는 내용이 본문에서(13절) 계속 튀어나오고 있음을 주목하라. 이는 과거(B.C. 1500년) 유대인들이 민수기 13,14장에서 두려워 떨다가 유업을 소유하지 못했던 것처럼, B.C. 446년에도 그들을 두렵게 하려는 시도가 나타나고 있음을 독자에게 일깨워 주고 있다. 이 두 가지 역사적인 기록들이 주어진 것은, 또 하나의 제3의 시도가 있다는 사실을 예표하기 위함이다. 즉, 민수기 13,14장에서 그랬던 것처럼 20세기에도 (1921-2003) 동일한 사람들, 동일한 상황, 동일한 방법을 통해서 유대인들이 그런 실수를 또다시 반복하게(히 3,4장) 만들려는 시도가 있음을 예표하고 있는 것이다. 본문에서는 스마야가 매수되었는데, 이는 느헤미야로 하여금 무서워하게 하고 죄를 짓게 하기 위함이었다(13절).

스마야는 산발랏과 그의 "팔레스타인인들"에 의해 뇌물로 매수되었던 것이다. 스마야는 제사장이었다(느 12:6,18,34,35). 그는 느헤미야 12:36과

12:42에 언급되었다. (성경에서 "스마야"란 이름을 가진 사람들이 20명 이상 나오지만 본문의 『**들라야의 아들 스마야**』와는 다른 사람들이다. 예레미야 36:12에서는 이와 정반대의 관계가 등장하는데, 거기에서는 『**스마야**』가 『**들라야**』의 아버지로 등장하고 있다. 그러나 이것은 B.C. 630년의 상황으로, 그 이전의 일이었다.)

이번의 "회동"(6:2 참조)은 은밀한 만남이 될 것이다. 느헤미야는 신변의 안전을 위해 회동 장소를 성전으로 제시하라는 조언을 들었다. 『**그들이 너를 죽이러 오리니 실로 그들이 밤에 너를 죽이러 오리라**』(10절). 요는, 그와 스마야, 토비야, 산발랏, 게셈, 노아댜(14절)가 은밀한 회동을 마련함으로, 느헤미야가 그들의 추종자들에 의해 살해될 것이라는 사실이다. 그들은 여전히 『**군대**』를 보유하고 있었다(4:2). 이에 느헤미야는 다음과 같이 대답한다. 『**내가 들어가지 아니하리라**』(11절). 『**악인들은 쫓는 자가 없어도 도망치나, 의로운 자들은 사자처럼 담대하니라**』(잠 28:1).

느헤미야는 다시 한 번 기도에 의지한다. 『**나의 하나님이여, ...에 따라 생각하소서**』(14절). 사무엘상과 똑같은 자세를 취하는 그의 모델을 보라(다윗, 삼상 24:10-12).

『**나를 두려움에 처하게 하려 한... 여선지자 노아댜**』(14절).

이 부분에서 제미에슨, 포셋, 브라운(주석가들)은 또다시 〈킹제임스성경〉 본문에 오류가 있다는 결정을 내리고, 신약성경이 완성된 후 200년이 지나서야 기록된 70인역을 가지고 〈킹제임스성경〉을 고치고 있다. 그러나 히브리어 단어는 여성형이다. 그러나 헬라어(70인역)에서는 남성 단수인데, 그래서 제미에슨, 포셋, 브라운은 이러한 모순을 "선지자 노디야"로 번역해 버렸다. 그러나 히브리어 "원본"에서는 여성형이었다.

6:15 그리하여 성벽이 엘룰월 이십오일에, 오십이 일 만에 끝났더라.
16 우리의 모든 원수들이 그 소식을 듣고 우리 주위에 있는 모든 이방
이 이 일들을 보자 그들이 그들 자신의 눈에 심히 낮추어졌으니 이
는 그들이 이 공사가 우리 하나님에 의해 이루어진 것을 알았음이
더라.

마침내 성벽이 약 52일 만에(연대학자들은 대개 이 사실에 대해 의견을 달리한다.) 완공되었다(15절). 16절의 내용은 평이하다. 이방은 『**이 공사가 우리 하나님에 의해 이루어진 것**』을 인정해야만 했기 때문에 심히 낮추어졌다. 이는 이스라엘의 "독립 전쟁"(1948)이 『**하나님에 의해 이루어진**』(16절) 것이라는 역사적인 사실과 정확히 맞물린다.

6:17 또 그 당시에 유다의 귀족들이 많은 편지를 토비야에게 보냈고 토
비야의 편지들도 그들에게 왔는데
18 유다에 그에게 서원한 자들이 많았으니 이는 그가 아라의 아들 스
카냐의 사위였으며 토비야의 아들 요하난도 베레키야의 아들 므술
람의 딸을 취하였기 때문이더라.
19 또 그들이 토비야의 선행을 내 앞에서 보고하고 또 나의 말도 그에
게 전하였으며 토비야가 나를 두렵게 하려고 편지들을 보냈더라.

성벽이 완공되었지만 여전히 고민거리는 계속되고 있다. “팔레스타인인들”은 계속해서 느헤미야를 두렵게 하려고 서신을 띄우고 있다(19절). 곧, 하나님을 두려워하기보다는 사람을 두려워하게 만들고 있는 것이다.

본문에서 발견되는 “혈연관계”를 주목하라(행 4:6의 카야파의 친척들처럼). 『**그가 아라의 아들 스카냐의 사위였으며 토비야의 아들 요하난도... 므술람의 딸을 취하였기 때문이더라.**』 이는 유대인과 이방 사이에 오고 간 모종의 “에큐메니칼식 회담”의 결과였다(스 9-10장). 이로 인해 다른 종족 간의 결혼 곧 인종혼합이 초래되었다.

결과는 늘 매한가지다. 당신은 당신의 가족을 하나님보다 우선한다. 토비야가 전면에 내세워진 것은(『**그들이 토비야의 선행을 내 앞에서 보고하고**』, 19절) 그의 친척들 때문이었다(17,18절).

이 모든 내용을 1960년에서 2000년 사이의 상황에 적용해 보는 것은 결코 어려운 일이 아니다. 20세기 혹은 21세기를 살아가는 목사들 중에, 자신이 성경대로 믿는 독립 침례교회에서 수백 명의 사람들을 양육하려고 노력해 왔다면 누구나 알 수 있는 사실이다.

아래에 한 사람의 과거에서 수집한 아주 짤막한 견본 하나를 제시하겠다. 여기서 한 사람이란 내 자신을 말한다. 이 짤막한 견본의 내용들은, 집사 위원회가 강단을 장악하기 위해 음모를 꾸미는 가운데(민 16장) “으뜸이 되기를 좋아하는” 디오트레페와 “여선지자 노아댜”가 목사를 제거하기 위해 “여성 보조단체”를 조직한 이래로, 마지막 날들(딤후 3:1)에는 그리스도의 몸 안에서 빈번하게 일어나는 일들이라 할 수 있다.

1. 사적인 집사 회의가 목사의 등뒤에서 열리고 있다. 2. 테네시 템플 출신의 젊은이를 영입하고 그를 나중에 목사 자리에 앉힐 생각을 하면서 현

담임 목사와 함께 "동역자"로 사역하게 하려는 시도들. 3. 목사에게 책임 소지가 있게 될 청구서를 교회가 지불하지 못하게 하도록 회중에게 헌금을 내지 말라고 조장하는 것. 4. 목사에 대한 반대 소송을 일으켜 결국에는 "그를 법정에 세우려는" 위협. 5. 목사가 성경공부반을 가르치고 있을 때, 모든 반 목사 교인들이 패거리를 지어 강당 앞줄에 앉아 목사를 "노려보게" 하는 것. 6. 교회로 다시 돌아온 이전의 회원들을 재규합하여 투표를 통해 목사를 축출하는 행위. 7. 목사관을 불태우겠다고 위협하는 일. 8. 추후 또 다른 교회를 시작해야만 할 상황에 대비하여 사용할 목적으로 교회 모르게 두 개의 분리된 은행 구좌를 개설하는 일. 9. 한 교사를 통해 목사에게 공립학교에서 가르치는 직업을 제안하게 한 뒤 결국 목사직을 사임하게 하는 일. 10. 밥 존스 주니어에게 편지를 써서 현 담임목사는 "목사"로서의 "자격"이 없다고 확신시키는 일. 11. 어떤 여자 간질병 환자를 교회로 데리고 들어와 그녀가 예배 시간에 "발작"을 일으킬 경우 이것은 목사의 설교 때문이었다고 비난하려는 것. 12. 피해자의 남편이 성미가 급하기로 유명하기에 싸움이 일어날 것이라는 바람으로, 복도에서 한 집사의 아내와 또 다른 집사의 아내 사이에 충돌을 일으키려는 계획. 13. 목사에게 사임하지 않을 경우, "체면에 손상이 가는" 내용을 가지고 허위 선전 운동을 벌이고 그를 갈취하겠다고 위협하는 일. 14. 급여를 삭감하여 굶어 죽게 만들겠다는 위협. 15. 물리적인 폭력(폭행)으로 위협하는 일 등.

당신은 이렇게 물을 것이다. "그래서 당신은 어떻게 했나요?"

글쎄, 어리석게도 나는 느헤미야가 했던 것처럼 똑같이 처신했다.

내가 교회에서 사역을 하는 동안, 열일곱 가정들이 한 주일에 일제히 떠나기도 했다. 그들은 나의 사역 범위 3마일 내에서 그들의 "비밀스런 은행

구좌"를 가지고 새로운 교회를 시작했다. 그리고 한 명의 테네시 템플 출신의 아이를 불러들였는데, 그는 그들이 이용했던 여인들 중 한 명의 아들이었다.

그들이 떠난 이후로 우리 교회의 헌금은 세 배로 늘었다.

하지만 내가 경험한 것은 아무것도 아니었다. 목사직에 있는 나의 가장 좋은 친구들 중에는 이러한 책략들을 사용하는 "산발랏," "토비야," "노아댜"를 만났던 이들이 있다.

1. 내 친구 중 미시시피에서 사역을 하고 있는 한 목사는, 예배 중에 교회 회원들이 그의 자동차 타이어에 바람을 다 빼버린 일이 있었다. 그것도 네 개 다 말이다.

2. 또 다른 목사 교회의 집사는 그의 새 사냥개 두 마리를 총으로 쐈다.

3. 플로리다의 한 목사는 보샹 빅(Beauchamp Vick)을 고소하는 전단지를 교회 도처에다 배포했는데, 이유인즉 그가 J. 프랭크 노리스와 교제를 하면서 유다 이스카리옷과 같은 배신자가 되었다는 것이다.

4. 노스캐롤라이나 주의 록키 마운트(Rocky Mount)에 있는 어느 남침례교회에서, 교회 내 80%의 사람들이 자유주의를 이유로 그 모임을 떠나기로 투표했다. 그래서 집사들은 회중 전체의 5% 미만에 해당하는 20명의 사람들을 재규합하여 회중을 고소했다. 그리고는 그들을 법정에 세우고 그들(약 400명가량 되는 회원들)에게서 소유지를 빼앗되 거기에서 그들을 영원히 쫓아내 버렸다.

5. 교회의 분열이 있는 동안, 모두 다 집사들의 아들들이었던 세 명의 아이들(14세, 15세의 자녀들)은 학교에서 나오고 있는 목사의 13살 난 아들을 집단으로 구타했다.

6. “사랑스럽고 상냥한” 로티 문(Lottie Moon) 부인은 교회 주보 36부를 가져다가 거기에서 목사의 사진을 라이터로 불태워 버렸다.

7. 어떤 그리스도인들은 함께 연대하여 보상 빅의 딸의 사진을 합성해 악용했다.

8. 포트워스에서는 “반노리스파들”이 총잡이 한 명을 고용하여 공부 중이었던 목사를 쏘게 했다. 그러고 나서는 제일침례교회를 불태워 버린 뒤, 이는 노리스 목사의 소행이라고 고소를 했다. 이는 다 보험금을 타먹기 위한 수작이었던 것이다.

9. 어떤 신실한 침례교 목사의 재정위원회에 속한 “그리스도인 사업가”들은 헌금통에서 2만 달러 이상의 헌금을 가지고 자취를 감추어 버렸다.

느헤미야 7장

7:1 성벽이 건축되고 내가 문짝들을 단 후, 문지기들과 노래하는 자들과
레위인들이 지명되었고,
2 내가 내 형제 하나니와 궁의 관리자 하나냐로 예루살렘을 다스리게
하였으니 이는 그가 신실한 사람이요, 많은 사람들보다 하나님을 더
욱 두려워하였음이더라.
3 내가 그들에게 말하기를 "해가 뜨거워지기 전에는 예루살렘 성문들
을 열지 말고 사람들이 지키는 동안은 문들을 닫고 빗장을 지르며
예루살렘 거민들 중에서 파수꾼들을 임명하되, 각자에게 그의 시간
을 정해 주고 또 각자 자기 집 맞은편을 지키게 하라." 하였는데
4 그때 성읍은 넓고 크나 그 안에 백성들은 적고 집들은 지어지지 아
니하였더라.

1절은 별다른 설명이 필요 없다. 2절에서 느헤미야는 자신의 지위에서 한 발짝 물러서서, 자신이 갖고 있던 많은 권한을 "궁의 관리자 하나냐"뿐만 아니라 보다 더 젊은 형제인 하나니에게 위임하고 있다. 느헤미야가 이런 조치를 취한 주된 이유는, 짧게나마 "휴가"라도 얻어 왕에게 상황을 보고하고자 페르시아로 돌아갈 계획을 갖고 있었기 때문이다(느 13:6,7).

문들은 보통 일출 때에 정확하게 열려 있기 마련이다. 하지만 본문에서는 일출 이후 적어도 한두 시간은 기다려야 한다는 명령을 듣는다(3절). 일몰시에는 무장한 "파수꾼들"을 세워야 한다. 이는 "팔레스타인인들" 군대가 여전히 성읍 바깥에 있었기 때문이다(느 4:2). 게다가 예루살렘은 너무나 인구가 적었다(4절). "팔레스타인인들"은 여전히 무대 뒤에서 남의 눈에 띄지 않게 잠복해 있는 상황이다.

7:5 나의 하나님께서 내 마음속에 *생각을* 넣어 주사 귀족들과 지도자들과 백성들을 함께 모아 그들을 계보대로 계수하게 하시기에 내가 처음에 올라온 자들의 계보의 명부를 찾았고 거기에 기록된 것을 찾았노라.

6 바빌론 왕 느부캇넷살이 전에 끌고 갔던 자들이 예루살렘과 유다로 돌아와 각자 자기 성읍으로 왔는데 그 끌려갔던 자들 중에서 사로잡힘에서 놓여 올라온 지방의 자손들은 이러하니,

7 그들은 스룹바벨, 예수아, 느헤미야, 아사랴, 라아먀, 나하마니, 모르드캐, 빌산, 미스페렛, 비그왜, 느훔, 바아나와 함께 왔더라. 내가 말하노니, 이스라엘 백성의 남자들의 수는 이러하니라.

본문에 관해서는 보다시피 에스라 2:1,2에서 충분히 주석한 바 있었다.

7:8 파로스 자손이 이천백칠십이 명이요
9 스바티야 자손이 삼백칠십이 명이요
10 아라 자손이 육백오십이 명이요
11 바핫모압 자손, 곧 예수아와 요압의 자손이 이천팔백십팔 명이요
12 엘람 자손이 일천이백오십사 명이요
13 삿투 자손이 팔백사십오 명이요
14 삭개 자손이 칠백육십 명이요
15 빈누이 자손이 육백사십팔 명이요
16 베배 자손이 육백이십팔 명이요
17 아스갓 자손이 이천삼백이십이 명이요
18 아도니감 자손이 육백육십칠 명이요
19 비그왜 자손이 이천육십칠 명이요
20 아딘 자손이 육백오십오 명이요
21 히스기야의 아텔 자손이 구십팔 명이요
22 하숨 자손이 삼백이십팔 명이요
23 베새 자손이 삼백이십사 명이요
24 하립 자손이 일백십이 명이요
25 기브온 자손이 구십오 명이요
26 베들레헴과 느토바 사람이 일백팔십팔 명이요
27 아나돗 사람이 일백이십팔 명이요

열거된 이름들에는 "**아스갓,**" "**아도니감,**" "**비그왜,**" "**아딘,**" "**히스기야**"(17-21절)처럼 사람들의 이름들도 있지만, 그중에는 성읍들의 이름인 것들도 있다. 일례로, 25-27절, 29-36절 등이 그렇다.

7:28 벧아스마웻 사람이 사십이 명이요
29 기랴다아림과 그비라와 브에롯 사람이 칠백사십삼 명이요
30 라마와 게바 사람이 육백이십일 명이요
31 믹마스 사람이 일백이십이 명이요
32 벧엘과 아이 사람이 일백이십삼 명이요
33 다른 느보 사람이 오십이 명이요
34 다른 엘람 자손이 일천이백오십사 명이요
35 하림 자손이 삼백이십 명이요
36 여리고 자손이 삼백사십오 명이요
37 롯과 하딧과 오노 자손이 칠백이십일 명이요
38 스나아 자손이 삼천구백삼십 명이더라.
39 제사장들은 예수아 집의 여다야 자손이 구백칠십삼 명이요
40 임멜 자손이 일천오십이 명이요
41 바스훌 자손이 일천이백사십칠 명이요
42 하림 자손이 일천십칠 명이더라.

이 명단 다음에는 레위인들의 명단이 뒤따른다. 그 뒤로는 노래하는 사람들과 문지기들의 명단이, 그 뒤로는 레위인들의 종들의 명단이, 마지막에는 솔로몬의 종들의 명단이 등장한다. 이 명단들은 각각이 따로따로 구분되어 있다.

7:43 레위인들은 호드와 자손 중에서 예수아와 갓미엘 자손이 칠십사
명이더라.
44 노래하는 사람들은 아삽 자손이 일백사십팔 명이더라.
45 문지기들은 살룸 자손과 아텔 자손과 탈몬 자손과 악굽 자손과 하
티타 자손과 소배 자손이 일백삼십팔 명이더라.
46 느디님인들은 시하 자손과 하수바 자손과 탑바옷 자손과
47 케로스 자손과 시아 자손과 파돈 자손과
48 르바나 자손과 하가바 자손과 살매 자손과
49 하난 자손과 깃델 자손과 가할 자손과
50 르아야 자손과 르신 자손과 느코다 자손과
51 갓삼 자손과 웃사 자손과 파세아 자손과
52 베새 자손과 므우님 자손과 느피스심 자손과
53 박북 자손과 하쿠바 자손과 할훌 자손과
54 바슬릿 자손과 므히다 자손과 하르사 자손과
55 바르코스 자손과 시스라 자손과 타마 자손과
56 느시야 자손과 하티바 자손이더라.
57 솔로몬의 신하들의 자손은 소태 자손과 소페렛 자손과 프리다 자손
과
58 아알라 자손과 다르콘 자손과 깃델 자손과,
59 스파티야 자손과 핫틸 자손과 스바임의 포케렛 자손과 아몬 자손이
니
60 모든 느디님인들과 솔로몬의 신하들의 자손이 삼백구십이 명이더
라.

61 또한 이들이 텔멜라와 텔하르사와 그룹과 앗돈과 임멜로부터 올라
온 자들이나 이들은 그들 조상의 집과 그들의 씨와 자신들이 이스
라엘 사람인지를 증거할 수 없더라.
62 그들은 들라야 자손과 토비야 자손과 느코다 자손으로 육백사십이
명이더라.

이제 레위인 제사장들의 명부가 등장한다.

7:63 제사장들 중에는 하바야 자손과 코스 자손과 바실래 자손이니, 바
실래는 길르앗인 바실래의 딸들 중 하나를 아내로 취하여 그들의
이름을 따라 불렸더라.
64 이들이 계보에 기록된 자들 가운데서 그들의 명부를 찾았으나 발
견하지 못하였으므로 그들이 부정하게 여겨져 제사장 직분을 수행
하지 못하게 되고
65 틸사다가 그들에게 말하기를 "우림과 툼밈을 가진 제사장이 일어서
기 전에는 그들이 지극히 거룩한 것들을 먹어서는 안 되느니라." 하
더라.

본문에 연관된 혈통이 다소 "혼합"되어 있듯이, 63절의 『**그들**』이란 아마도 바실래 자신에 관한 언급일 것이다. 『**이들이 계보에 기록된 자들**[레위인들] **가운데서 그들의 명부를 찾았으나 발견하지 못하였으므로**』(64절). 즉 그들은 제사장으로서의 자격을 갖추고 있다는 사실을 입증할 방법이 없었다. 말하자면, 아론에서 나온 에스라의 계열에 속한 사람들(스 7:1-6 참조) 이라는 것을 증명할 수 없었던 것이다. 당시의 총독(『**틸사다**』, 아마 느헤미야 자신이었을 것임)은 그들이 그들의 계보를 입증할 수 있을 때까지는 성전에서 실질적인 제사장으로서의 직무를 수행할 수 없다고 판단했다. 본 직무를 수행하기 위해서는 초자연적으로, 초자연적인 지침에 따라(대상 10:14과 삼상 23:9,10 참조) 입증되어야만 했던 것이다.

『**우림과 툼밈**』(65절)은 대제사장의 흉배 위에 있는 돌들을 빛나게 하면서 문의자가 얻고자 하는 정보를 자세하게 알려 주는 것들이다. (저자의 〈출애굽기〉 주석 28:30 참조).

64절을 주목하라. 입증할 수 없는 자들에게 제사장 직분을 수행하지 못하게 했다. 그렇다면 로마카톨릭 안에서 "성직자"로서 제사장이라고 공언했던 9억 명 이상의 죄인들 중에 자신이 성경적인 제사장이라고 입증할 수 있는 사람이 얼마나 되는지 계산해 보라.

아론은 유대인 제사장이었다. 레위인들도 마찬가지였다.

멜키세덱은 이방인 제사장이었다. 미디안인 이드로처럼 말이다.

예수 그리스도께서는 신약성경의 증거에 따라 『**대제사장**』이시다(히 3:1).

이상의 제사장 계열에서 이들 수천 명의 모든 이교도, 곧 검은 옷을 입은 미혼의 우상 숭배자들이 나왔단 말인가?

아론과 이드로는 자녀들을 둔 기혼의 제사장들이었다. 신구약 어디를 보더라도 카톨릭 신부들 같은 제사장은 한 명도 없었다. 로사리오 기도문을 갖고 장난하는 제사장도 없었다. 평생에 단 하루라도 어떤 여성에게 기도했다고 하는 제사장도 없었다. 더욱이 이 지상에 살고 있는 어떤 사람을 가리켜 "거룩한 아버지"라고 부르는 제사장도 없었다.

문자적인 피가 도처에 흐르고 있는 짐승들을 제단 위에서 희생제물로 바친 적이 없었던 제사장에 관해, 『**우림과 둠밈**』이 무엇이라도 언급해야만 한다고 생각하는가?

진짜 아론의 후손이 예루살렘 안이나 어떤 건물 안에서 지금 어떤 희생제물을 바치고 있다면 어떻겠는가? 다음 구절을 보라.

『**우리에게 한 제단이 있는데, 성막을 섬기는 자들은 이곳에서 나온 것을 먹을 권한이 없느니라. 이는 죄를 위해 대제사장이 성소에 그 피를 가지고 들어가는 그 짐승들의 몸은 진영 밖에서 태우기 때문이라. 그런즉 예수께서도 자신의 피로써 사람들을 거룩하게 하시려고 성문 밖에서 고난을 받으셨느니라. 그러므로 우리도 그의 수치를 짊어지고 진영 밖에 있는 그에게로 나아가자. 여기에는 우리에게 영구한 도성이 없는고로 우리는 장차 올 도성을 찾고 있노라**』(히 13:10-14).

"제단" 위에 있는 우리의 희생제물은 교회 건물을 포함하여 어떤 건물 안에서도 발견되지 않는다. 신약에서 모든 믿는 사람은 제사장이라 할 수 있다(벧전 2:5,9). 여기에는 여성들도 포함된다(벧전 2:5). 하지만 그들은 마리아에게 "단 1분"도 할애하지 않았다. 심지어 기도하는 방에서 마리아와 함께 있었던 사람들도 그러했다(행 1:14).

A.D. 34년 이래로 지금까지 이 지상에는 수천 아니 수백만 명의 그리스도인 "제사장"들이 살아오고 있는데, 이들은 결혼하여 가족을 부양했던 사람들이다. 어느 누군가에게 침례를 준 적도 없고 안수한 적도 없으며, 결혼을 시켜 준 적도 없고 "견진례"를 베푼 적도 없는 그리스도인 제사장들이 수억 명에 이른다.

우리의 위대한 『**대제사장**』(히 8:1 참조)께서는 전 생애 동안 아주 흔하고 평범한 당대의 평상복을 입고 다니셨다. 교황이나 사제처럼 머리에는 반쯤 자몽 모양을 하고 『**긴 옷**』(눅 20:46)이나 검은 할로윈 복장을 입고 뽐내는 모습보다, 셔츠에 청바지를 입으신 구주의 모습을 더 자주 볼 수 있을 것이다. 하나님의 말씀에 비추어 볼 때, 세상에서 로마카톨릭 "사제"의 모습보다 더 코믹하고 딱한 그리고 반기독교적인 모습은 없다. A.D. 500년 이래로 지금까지 5천만 명의 사제들의 모습이 그러했던 것이다.

7:66 온 회중이 모두 사만 이천삼백육십 명이요
67 그 밖에 그들의 남종과 여종이 칠천삼백삼십칠 명이요, 또 노래하는 남자와 여자가 이백사십오 명이었더라.
68 그들의 말이 칠백삼십육이요 노새가 이백사십오며
69 낙타가 사백삼십오요 나귀가 육천칠백이십이더라.
70 족장 중 몇은 공사를 위하여 바쳤으니, 틸사다는 보물창고에 금 일천 드람과 대야 오십 개와 제사장 의복 오백삼십 벌을 바쳤으며
71 또 족장 중 어떤 사람은 공사의 보물창고에 금 이만 드람과 은 이천이백 마네를 바쳤고
72 또 백성의 남은 자들이 드린 것은 금 이만 드람과 은 이천 마네와 제사장 의복 육십칠 벌이었더라.
73 그리하여 제사장들과 레위인들과 문지기들과 노래하는 자들과 백성 중 얼마와 느디님인들과 온 이스라엘이 그들의 성읍들에 거하였더라. 일곱째 달이 되었을 때 이스라엘 자손이 그들의 성읍들에

있었더라.

66-73절은 에스라 2장에서 다룬 바 있다. 그 위대한 『**일곱째 달**』이 73절에 나오는데, 이것은 솔로몬 성전의 봉헌식, 그리스도의 첫 번째 출생(요 1:14, 눅 3:23), 그리스도의 재림(행 15:16, 슥 14장, 시 19:4,5, 마 17:1-5)과 연관된 달이다. 또 영원이 시작되기 전에 있을 그리스도의 천년 통치(왕상 4:20,21) 및 태양계 안에서의 태양의 위치와도 잘 어울린다. 여기서 태양은 예수 그리스도의 예표이다(말 4:1-3, 시 19:4,5).

느헤미야 8장

8:1 온 백성이 물문 앞에 있는 거리로 한 사람처럼 모여, 서기관 에스라
에게 주께서 전에 이스라엘에게 명하신 모세의 율법책을 가져오기
를 청하니,
2 제사장 에스라가 일곱째 달 일일에 율법책을 남녀 회중과 알아들을
수 있는 모든 자들 앞으로 가져가서
3 물문 앞에 있는 거리에서 아침부터 정오까지 남자와 여자와 알아
들을 수 있는 자들 앞에서 읽으니 모든 백성의 귀가 율법책을 경청
하더라.
4 서기관 에스라가 사람들이 특별히 만든 나무 단상에 서니 그의 옆
에는 오른편으로 맛티댜와 세마와 아나야와 우리야와 힐키야와 마
아세야요, 왼편으로는 프다야와 미사엘과 말키야와 하숨과 하스바
다나와 스카랴와 므술람이 섰더라.
5 에스라가 백성들 목전에서 책을 펴니라. (그가 모든 백성보다 위에
섰는데) 그가 그 책을 펴자 모든 백성이 일어서더라.

본문은 "예배 의식"을 인도하는 방법에 대해 개요를 보여 주는 위대한 구절이다. 성경에서 『**단상**』(4절)이란 단어는 바로 여기에서 단 한 번 등장한다. 이 단상은 독서대 같은 것이 아니라 연단이라고 보는 것이 적합하다. "예배"시간은 약 6시간 정도 지속되었다. 『**아침부터 정오까지**』(3절). 오늘날 미국 집회에서 "주일 아침 예배"를 그렇게 오랫동안 지속하는 경우는 좀처럼 찾아볼 수가 없다. 연극적인 언동과 선정적인 록 음악과 제스처, 값비싼 의상으로 정교하게 차려입은 모습, 실내 공기조절장치, 달걀 프라이를 할 만큼 스피커 소리를 한껏 높여 놓은 아프리카 섹스 음악으로 예배 순서를 채우고 강조를 주지 않는 한 그렇게 오랜 시간을 지속할 수 없을 것이다.

본문의 예배에서 "멜론이나 부추, 양파, 마늘" 따위는 없다. 『**만나**』 외에는 없는데, 이는 배교한 모든 유대인들과 그리스도인들이 "몹시 싫어하는" 것이다(민 21:5). 이에 대해 바울은 디모데후서 4:1-6에서 주석을 달고 있다.

에스라가 가지고 있는 것이라고는 (그의 집사 위원회와 더불어, 4절) 한 권의 책이 전부다. 그는 그 책을 펼친다. 이 책은 『**율법책**』(3절)으로서 회중위에 이제 막 죄에 대한 뉘우침이 임박해 있음을 시사해 준다. 이는 『**율법을 통해서는 죄의 깨달음이**』(롬 3:20) 있기 때문이다. 이것은 또 실제적인 부흥이 일어날 거라는 어떠한 조짐도 보이지 않는 가운데, 『**그 땅에**』 영적인 기근과 영적인 가뭄이 찾아온(1950-2003) 주된 원인은 (모든 주요 기독교 대학 및 신학교에서 가르치고 있는 바, 성경에 대한 불신은 차치하더라도) 다음과 같은 사실에 있음을 보여 준다. 즉 미국의 80%의 구원받은 사람들과 90%의 구원받지 않은 사람들이 "도덕적 판단"이나 "부정적 요소"로 들리는 어떤 내용도 자동적으로 거부하게끔 TV와 라디오, 신문에 의해 프로그램되어 왔던 것이다.

"율법"에는 50개 이상의 금지항목이 들어 있다. 율법 하에 주어진 첫 십계명을 보더라도 여덟 개 항목이 부정적인 내용임을 알 수 있다. 따라서 현대의 설교, 이를테면 1964년 이래로 선포된 설교 중 90%는 실없는 허튼소리에 불과하다. 그 열매로는 진리에 대한 독선적 자세와 과민반응, 예민하고 신경질적인 반응, 종교에 대해 감히 진리를 말하는 사람에 대한 증오밖에는 나타나지 않는다. 인격 및 육신에 대한 사랑이라는 열매밖에는 맺을 수 없는 것이다.

에스라는 이제 막 수소 폭탄을 터뜨리려 하고 있다(8:5).

8:6 에스라가 주, 곧 위대하신 하나님을 **송축하니 모든 백성이 손을 들고 "아멘, 아멘." 하여 응답하고 그들이 머리를 숙여 얼굴을 땅에 대고 주께 경배하더라.**

7 예수아와 바니와 세레뱌와 야민과 악쿱과 삽브대와 호디야와 마아세야와 클리타와 아사랴와 요사밧과 하난과 플라야와 레위인들 또한 백성들로 율법을 깨닫게 하였으며, 백성들은 그들의 자리에 서 있더라.

8 그렇게 그들이 하나님의 **율법책을 명확히 낭독하고 그 의미를 알려주어 백성들로 낭독한 것을 깨닫게 하였더라.**

"예배의 순서"는 다음과 같다.

에스라가 기도하고 하나님을 "송축"한다. 회중은 두 번의 『**아멘**』으로 응답한다(6절). 그들은 두 손을 들어 응답하고 있는데, 하늘을 향하여 두 손을 뻗치는 행위(서 있든지 혹은 무릎 꿇고 있든지)는 구약에서 기도할 때 취하는 자세였다(왕상 8:22).

그들은 목사의 송축에 "아멘"이라고 말한 뒤 머리를 숙여 얼굴을 땅에 댄다. (눅 18장의 세리와 출 23:24, 왕하 5:18, 시 95:6, 빌 2:10 등의 표현 참고) 이는 마치 두 팔과 두 다리로 기는 모습과 같다(무릎을 꿇고, 단 6:10; 10:10, 왕상 8:54, 마 17:14).

이제 회중이 일어선다(7절). 그러고 나서 레위인들 이외에 13명이 백성들에게 율법을 "깨닫게" 해준다. 이것은 그 청중들을 위해 통역을 한 것이다. 그들은 페르시아나 아람, 바빌론에서 왔으며 그 언어들을 사용하며 자랐던 유대인들이기에 통역이 필요했던 것이다(행 2장 참조).

"낭독"은 세 단계로 이루어진다(8절). 우선, 성경에 나와 있는 그대로 말씀을 읽는다. 읽을 때는 천천히 그리고 "명확하게" 읽어야 한다. 다음으로, 뜻이 통하게 본문의 "의미를 알려 준다." (이는 성경해석학에서 "주해"로 알려져 있다.) 마지막으로, 회중에게 낭독한 내용의 의미를 "깨닫게 해 준다." 여기에는 주해 이상의 의미가 있다. 말하자면, "적용"하는 것이다. 즉, 회중에게 본문이 그들과 연관해서 무슨 말씀을 하고 있는지 깨닫게 해 주는 것이다. 여기에는 예화, 설교, 권고가 수반될 것이다. 바울은 디모데후서 4:1-4과 디모데전서 4:13에서 이에 대해 설명하고 있다.

이렇게 하면 그 결과로 죄에 대한 자각과 눈물이 뒤따르게 된다(9절).

"긍정적 요소"로는 죄를 뉘우치게 하지 못했다. 게다가 그 반응은 "부정적"인 것으로, 슬픔과 울음뿐이었다. 이것이 소위 "성령의 불행한 사역"이라는 것으로, 언제나 긍정적인 것이 되기에 앞서 부정적인 요소가 있기 마련이다(요 16:8,9). 주목하라! “순수함”이 화평에 앞서 있고(약 3:17), “의”가 화평에 앞서 있으며(히 7:2), “하나님께 영광”이 화평에 앞서 있는 것이다(눅 2:14). 이상 세 구절 모두의 경우에 두 번째 항목은 남성, 여성 관계없이 전 인류에게는 긍정적인 요소다. 이에 반해 각 항의 첫 번째 단어는 하나님의 사전에서만 긍정적이다. 그것이 의로운 것이 아니라면 그처럼 끔찍하고 불행한 것은 없다.

전 인류가 원하는 것은, 하나님과는 무관하게 완전히 보장된 생활 이외에 간음과 중혼, 일부다처, 도박, 태평스러운 생활, 포르노, 간통, 약삭빠른 사업거래, 기나긴 하계휴가, 초과지불금, 음식으로 가득 찬 배, 너무 딱딱하지 않은 설교, 내세에 존재하지 않는 지옥, 무(無) 비평과 더불어 누리는 평화일 뿐이다.

8:9 틸사다인 느헤미야와 제사장이자 서기관인 에스라와 백성을 가르치는 레위인들이 모든 백성에게 말하기를 “오늘은 주 너희 하나님께 거룩한 날이니 슬퍼하지 말며 울지도 말라.” 하였으니 이는 모든 백성이 율법의 말씀을 듣고 울었기 때문이더라.

10 그때 느헤미야가 그들에게 말하기를 “너희는 가서 살진 것을 먹고 단 것을 마시라. 그러나 아무것도 준비되지 아니한 자들에게는 *그들의* 몫을 보내라. 이는 오늘이 우리 주께 거룩한 날임이니 너희는 슬퍼하지 말라. 이는 주를 기뻐함이 너희의 힘이기 때문이라.” 하였더라.

11 그리하여 레위인들이 모든 백성을 조용하게 하고 말하기를 "잠잠하
라. 오늘은 거룩한 날이니 너희는 슬퍼하지 말라." 하더라.
12 모든 백성이 가서 먹고 마시며 음식을 나눠 보내고 크게 즐거워하
였으니 이는 그들이 자기들에게 선포된 말씀을 깨달았음이더라.

대개 부정적인 것 뒤에 긍정적인 것이 뒤따르기 마련이다. 긍정적인 것이 부정적인 것을 앞지르는 법은 없다. 식사도 하기 전에 "디저트"가 나오는 법이 없는 것이다. 아담, 아브라함, 이삭, 야곱의 첫 번째 아들들은 모두가 다 잘못된 아들들이다. 구약은 『**저주**』로 끝나는 반면, 신약은 『**아멘**』으로 끝을 맺는다.

어떤 땅이라도 땅을 갈거나 경작한 뒤 돌부리나 돌조각들, 그루터기, 바위들을 제거하지 않고서는 최상의 작물을 재배할 수 없는 법이다. 최소한 이것이 현실이다.

현대 설교는 현실에 근거하지 않는다. 그저 모래투성이의 땅(마 7:26) 위에서도 『**좋은 열매**』(마 7:17-20)를 거둘 수 있다는 심산이다. 즉, 땅을 갈거나 고르지도 않고 괭이질도 하지 않는 것은 물론이거니와 물이나 비료도 주지도 않으며, 바위, 모래, 잡초도 제거하지 않은 그런 땅에서 재배하겠다는 것이다. 이렇게 해서 1964년 이래로 미국의 기독교는 사실상 한낱 농담거리로 전락하고 말았다.

"부정적인 것을 제거"하려면 성경에서 최소 75%를 제거해야만 할 것이다. 성경 안에 죄와 죄인들, 저주, 불경, 험담, 술 취함, 자제심 결핍, 게으름, 불신, 불신앙, "일확천금" 계획, 거짓 종교들, 이단들, 인종차별, 하나님을 의존함, 사망, 심판, 지옥을 다루는 성경 구절들을 포함한 많은 구절들을 제거해야만 할 것이다. 그런 구절들은 족히 8,000구절은 된다.

『**오늘은 주 너희 하나님께 거룩한 날이니**』(9절). 이날은 모든 날들 중에서도 중요한 날이었다. 두 번이나 언급한 대로 이날은 장막절이었다(14-17절 참조). 물론 이 날은 민족적인 죄들을 자백하고 회개하는 속죄일 다음에 오기 때문에 기뻐해야 하는 날이다(자세한 내용은 레 23:26-34을 참고). "식사 뒤에 디저트가 뒤따라오기 마련이다."

『**슬퍼하지 말며 울지도 말라**』(9절). 왜냐하면 속죄일은 지나간 과거이기 때문이다. (장막절은 그리스도의 재림의 예표이다. 슥 14장, 행 15장, 말 4장, 시 19편 등 참조)

『**너희는 가서... 먹고... 마시라... 아무것도 준비되지 아니한 자들에게는** *그들의* **몫을 보내라... 이는 주를 기뻐함이 너희의 힘이기 때문이라**』(10절).

신·구약에서 매우 경건한 진리 하나가 여기에 등장한다. 이는 신약의 그리스도인들에게 영적으로 적용할 수 있는 위대한 구절이다. 이에 대해 바울은 다음과 같이 말한다.

『**주 안에서 항상 기뻐하라. 내가 다시 말하노니 기뻐하라**』(빌 4:4).

『**항상 우리를 그리스도 안에서 승리하게 하시고 또 어느 곳에서나 우리로 하여금 그분에 관한 지식의 향기를 나타내게 하시는** 하나님께 **이제 감사하노라**』(고후 2:14).

본문에서 『**주를 기뻐함**』이라는 말은, 말 그대로 주님을 기뻐한다는 말이지만, 또 한편으로는 주께서 기뻐하시는 대상을 우리가 기뻐한다는 말이기도 하다.

그러면 하나님께서 기뻐하시는 것들은 무엇일까? 누가복음 10:21에는 예수님께서 『**영으로 기뻐**』하셨던 유일한 순간이 나온다. 그것은 『**이런 일을 지혜롭고 슬기로운 사람들에게는 숨기시고 어린 아기들에게는 나타내신 것**』 때문이다. 다시 말해서 세상의 지혜로운 자들을 어리석게 만드신 것을 기뻐하셨다는 말이다. 그렇다. 예수 그리스도께서 기뻐하셨던 한 가지는 하나님께서 현대의 "학자 연합"을 바보로 만드시고, 영적인 아기들에게 그분의 향상된 계시를 나타내시는 것이었다.

물론 주님은 죄인의 구원을 기뻐하시고(눅 15:6,10) 이스라엘의 회복을 기뻐하시지만(습 3:17), 민족들의 파멸과 종교제도를 저주하는 것, UN의 모든 학자 및 정치 지도자들을 혼란케 하는 것(시 2편) 또한 기뻐하시는 것이다.

『**주를 기뻐함이 너희의 힘이기 때문이라.**』 정녕 하나님께서 기뻐하시는 것을 당신이 기뻐할 수 없다면 이 말씀이 적용될 수 없다. 절대로 말이다!

성경은 고대인뿐만 아니라 중세인과 현대인에게도 똑같은 방법으로 접근한다. 노아의 날이나 히틀러의 시대 혹은 교황 요한 바오로 2세의 시대를 살아가는 죄인들 중에 누가 되었든 어떠한 차이점도 없다는 사실을 분명히 해주고 있는 것이다. 동일 집단, 동일한 배경, 동일한 본성, 동일하게 성경을 거부하는 모습, 동일하게 표출하는 독선적인 모습, 부패와 타락으로 치달을 동일한 가능성, 동일한 죄들에 대해 들먹이는 동일한 변명들. 어떤 세대든 조금이라도 "진보된" 구석을 찾아보기란 힘든 일이다.

12절은 별다른 설명이 필요 없다.

8:13 둘째 날에는 온 백성의 족장과 제사장들과 레위인들이 이 율법의 말씀을 깨달으려고 서기관 에스라에게 모두 모였더라.

14 주께서 모세를 통하여 명령하신 것이 율법에 기록되어 있는 것을 그들이 발견하였으니 이는 이스라엘 자손이 일곱째 달의 명절에 초막에 거해야 한다는 것이요

15 또 그들이 그들 모든 성읍들과 예루살렘에서 공포하고 알려 말하기를 "너희는 산으로 가서 올리브 나무 가지와 소나무 가지와 도금양나무 가지와 종려나무 가지와 무성한 나뭇가지들을 가져다가 기록된 대로 초막을 만들게 하라." 하더라.

『**기록되어 있는 것을 그들이 발견하였으니**』(14절)라는 말씀대로 그 기록된 내용을 레위기에서 찾아볼 수 있다. 욥기 5:24의 내용이 이것과 어떻게 조화를 이루는지 보라. 욥기 5:24의 내용(18절에서 시작됨)은 이스라엘의 회복을 묘사하고 있다. 역사적으로, 그 회복은 B.C. 1800년경 욥기 42장에서 한 개인에게 일어나고 있다. 그러나 그 예표는 참으로 절묘하다 할 수 있겠는데, 이는 『**사로잡힘**』에서 『**돌이켜**』진 것은 다름 아닌 이스라엘이었기 때문이다.

모든 학자들은 그 모든 예표를 놓치고 말았다. 이는 "경건한" 학문에서 흔하게 볼 수 있는 일이다.

베드로가 『**주여... 여기에 장막 셋을 짓되**』(마 17:4)라고 말하는 것은 느헤미야 8:15,16의 내용에서 기인한다. 이는 재림 때 그리스도의 동반자들인 모세와 엘리야(말 4장, 계 11:1-6)가 바로 그곳에 설 것이기 때문이다. 이는 재림의 시기를 정해 주고 있으며, 초림이 있기 400년도 훨씬 넘는 시기에 스카랴가 언급했던 것(슥 14장)을 확인해 주고 있다.

8:16 그러므로 백성이 가서 나뭇가지들을 가져다가 각자 자기 집 지붕
에, 그들의 뜰들 안에, 하나님 전의 뜰들 안에, 물문 광장에, 에프
라임 문의 광장에 초막을 지으니라.
17 사로잡힘에서 돌아온 자들의 온 회중이 초막을 만들어 초막 아래
앉았으니 눈의 아들 여호수아의 때로부터 그 날까지 이스라엘 자
손이 이같이 행한 적이 없었으므로 심히 큰 기쁨이 있더라.
18 에스라가 첫날부터 마지막 날까지 날마다 하나님의 율법책을 낭독
하였으며, 백성이 칠 일 동안 명절을 지키고 팔 일째에는 규례에
따라 엄숙한 집회가 있었더라.

장막절은 일곱 번째 달에 있다. 물론 성경에서 일곱 번째 달이 오늘 우리가 사용하는 7월을 말하는 것은 아니다. 성경에서 첫째 달("아빕월")은 우리에게 3-4월 사이이다. 따라서 장막절이 있는 일곱 번째 달도 9-10월 사이이다.

『**온 회중이 초막을 만들어 초막 아래 앉았으니... 칠 일 동안 명절을 지키고**』(17,18절). 하루가 "천 년" 같다는 체계로 말한다면(벧후 3:8), 본문에서 장막절의 일곱 번째 날은 그들의 메시아께서 천 년 통치를 하시는 때를 예표하고 있다. (인류 역사의 일곱 번째 천 년, 즉 천년왕국) 그리고 여덟 번째 날은 이사야 66장과 요한계시록 21,22장에서 말씀하는 바, 『**새 하늘과 새 땅**』을 보여 준다.

이 세상에서 인정된 모든 히브리어 및 헬라어 학자들(게다가 〈킹제임스성경〉을 비평할 만큼 매우 어리석었던 모든 이들)이 아주 철저하게 혼동할 정도로, 제 『**팔일**』은 여덟 번째 천 년으로 묘사된다. 이 날은 이사야 66장과 성경의 66번째 책에 나타났었다. 우연하게도, 『**다윗의 아들**』이(이 경우에는 솔로몬) 이 "제팔일"에 대해 행한 것을 〈킹제임스성경〉에서는 66절에다 기록했다(왕상 8:66). 이는 성경 제일 마지막 책의 번호에 해당한다.

이러한 사실은 히브리어나 헬라어 "원본"에서는 찾아볼 수가 없다. 누가 추천한 어떤 원본이든 마찬가지다.

제 『**팔일**』(느 8:18)에는 『**엄숙한 집회**』가 있었다. 그 날에는 백보좌 심판이 있다. 제팔일이 시작될 때, 이스라엘은 단연코 『**즐겁고 기쁜 마음으로**』(왕상 8:66) 가득할 것이다. 이는 그 날이 한 민족으로서 받는 모든 고난들이 영원히 종결되는 것을 의미하기 때문이다. 이스라엘은 제칠일의 마지막에, 정말이지 마지막 공격을 받게 될 것인데(계 20:8,9 참조), 이 공격은 백보좌 심판 바로 직전에 있을 것이다.

느헤미야 9장

9:1 그 달 이십사일에 이스라엘 자손이 다 모여 금식하고, 굵은 베옷을 입고 먼지를 뒤집어썼으니,

2 이스라엘의 씨가 모든 타국인들로부터 자신들을 구별하여 서서 그들의 죄와 그들 조상의 죄악들을 자백하니라.

3 그들이 자기들의 자리에 서서 그 날의 사분의 일은 주 그들의 하나님의 율법책을 낭독하고 다른 사분의 일은 죄들을 자백하고 주 그들의 하나님께 경배하더라.

장막절(이는 티스리월 14일에 시작하여 티스리월 22일에 끝이 났다.)이 끝난 지 이틀 후 이스라엘 자손은 다시 금식하며 회개를 한다. 여기에서 문제는 에스라에 의해 시작된 첫 사역(스 9,10장)은 영구적이지 않았다는 사실이다. "인간은 연약하다"는 오래된 법칙은 언제나 그렇듯이(B.C. 4000년 이래로 늘 그래왔듯이) 당시에도 유효했던지라 진창 속에 뒹구는 돼지들과 토해 낸 것으로 돌아가는 개들의 신세로 전락해 버렸던 것이다(벧후

2:22). 유대인들은 "통합"(즉, 인종 통합)으로 돌아가고 있다.

『**이스라엘의 씨**』(2절)는 스스로 『**모든 타국인들**』로부터 다시 성별해야 한다. 이 항소인("타국인")은 느헤미야 13장에서 『**타국의 아내들**』로 나타난다. 『**타국인**』이란 단어는 그들의 신분이, B.C. 1400년 이래로 팔레스타인은 이스라엘이었으므로 팔레스타인과는 아무 관계도 없는 "팔레스타인 사람"임을 확인시켜 주고 있다. 이전에는 팔레스타인이 『**카나안 땅**』이었다. 그래서 느헤미야 13:26에서는 『**이방 나라**』라는 말이 등장하는 것이다. 이는 분명 이스라엘 땅 외부의 여인을 의미하는 것이다. 이 용어는 한 창녀(잠 2:16 참조)와 관련하여 사용되고 한 특별한 창녀(계 17:5)와 연관되어 있었다. 잠언 7장; 6:26; 5:3-11의 경고들은 이스라엘의 직업 창녀들을 대적하는 경고들일 뿐만 아니라, 유대인들을 향해 로마에서 빠져 나오라는, 로마카톨릭을 주의하라는 경고들이기도 하다(계 18:2-4 참조).

또다시 회중은 성경 읽는 것을 선 채로 듣고 있다(3절). 하루 세 시간을 성경에 귀를 기울이며 서 있는 것이다.

미국의 그리스도인들은 그렇게 해야 할 일이 생기게 되면, 스파르타쿠스의 통치 아래에 있던 일단의 노예들처럼 폭동을 일으킬 것이다. 그들은 『**주의 말씀들이 들어가면 빛을 주며 그것이 우매한 자에게 명철을 주나이다.**』(시 119:130)란 말씀과 『**내가 너희에게 한 말들은 영이요, 생명이라.**』(요 6:63) 그리고 그들에게 『**필요한 음식**』(욥 23:12)보다도 더 가치가 있다는 말씀을 들었음에도 그렇게 하는 것이다.

9:4 그때 레위인 중에서 예수아와 바니, 갓미엘, 세바냐, 분니, 세레뱌,
바니와 크나니가 계단 위에 서서 주 그들의 하나님께 큰 소리로 부
르짖더라.
5 그때 레위인들, 예수아와 갓미엘, 바니, 하삽냐와 세레뱌, 호디야,
세바냐, 프다히야가 말하기를 "너희는 일어서서 주 너희 하나님을
영원무궁토록 송축할지어다. 모든 송축과 찬양 위에 높임을 받으시
는 주의 영광스러운 이름을 송축하나이다.
6 주, 주만 홀로 주시니이다. 주께서는 하늘과 하늘들의 하늘을 그들
의 모든 군상과 땅과 그 안에 있는 만물과 바다와 그 안에 있는 만
물과 함께 지으셨으며, 주께서 그것들 모두를 보존하시오니 하늘의
군상이 주를 경배하나이다.
7 주는 주 하나님이시니, 주께서는 아브람을 택하시어 칼데아 우르에
서 인도하여 내시고 그에게 아브라함이라는 이름을 주셨으며
8 그의 마음이 주 앞에서 신실함을 보시고 카나안인들과 힛인들과 아
모리인들과 프리스인들과 여부스인들과 기르가스인들의 땅을 주시
기로 즉 내가 말씀드리오니 그 땅을 그의 씨에게 주시기로 그와 언
약을 세우셨으며 주의 말씀을 이루셨으니 이는 주께서 의로우시기
때문이니이다.
9 또 주께서는 이집트에서 우리 조상의 고난을 보시고 홍해 곁에서
그들의 부르짖음을 들으셨으며
10 파라오와 그의 모든 신하들과 그 땅의 모든 백성에게 표적들과 이
적들을 보이셨으니 이는 주께서 그들이 우리 조상에게 교만하게 행
한 것을 아셨기 때문이니이다. 그리하여 주께서는 오늘과 같이 스

스로 한 이름을 얻으셨나이다.

11 **주께서 우리 조상들 앞에서 바다를 가르셨으니 그들이 바다 마른**
땅 위로 한가운데를 통과하였으며 주께서 그들의 박해자들을 깊은
물에 던지사 마치 돌 한 개를 거대한 물결에 던짐같이 하셨나이다.

12 **또 주께서 그들을 낮에는 구름 기둥으로 밤에는 불 기둥으로 인도**
하시어 그들이 가야 할 길에 빛을 주셨나이다.

성경을 읽고 있는 장면이 나타나는 문맥에 대해 이제 막 진술한 내용과 조화를 이루면서 다음과 같은 특이한 내용을 삽입하고 있음을 주목하라. 『**모든 송축과 찬양 위에 높임을 받으시는 주의 영광스러운 이름을 송축하나이다**』(5절).

이는 아주 중요한 표현이다. 왜냐하면 『**모든 송축과 찬양 위에 높임을 받으시는 주의 영광스러운 이름**』은 『**하늘 아래서 우리가 구원을 받을 수 있는**』(행 4:12) 유일한 이름이며, 모든 무릎은 바로 그 이름에 꿇게 될 것이기 때문이다(빌 2:10). 마리아나 알라, 마호메트 아니 그 어떤 우스꽝스런 "교황"의 이름도 전혀 고려할 만한 대상이 되지 못한다.

그러나 이 구절(5절)을 읽었음에도, 1700년 이래로 내로라하는 모든 기독교 히브리어 및 헬라어 학자 혹은 성경 개정자와 같은 모든 학자들은 독자를 데리고 한 걸음 더 앞으로 전진하는 것을 거부해 버렸다. 그들이 이렇게 한 데에는 그들 수준에서 습관적으로 깊이 배어 버린 무지에서 찾아볼 수 있다. 아니면 그동안 계속해서 애써 제거해 버리고자 했던 성경에 대해 지나친 공포감 때문일 수도 있다. 자, 보라! 하나님의 이름이 『**모든 송축과 찬양**』 위에 있다는 것을 말씀하신 바로 그 하나님께서는 다음과 같이 기록하셨다.

『**내가 주의 거룩한 전을 향하여 경배하고 주의 자애하심과 주의 진리를 인하여 주의 이름을 찬양하리니 이는 주께서 주의 말씀을 주의 모든 이름 위에 크게 하셨음이니이다**』(시 138:2).

하나님의 진리는 그분의 『**말씀**』과 관련되어 있다. 여기서 그분의 『**말씀**』은 바르트(Barth)와 브루너(Brunner)가 날조하고 모든 성경 변개자들, 특히 근본주의자들이 가장 먼저 사용했던 신정통(neo-orthodox) 하나님의 "말씀"이 아니다! 이 말씀(시 138:2)은 하나님께서 언급하신 말씀들과 관련된 하나님의 『**말씀**』을 말한다. 요한복음 17:17에서 『**아버지의 말씀은 진리니이다.**』라고 말씀하셨던 것처럼 말이다.

시편 138편에서 언급하고 있는 것은 다윗이 이 시편을 쓰기 이전에 하나님께서 『**성경**』(롬 1:2)에 기록하셨던 말씀들에 관한 것이다. 그 내용에 따르면 책들, 곧 기록된 책들(창세기, 출애굽기, 레위기, 민수기, 신명기, 여호수아, 재판관기, 룻기 등)의 수집품이 바로 그 『**이름**』(즉 『**모든 이름 위에**』 있는 이름) 위에 있다고 말씀한다. 그 책들에 관하여 솔로몬은 다음과 같이 말했다. 『**말씀을 멸시하는 자는 누구라도 멸망할 것이나, 계명을 두려워하는 자는 보상을 받으리라**』(잠 13:13). 솔로몬은 그가 언급한 것이 말씀들에 대한 것이었다고 덧붙였다. 『**하나님의 모든 말씀은 순수하니, 그는 자기를 신뢰하는 자들에게 방패시니라**』(잠 30:5). 주목하라! 『**모든 말씀**』임을.

이는 5,000명의 미국의 성경교사들과 성경 개정자들이 이 고귀한 내용들에 관한 느헤미야의 목록에 부가된 참조 구절을 왜 그토록 거절했는지 그 이유를 설명해 준다. "학자연합"과 "학술집단"에 따르면, 여러분은 그들을 여러분의 최종권위로 받아들여야만 한다. "시대에 뒤진" 고어체의 영어성경(킹제임스성경) 대신에 말이다.

6절에서는 아인슈타인, 호킹, 다윈, 헉슬리, 헤겔, 듀이, 러셀, 석가모니, 마르크스, 간디, 전미교육협회 등을 경멸하고 있다. 당신의 눈에 보이는 모든 것은 하나님께서 창조하신 것이다. 하나님께서는 당신의 눈에 보이는 모든 것을 완전히 내버리시기까지는 보존하신다. 여기에는 물고기, 덤불, 삼림, 동물, 산, 마을, 도시, 국가, 민족, 은하계 모두가 포함된다(벧후 3장 참조).

세상의 민족들은 이 사실을 거부했다. 교황 요한 바오로 2세는 1999년과 2000년 사이에 그 사실을 거부했다. 1885년으로 거슬러 올라가 보면, 웨스트코트와 홀트는 〈킹제임스성경〉 신약에서 5,000군데를 고치는 가운데 그 사실을 믿지 않았다.

이 사실, 즉 하나님께서 세상 모든 만물들을 창조하셨다는 사실은 바로 다음 구절에서(7,8절) 한 특정 지역으로 집중된다. 하나님께서 아브라함과 이삭을 거쳐 이스라엘(야곱)에게 그 땅을 주셨다. 그것도 마호메트의 조상들에게 그의 소유지에서 떠나라고 말씀하신 이후에 주셨던 것이다!(갈 4장, 창 21장)

7절은 창세기 12장에 관해, 8절은 창세기 15장에 관해 언급하고 있다. 이 두 개 장들 모두 성령께서 『**영원한 언약**』(시 105:8,10)이라고 부르셨던 언약의 내용을 구성하고 있다. 이는 율법 이전 은혜 아래서 주어진 것으로, 어떠한 조건 없이 주어진 언약이었다! UN이 이 영원한 언약을 파기하자, (1967년 후반에 그렇게 했었는데) 그것은 그들이 살았던 이 행성을 파괴시키도록 "땅의 주인"을 초청하게 된 것이다(사 24:5). 주님은 이 땅을 파멸시키실 수밖에 없다(계 8-18장, 욜 3장, 사 28:1-21, 렘 25:15-33).

하나님께서 아브라함과 맺으셨던 『**언약**』(8절)은 아브라함이 잠들었을 때 이루어졌다. 따라서 이는 전적으로 무조건적인 언약이었던 것이다. 모세의 율법을 지키라는 조건으로 한 민족에게 주어진 것이 아니었다. 즉 유대인들에게 출애굽기, 레위기, 신명기에 열거된 규례와 계명을 준수하는 조건으로 주어진 언약이 아니었던 것이다. 심지어 예수 그리스도를 그들의 메시야로 영접하는 조건으로 주어진 것도 아니었다.

이 언약에는 어떤 조건도 들어 있지 않았다.

따라서 조만간 그 언약은 마지막 일점 일획까지 성취되어야만 한다. 만약 그렇지 않을 경우 『**하늘과 하늘들의 하늘을 그들의 모든 군상과 땅과 그 안에 있는 만물과 바다와 그 안에 있는 만물과 함께 지으셨**』던 전능하신 하나님께서는 마호메트, 간디, 다윈, 요한 바오로 2세처럼 거짓말쟁이가 되시는 것이다.

자, 출애굽기에서 느헤미야까지의 간략한 역사를 따라가 보라.

9절은 출애굽기 1-15장의 내용이고, 10절은 출애굽기 5-12장, 11절은 출애굽기 14,15장, 그리고 12절은 출애굽기 13:21과 민수기 9:15-21에 관한 내용이다.

저자의 〈시편〉 주석서를 살펴보라. 그리고 성경은 왜 출애굽기와 열왕기하 사이에서 발견되는 사건들에 대해 거의 단조롭다시피 반복된 내용을 담고 있는지 그 이유를 깨달으라. 이는 대부분의 사건이 미래에 해당되기 때문이다. 출애굽기 15장은 휴거를 묘사하고, 출애굽기 4-12장은 모세 및 엘리야와 적그리스도 사이에 일어날 싸움을 다루고 있다. 주께서 시내 산에 출현하시는 모습(13절)은 A.D. 2004년 이후에 시내 산에 나타나실 주님의 모습이기도 하다(신 33:2).

〈킹제임스성경〉의 모든 비평가들은 이 구절들을 놓치고 만다. 예외 없이 말이다.

9:13 주께서 또 시내 산에 내려오시고 그들과 더불어 하늘로부터 말씀하시고 그들에게 옳은 명령들과 참된 율법들과 선한 규례들과 계명들을 주셨으며

14 그들에게 주의 거룩한 안식일을 알게 하시고 주의 종 모세의 손을 통해 그들에게 법규들과 규례들과 율법들을 명령하셨으며

15 그들의 굶주림으로 인하여 하늘로부터 그들에게 빵을 주시고 그들의 목마름으로 인하여 그들을 위하여 반석에서 물을 내셨으며 주께서 그들에게 주시기로 맹세하셨던 땅을 그들이 차지하기 위해 들어갈 것이라고 약속하셨나이다.

16 그러나 그들과 우리 조상들이 교만하게 행하고 목을 굳게 하여 주의 계명들에 경청하지 아니하였으며

17 복종하기를 거절하고 주께서 그들 가운데서 행하신 주의 이적들을 마음에 두지 아니하였으며 오히려 목을 굳게 하고 반역 중에 한 대장을 세워 그들이 노예 되었던 데로 돌아가고자 하였으나, 주는 용서하시는 하나님이시며 은혜로우시고 자비로우시며 노하기를 더디하시며 인자하심이 크시므로 그들을 버리지 아니하셨나이다.

18 실로 그들이 그들을 위하여 송아지를 부어 만들고 말하기를 '이것
이 너를 이집트에서 인도해 낸 네 하나님이라.' 하여 크게 격노케
하였으나
19 주께서는 주의 여러 가지 자비하심으로 그들을 광야에서 버리지
아니하셨으며 낮에는 구름 기둥이 그들에게서 떠나지 아니하여 그
들에게 길을 인도하였고 밤에는 불 기둥이 그들에게 빛을 비추어
그들이 가야 할 길을 가게 하셨나이다.
20 주께서는 또 주의 선하신 영을 주사 그들을 가르치시고 주의 만나
를 그들의 입에서 거두지 않으셨으며 그들의 목마름을 위하여 물
을 주셨나이다.
21 실로 주께서 사십 년 동안 광야에서 그들을 부양하셨기에 그들에
게 부족한 것이 없었고 그들의 옷이 해지지 아니하였으며 발이 부
풀지 아니하였나이다.

본문의 사건들은 출애굽기 20장(13,14절)과 출애굽기 17장(15절), 출애굽기 32장과 민수기 14장(16,17절), 민수기 13,14장(17절)에 자세히 묘사되어 있다. 18절은 출애굽기 32장의 금으로 만든 형상을 다루고 있고, "기둥들"(19절)은 출애굽기 13:21과 민수기 9:5-21에 묘사되어 있다. 만나(15절)는 출애굽기 16장에 있고, 물(15절)은 출애굽기 17장과 민수기 20장에 나와 있다. 40년(21절)은 민수기 14장에서 시작되어 신명기 1:3까지 이어진다.

성경을 배우는 것은 단순히 『**줄을 줄 위에 반복하**』고 『**명령을 명령 위에 반복하**』는 것이 아니다(사 28:10). 반드시 『**줄을 줄 위에 반복하고 줄**

을 줄 위에 반복하』며 『**명령을 명령 위에 반복해야 하고 명령을 명령 위에 반복**』해야 한다(사 28:10). 바울은 빌립보서 3:1에서 이에 대한 주석을 하고 있다.

특별히 안식일 재림파교도들을 막는 커다란 장애물에 주목하라. 이 장애물은 하나님께서 안식일을 주셨던 그 민족의 역사 바로 한가운데에 조심스럽게 놓여졌다. 주께서는 아담, 노아, 에녹, 이브, 셈, 함, 야펫, 아브라함, 이삭, 야곱, 요셉, 혹은 유다(창세기)에게 거룩한 안식일을 계시하지 않으셨다. 창세기에 등장하는 사람들 중에 2,000년이 넘는 기간 동안 어떤 "안식일"이든 지켜본 적이 있는 사람은 아무도 없었던 것이다.

모세가 창세기 2장에서 기록했던 일곱째 날의 "쉼"은 B.C. 1500년까지는 기록되지 않았다. 하나님께서 시내 산에서 모세에게 그것을 계시하신 이후에야 기록되었던 것이다.

『**주께서 또 시내 산에 내려오시고 그들과 더불어 하늘로부터 말씀하시고 그들에게 옳은 명령들과 참된 율법들과 선한 규례들과 계명들을 주셨으며 그들에게 주의 거룩한 안식일을 알게 하시고 주의 종 모세의 손을 통해 그들에게 법규들과 규례들과 율법들을 명령하셨으며**』(느 9:13,14).

엄밀히 말해, 십계명의 "도덕적 계명들"과는 달리 안식일 준수는 이스라엘 민족에게 의식적인 『**표적**』으로 주어졌다. 『**또 나는 그들에게 내 안식일들도 주었으니 나와 그들 사이에 표적이 되게 하고 그들로 내가 그들을 거룩하게 하는 주인 줄 알게 하려는 것이라**』(겔 20:12). 『**또 내 안식일들을 거룩하게 하라. 그 안식일들은 나와 너희 사이에 표적이 되리니 이는 내가 주 너희 하나님인 것을 너희로 알게 하려 함이라**』(겔 20:20).

이런 이유로 사도 바울은 "십계명"을 열거할 때, 그 부분을 의도적으로 뺐던 것이다(롬 13:9 참조). 하나님께서는 출애굽기 16장에서 유대인들이 만나를 줍기 시작했을 때 처음으로 안식일의 중요성을 암시하셨다. 그러나 주목할 사실이 있다! 안식일의 중요성에 관해 언급하기에 앞서 주께서는 주의 『**첫날**』의 중요성을 지적하셨던 것이다(출 12:16). 그것도 『**세상 죄를 제거하는 하나님의 어린양**』(요 1:29)을 예표하는, 즉 은혜를 통해 주어지는 구원의 예표로서의 "유월절 어린양"과 연관해서 말이다.

출애굽기 16:23-30을 아무리 살펴봐도, 일곱째 날이 만나를 거두는 사람들에게 계시되고 있을 때, 창세기 2:1의 안식일의 목적에 관해서는 단 한마디도 언급되고 있지 않다. 이는 일곱째 날 만나를 찾으러 나갔던 사람들(출 16:27)을 죽이는 사람이 왜 한 명도 없었는지를 설명해 준다. 이 본문에서부터 네 장이 지났을 때, 곧 거룩한 안식일이 시내 산에서 계시되고 난 다음에야 비로소 어떤 이스라엘 사람이 안식일에 나뭇가지를 주운 것 때문에 돌에 맞아 죽는 사건이 등장하게 되는 것이다(민 15:32-36 참조).

『**주는 용서하시는 하나님이시며 은혜로우시고 자비로우시며 노하기를 더디하시며 인자하심이 크시므로**』(17절).

그러나 이러한 "사랑하는 하나님"께서는 다음과 같은 것들 또한 하실 수 있는 분임을 다시 한 번 주목하라.

1. 그분의 인자하심을 제거하실 수 있다(겔 16:36-42).
2. 그분의 자비하심을 저버리실 수 있다(렘 7:29, 12:7).
3. 그분의 적들에게 복수하실 수 있다(신 32:41-43).
4. 그분의 적들을 소멸시킬 수 있다(신 32:37-40).

5. 그분의 적들을 불타는 용광로 속으로 던져버리실 수 있다(마 13:42).
6. 당신을 잘게 찢으실 수 있다(시 50:22).
7. 당신이 재난을 당할 때 비웃으실 수 있다(잠 1:26).
8. 당신에게 두려움이 임할 때 조롱하실 수 있다(잠 1:27).
9. 당신을 불못에 떨어뜨리실 수 있다(계 20장).

나는 독자들이 성경으로부터 성경적인 관점을 얻을 수 있기 바랄 뿐이었다. 이런 관점은 오늘날 미국의 TV나 라디오 어디에서도 얻을 수가 없다. 미국 500개의 일간 신문 어디에도 찾아볼 수 없다. 더욱이 미국 내 모든 주요 기독교 간행물은 말할 것도 없다. 현대 미국의 라오디케아 기독교에 의하면 그런 정보는 존재조차하지 않는다.

배교한 근본주의자들이 하나같이 휴대하고 다니는 것은 "동전의 단면"이다. 그들이 가지고 다니는 동전은 참으로 특이한데, 면이 하나밖에 존재하지 않는다. 긍정이라고 하는 한 면만 있는 것이다. 이는 마치 음극과 연결할 수 없는 "극"이 하나밖에 없는 자동차 베터리와 같다. 미국의 천만 명 이상의 그리스도인들이 그들의 구원(그들이 구원을 받았다면 말이다!) 그 이상으로는 단 한 발짝도 움직이지 않는 이유는 바로 이 때문이다. 말하자면 다 된(dead) 베터리인 셈이다. 아무리 자동차 열쇠처럼 성경을 여는 "열쇠"를 갖고 있다 해도, 그것으로는 죽은 베터리를 가동시킬 수 없다. 어떠한 방법으로도 가동시킬 수 없다. 죽은 것은 죽은 것이기 때문이다. 바울의 말에 따르면, 수많은 그리스도인들이 잠들어 있고, 그들에게 명령하는 죽은 시체와 더불어 살며 동행하고 있는 것이다. 게다가 그 시체에게 복종하기까지 하고 있는 것이다(롬 6:6-8,12,16, 엡 5:14).

미워하는 것도 없고 멸시하는 것도 없으며 어떤 것도 해치거나 죽이지 않으며 심지어 파멸시키지도 거부하지도 않는 하나님이라면 그분은 분명 영적으로 왜곡된 분이다. 그런 하나님은 신약이든 구약이든 『**성경**』(롬 1:2)에 계시된 "하나님"이 아니다. 그저 사람들로 하여금 그들 스스로에 대해 좋게 여기도록 요술을 부려대는 거짓 하나님인 것이다.

9:22 또 주께서 그들에게 왕국들과 민족들을 주사, 그것들을 변두리로 나누시어 그들로 시혼 땅과 헤스본 왕의 땅과 바산 왕 옥의 땅을 차지하게 하셨나이다.

23 주께서는 또 그들의 자손을 하늘의 별들같이 번성케 하시고 그 땅으로 그들을 인도하셨으니 그 땅은 전에 주께서 그들의 조상에게 그들이 들어가서 차지하리라고 약속하신 것이니이다.

24 그리하여 그 자손이 들어가서 그 땅을 차지하였으며 주께서는 그 땅의 거민 카나안인들을 그들 앞에 복종시키시고 그들의 왕들과 그 땅의 백성들을 그들의 손에 주사, 그들로 그들이 원하는 대로 그들에게 행하게 하셨나이다.

25 이에 그들이 견고한 성읍들과 기름진 땅을 취하고 모든 물건으로 가득 찬 집들과 판 우물들과 포도원들과 올리브 밭들과 많은 과실 나무들을 차지하였으며 그들이 먹고 배불렀고 살찌고 주의 크신 선하심으로 기뻐하였나이다.

26 그런데도 그들은 불순종하고 주께 거역하였으며 주의 율법을 등 뒤로 던져 버렸고 자기들을 주께로 돌이키기 위해 자기들에게 증거했던 선지자들을 죽였으니 그들이 *주를* 크게 격노케 하였나이다.

27 그러므로 주께서 그들의 원수들의 손에 그들을 넘겨주시어 원수들이 그들을 괴롭혔으나 그들의 고난의 때, 즉 그들이 주께 부르짖었을 때에 주께서 하늘에서 들으시고 주의 여러 가지 자비하심에 따라, 그들에게 구원자들을 주사 원수들의 손에서 그들을 구원하셨나이다.

계속해서 구약의 역사가 전개되고 있다. 22절의 전반부는 여호수아에 묘사되어 있다. 그 후반부는 민수기 21장에 묘사되고 있는 내용으로 신명기 3:1-17에도 나온다. 23,24절은 민수기 1-8장, 여호수아 1-9장에 묘사되어 있다. 25절은 신명기 8,9장의 내용이 그대로 이루어진 것이라 할 수 있다. 26,27절은 재판관기 1-21장에서 일어났던 내용을 언급하고 있다. 거기(27절)에서 『**구원자들**』은 그들 군대의 원수들로부터 그들을 구원하고 있다. 삼손, 입다, 기드온, 바락, 에훗은 이들 『**구원자들**』 가운데 일부였다.

9:28 그러나 그들이 안식을 얻은 후에 주 앞에서 다시 악을 행하였으므로 주께서 그들을 원수의 손에 남겨 두셨으니 원수들이 그들을 다스렸나이다. 그러나 그들이 다시 돌이켜 주께 부르짖으니 주께서 하늘로부터 들으시고 주의 자비하심을 따라 그들을 여러 번 구해 주셨으며

29 그들을 대적하여 증거하시어 그들을 다시 주의 법으로 데려오려 하셨으나 그들은 다시 교만하게 행하며 주의 계명들에 경청하지 아니하고 주의 명령들을 거역하여 죄를 지었으며 (이는 사람이 행

하면 그가 그것들 가운데 살리라는 것이니) 어깨를 움츠리고 목을 굳게 하여 들으려 하지 아니하였나이다.

30 다시 여러 해 동안 주께서 그들을 용납해 주시고 주의 선지자들
안에 있는 주의 영으로 그들을 대적하여 증거하셨으나 그들이 듣
지 아니하므로 주께서는 그들을 그 땅의 백성의 손에 주셨나이다.
31 그런데도 주의 크신 자비하심으로 인하여 주께서 그들을 진멸하지
않으시고 버리지 아니하셨으니 주는 은혜로우시고 자비가 많으신
하나님이시기 때문이니이다.

여기 여호수아와 재판관기에 나오는 내용의 상당수는 미래에 속해 있다. 즉 A.D. 2004년 이후에나 일어나는 일인 것이다. 물론, 이런 진리는 하나같이 교묘하게 감추어져 "지혜롭고 슬기로운"(눅 10:21) 사람들이 찾을 수 없는 곳에 숨겨져 있다.

예를 들어, 구약의 구절들을 단락 형태(paragraph form)로 다시 써서 역사가 아닌 시처럼 보이게 만들면, 내가 이야기하고 있는 내용이 무슨 말인지 알 수 없게 된다. 이는 ASV, RSV, NRSV, NASV에서 썼던 수법이기도 하다. 재판관기 5장과 사무엘상 2장은 두 개의 사건을 언급하고 있는 것이다. 이 중 어떤 것도 그 말하고 있는 내용이 당대에 일어났던 사건(역사적인 적용)에만 국한되지 않는다. 아무튼 이 두 개의 장 모두 다 사무엘이나 예수 그리스도의 출생(초림)과는 별다른 관계가 없다. 분명히(유사한 사례로 사 40:1-5 참조) 누가복음 1:51-55에서 마리아가 하나님을 찬송하는 모든 내용은 성취되고 있지 않다. 이는 미래에 일어날 내용이다. 마리아가 영원한 언약에 관해 언급하고 있는 것을 주목할 필요가 있는데, 이는 시편 105:10,11과 이사야 24:5에서 언급된 것이다. 휴거가 예수 그리스도의 탄생이나 죽음 때 일어나지 않았던 것처럼 그 언약도 아직 성취되지 않았다.

28절은 재판관기에서 발견된다. 일례로, 재판관기 2:14-19; 3:6-8; 3:12-15; 4:1-9; 6:1-6; 10:6-10을 들 수 있다.

29절에서는 율법 하에서의 구원(『**이는 사람이 행하면 그가 그것들 가운데 살리라는 것이니**』)과 신약에서의 구원이 근본적으로 다르다는 사실을 다시 한 번 상기하게 된다. 로마서 10:6,8에서 율법 하에서의 구원을 신약의 구원과 대조시키기 위해 느헤미야 9:29을 인용하는 사람은 다름 아닌 바울이다.

30절에서는 구약 시대에 주의 영께서 선지자들 "안에" 계셨다고 말씀한다. 많은 근본주의자들은 성령께서 구약에는 사람들 "위에" 계셨고 신약에서야 "안에" 계시게 되었다고 말하지만, 본문은 그들과 전혀 다르게 말씀한다. 이 문제에 관해서는 베드로전서 1:11에서도 확증되고 있다. 성령은 모세 "안에" 계셨지 모세 "위에" 계셨던 것이 아니다. 성령은 브살르엘 "안에" 계셨지(출 31:1-3) 그의 "위에" 계셨던 것이 아니다. 성령은 분명 다니엘 "안에" 계셨었다(단 4:8; 5:11).

유대인들은 하나님의 선지자들을 통해 제시되는 증거를 거부했을 뿐만 아니라(30절), 선지자들 중 일부를 죽이기까지 했다(일례로 렘 26:33과 마 23:34,35).

31절은 별다른 설명이 필요 없다. 하나님께서는 "어제"(B.C. 1500년에서 A.D. 1948년까지)뿐 아니라 오늘에도 여러 차례나 "그 유대인들을 완전히 진멸"해 버리실 수 있었던 것이다.

9:32 그러므로 이제 우리 하나님은 위대하시고 능하시며 두려우신 하나
님이요, 언약과 자비를 지키시는 분이오니 주께서는 앗시리아 왕
의 때부터 오늘까지 우리와 우리 왕들과 우리 고관들과 우리의 제
사장들과 우리의 선지자들과 우리의 조상들과 주의 모든 백성들에
게 미쳤던 모든 고난을 주 앞에서 작게 여기지 마소서.
33 그러나 주께서는 우리에게 미친 모든 일에 공의로우시니 이는 주
께서는 옳게 행하셨으나 우리는 악하게 행하였으며
34 우리 왕들과 고관들과 제사장들과 조상들도 주의 율법을 지키지
아니하였고 주께서 그들을 거슬러 증거하셨던 주의 계명들과 증거
들에도 경청하지 아니하였기 때문이니이다.
35 그들은 그들의 왕국과 주께서 그들에게 베푸신 주의 크신 선하심
과 주께서 그들 앞에 베푸신 넓고 기름진 땅 안에서 주를 섬기지
아니하였고 그들의 악한 행실에서 돌이키지도 아니하였나이다.
36 보소서, 오늘 우리가 종들이 되었나이다. 주께서 우리 조상에게
주시어 거기에서 나는 과실과 좋은 것을 먹게 하신 그 땅에서, 보
소서, 우리가 그 땅에서 종들이 되었나이다.
37 그 땅은 우리의 죄들로 인하여 주께서 우리를 다스리도록 세우신
왕들에게 많은 소산을 내었으며 그들은 또 우리의 몸과 우리의 가
축을 그들 마음대로 다스렸으니 우리가 큰 고난 가운데 있나이다."
하더라.
38 이 모든 것으로 인하여 우리가 확실한 언약을 세워 그것을 기록하
고 우리의 고관들과 레위인들과 제사장들이 그것에 인을 쳤더라.

기도는 『**앗시리아 왕의 때부터 오늘까지**』(32절) 이스라엘에 닥쳤던 일에 관하여 최근의 간구로 끝나고 있다. 본문에서 『**고난**』(32절)은 열왕기하 15-17장에서 본격적으로 시작되었다(티글랏필레셀: 왕하 15:29; 16:10, 살만에셀: 왕하 17:3; 18:9, 산헤립: 왕하 18:13; 19:20).

『**그러나 주께서는 우리에게 미친 모든 일에 공의로우시니**』(33절). 느헤미야는 지금 "사랑이신 하나님"께서 예레미야애가 1-5장에서 행하셨던 그 일들에 관하여 의로우셨다고 말하는 것이다. 당신은 예레미야애가를 읽어 보았는가? 예레미야애가에서 154개의 구절 가운데 어디 긍정적인 구절이 하나라도 있는지 내게 찾아 주라. 내 기억이 정확하다면 13개의 구절이 있다. 154개의 구절 가운데 13개의 구절이라니. 그 비율이 얼마나 되는지 계산해 보라.

느헤미야에서(9:5) 레위인들은, 하나님과 우리의 관계에 관하여 13개의 긍정적인 진술들을 제시하고 하나님이 우리를 다루셨던 것에 관하여 154개의 부정적인 진술들을 제시하는 가운데 그분은 의로우신 분이었다고 언급했던 것이다. 92%의 부정적인 내용에 대한 8%의 긍정적인 내용. 이것이 바로 성경이 인류를 다룰 때의 관점이다. 여기서의 인류란 "하나님의 선택된 백성들"을 말한다.

에스라의 기도처럼(스 9장) 이 회개의 기도에서는 민족의 지도자들(『**우리 왕들과 고관들과 제사장들과 조상들**』, 34절)을 언급하면서 민족의 죄들을 자백하고 있다. 느헤미야는 여기에다가 예레미야 23장과 에스겔 14장을 따라 『**제사장들**』(호 4:9 참조)도 언급한다.

수년 전 캔자스 주 출신의 한 설교자가 몇몇의 캔자스 주 정치가들이 참석한 자리에서 감히 미국을 위한 참회의 기도를 드렸던 일이 있었다. 그의 이름을 잊어버리긴 했지만 그의 용기는 한시도 잊은 적이 없다. 당시 그는 미국을 거짓말하고 게으르며 간음하고 하나님을 무시하는 타락한 나라로 표현했었다. 바로 의사당 안에서 말이다. 그곳에 있던 카톨릭을 비롯한 "교인"들은 발칵 뒤집혔다. 그들은 지상의 어느 누구도 그렇게 기도할 권리를 갖고 있지 않다고 생각하는 자들이다. 이 모든 정치적 겁쟁이들은 긍정적인 사고방식과 비성경적이고 반성경적인 태도로 일관한데다가 어리석기 짝이 없는 사람들인지라, 그들이 기도의 내용을 들을 때 그것이 정직한 기도인지조차 몰랐던 것이다.

느헤미야 9:34을 기도하는 레위인들이 오늘날 살았으면, 그들은 "우리의 대통령들, 상원의원들, 장관들, 시장들, 카톨릭 제사장들, 에큐메니컬 목사들... 등"이라고 기도했을 것이다.

『**우리가 종들이 되었나이다... 우리가... 종들이 되었나이다**』(36절). 이 말씀에도 불구하고 바리새인들은 그들의 메시야 앞에서 개들처럼 거짓말을 해댔다. 『**그들이 주께 대답하기를 "우리는 아브라함의 씨요, 아직껏 아무에게도 노예가 되지 않았는데 어떻게 '너희가 자유롭게 되리라.'고 말하는가?"라고 하니**』(요 8:33). 그러나 37절을 보라. 『**그들은 또 우리의 몸과 우리의 가축을 그들 마음대로 다스렸으니 우리가 큰 고난 가운데 있나이다.**』 이런데도 바리새인들은 "우리는 아직껏 아무에게도 노예가 되지 않았는데..."라고 말하는 것이다.

38절은 별다른 설명이 필요 없다.

느헤미야 10장

10:1 인을 친 사람들은 하갈랴의 아들 틸사다인 느헤미야와 싯기야,
2 스라야, 아사랴, 예레미야,
3 파술, 아마랴, 말기야,
4 핫투스, 세바냐, 말룩,
5 하림, 므레못, 오바댜,
6 다니엘, 긴느돈, 바룩,
7 므술람, 아비야, 미야민,
8 마아샤, 빌개, 스마야요, 이들은 제사장들이더라.
9 레위인들로는 아사냐의 아들 예수아, 헤나닷의 아들들 중 빈누이,
갓미엘과,
10 그들의 형제들 세바냐, 호디야, 클리타, 플라야, 하난,
11 미카, 르홉, 하사뱌,
12 삭굴, 세레뱌, 세바냐,
13 호디야, 바니, 브니누요,

14 백성의 우두머리들로는 파로스, 파핫모압, 엘람, 삿투, 바니,

15 분니, 아스갓, 베배,

16 아도니야, 비그왜, 아딘,

17 아텔, 히스키야, 앗술,

18 호디야, 하숨, 베새,

19 하립, 아나돗, 느배,

20 막피아스, 므술람, 헤실,

21 므세사브엘, 사독, 얏두아,

22 플라티야, 하난, 아나야,

23 호세아, 하나냐, 하숩,

24 할로헤스, 필레하, 소벡,

25 르훔, 하삽나, 마아세야와,

26 아히야, 하난, 아난,

27 말룩, 하림, 바아나였더라.

아기에게 붙여 줄 이름을 찾는 사람이 있다면 본문에 제시된 명단을 찾아봐도 좋을 것이다.

자, 좀더 진지한 주석을 하자면, 우리는 에스라 10장에서 논의했던 현상을 여기서 한 번 더 보게 된다. 즉, 잘 알려진 구약 인물들의 이름이 눈에 띄기 시작하는 것이다. 몇 명의 이름만 들어보면 이렇다. 『**예레미야**』(2절), 『**오바댜**』(5절), 『**다니엘**』과 『**바룩**』(6절), 『**미야민**』(7절, '오른쪽에서' cf. 베냐민은 '오른손의 아들' - 역자 주), 『**아도니야**』(16절), 『**사독**』(21절). 이를 통해 분명히 알 수 있는 것은, 구약 시대의 사건들이 다시 일어날 것이라는 사실이다. 즉 율법이 회복되고 이스라엘도 완전히 회복될 것이다. 이 구약의 인물들이 다시 돌아오는 일에 관해서는 확신할 수 없지만, 이런 문제들을 다루고 있는 말씀들을 에스라 10장 주석에서 설명한 바 있다.

물론 1절에서 "인을 친" 것은 느헤미야 9:38절의 『**확실한 언약**』에 대해서다. 성경에서 어떤 사람이 어떤 문서에 인을 치는 것에 관해 말할 때, 집단 내 어떤 지위에 있는 사람이 『**인장 반지**』(렘 22:24)를 갖고 있는 것이 표준관례였다. 이 반지 위에는 그 사람 직무 고유의 무늬가 있다. 그가 어떤 문서에 서명을 할 때, 서명할 위치에다가 뜨거운 밀랍을 떨어뜨린다. 그러고 나서 인장 반지를 그 밀랍에다 찍는다. 그런 절차가 에스더 3:12에 간략하게 묘사되어 있다. 따라서 본문에 이름이 거명된 사람들은 실제로 인장 반지들을 밀랍 봉인에 찍음으로써 언약에 서명했던 사람들이다. 특히 이런 서명들은 그들의 우두머리들(14절)을 통해 백성들(28절)을 대변하는 것이었다.

자, 이 언약은 일종의 공문서였다. 주께서는 그분께 대한 공적인 약속을 신뢰하신다. 모세는 출애굽기 32장에서 산에서 내려올 때, 다음과 같이 말하고 있다. 『**주의 편은 누구냐? 내게로 오라**』(출 32:26). 신약에서 예수께서는 이렇게 말씀하신다. 『**누구든지 사람들 앞에서 나를 부인하면, 나도 하늘에 계신 나의 아버지 앞에서 그를 부인하리라**』(마 10:32). 이런 이유로 우리가 공개적으로 초청을 하는 것이다. 주께서는 당신이 그분의 소유라는 사실을 공개적으로 표명하기 원하신다.

그리스도인들 중에는 백지 종이 하나를 가져다가 다음과 같은 내용을 써야 할 사람들이 있다. "이로써 나는, 주 예수 그리스도께서 그분이 보시기에 적합하다고 생각되는 것을 행하실 수 있도록 나의 생애를 완전하게 관장하시기를 원합니다." 그런 다음 그 작은 합의에 서명하고 날짜를 기록하여 자주 볼 수 있는 장소에다 놓는다. 당신과 하나님 사이에 그렇게 문서화한 합의서는 당신이 올바른 행로에 들어서게 하는 데 도움을 줄 것이다.

10:28 또 나머지 백성들, 제사장들, 레위인들, 문지기들, 노래하는 자들,
느디님인들, 그 땅의 백성들로부터 스스로 분리하여 하나님의 율
법으로 돌아온 모든 자들, 그들의 아내들, 그들의 아들들과 딸들,
즉 지식을 가진 자와 명철을 가진 모든 자들이
29 그들 형제들과 귀족들에게 결합하여 저주 안으로 또 맹세 안으로
들어갔으니, 곧 하나님의 종 모세를 통하여 주신 하나님의 율법대
로 행하고 주 우리 주의 모든 계명들과 그의 명령들과 규례들을
지키고 행하는 것과
30 우리가 그 땅의 백성에게 우리 딸들을 주지 아니하고 우리 아들
들을 위하여 그들의 딸들을 취하지 아니하는 것이며
31 또 그 땅의 백성이 안식일에 그릇이나 어떤 식물을 팔려고 가져
온다 해도 우리가 안식일에나 거룩한 날에는 그들에게서 사지
않는 것과 우리가 일곱째 해는 남겨 두고 모든 빚을 거두는 것
도 그렇게 하는 것이라.

우선 이 언약 속으로 들어간 유대인들이 『**스스로 분리**』(28절)하였다는 사실을 주목하라. 분리는 나이에 관계없이 믿는 사람이라면 누구에게나 해당되는 성경 교리다. 그리스도께서는 친히 『**죄인들에게서 성별**』하셨다(히 7:26). 사도 바울은 신약의 그리스도인들에게, 『**그러므로 주가 말하노라. 너희는 그들에게서 나와 따로 있고...**』라고 명령했다(고후 6:17). 여기서 "그들"이란 믿지 않는 사람들, 우상 숭배자들, 불신자들을 말한다(고후 6:14-16).

그러나 그 성별을 실행에 옮길 때는 주의해야 한다. 스스로 분리하기는 해도, 『**관능적인 자들이며, 성령이 없는 자들**』(유 1:19)의 특징이 나타나는 사람들이 있다. 바리새인들과 사두개인들은 이방인 재판정 안으로조차 들어가지 않을 정도로 분리했던 자들이었는데, 이는 자기들이 더럽혀질까봐 그랬던 것이다(요 18:28). 하지만 그들이야말로 하나님의 아들을 죽이려는 음모를 매 순간마다 계획했던 자들이었다!

한번은 누군가가 캘리포니아 주 샌디에이고에 있는 한 침례교회 헌법을 내게 보내왔다. 그 교회는 흡연, 음주, 춤, 록 음악, 마약, 라디오, 텔레비전, 극장과 관련하여 그런 것들을 죄라고 규정했을 뿐만 아니라, 고전음악(가장 위대한 기독교 음악가들인 바흐, 헨델, 멘델스존을 포함), 모든 현대 음악 악기들, 향수, 턱수염, 코밑수염, 굽 높은 구두, 차, 커피, 초콜렛, 공립학교, 기독교 학교, 보석류, 여성들을 위한 직업, 화장, 스포츠, 크리스마스, 부활절도 죄라고 규정할 정도로 분리하고 있었다. 실제로 여성들에게는 "어떤 형태든 어느 방면으로도 하나님의 말씀을 다루는 것"이 허용되지 않았다. 이는 여성들이 말씀을 증거하거나 그들의 자녀들에게 성경을 가르치는 것, 혹은 스스로 성경을 읽거나 공부하는 것을 교회가 허락하지 않았다는 것을 의미한다.

그와 같은 교회로 인해 메노파(Mennonite)나 암만파(Amish) 교회가 복음주의의 온상인 것처럼 보이게 될 것이다. 만일 지옥 같은 조직을 세우고자 한다면, 이만한 방법도 없을 것이다. 그런 교회 안에는 일단의 독선적이고 자기중심적인 사람들, 즉 다른 동료가 하고 있는 일에 대해 의심의 눈초리로 서로를 바라보며 빈둥대는 사람들로 가득하다. 우리는 그와 같은 영성을 낳아서는 안 된다.

이중적인 성별과 극단적인 성별은 현대 근본주의 기독교의 저주들이다. 더 많이 성별하면 할수록 반드시 더 영적인 사람이 되는 것은 아니다. 만일 그것이 사실이라면 세상에서 가장 영적인 사람들은 무덤에 누워 있는 사람들일 것이다. 왜냐하면 죽은 사람들은 담배를 피거나 술을 마시지 않으며 흥청거리거나 영화를 보러 가는 일이 전무하기 때문이다.

이 기독교 학교들에서 가졌던 모임보다도 몇몇 감옥들에서 있었던 모임들이 훨씬 더 영적인 경우들이 많았다. 강당으로 들어오는 아이들은 모두가 한결같이 깔끔하고 단정하다. 여학생들의 의복은 무릎 아래까지 내려온다. 남학생들 모두는 머리를 알맞은 길이로 자른다. 하지만 그 아이들의 마음은 얼음 덩어리처럼 차갑다. 그들은 내가 말하고 있는 것에 관해 조금의 관심도 기울이지 못했다.

형제들이여, 당신은 TV를 제거해 버릴 수 있다. 록 앨범들을 모두 깨뜨려 버릴 수 있다. 머리카락을 알맞은 길이로 자를 수 있다. 적절한 길이로 의복을 입을 수 있다. 나쁜 동료들과 어울리는 것도 멈출 수 있다. 담배, 마약, 술을 끊을 수 있다. 하지만 동시에 세상은 여전히 당신 마음속 바로 거기에 머무를 수 있다.

성경에서 성별은 무언가로부터 돌이키는 것뿐만 아니라 무언가로 향하는 것까지를 의미한다. 바울 사도는 그가 『**하나님의 복음을 위하여 성별된**

바』 되었다고 말했다(롬 1:1). 여기 본문에서 사람들은 『**그 땅의 백성들로부터 스스로 분리하여 하나님의 율법으로**』 돌아왔었다(28절). 그리스도인의 삶에서, 금지 목록을 갖고 있는 것으로는 충분치 않다. 주께서는 당신이 무엇인가를 하기를 원하신다.

다음으로, 『**저주 안으로... 들어**』간(29절) 사람들을 주목하라. 이는 구약을 아주 잘 요약하고 있는 구절이다. 아담과 맺으신 하나님의 언약은 한 특별한 나무를 먹지 말아야 하고, 만일 그렇게 하는 날에는 죽을 것이라는 언약이었다(창 2:17). 그러나 아담은 먹었고 결국 자기 자신과 그의 아내 그리고 이 땅(창 3:17)에 저주를 가져오고 말았다. 율법이 두 번째 제시되었을 때(신명기), 레위인들은 죄에 대하여 12가지 저주들을 선포했다. 그것은 이스라엘 각 지파를 향한 하나의 저주라고 할 수 있다(신 27:14-26). 그러한 저주들이 선포된 후에는 지파의 절반이 신명기 28:1-14의 축복들을 읽게 되고, 나머지 반이 신명기 28:15-20의 저주들을 읽게 된다. 그러나 신명기 28장의 나머지 부분을 보라. 그 장의 나머지는 하나님께서 율법을 범한 이스라엘을 어떻게 저주하실 것인가에 대해 제시하고 있다. 율법의 축복에 관한 구절들이 14개인 것을 감안할 때, 저주에 관한 구절들은 무려 67개나 된다. 구약에서 맨 마지막은 저주로 끝나는 말이다(말 4:6).

신약에서 구약을 요약한 내용이 갈라디아서 3:10에서 발견된다. 『**율법의 행위로 난 자들은 누구든지 저주 아래 있느니라. 기록되기를 "행하도록 율법책에 기록된 모든 것을 계속해서 행하지 않는 자는 누구나 저주를 받느니라."고 하였음이라.**』 물론 그것은 느헤미야 10:28-31의 유대인들이 그 안으로 들어가고 있는 언약이다. 만일 그 언약의 조건들 중 어떤 것이라도 어기게 되면 그들 위에 하나님의 저주를 가져오는 결과를 초래하게 된다. 이는 말라키에서 정확하게 성취되고 있는 내용이다(말 1:14; 2:2; 3:9 참조).

신약은 이와 상황이 다르다. 신약의 관점은 모든 사람이 이미 저주 아래 있다고 본다. 요한복음 3:18에서는 『**믿지 않는 사람은 이미 정죄를 받은 것이라.**』고 말씀하시고 요한복음 3:36에서는 『**믿지 않는 자는... 하나님의 진노가 그 사람 위에 머물러 있느니라.**』고 말씀하신다. 신약의 목적은 그 저주로부터 사람을 건져내는 데 있다.

로마서 11:32, 『**하나님께서 그들 모두를 믿지 않는 가운데 가두어 두심은 모든 사람에게 자비를 베풀려 하심이니라.**』

갈라디아서 3:22, 『**그러나 성경은 모든 것이 죄 아래 있다고 단정하였으니 이는** 예수 그리스도를 **믿음으로 말미암는** 약속을 **믿는 사람들에게 주려는 것이라.**』

갈라디아서 3:13, 『**그리스도께서 우리를 위하여 저주가 되셔서 율법의 저주로부터 우리를 구속하셨으니 기록되기를 "나무에 매달린 자는 누구나 저주받은 자라."고 하였도다.**』

마치 구약의 마지막 책이 저주로 끝나는 것처럼, 신약의 마지막 책은 바로 그 저주를 끝내고 있다(계 22:3).

구약의 백성들은 "저주 안으로" 들어간 반면, 신약의 백성들은 "예수 그리스도 안으로" 들어간다.

신약에서도 한 가지 큰 저주를 발견한다. 『**누구든지 주 예수 그리스도를 사랑하지 아니하면 그는 우리 주께서 오실 때 저주를 받을지어다**』(고전 16:22). "마란아다"가 곧 그 말이다. 주께서 오실 때 저주를 받게 되는 것이다. 하지만 로마카톨릭은 지상의 모든 침례교, 루터교, 장로교, 감리교, 감독교, 나사렛교 등에게 125가지의 저주들을 선언함으로써 (성직, 양초, 제의, 성막, 성수, 물 뿌리기, 계속되는 희생제사와 더불어) 그리스도인을 구약 안으로 끌고 들어가려고 한다. 그들이 선언한 저주들을 트렌트 공회(the Council of Trent)에서 찾아볼 수 있는데, 이는 카톨릭 교회가 지금까지 개최한 공회 중에서 가장 중요한 공회라 할 수 있다. 그 저주들은 고린도전서 16:22에 기초하고 있는데, 그들은 그 저주를 카톨릭의 교리를 믿지 않는 자들에게 내리고 있는 것이다. 그러나 그 저주("아나테마")는 주께서 오실 때("마란아다") 받는 저주라고 성경은 말씀한다.

트렌트 공회 이래로 직무를 수행했던 모든 교황은 이 공의회 고백을 두고 맹세해야만 했다. 트렌트 공회 고백에 따르면, "나는 카톨릭 교회, 특히 거룩한 트렌트 공회의 모든 가르침들을 지지하겠다고 하나님을 두고 맹세합니다."라고 선언하게 된다.

따라서 "분리된 형제들"과 좋은 관계를 유지해야 한다고 이야기하거나 프로테스탄트들에게 연합을 제의하는 카톨릭신자가 있다면, 특히 그 사람이 교황이라면 그는 거짓말쟁이임을 알 수 있는 것이다. 그는 자신이 믿고 있는 바에 대해 거짓말하고 있든지 아니면 비카톨릭신자와 연합하는 것에 대해 거짓말하고 있든지 둘 중 하나인 것이다.

진실은 이렇다. 성도의 영원한 보장을 믿는 사람이 있다면 그는 트렌트 공회에 따라 저주를 받게 된다. 외경을 하나님의 말씀의 일부로 받아들이지 않는다면 그도 저주를 받게 된다. 로마카톨릭의 세례가 당신을 거듭나게 한다는 사실을 믿지 않아도 저주를 받게 된다. 이것이 바로 카톨릭이 진짜로 믿는 내용이다. 이와 모순되는 어떤 모습이 보인다면 이는 거짓말을 하고 있다거나 그런 내용에 대해서는 전혀 무지하기 때문이다.

느헤미야에서 이 백성들은 율법에 순종하겠다는 맹세를 하고 있다. 게다가 그 맹세를 어길 경우에는 하나님께서 그들을 "저주하실 것"이라는 사실에도 동의를 표하고 있다. 이와 유사한 사건이 사도행전 23:12에도 나온다. 『**날이 밝자 유대인 중 몇 사람이 작당하고 저주로 맹세하여 선언하기를 "바울을 죽일 때까지는 먹지도 아니하고 마시지도 아니할 것이라."고 하니.**』 이들은 사도행전 23:14에서 그 저주를 가리켜 『**큰 저주**』라 부르고 있다.

자, 마태복음과 야고보서에서는 맹세하지 말 것을 강력하게 강조하고 있다. 물론 이것은 법정에서 맹세를 하는 것과는 차원이 다르다. 그리스도께서는 친히 마태복음 26:63,64에서 맹세를 하셨다. 그러나 매일의 일상 대화와 관련해서는 다음과 같이 말씀하신다. 『**아예 맹세하지 말라... 오직 너희 말은 '예'는 '예'로, '아니오'는 '아니오'로 하라**』(마 5:34,37). 야고보서 5:12에서는 이렇게 말씀하신다. 『**나의 형제들아, 무엇보다도 맹세하지 말라. 하늘로도 말고 땅으로도 말며, 어떤 다른 맹세로도 말지니라. 다만 너희는 '예' 할 것은 '예' 하고, '아니라' 할 것은 '아니라' 하여 정죄에 빠지지 않도록 하라.**』

본문에서 유대인들이 한 맹세는 세 부분으로 나누어 볼 수 있다. 1) 인종 간의 분리(30절), 2) 안식일 준수(31절), 3) 사역의 지원(32-39절)

10:32 또 우리가 우리를 위하여 율례를 만들어 우리에게 해마다 세겔의 삼분의 일을 부과하여 우리 하나님의 **전의 섬김을 위하여 쓰게**

하였으니
33 차려 놓은 빵과 계속 드리는 음식제사와 안식일과 새 달의 계속
드리는 번제와 정한 명절들과 성물들과 이스라엘의 속죄를 위한
속죄제와 우리 하나님의 전의 모든 일을 위한 것이라.
34 또 우리가 제사장들과 레위인들과 백성들 가운데 나무제사를 위
하여 제비를 뽑아 해마다 정한 시기에 우리 조상의 집들을 따라
우리 하나님의 전으로 가져오게 하여 율법에 기록된 대로 주 우
리 하나님의 제단에서 사르게 하고
35 또 해마다 우리 토지의 첫열매들과 모든 나무 중 모든 과실의 첫
열매들을 주의 전으로 가져오게 하였으며,
36 또 율법에 기록된 대로 우리의 아들들과 우리 가축 중에서 처음
난 것과 우리 소떼와 양떼의 첫태생을 우리 하나님의 전으로, 우
리 하나님의 전에서 섬기는 제사장들에게 가져가게 하였더라.
37 또 우리가 우리 밀 반죽의 첫열매들과 우리의 예물들과 각종 나
무의 열매와 포도주와 기름을 제사장들에게, 우리 하나님의 전의
방들로 가져가며 또 우리 땅의 십일조를 레위인들에게 주기로
하였으니, 이 레위인들로 우리가 경작하는 모든 성읍들에서 십일
조를 받게 하려 함이라.
38 레위인들이 십일조를 받을 때 아론의 아들 제사장은 레위인들과
함께 있을 것이요, 레위인들은 십일조 중의 십일조를 우리 하나
님의 전의 방으로 가져가서 보물창고에 둘 것이요
39 이스라엘 자손과 레위 자손은 곡식과 새 포도주와 기름의 예물
을 가져다가 성소의 기명들이 있는 방들, 즉 섬기는 제사장들과

문지기들과 노래하는 자들이 있는 방에 둘 것이라. 그리하여 우리가 우리 하나님의 전을 버리지 아니하리라.

본문은 구약의 사역을 지원하는 내용을 다루고 있다. 성전 봉헌금으로 부과되는 기준금액이 출애굽기 30:13에서 최초로 제시된 금액보다 줄어들었음을 주목하라. 출애굽기에서 제시된 최초의 봉헌금은 반 세겔이었다. 그러나 느헤미야 시대에 살던 유대인들은 극심한 가난 속에 있었다(느 9:37). 그래서 연간 봉헌금이 『**세겔의 삼분의 일**』로 줄어들었던 것이다.

33절의 관련 구절은 골로새서 2:16,17이다. 존 칼빈과 무천년주의자들의 가르침에도 불구하고, 음식제사 및 술 붓는 제사, 명절들, 매달 드리는 새 달의 명절, 안식일 준수는 모두 다 천년왕국에서 다시 제정될 것이다.

자, 34절에서는 번제를 위한 나무를 가져오는 일을 분담하기 위해 제비를 뽑는다. 최초의 성전에서 유대인들은 이 일을 위해 종들을 부렸다. 여호수아 9장에서는 기브온 거민들이 이스라엘 사람들을 속여, 자신들이 아주 먼 나라로부터 왔다고 믿게 한 적이 있었다. 실제로는 불과 걸어서 3일 걸리는 거리에 살았으면서도 말이다. 그 결과로 이스라엘의 장로들은 그들과 조약을 맺었고 그들을 파멸시키지 않겠다는 맹세를 하게 되었다(수 9:19-21,27).

그러나 유다가 사로잡혀갔을 때, 백성들은 그 종들을 잃고 말았다. 예레미야애가 5:13에서는 『**아이들은 나무 아래서 쓰러졌나이다.**』라고 말씀하신다. 그들은 불을 피우기 위해 나무를 직접 자르고 운반하기 시작해야 했던 것이다.

여기 느헤미야 10장에서는 그 일이 『**제사장들과 레위인들과 백성들**』 사이에 분담되었다. 이리하여 모든 사람이 비천하지만 성전 운영에 중요한 이 일에 동참하게 된다. 이를 신약 교회의 운영에 적용해 보면, 모임에는 “마리아 같은 사람들”뿐만 아니라 “마르다 같은 사람들”도 필요하다는 사실을 알게 된다. 말하자면, 배우는 사람들뿐만 아니라 섬기는 사람들도 필요한 셈이다. 마르다는 주님과 그분의 제자들에게 드릴 음식을 준비하고 나르는 일을 돌보았던 자매였다. 이에 반해 마리아는 예수님의 발 앞에 앉아서 배우고 있던 자매였다. 교회에는 두 사람 모두 다 필요하다. 가급적이면 이 두 자질을 균형 있게 갖춘 지체들이 있는 것이 좋다. 쓰레기를 줍는 사람, 찬송가를 선반 제자리에 갖다 놓는 사람, 화장실을 청소하는 사람, 유아방의 기저귀를 교체해 주는 사람 등, 이런 사람들 없이는 교회를 운영해 나갈 수 없다. 반면에 하나님의 말씀을 배우려 하는 사람이 아무도 없다면 예배를 드리는 것이 다소 무뎌지게 된다. “마리아” 같은 사람은 부흥집회에 너무나 열중한 나머지 유아방에서 일할 자신의 차례를 잊어버려서는 안 된다. “마르다” 같은 사람은 교회 안에서 무슨 육체적인 일을 하느라 설교를 놓치지 않도록 항상 주의해야 한다. 전 회중은 교회 운영에 요구되는 천한 일들을 교대로 수행해야 한다. 그렇게 할 때 모든 지체들은 서로 번갈아 가며 하나님의 말씀을 듣고 공부하는 것을 즐길 수 있게 된다.

십일조와 바치는 것에 대해서는 이미 〈고린도후서 주석〉(고후 8,9장)에서 철저하게 논의한 바 있다.

느헤미야 10장을 끝내기에 앞서 『**하나님의 전**』이란 표현이 어떻게 계속해서 등장하고 있는지 다시 한 번 주목하라. 10장에서만도 32절과 39절 사이에서 8번이나 언급되었다. 11,12장에서는 또다시 4번이나 나오고 13

장에서는 5번 이상이나 언급되고 있다. 신구약 어디를 봐도 이 전이 지상 어딘가에 세워진 교회 건물을 언급한 적이 한 번도 없다. 신약이 완성된 지 100년 이상이 지나서야 비로소 교회 "건물"들이 아시아나 아프리카, 유럽에 등장하게 된다.

디모데전서 3:15에서 『**하나님의 집**』은 기회주의자가 이용하기에 적합한 실용적인 수단이라 할 수 있다. 사실 모든 설교자들은 이 구절을 들어, 아이들은 교회 건물 안에서 뛰어 돌아다니며 놀아서는 안 되고, 아기들이 예배를 방해해서는 안 되며, 혹은 여성들이 "교회" 안에서 단정하게 옷을 입어야 한다는 것을 가르치고 있다. 하지만 이 전은 교회 건물들과는 아무 관련이 없다.

느헤미야 11장

11:1 백성의 치리자들이 예루살렘에 거하였고, 백성의 남은 자들은 제비
뽑아 십분의 일은 데려와 거룩한 성읍 예루살렘에 거하게 하고,
아홉 부분은 다른 성읍들에 거하게 하였으며
2 자원하여 예루살렘에 거하려고 스스로를 드린 모든 사람들을 백성
이 축복하더라.

본문에서는 "백성들의 십일조"가 바쳐진다.

레위기 27장에 따르면 십일조는 "주의 것"이다. 백성들은 보통 양, 소, 황소, 박하, 아니스, 커민 등의 십분의 일을 바쳤고(말 3:10, 레 27:30-32 참조), 이는 "창고들" 안에 저장되었다(대하 31:6-8). 십일조로 바쳐진 돈은 레위인들을 지원하는 데 쓰였다. 그런데 왜 하필 10분의 1인가? 10은 이방인의 수이지 유대인의 수가 아니다. 재림 이후에는 이스라엘과 "연합"하는 이방인 개종자들(사 56장 참조)을 포함하여 모든 인류에게 십계명이 주어질 것이다. 첫 번째 이방 왕국과 마지막 이방 왕국은 바빌론(창 10:10), 혹은 슷

자 10과 연관되어 있다(단 2:41, 계 17:12). 10에 대해서 "완전수"나 "온전함의 수"라고들 말하지만, 10은 이방인의 수이다. 노아는 아담의 10대 손인데(대상 1장) 그는 이방인들의 조상이다(창 10장). 이방인들의 첫 번째 "왕국"은 창세기 10:10에서 언급된다. 그래서 이방인들에 대한 선교의 소명은 로마서 10:10에 나오게 되고, "그들을 향한 문"(행 14:27) 역시 사도행전 10장에서 열리게 된다.

십일조에 대해 처음으로 언급하고 있는 곳은 창세기 14장이다. 거기에서 한 히브리인(아브라함)이 예수 그리스도의 두 번의 오심을 예표하는 한 이방인 제사장(멜키세덱)에게 십일조를 바치고 있음을 보게 된다.

그런데 "십일조"와 연관해서 매우 특수한 예언이 이사야에 등장한다. 『**그러나 그 안에 아직도 십분의 일이 있을 것이요 그것이 돌아와서 먹힐 것이니 잎이 떨어져 줄기가 남아 있는 보리수나무와 상수리나무처럼, 거룩한 씨도 그 줄기가 되리라**』(사 6:13). 하나님께서는 국제연합의 종말에 관해 경고하셨던 것처럼(렘 30:11, 습 3:8, 슥 14장) 유대인에 대해서도 경고해 주셨다. 주께서는 항상 『**홍수**』가 오기 전에 인류에게 충분한 경고를 해주신다. 다니엘 9:26과 요한계시록 12:15에서는 앞으로 또 하나의 『**홍수**』가 올 것임을 예언하고 있다.

『**십일조는... 주의 것이니**』(레 27:30). 본문은 백성들의 십일조를 다루고 있다. 주께 속한 "십분의 일"이 있다는 것이다(사 6:13). 이쯤 되면 유대인들이 "씨"와 관련되어 있다는 위대한 진리를 깨달을 수 있으리라(말 2:15, 스 2:59; 9:2, 느 7:61; 9:8을 보라). 이 일은 이사야 선지자가 예언한 바, 향후 대환란 때에 유대인들에게 있을 일을 예고하는 것이다.

십일조는 보통 음식으로 제공되었다. 출애굽기 16장에서 유대인들은 광야에서 만나를 먹었다. 계시록 12:6은 대환란 때 유대인들이 광야에서 초자연적인 부양을 받을 것이라고 말씀한다. 즉 그들은 과거 광야에서처럼 만나를 먹을 것이다. 그런데 이사야 6장은 "십일조"와 연관해서 "먹힌다"고 되어 있다. 즉 대환란 때 유대인들이 만나를 먹는 동안(미 7:14,15, 계 12:6,14), 적그리스도의 제사장들은 제단에서(계 6:9; 20:4, 레 1,2장) 유대인들을 먹게 된다(시 10:4; 106:37, 사 6:13).

다윈을 따라 "유토피아"로, 곧 "뉴에이지" 안으로 들어가는 진보적 움직임의 숭고한 표식은 바로 유대인들을 먹는 식인 풍습(시 44:11, 렘 51:34)과 남색이다(계 11:8, 단 11:37). 자, 국제연합과 함께 앞으로 전진하라!

『**자원하여... 스스로를 드린**』(2절)에 주목하라(롬 12:1,2, 계 6:9 참조). 먹히게 될 십일조는 21세기의 유대인들이다. 『**그러나 그 안에 아직도 십분의 일이 있을 것이요 그것이 돌아와서 먹힐 것이니 잎이 떨어져 줄기가 남아 있는 보리수나무와 상수리나무처럼, 거룩한 씨도 그 줄기가 되리라." 하셨더라**』(사 6:13).

11:3 예루살렘에 거한 지방의 우두머리는 이러하더라. 그러나 유다의 성읍들에는 각자가 그들의 성읍에 있는 자기 소유에 거하였으니, 즉 이스라엘, 제사장들, 레위인들, 느디님인들과 솔로몬의 신하들의 자손이더라.

4 예루살렘에는 유다 자손과 베냐민 자손 중 얼마가 거하였고 유다 자손 중에는 아다야니 이는 웃시야의 아들, 스카랴의 손자, 아마랴의 증손, 스파티야의 현손, 마할랄렐의 오 대 손이며 이들은 페레

스의 자손들이더라.
5 또 마아세야니 이는 바룩의 아들, 골호세의 손자, 하사야의 증손,
아다야의 현손, 요야립의 오 대 손, 스가랴의 육 대 손, 실로니의
칠 대 손이라.
6 예루살렘에 거하는 베레스 자손은 모두 사백육십팔 명의 용사들
이더라.
7 베냐민 자손은 이러하니 살루는 므술람의 아들, 요엣의 손자, 브다
야의 증손, 골라야의 현손, 마아세야의 오 대 손, 이디엘의 육 대
손, 여사야의 칠 대 손이더라.
8 그의 후로 갑배와 살래요, 구백이십팔 명이더라.
9 시그리의 아들 요엘이 그들의 감독이 되었고 스누아의 아들 유다
가 그 성읍을 다스리는 차석이 되니라.
10 제사장들 중에서는 요야립의 아들 여다야와 야긴이더라.
11 하나님의 전의 관리자는 스라야니 그는 힐기야의 아들, 므술람의
손자, 사독의 증손, 므라욧의 현손, 아히둡의 오 대 손이며
12 전의 일을 하는 그들 형제들은 팔백이십이 명이며 또 아다야니 그
는 여로함의 아들, 블랄리야의 손자, 암시의 증손, 스가랴의 현손,
바술의 오 대 손, 말기야의 육 대 손이더라.
13 족장들인 그의 형제들은 이백사십이 명이더라. 또 아마새니 그는
아사르엘의 아들, 아하새의 손자, 므실레못의 증손, 임멜의 현손이
요
14 힘센 용사들인 그들의 형제들은 일백이십팔 명이며 그들의 감독은
삽디엘로 위대한 사람들 중 하나의 아들이더라.

다시 한번, 성경에서 "늘어지고 지루한" 부분이 등장한다. 이어지는 내용은 여기에 이름만 기록되어 있는 명단들이다. 하지만 이들의 이름은 영원토록 기억될 텐데(시 119:89, 마 24:35), 이는 그들이 하나님의 아들과 연관되어 있기 때문이다. 이 사람들은 예루살렘에 세워질 다윗의 보좌에 앉을 그 아들(시 2편)의 재림을 예시하는 사역 및 개인들과 연관되어 있기에 유명해진 것이다. 그리고 그 사건은 예수 그리스도께서 동문을 경유하여 예루살렘으로 들어가실 때 있을 것인데, 그때 주님은 동문 앞에 있는 모슬렘의 묘지를 완전히 짓밟으실 것이다(욜 2장, 계 19장, 합 3:8,13). 하나님의 복수다! 간통과 간음을 일삼는 노망한 일부다처주의자(마호메트)에 대한 거룩한 전쟁이 바위돔 사원 위의 모슬렘 묘지를 더럽히고 난 후 "거룩한" 모스크를 지상에서 완전히 쓸어버리게 될 것이다.

"10분의 1"은 성읍 외곽에 거주하는 이스라엘인들(3절), 곧 유대인, 레위인, 느디님인들, 제사장들(3절) 출신들이다. 4절에서 시작되는 명단은 예루살렘에 거주하는 사람들이다. 이는 19절까지 계속되며 여기에는 더 많은 제사장들(10절)과 그들의 『**형제들**』(12-14절), 그리고 몇몇의 레위인들(15-18절)이 포함된다.

11:15 또 레위인들 중에서는 스마야니 그는 하숩의 아들, 아스리감의 손자, 하사뱌의 증손, 분니의 현손이며

16 레위인들의 우두머리 삽브대와 요사밧은 하나님의 **전의 바깥 일을 돌보니라.**

17 또 미카의 아들, 삽디의 손자, 아삽의 증손, 맛타냐니 그는 기도

할 때 감사를 시작하는 수장이 되었으며 그의 형제들 중에서 차
석은 박부키야요 또 압다니 그는 삼무아의 아들, 갈랄의 손자,
여두둔의 증손이라.
18 거룩한 성읍에 있는 모든 레위인들은 이백팔십사 명이더라.
19 또 문지기들은 성문을 지키는 악쿱과 탈몬과 그들의 형제들로 일
백칠십이 명이더라.
20 이스라엘과 제사장들과 레위인들의 나머지는 유다의 모든 성읍들
안에 각자 자기 유업에 거하였더라.
21 그러나 느디님인들은 오펠에 거하였고 시하와 기스파가 느디님인
들을 다스리니라.
22 또한 예루살렘에 사는 레위인들의 감독은 웃시니 그는 바니의 아
들, 하사뱌의 손자, 맛타냐의 증손, 미카의 현손이요, 아삽의 아
들들 중에서 노래하는 자들이 하나님의 전의 일을 감독하니라.
23 그들에 관한 왕의 명령이 이것이니, 즉 노래하는 자들에게 날마
다 일정한 몫을 주는 것이더라.
24 유다의 아들 세라의 자손 중 므세사브엘의 아들 프다히야는 왕의
편에서 백성에 관한 모든 일들을 맡았더라.
25 마을들과 그들의 들에 관하여 *보자면,* 유다의 자손 중 얼마는
키럇아르바와 그 마을들과 디본과 그 마을들과 여캅스엘과 그
마을들과
26 또 예수아와 몰라다와 벧펠렛과
27 하살수알과 브엘세바와 그 마을들과
28 시클락과 므코나와 그 마을들과

29 엔림몬과 사레아와 야르뭇과

30 사노아, 아둘람과 그들의 마을들과 라기스와 그 밭과 아세가와 그 마을들에 거하였더라. 또 그들이 브엘세바에서부터 힌놈 골짜기에 이르기까지 거하였더라.

31 베냐민 자손도 게바에서부터 믹마스와 아야와 벧엘과 그들의 마을들과

32 아나돗과 놉, 아나냐,

33 하솔, 라마, 깃타임,

34 하딧, 스보임, 느발랏,

35 롯과 오노와, 장인들의 골짜기에 거하였더라.

36 레위인들 중에서 유다와 베냐민에 구분들이 있었더라.

인구조사의 나머지 부분에서는 『**문지기들**』(19절)과 "십분의 일"이 선택되었을 당시 예루살렘 외곽에 살았던 마을 사람들의 명단을 열거하고 있다.

예루살렘 안(22절)에는 노래하는 자들(22절)과 레위인들(22절) 그리고 왕의 편에 선 한 명의 조언자(24절)가 거하고 있었다. 하나님의 아들이 다시 돌아와서 다윗의 보좌에 앉으시기까지는 예루살렘에 진짜 왕은 없을 것이므로(시 2편, 렘 3장, 겔 40-48장), 이 구절에 나오는 『**왕**』은 페르시아의 왕을 말하는 것이다. 따라서 『**프다히야**』는 "페르시아의 대사"로서, 페르시아의 왕들에게 정보를 전해 주거나 그 왕들로부터 온 정보를 사람들에게 전달하게 된다.

느헤미야 12장

12:1 스알티엘의 아들 스룹바벨과 예수아와 함께 올라온 제사장들과 레
위인들은 이러하니, 스라야, 예레미야, 에스라,
2 아마랴, 말룩, 핫투스,
3 스카냐, 르훔, 므레못,
4 잇도, 긴느도, 아비야,
5 미야민, 마아댜, 빌가,
6 스마야, 요야립, 여다야,
7 살루, 아목, 힐기야, 여다야더라. 이들은 예수아의 때에 제사장들과
그들 형제들의 우두머리였더라.
8 또 레위인들로는 예수아, 빈누이, 갓미엘, 세레뱌, 유다, 맛타냐더
라. 맛타냐와 그의 형제들은 감사 찬양을 주관하였으며
9 또 그들 형제들인 박부키야와 운니는 파수보는 일로 그들 맞은편
을 맡았더라.

또다시 따분한 명단들이 나온다. 당신은 "왜?"냐고 물을지 모르겠다. 자, 생각해 보라. 사람들 사이에 최고의 화두가 무엇인가? 종교나 정치, 사업, 월가(Wall Street), 영화, 외교, 철학, 성, 돈, 스포츠, 아니면 사람들인가? 보통의 미국인을 특징짓는 잡지로는 세 가지가 있다. 〈라이프〉지(망치보다 더 무감각한 잡지), 〈타임〉 지(반세기 이상 모든 기사거리들에 대해 거짓 보도를 일삼고 있는 잡지), 〈피플〉 지가 그것이다. 그런데 이 잡지들은 그런 대로 흥미로운 일련의 전기에서부터 옷을 반쯤 벗고 나오는 여자들과 록 스타들을 부각시키는 할리우드적 가십 기사에 이르기까지 진보되어 왔다. 사람들의 관심은 "사람들"이다.

하나님의 아들이 한 인격이셨으므로 그분이 사람들에 대해 주된 관심을 두시는 것은 당연한 일이다.

하지만 이러한 관점은 다음과 같은 내용을 전제로 한다. 즉, 하나님께서는 자신의 아들을 영접했거나 자신의 아들을 자랑했던 사람들 혹은 자신의 아들에게 찬양하거나 영광을 돌리고 경배했던 사람들에게 깊은 관심을 가지고 돌보실 뿐이라는 것이다. 『**또 우리가 아는 것은 하나님의 아들이 오셔서 우리에게 지각을 주셨다는 것이니, 이는 우리로 참되신 그분을 알게 하려는 것이라. 우리는 참되신 그분, 곧 그분의** 아들 예수 그리스도 안**에 있노라. 이분은 참** 하나님**이시며 영원한 생명이시니라**』(요일 5:20). 『**도마가 대답하여 주께 말씀드리기를 "나의 주, 나의** 하나님**이여.**"**라고 하니**』(요. 20:28).

하나님께서는 사람이 되시어 그들을 위해 죽으실 만큼 모든 사람들을 사랑하셨다. 이것이 바로 하나님의 사랑의 증거였다(롬 5:8). 이는 이 세상의 어떤 이교도들, 심지어 정통 유대인들마저도 "하나님의 사랑"이나 "사랑이신 하나님"에 관해 알고 있는 사람들이 한 명도 없다는 것을 의미한다. 사랑이라는 주제에 관해 아무리 많은 허튼소리를 떠들어댄다 해도 말이다. 그들은 사랑과는 본질적으로 거리가 멀다(엡 2:1-5, 요일 4:8-10).

오늘날 기독교 학자들이 추천하는 NIV와 NASV를 따라서는 주 하나님께서 육신으로 이 땅에 나타나신 적이 없으셨다(딤전 3:16). 코란의 어떤 판본의 경우에서도 마찬가지다. 물론 유대 랍비나 모슬렘을 따른 것도 아니었다. 〈킹제임스성경〉의 디모데전서 3:16에 관한 한, 뉴에이지의 유대인들 및 힌두교도들, 불교도들, 진화론자들, 무신론자들, 인본주의자들, 모슬렘교도들은 하나같이 완벽한 에큐메니칼 "조화"를 형성하고 만다. 즉 그들은 하나같이 〈킹제임스성경〉(딤전 3:16)에서 발견되고 있는 그 본문이 거짓말이라고 동의하는 것이다.

12:10 예수아는 요야킴을 낳고 요야킴은 엘리아십을 낳고 엘리아십은 요야다를 낳고

11 요야다는 요나단을 낳고 요나단은 얏두아를 낳았더라.

12 요야킴의 때에 족장인 제사장들이 있었는데 스라야에서는 므라야요 예레미야에서는 하나냐요

13 에스라에서는 므술람이요 아마랴에서는 여호하난이요

14 멜리쿠에서는 요나단이요 세바냐에서는 요셉이요

15 하림에서는 앗나요 므라욧에서는 헬캐요

16 잇도에서는 스가랴요 긴느돈에서는 므술람이요

17 아비야에서는 시그리요 미냐민과 모아댜에서는 필태요

18 빌가에서는 삼무아요 스마야에서는 여호나단이요

19 요야립에서는 맛트내요 여다야에서는 웃시요

20 살래에서는 칼래요 아목에서는 에벨이요

21 힐기야에서는 하사뱌요 여다야에서는 느다니엘이더라.

이 단조로운 명단은 계속되고 있다. 역대기상 1-6장과 9장, 에스라 2,8, 10장, 역대기상 23-27장, 창세기 5,10,11,36장, 출애굽기 6장 등에서처럼 말이다.

하나님께서 계속해서 사람들에 대해 시간을 할애하시는 이유가 무엇일까? 이는 당신도 사람들에 대해 관심을 갖고 있기 때문이다. 그것도 당신에 대해 관심을 갖고 있는 사람들에 대해서 말이다. 친척들과 자녀들, 후손들, 그리고 교회에 함께 다니는 사람들이나 육군, 공군 막사에서 동고동락했던 사람들, 또는 직장에서 함께 일하는 동료나 상사직원들, 아니면 학교 같은 반에서 함께 공부했던 친구들 등이 당신의 관심 사항이라 할 수 있다. 이것이 문제의 진상이다.

당신은 당신의 자녀들에 대해 이야기하는 것을 좋아하지 않는가? 그렇다면 주님께서 그분의 아들들(행 1-28장과 바울 서신들에 나오는 명단들 참조. 디도, 디모데, 빌레몬, 오네시모, 데마, 트로피모, 페베, 실라, 안드로니코, 프리스킬라, 아퀼라 등)에 대해 이야기하는 것을 좋아하시지 않을리 있겠는가? 로마서 8장, 요한복음 1:12,13, 갈라디아서 3장에 따르면 그들은 하나님의 자녀들이다.

마호메트는 단언하기를, 하나님께는 어떤 자녀들도 없고 어떤 자녀들도 있던 적이 없었다고 한다. 모슬렘이라면 누구나 똑같이 그렇게 말한다. 그들은 400년 이상을 그렇게 주장해 왔다. 코란은 로마서 8장, 갈라디아서 3장, 에베소서 2장, 요한복음 1장, 요한일서 2-5장을 모독하고 있는 것이다.

12:22 엘리아십과 요야다와 요하난과 얏두아의 때에 레위인들이 족장으로 기록되었고 페르시아인 다리오의 치리까지 제사장들도 기록되었더라.

23 족장들인 레위의 아들들도 엘리아십의 아들 요하난의 때까지 역대서에 기록되었더라.

24 또 레위인들의 우두머리로는 하사뱌와 세레뱌와 캇미엘의 아들 예수아인데 그들 맞은편에 있는 그들의 형제들과 더불어 하나님의 사람 다윗의 명령대로 각기 직무를 맡아 찬양하고 감사를 드리더라.

25 맛타냐와 박부키야, 오바댜, 므술람, 탈몬, 악큽은 성문의 입구에서 직무를 수행하는 문지기들이더라.

26 이들이 요사닥의 손자, 예수아의 아들 요야킴과 총독 느헤미야와 제사장이자 서기관인 에스라의 때에 있었더라.

『**하나님의 사람 다윗**』(24절)이란 표현에 주목하라. 이는 36절에서 다시 등장한다. 이 표현은 신명기 33:1에서 처음으로 등장한다. 또 시편 90편의 표제에도 사용된다(『**하나님의 사람 모세**』). 요한은 『**하나님께로부터 보내심을 받은**』 사람이지만(요 1:6), "하나님의 사람"으로 불리지는 않았다. 베드로, 야고보, 바울 역시 그런 부류에 속하지는 않는다. 그런가 하면 바리새인들은 예수 그리스도를 가리켜, 『**그 사람은 하나님께로부터 온 사람이 아니니, 이는 그가 안식일을 지키지 않기 때문이라.**』(요 9:16)고 말한다.

그런 표현은 열왕기상과 열왕기하에서 대거 사용되고 있다. 재판관기에서는 한 번 언급되고 있는데(판 13:3,6,8) 그것도 천사와 관련해서다. 하지만 열왕기상에서는 그런 표현이 무려 18회나 등장하고(왕상 13:1,4-8,11,12, 14,21,26 등) 열왕기하에서는 29회나 등장한다(왕하 1:9-12; 4:9,16,21; 5:8,14,15,20; 6:6,9,10,15; 7:2,17-19 등). 그리고 이 모든 경우에 있어서 이 표현은 메시지를 전달하도록 하나님의 부르심을 받은 선지자를 가리키는 데 사용되고 있다.

밥 존스 시니어는 구약의 선지자들은 타락과 배교의 시대에(판 2-24장) 하나님의 부르심을 받은 사람들이었다고 말하곤 했었다(렘 1장). 그들은 하나님께서 그분의 백성들과 논쟁을 하실 때 언제나 하나님의 "편"에 서 있었던 것이다(미카, 나훔, 호세아, 이사야 참조).

주요 선지자들(이사야, 예레미야, 에스겔, 다니엘) 가운데, 그 메시지가 메시야나 이스라엘의 회개(말 4장, 호 14장, 슥 2,8장, 겔 34,39장, 단 2장)나 주께서 오실 때 있을 자연 환경 변화(암 9장, 사 11장, 렘 31장) 등과 직접적인 연관이 없는 한, 이스라엘이나 유다에 대해 긍정적인 설교를 한 사람은 아무도 없었다. 그 외의 메시지들은 내용이 하나같이 부정적이다. 이사야 1,3,6,9,29,30장, 예레미야 2,4,5,7-9,11-14,16,18,23장 등, 에스겔 4-9,11-14,16,17,20,23장 등, 아모스 2-6,8장, 호세아 4,5,7-9장 등을 참조하라.

12:27 예루살렘 성벽의 봉헌식에 그들의 모든 처소에서 레위인들을 찾
아 예루살렘으로 데려가서 기쁨으로, 감사와 노래로, 심벌즈와
솔터리와 하프로 봉헌식을 가졌더라.
28 노래하는 자들의 아들들이 예루살렘 주변의 평지 지방과 느토밧
인의 마을들에서 함께 모여서 갔으며
29 길갈의 집과 게바와 아스마웻의 들에서도 갔으니 노래하는 자들
이 그들에게 예루살렘 주위에 마을들을 세워 주었더라.
30 제사장들과 레위인들은 자신들을 정결케 하고 백성들과 성문들과
성벽을 정결케 하니라.
31 그때 내가 유다의 고관들을 성벽 위로 데려가서 감사를 드리는
두 개의 큰 무리로 그들을 정하고 그 중 한 무리로는 성벽 위
오른편에서 똥문쪽으로 가게 하니
32 그들 뒤로 호사야와 유다 고관의 절반이 따라가고
33 또 아사랴와 에스라와 므술람과
34 유다와 베냐민과 스마야와 예레미야와
35 나팔을 든 제사장들의 아들들 중 몇 명, 즉 아삽의 육 대 손, 삭
굴의 오 대 손, 미카야의 현손, 맛타냐의 증손, 스마야의 손자,
요나단의 아들 스카랴와
36 그의 형제들 스마야와 아사라엘, 밀랄래, 길랄래, 마애, 느다니엘
과 유다와 하나니가 따라가니 모두 하나님의 사람 다윗의 악기를
들었으며 서기관 에스라가 그들의 앞서 가더라.
37 그들 맞은편에 있는 샘문에서 다윗 성읍의 계단으로 올라가 다윗
의 궁 위에서 성벽의 오르막길로 동쪽을 향하여 물문에 이르니

라.
38 감사를 드리는 다른 무리는 그들을 마주보며 가고 나와 성벽 위
에 있는 백성의 절반이 그들을 따르는데 용광로 망대 너머로부
터 성벽 넓은 곳까지 이르고
39 에프라임문 위와 옛문 위와 물고기문 위와 하나느엘 망대와 메아
망대로부터 양문까지 이르렀으며 그들이 감옥문에 가서 섰더라.
40 그리하여 하나님의 전에서 감사를 드린 그들의 두 무리와 관료들
의 절반이 나와 함께 서니라.
41 제사장들로는 엘리야킴, 마아세야, 미냐민, 미카야, 엘료에내, 스
카랴, 하나냐가 나팔들을 들었고
42 마아세야와 스마야와 엘르아살과 웃시와 여호하난과 말키야와 엘
람과 에셀도 그리하였으며, 또 노래하는 자들은 그들의 감독 여
스라히야와 더불어 크게 노래하더라.
43 그 날 그들이 또한 큰 희생제를 드리고 즐거워하였으니 이는 하
나님께서 큰 기쁨으로 그들을 즐겁게 하셨음이더라. 아내들과 자
녀들도 즐거워하였으므로 예루살렘의 기뻐하는 소리가 멀리까지
들리더라.
44 그때에 보물들과 제물들과 첫열매들과 십일조들을 위한 방들을
관리하도록 사람들을 몇 명 임명하여 제사장들과 레위인들을 위
하여 율법으로 정한 몫을 성읍들의 들에서 그들에게로 모으게
하였으니 이는 유다가 섬기는 제사장들과 레위인들로 인하여 즐
거워하였기 때문이더라.
45 또 노래하는 자들과 문지기들은 모두 다윗과 그의 아들 솔로몬의

명령에 따라 그들의 하나님의 직분과 정결의 직분을 지켰더라.
46 다윗과 옛 아삽의 때에는 노래하는 자들의 우두머리와 하나님께
드리는 찬양과 감사의 노래들이 있었더라.
47 스룹바벨과 느헤미야의 때에는 온 이스라엘이 노래하는 자들과
문지기들에게 매일 그의 몫을 주고 거룩한 것들을 성결케 하여
레위인들에게 주었으며 레위인들은 그것들을 성결케 하여 아론
의 자손에게 주었더라.

자, 계속되는 이름들의 명단에도 불구하고 어떤 움직임이 일어나는 것을 보게 된다. 본문에서 모든 백성들이 "참석한 가운데" 대대적인 의식이 거행되고 있다(42,43절). 다시 한 번 "책"이 등장하고(13:1 참조) 다시 한 번 개혁이 일어나고 있다(13장). 이는 "그 책"의 힘과 권위가 삶을 변화시키고 뒤이어 마을들, 성읍들, 나라들을 변화시킨다는 사실을 암시해 준다.

"그 책"(성경)을 전적으로 거절했기에, UN에 속한 모든 나라들은 그로 인한 결과들을 감수해야 할 것이다. 그리고 그 결과들은 태양이 아침에 떠오르는 것보다 더 확실하게 일어날 것이다(겔 38-40장).

이 의식이 진행되는 가운데, 『**예루살렘의 기뻐하는 소리가 멀리까지 들리**』게 된다(스 3:12,13의 경우와 유사함).

에스라의 의식이 성전 봉헌과 관련되어 있었듯이 느헤미야의 의식은 예루살렘 주위의 성벽 봉헌과 연관되어 있었다. 당연히 이 중에서 마호메트나 그의 동료인 "아라비아인 게셈" 혹은 5개 대륙에 살고 있는 어떤 모슬렘교도와 관련 있는 것은 아무것도 없다. 이슬람은 교황만큼이나 예루살렘을 "거룩한 성읍"이라고 부르는 많은 사업들을 갖고 있다. 교황의 동료들

(로마 출신의 모든 로마인들)은 성전을 완전히 불태워 버린 뒤 "숨겨진 금"을 찾기 위해 성전 아래의 흙을 파헤쳤었다(A.D. 70).

본문에서 유대인들은 성벽 밑에서 그 주위를 돌며 열을 지어 행진하다가 때때로 성벽 위로 올라가기도 한다. 노래하는 찬양대가 함께 행진하고 찬양의 외침이 들린다. 이는 시편 51:18의 내용이 부분적으로 성취되는 것이긴 하지만, 그 시편의 내용은 (수십 편의 시편이 그렇듯이) 에스겔 42-46장까지 연결되어 있다는 사실을 기억할 필요가 있다(시 122:7, 사 26:1 참조).

『**정결의 직분**』(45절)은 제사장들과 레위인들에 관한 언급이다(44절). 그들은 제물들이 출애굽기에서 신명기까지 내용의 요구를 충족시키고 있는지 알아보기 위해 점검하는 사람들이다. (말라키 1,2장에서 발견되는 제물들은 그 요구를 충족시키지 못했음을 주목하라.) 더 나아가 당시 예루살렘이 모슬렘 교회국가의 "정치적" 수도였다고 주장하려는 "팔레스타인인들"의 참석을 확실하게 막고자 봉헌식에 참석한 사람들과 제물들을 점검했었다.

『**백성들...을 정결케 하니라.**』(30절)는 민수기 9:6-14과 19:9-21에서 묘사되었던 활동들이었다. 역대기하 29:20-36과 30:13-20의 내용도 참조하라.

느헤미야 13장

13:1 그 날에 그들이 백성의 청중에게 모세의 책을 낭독하였는데, 그 책
에 암몬인과 모압인은 영원히 하나님의 회중에 들어오지 못하리라
고 기록된 것이 발견되었으니,
2 이는 그들이 빵과 물로 이스라엘 자손을 맞지 아니하고 오히려 그
들을 대적하고 발라암을 매수하여 이스라엘을 저주하게 하였음이
더라. 그러나 우리 하나님께서 그 저주를 축복으로 바꾸셨도다.
3 그들이 그 율법을 듣자 혼혈의 모든 무리를 이스라엘로부터 분리
하였더라.

이는 남은 자를 역병처럼 두 번씩이나 괴롭혔던 문제, 곧 인종혼합에 관한 것이다. 이번에는 느헤미야가 "다문화를 가진"(multi-cultured) 사람들이 "혼합 결혼"을 하게 됨에 따라 그들 사이에서 자라난 자손들을 몇몇 발견하게 된다. 1964년 미국에서 자녀들에게 (그들의 의지와는 반대로) 혼합할 것을 문자 그대로 무력으로 강요함에 따라 본격적인 인종혼합이 시작되었을 무렵, 미국에서는 어떤 바보라도 예측할 수 있었던 일들이 나타나게 되었다.

즉, 그들은 그들의 "모국어"를 잃어버렸던 것이다(23,24절). "다문화를 가진다"(multi-cultured)는 말은 현존하는 문화를 다른 문화들과 혼합함으로써 파괴시키는 것을 의미한다. 성경 단어로는 "누룩"이라 할 수 있으며, 이는 『**적은 누룩이 온 반죽을 부풀게**』 할 때까지 활동한다.

미국의 문화는 시작부터 영어를 사용하는 문화였다. 따라서 1700년과 1900년 사이에 미국으로 건너왔던 모든 이탈리아인들이나 독일인들, 프랑스인들, 러시아인들, 유대인들, 혹은 스페인 사람들은 영어를 배웠다. 이는 또 백인 문화로서 아프리카인이나 동양인 중에 독립선언이나 권리장전, 혹은 헌법에 참여한 사람은 한 명도 없다. 더욱이 그 문화는 주로 남자의 문화(남성)였다. 이는 권리장전이나 헌법 혹은 독립선언에 기록된 내용에 관해 자신의 견해가 어떤지 질문을 받은 여자는 단 한 명도 없었기 때문이다.

더욱이! 미국의 문화는 결코 성도착자들을 위한 "문화 공동체"가 아니었다. 헌법이나 권리장전 혹은 독립선언을 함께 구성했던 위원회 중에 여성 동성연애자들이나 남성 동성연애자들은 한 명도 없었다.

"현대 미국인"에게 모욕이 되는 사실 하나는, 1776년부터 1876년까지 세금으로 낸 돈을 도대체 어떻게 사용했는지 이에 대한 발언권을 어떤 카톨릭교도도 가지지 못했다는 사실이었다. 하지만 그런 미국의 문화는 더 이상 존재하지 않는다. 이사야는 여인들과 자녀들이 현 미국을 지배하고 있다고 말한다(사 3장).

심판자이신 하나님께서 롯의 두 혼혈 이집트인(함족) 후손들(1절)에 관해 언급하신 내용은 신명기 23:3에서 발견된다. 이 후손들 중 어느 민족 출신의 남성이든지 자손들의 10대가 지나야만 "유대인"으로서 그 회중에 들어갈 수 있다. 이는 『**영원히**』 지속되는 법칙이었다(1절).

그들의 죄가 민수기 23장에 나오는데, 그들은 창세기 12:1-4의 말씀에도 불구하고 아브라함의 씨를 저주하려고까지 한다. 이는 UN, EU, 이슬람이 1967년 이래로 (전적으로) 관여했던 일과 정확히 일치한다. 세 번째로 "섞인 무리"가 분리되고 있다. 이 "섞인 무리"가 어디에서 처음으로 등장했는지 알고 있는가? 그 무리는 아라파트(이집트인)와 롯의 아내(이집트여인), 이스마엘의 어머니(이집트여인), 팔레스타인해방기구(PLO, 지금은 "팔레스타인자치정부"[PA]로 변장함)를 창설했던 나라처럼 이집트였다. 어떤 신출내기 성경 학도라도 이집트가 구원받지 않는 세상의 모형이라는 사실을 알 것이다. 『**이스라엘 자손들이 라메세스에서 숙곳으로 여행을 하니 아이들 외에 보행하는 남자가 약 육십만이며 혼혈의 무리도 그들과 함께 올라갔고 양떼와 소떼와 심히 많은 가축떼들도 올라갔더라**』(출 12:37,38).

그들 모두는 이집트인들이었다. 이 구절을 주석하면서 C.I. 스코필드(Scofield)는 〈스코필드 주석 성경〉에서 "통합된" 행위들에 대해 다음과 같이 탁월한 주석을 달아 놓고 있다. "이 섞인 무리는 지금처럼 그때에도 회심하지 않은 교회 구성원들을 대변하면서 연약함과 분열의 근원이 되었던 것이다."

일단 통합에 대해 긍정적인 관점을 취하게 되면, 당신 자신의 영적인 숨통이 완전히 끊어져 버리게 된다는 사실을 주의하라. 결과들은 언제나 부정적이다.

13:4 이에 앞서 우리 하나님의 전의 방을 관리하는 제사장 엘리아십이
토비야와 동맹을 맺고
5 그를 위하여 큰 방 하나를 준비하였으니 이는 이전에 그들이 음식
제사와 유향과 기명들과 곡식과 새 포도주와 레위인들과 노래하는
자들과 문지기들에게 주도록 명한 기름의 십일조와 제사장들의 예
물들을 두던 곳이더라.
6 그러나 내가 그 기간 내내 예루살렘에 있지 아니하였으니 바빌론
의 아탁세르세스왕 제삼십이년에 내가 왕에게 갔다가 며칠 후에
왕에게서 *떠날* 허락을 얻었음이라.
7 내가 예루살렘에 와서 엘리아십이 하나님의 전의 뜰들에 토비야에
게 방을 마련하여 준 악행을 알았으니
8 그 일이 나를 심히 슬프게 하였으므로 내가 토비야의 모든 세간을
그 방 밖으로 던져 버리니라.
9 또 내가 명하니 그들이 그 방들을 청소하였고 내가 하나님의 전의
기명들을 음식제물과 유향과 함께 다시 그리로 가져오니라.

나이 든 토비야의 일가(6:17-19 참조) 가운데 또 다른 한 사람이 본문에서 등장한다. 그는 전형적인 "밀실 교회 관리자"(back-room church operator)로 "교섭"을 통해 목사의 배후를 조종하고 있다. 『**엘리야십**』은 레위인 제사장이지만, 느헤미야 최대의 적들 가운데 한 사람과 "친분"을 쌓으며 다소 "특별한 호의"까지 베풀었다(7절). 이로 인해 토비야는 레위인이 아니었음에도 유대 백성들이 바친 제물들로 생계를 유지할 수 있었다. 토비야는 하나님의 기명들이 보관되어 있던 신성한 방들(9절)을 광장히 화려하고 정교하게 꾸민 "펜트하우스"로 바꿔 버렸고 거기에서 그와 그의 "친구들"은 "파티"를 즐길 수 있었다.

그 방에는 유대인들이 하나님께 바쳤던 십일조와 제물들 같은 물품들이 보관되어 있어야 했다. 그곳은 말라기 3:10에서 언급된 『**창고**』였다. 그러나 지금은 토비야의 가구로 가득 차 있는 것이다(『**세간**』, 8절).

13:10 또 레위인들이 몫을 받지 않은 것을 내가 알았으니 그 직무를 행하는 레위인들과 노래하는 자들이 각기 자기 밭으로 도망하였음이라.

11 그때 내가 치리자들과 다투어 말하기를 "어찌하여 하나님의 **전이 버려졌느냐?" 하고 레위 사람들을 함께 모아 그들의 자리에 세우니라.**

12 그러자 온 유다가 곡식과 새 포도주와 기름의 십일조를 가져와서 보물창고에 들이더라.

13 또 내가 제사장 셀레먀와 서기관 사독과 레위인 프다야와 그들 다음으로 맛타냐의 손자, 삭쿨의 아들 하난을 재무를 감독하는 재무관들로 삼았으니 이는 그들이 신실한 자들로 여겨졌음이라. 그들의 직분은 그들의 형제들에게 분배하는 것이었더라.

14 오 나의 하나님**이여, 이 일에 관하여 나를 기억하소서. 나의** 하나**님의 전과 그 직분들을 위하여 행한 나의 선한 행위들을 지워 버리지 마소서.**

정말이지 만일에 어떤 목사가 11절의 『**하나님의 전**』을 교회 건물로 믿었다면, 그는 느헤미야에서 특별 부흥 전도 집회 설교에 걸맞는 아주 훌륭한 설교 개요를 발견하게 될 것이다. 복음 전도자로 사역하던 초창기 시절(1949-1953), 나는 "하나님의 전이 버려진 이유가 무엇인가?"라는 제목으로 설교한 적이 있었다. 물론 그 전을 지역 교회 건물을 지칭하는 용어로 사용한 것은 아니었다. 그러나 설교 본문의 요지가 몇몇 교회 건물들이 실제로 비어 있는 이유가 무엇인지 설명하고 있었다는 사실은 매우 분명하다.

10절과 11절에서 그 "핵심"을 분명하게 제시하고 있다. 요는, 돈으로 그 사역을 지원하는 사람이 아무도 없다는 사실이다. 앨라배마에 사는 사람들은 종종 "목사에게 봉급을 주지 않는단 말이야!"라고 말한다. 이로 인해 본문에서는 청구서 대금을 지불하기 위해 주당 40시간을 일해야 하는 "시간급" 사역자들이 등장하는 것이다(10절). 사실 그 시간은 심방과 성경 연구, 전도지 배포, 병원 심방, 기도, 설교 준비로 활용할 수도 있는 시간이었다. 잘 알다시피 그런 활동들의 유무에 따라 회중들은 즉각적인 영향을 받게 되는 법이다. 바울은 느헤미야 13:10의 유대인들이 "노동자에게 마땅히 받아야 할 급료"를 지불하지 않고 그의 사역의 대가에 합당한 "물질적인 필요들"을 채워 주지 않는 죄를 범하고 있다고 말한다(고전 9:11, 롬 15:27, 빌 4:10,15-17).

이 구약의 상황에 관한 다음의 직접적인 주석에 주의하라.

『성전의 일을 하는 사람들은 성전에서 나오는 것을 먹고 제단을 섬기는 사람들은 제단에 있는 것으로 나누어 가진다는 것을 너희가 알지 못하느냐? 이와 같이 주께서도 복음을 전하는 사람들은 복음으로 살아야 한다고

명령하셨느니라』(고전 9:13,14).

『**하나님의 전**』이 버려진 이유는 다음과 같다.

1. 지원 부족(본문).
2. 세속적인 사람들과의 혼합(2절).
3. 자금 횡령 및 제물들에 대한 거짓말(5-7절).
4. "친척 일가"에 특별한 호의를 보이는 교회의 정략적 행위(7절).
5. 일을 쉬지 않고 예배에 참석하기를 거부한 행위(15-20).
6. 구원받지 않은 사람들과의 결혼(23-27절).

느헤미야는 몇몇의 정직한 사람들을 세워 헌금을 맡게 함으로써 목사의 생계 문제를 해결하고 있다(13절). 이로 인해 생활비가 목사에게 확실하게 지급되었다. 『**그들의 자리에 세우니라**』(11절).

13:15 그 당시에 유다에서 어떤 자들이 안식일에 포도즙틀을 밟고 곡식단을 나귀에 실어 가져가는 것을 내가 본지라, 포도주와 포도와 무화과와 온갖 짐들을 또한 그들이 안식일에 예루살렘으로 가져가기에 그들이 식물을 파는 그 날에 내가 그들을 대적하여 증거하였더라.

16 예루살렘에 거하는 투로 사람들도 물고기와 여러 가지 물건들을 가져와 안식일에 유다 자손에게 예루살렘에서 팔기에

17 내가 유다의 귀족들과 다투어 그들에게 말하기를 "너희가 어찌하여 이 악한 일을 행하여 안식일을 더럽히느냐?

18 너희 조상들이 이같이 행하지 아니하였으며 우리 하나님께서 이 모든 재앙을 우리와 이 성읍에 내리지 아니하셨느냐? 그런데도 너희가 안식일을 더럽힘으로 이스라엘에 더 큰 진노를 가져오는도다." 하니라.

19 안식일 전날 예루살렘 성문들이 어두워지기 시작할 때 내가 성문들을 닫으라고 명령하고 안식일이 지나기 전에는 열지 말라고 당부하였으며 내 부하 중 몇을 성문들에 세워 안식일에는 어떤 짐도 들여오지 못하게 하니라.

20 상인들과 여러 가지 물건 파는 자들이 한두 번 예루살렘 성 밖에서 유숙하기에

21 내가 그들을 대적하여 증거하여 말하기를 "너희가 어찌하여 성 주위에서 유숙하느냐? 만일 너희가 다시 이같이 하면 내가 너희를 붙잡으리라." 하니 그 때부터 그들이 다시는 안식일에 오지 아니하더라.

22 또 내가 레위인들에게 명하기를 "몸을 깨끗이 하고 와서 성문을 지켜 안식일을 거룩하게 하라." 하였더라. 오 나의 하나님이여, 이 일에 관하여서도 나를 기억하시고 주의 크신 자비하심에 따라 나를 아껴 주소서.

본문에서 언급된 『**안식일**』(15-17절)은 정기적으로 매주 1번씩 지켜지는 유대인의 안식일로, 금요일 오후 6시부터 토요일 오후 6시까지 계속된다. 즉, 창세기 1:5,8,13,19,23,31처럼 저녁이 되고 아침이 온다.

팔레스타인의 시간대에 속한 사람들을 제외하고는 이스라엘이 지켰던 바로 그 시간에 "안식일을 지킬" 수 있는 사람은 아무도 없다. 따라서 메리 엘렌 화이트(Mary Ellen White)의 안식교는 또 하나의 엄청난 결함을 지니고 있는 셈이다. 팔레스타인의 시간대와 미국의 시간대는 어느 지역에서 잰다 해도 9시간에서 12시간까지 차이를 보인다는 것은 누구나 알고 있는 사실이다. 이는 미국의 모든 안식교도들이 연간 52주를 계속해서 안식일 날 일을 해오고 있다는 사실을 시사해 준다. 미국의 모든 안식교도들이 성경적 명령에 순종하려면 금요일 날 정오 이전에 일을 중단하고 "안식일을 지켜야만" 한다.

금요일에서 토요일까지 자신의 집에서 음식을 요리했던 "화이트 여사파"(안식교도)에게 화 있을지어다. 출애굽기 35:3에서는 어느 누구라도 안식일에 불을 "피우는 것"을 금하고 있다. 19세기, 20세기, 21세기에 "불을 피우는" 방법으로는 점화용 불씨를 붙여 가스난로에 불을 켜거나 "가스레인지"의 손잡이를 돌려 점화구를 가열하면 되는 것이다. 이것은 토요일 날 교회 건물에 감으로써 "안식일을 지키고 있다."고 생각해 버리는 이 거만하고 독선적인 건방진 탁발승들에게는 완전히 "금지되어 있는 사항"이다. 구약이든 신약이든, 유대인이든 이방인이든 안식일을 지키는 어떤 사람도 안식일 날 교회 건물에 간 적이 없었다. 그런 사람은 한 명도 없었다.

13:23 그 당시에 유대인들이 아스돗과 암몬과 모압의 아내들과 혼인한 것을 내가 보았더라.

24 그들의 자녀가 아스돗 말을 절반쯤은 하고 유대인의 말은 하지 못하나 각 백성의 언어는 하더라.

25 내가 그들을 책망하고 저주하며 그들의 몇 사람을 때리고 그들의
머리털을 뽑고 하나님으로 맹세하게 하여 말하기를 "너희는 너희
딸들을 그들의 아들들에게 주지 말고 너희 아들들이나 너희를
위하여 그들의 딸들을 취하지 말라.
26 이스라엘의 솔로몬왕이 이런 일들로 범죄하지 아니하였느냐? 많
은 민족들 가운데서 그의 하나님의 사랑을 받은 그와 같은 왕이
없었으니 하나님께서 그를 왕으로 삼아 온 이스라엘을 다스리게
하셨느니라. 그러나 그조차도 이방 나라 여인들이 죄를 짓게 하
였느니라.
27 그런데 우리가 너희에게 경청하고 타국의 아내들과 혼인하여 우
리 하나님을 거슬러 범죄하고 이 모든 큰 악을 행해야 하겠느
냐?" 하였더라.
28 그때 대제사장 엘리아십의 손자, 요야다의 아들들 중 하나가 호
론인 산발랏의 사위가 되었으므로 내가 그를 내게서 쫓아내니라.
29 오 나의 하나님이여, 그들을 기억하소서. 이는 그들이 제사장 직
분과 제사장 직분의 언약과 레위인들의 언약을 더럽혔기 때문이
니이다.
30 내가 이같이 그들을 모든 타국인들로부터 깨끗하게 하고 제사장
들과 레위인들의 직분을 정해 주어 각자 자기의 직무를 수행하
게 하였으며
31 또 정한 시기에 나무제물과 첫열매들을 드리게 하였으니, 오 나
의 하나님이여, 선한 것으로 나를 기억하소서.

계속되는 인종혼합의 문제로 다시 들어가 보자. 카나안(오늘날의 "팔레스타인")의 암몬인들과 모압인들은 트랜스 요단(요단 강 "동안" 지구) 출신들이다. 본문의 아스돗인들(23절)은 분명 『**필리스티아인들**』이다(삼상 5:1,3,5; 6:17). 여기에서 『**팔레스티나**』 거민들이 나오고(출 15:14) 또 이 거민들에게서 "팔레스타인"이 유래하고 있다(A.D. 70년 이후).

느헤미야는 신약에서 요구하는 목사의 조건(딤전 3장 참조)을 아주 위반해 버린다. 즉, 『**구타**』할 뿐만 아니라 "책망"하고 "저주"하며 "때리고" "머리털을 뽑기까지" 한다(25절). 또한 백성들에게 『**하나님으로 맹세하게**』 할 만큼(25절) 다소 강압적인 사람이었다. 이러한 모습을 회심하기 이전에 바울이 했던 고백(행 26:11 참조, 『**강제로 모독하는 말을 하게 했고**』)과 비교할 때는 전후 문맥을 고려해서 읽어야 한다.

느헤미야는 모호한 말을 즐겨하는 현대 뉴스 미디어가 보기에 "전투적인 기독교 행동대원"인 셈이다.

『**이스라엘의... 왕...도... 죄를 짓게 하였느니라**』(26절). 구약에서 인종혼합은 곧 죄다. 그것이 확실한가? 느헤미야는 성경을 읽는 독자 그 누구라도 이 사실을 놓치기라도 할까봐 그것을 가리켜 『**큰 악**』(27절)이라 명명하고 있다. 인종혼합을 가리켜 『**우리 하나님을 거슬러 범죄**』하는 것(27절)이라고 말함으로써 『**큰 악**』이라 봉인하고 있는 것이다. 연속해서 4번이나 언급을 해서라도 정직한 독자를 위해 이 문제를 처리해야 한다.

"하나님의 사랑을 받았던" 이 왕(솔로몬)은 인종혼합의 문제와 관련하여 범죄했을 뿐만 아니라 지금까지 하나님의 율법을 범해왔던 아주 심한 중죄인들 가운데 한 사람으로 판명되고 말았던 것이다(26,27절). 아닌 게 아니라 그는 『**다윗의 아들**』로서 메시아의 천년통치를 완벽하게 보여 주고 있는데, 정말이지 그런 모형으로 보자면 유일무이할 정도로 완벽한 모형이라 할 수 있다(시 72:1, 왕상 4-9장 등). 하지만 그와 동시에 역사적으로 볼 때 율법을 위반한 심각한 죄인이기도 했다. 솔로몬은 인종혼합 이외에도 다음의 4가지 중요한 죄를 범했다.

1. 그는 어떤 아내든 자기에게 많이 두지 말아야 한다는 명령을 들었음에도(신 17:17) 천 명이나 되는 아내를 두었다.

2. 그는 자기에게 금을 크게 늘리지 말아야 한다는 명령을 들었음에도 당대 은의 가치가 구리만큼이나 별 볼일 없을 정도로 많이 쌓아 놓았다(왕상 10:21, 신 17:17).

3. 그는 병거용 말들과 경주용 말들을 더 많이 얻기 위해 이집트에서 가져오지 말라는 명령을 들었음에도 그런 일을 그대로 행하고 말았다(왕상 10:28).

4. 그는 창세기에서 신명기까지의 내용을 몸소 직접 베껴서 매일같이 그것을 읽으라는 가르침을 받았음에도(신 17:18-20) 이 중 어떤 것도 실행하지는 않았다.

그러나 그가 저지른 최악의(결정적인) 범죄는 우상 숭배를 장려한 것이었다(왕상 11:1-11). 그것도 "다문화권에 속한"(multi-cultured) 자신의 여러 아내들을 기쁘게 해주려는 목적이었다. 이는 종교적인 범죄로, 그가 행한 인종혼합에서 비롯된 것이었다. 즉, 그를 엉망으로 만들어 버린 장본인이 다름 아닌 "이방 나라"에서 온 그의 아내들이었던 것이다(26절, 『**이방 나라 여인들**』).

솔로몬의 죄들은 왕국이 붕괴되는 직접적인 원인이었다(왕상 12-16장).

이사야 1장, 아모스 1-4장, 열왕기상 17장, 예레미야애가 1-5장, 신명기 28장에서 읽게 되는 내용 모두가 신명기 17장을 위반함으로써 생긴 결과라 할 수 있다.

"다양한 문화들"이 이스라엘 국가를 파멸시켰던 것이다.

학교에서 그들의 창조주가 그분의 손가락으로 직접 쓰셨던 것(출 31:18, 신 10:4)을 듣지 못하게 함에 따라 이제 미국에 무슨 일이 닥치게 될지 충분히 가늠해 볼 수 있다.

7절에서 읽었던 『**엘리아십**』의 손자들 가운데 한 사람(요야다의 아들)은 산발랏의 딸들 중 하나와 결혼했다(28절). 산발랏은 느헤미야 2:10,19; 4:1,7; 6:1,5,14에서 언급된 대로 특권층의 인물이었다. 그러나 유대인들의 가장 사악한 적들 가운데 한 사람이기도 했다.

에스더 서문

에스더는 전체 10장, 167절, 5,633단어로 되어 있고(영어〈킹제임스성경〉), 약 B.C. 485-465년경에 기록되었다. 이는 유대인들이 포로에서 돌아온 이후에 기록된 세 권의 역사적인 책들의 시리즈 가운데 마지막 책이라 할 수 있다. 에스라와 느헤미야가 그 땅으로 돌아 온 유대인들에게 무슨 일이 일어났는지를 언급하고 있다면, 에스더는 바빌론과 페르시아에 남아 있던 유대인들에게 어떤 일이 벌어졌는지를 말하고 있다.

히브리어 구약의 경우 에스더는 "성문서"(聖文書, The Writings, 예수 그리스도께서는 누가복음 24:44에서 "시편"이라 부르심) 부분에 포함되어 있다. 여기에 속한 책들은 하기오그라파(Hagiographa, 율법과 선지서 이외의 성문서) 혹은 케투빔(Kethubim, 성문서)으로 알려져 있다.

자, 나는 에스더를 가리켜 성경에서 소위 "별난"(strange) 책이라 부르고 싶다. 말하자면, 이 책에는 성경 대부분의 다른 책들과는 구별되는 몇 가지 특징들이 발견된다는 것이다. 먼저, 책 이름에 여성 이름이 들어 있는 유일한 두 권의 책들 중 하나란 점을 들 수 있다. 말할 것도 없이 다른 하나는 룻기다. 두 책 모두 예언적인 면은 물론이거니와 역사적인 면에서도 매우 중요한 결혼을 다루고 있다. 룻기에서는 한 모압 여인이 한 유대인과 결혼함으로써 장차 태어날 다윗왕의 증조모가 된다. 이는 예언적으로 그리스도의 한 모형과 결혼하는 한 이방인 신부의 모형을 보여 준다. 즉 교회의 모습을 그리고 있는 것이다.

에스더에서는 한 이방인 왕과 결혼하는 한 유대인 처녀가 등장하고, 그녀는 장차 유대인들을 대학살로부터 구원할 책임을 맡게 된다. 이는 예표상, 주께서 재림 이전에 이스라엘을 그분의 아내로 회복시키는 모습을 보여 준다.

하지만 이 책에서 가장 이상한 점은 하나님의 이름이 단 한 번도 등장하지 않는다는 사실이다. 책 어디를 봐도 "하나님"(God)이란 단어를 찾아볼 수가 없다. 사실, "**주**"(LORD)라는 단어도 보이지 않는다. 성경책이 되기 위한 조건으로 "하나님"이라는 단어가 있어야 한다면, 에스더는 그런 자격을 갖추고 있지 못하다.

"하나님"과 "주"라는 단어가 없다는 사실이 그토록 눈에 거슬렸는지 70인역(LXX, 예수 그리스도와 사도들이 죽은 지 거의 200년이 지나서야 기록됨)은 에스더에다 이 단어들이 있는 내용을 여섯 장이나 첨가시켜 넣었다. 그렇게 해서 오늘날 로마카톨릭 성경에는 에스더가 16장으로 구성되어 있으며, 트렌트 공회의 결정에 따라 그 여섯 장을 받아들이지 않을 시에는 저주를 받게 된다.

에스더에서 위대한 부분은 소위 하나님의 섭리가 나타나 있다는 점이다. "하나님"과 "주"라는 단어가 그 책에서 발견되지는 않을지라도, 주께서는 그분의 뜻을 성취하시기 위해 삶의 모든 환경을 관장하고 계신다는 사실이다. 에스더를 읽을 때마다 각 페이지마다 나타나는 하나님의 손길을 발견하게 된다. 물론 "하나님"이라는 단어는 어디에도 보이지 않는다. 마치 하나님께서는 "무대 뒤에서" 바쁘게 일하시는 것과 같다. 그래서 이 책은 신약의 성도들에게 매우 실제적으로 적용할 수 있다. 왜냐하면 은사주의에서 떠들어대는 허풍과는 달리 오늘날은 소위 "기적의 시대"가 아니기 때문이다. "당신의 기적"을 기대하고 "당신의 기적"과 그 밖의 모든 신성모독적인 허튼소리를 요구하는 그런 시대가 아니란 말이다. 지금은 성령께서 성경을 통해 말씀하시고 매일의 평범한 삶 속에서 일어나는 사건들을 통해 역사하시는 시대다.

에스더에서는 하나님께서 홍해를 가르시거나 하늘에서 불이 내려오게 하시는 것 혹은 어떤 사람을 기적적으로 치유하시는 따위의 내용을 읽어볼 수가 없다. 그 대신 부적절한 시점에 한 사내가 방으로 들어오고, 한 여인은 자신의 남편에게 호의를 구하며, 어떤 이는 연회에 오라는 초청을 받아들이고, 어떤 남자는 밤새 잠을 이룰 수 없는 것과 같은 전형적인 사례들에 관해 읽게 된다. 이들 중 어떤 사건도 그렇게 중요하게 보이지 않는다. 그러나 이들 각 사람들이 내린 결정은 민족 전체의 생명과 운명을 결정짓는 것이었다. 하나님의 손길은 각각의 사건들 배후에 임하고 있었으며 그 사건들을 통해 역사하고 계셨던 것이다.

에스더의 경륜적 중요성에 관해서는 이미 논의한 바 있다. 역대기하에서 시편에까지 이르는 전천년주의 질서 속에서 에스더는 느헤미야에서의 이스라엘의 민족적 회복과 대환란 때 있을 유대인을 향한 사탄의 박해(욥기) 사이에 위치하게 된다. 그래서 에스더는 재림에 바로 앞서 일어날 사건들을 다루고 있는 것이다. 오늘날 소위 예언을 한다는 사람들은 대환란 이전과 휴거 이전에는 어떤 표적(signs)도 일어나지 않는다고 말한다. 그러나 이것은 사실이 아니다. 당신 손에는 에스더라고 하는 열 장 분량의 한 권의 온전한 책이 들려 있다. 에스더에 나오는 사건들은 지금 어느 때라도 일어날 수 있는 내용들이다.

자, 이것이 바로 〈킹제임스성경〉에서 볼 수 있는 향상된 계시다. 그러한 진리들을 히브리어 구약에서는 얻을 수 없다. 이는 구약 책들의 배열 순서가 다르기 때문이다. 〈킹제임스성경〉에 나오는 책들의 배열 순서를 따르게 되면, 영어성경을 믿지 않는 어떤 히브리어 학자도 본문에서 발견하지 못한 조명을 얻게 된다. 다시 말해서 당신은 재림에 관한 한, "축자적으로 영감받은 원본"을 갖고 있는 어떤 정통 유대인도 얻지 못한 통찰력을 영어성경을 통해 얻을 수 있는 것이다.

그러므로 믿는 마음으로 에스더를 연구하고, 그 책에 영감을 불어넣으시고 성경의 정경에 그 책을 두신 성령께서 우리에게 위대한 진리들을 보여 주시도록 하자.

에스더 1장

1:1 아하수에로 때의 일이라. (이는 인도에서부터 에디오피아까지 일백 이십칠 개의 지방을 치리한 아하수에로라.)

2 그 당시에 아하수에로왕이 수산궁에서 그의 왕국의 보좌에 앉았는데

3 그의 치리 제삼년에 그가 그의 모든 고관들과 신하들에게 잔치를 베풀었으니 페르시아와 메디아의 권세 있는 자와 지방들의 귀족들과 고관들이 그의 앞에 있더라.

1절은 유대인들이 이방인 왕의 통치를 받고 있는 상황으로 시작하고 있다. 페르시아는 당시 세계를 제패하던 이방 왕국이다. 예언적으로 페르시아는 영국의 예표이다. 왕이 이스라엘에게 그 땅으로 돌아가라는 칙령을 내린 사건이 역사적으로 단 두 번 있었다. 첫 번째는 페르시아의 코레스왕이, 다른 한 번은 이방인 왕 영국의 조지 5세가 통치할 때였다. 이스라엘을 고국으로 돌아가게 하기 위해 하나님께서 한 왕을 택하실 때가 이르렀을 무렵, 유럽의 제왕들 가운데 한 왕, 곧 영국 왕을 제외하고는 모두 다 죽어 버렸다. 제1차 세계대전 이후 영국만이 왕이 있는 유일한 세계 강국으로 남게 되었던 것이다.

대부분의 학자들에 따르면 1절의 아하수에로(Ahasuerus)는 세속사의 "크세르크세스"(Xerxes)이다. "아하수에로"는 파라오(Pharaoh)나 카이사(Caesar) 같은 어떤 칭호를 의미하는 것이다.

세속사에서 크세르크세스는 그리스 침공으로 가장 잘 알려졌다(페르시아 전쟁). 궁극적으로 그 침공은 실패로 끝났었다. 그러나 주께서는 이런 역사적 사건에 대해서는 완전히 간과해 버리신다. 아테네, 스파르타, 테르모필레의 전투, 살라미스 전투에서의 페르시아 함대의 패전에 대해서도 무시해 버리신다. 그 대신에 하나님께서는 반역하는 한 아내와, 유명하진 않지만 이제 곧 크세르크세스의 여왕이 되는 한 유대인 소녀에 관해서는 그분의 시간을 할애하고 계신다. 성경과 현대 교육에 관한 한, 이 둘 사이에는 "커다란 구렁"이 놓여 있는 것이다(눅 16:26). 주께서는 『**내 생각은 너희 생각과 다르며**』(사 55:8)라고 말씀하셨는데, 이것은 진리다.

두 개의 국가가 교전상태에 놓이게 되면, 모든 신문들은 "전쟁이다!"라는 커다란 표제로 앞 페이지를 장식한다. 그러나 하늘 위에서는 천사들이 하품을 하면서 다음과 같이 말한다. "아, 또 시작이군." 그러나 당신이 어떤 부랑자를 그리스도께로 인도해 오면 위에서는 영광 중에 천사들이 환호하고 소리치며 날뛰게 된다. 그러나 이곳 아래 지상에서는 그 사건에 대한 어떤 뉴스 기사도 찾아보지 못할 것이다. 알다시피 어떤 상황에 대해 보는 관점이 주님과 사람들 사이에 이처럼 차이가 나는 것이다.

1:4 왕이 많은 날, 즉 일백팔십 일 동안 그의 영화로운 왕국의 부와 그의 훌륭한 위업의 영예를 나타내더라.

5 이 날들이 다 끝나자 왕이 수산궁에 참석한 크고 작은 모든 이들에게 왕궁의 정원 뜰에서 칠 일간 잔치를 베풀었는데,

6 거기에 가는 자색 베줄로 은고리들과 대리석 기둥들에 맨 백색, 녹색, 청색 휘장들이 있고 홍색과 청색과 백색과 흑색 대리석 위의 침상들은 금과 은으로 되어 있으며

4절에서『**일백팔십 일**』이라는 말이 나오는 것에 주목하라. 날 수가 180이다. 일백팔십 일은 유대인 달력으로 반 년에 해당한다. 그게 뭐 그리 중요하냐고 생각할지도 모르지만, 3절을 보라.『**제삼년에**』 즉, 4절에서는 이 이방인 페르시아 왕의 통치가 3년 반에 이르게 됨을 알 수 있다. 이는 이방인의 때의 끝에 있을 대환란 전반부로 우리를 인도해 준다. 그래서 역사적으로 볼 때는 에스더가 느헤미야의 사건들보다 앞서 일어나지만(느 2:6) 예언적으로 볼 때는 에스더의 사건들이 이스라엘이 정치적으로 회복된 이후에 위치하게 되는 것이다.

5절에서는 3,4절의 3년 반이 끝나자『**왕이... 왕궁의 정원 뜰에서... 잔치를 베풀었는데**』라고 말씀하고 있다. 신약에는 헬라어가 아닌 단어들이 몇몇 있다.『**재물**』이라는 뜻의『**mammon**』(눅 16:13)이라는 단어는 페르시아 말이다.『**낙원**』이란 뜻의『**paradise**』(눅 23:43, 고후 2:14)란 단어 역시 페르시아 말이다. 이는 문자 그대로 보자면 "수렵정원"(hunting garden)을 의미하는 말이다. 페르시아에서 "낙원"이라 함은 거대한 사유지로

녹지가 조성된 정원들이 있고 그 안에는 사냥할 만한 야생동물들이 있는 장소를 말하는 것이었다. 이는 미국의 인디언들이 하늘나라(Heaven)에 대해 생각하는 것과 일치하는 개념이었다. 그곳은 "행복한 정원"(happy hunting ground) 같은 곳이었다. 따라서 『**왕궁의 정원**』은 낙원과 같은 모습이다.

5절에서는 결혼 축하연이 하늘 위에서 7일간 지속될 것이라는 사실을 묘사해 주고 있다. 반면 지상에서는 욥기에 묘사되어 있듯이 이스라엘이 칠 일 낮과 칠 일 밤을 마귀에게 고통받게 된다.

이렇게 해서 우리가 예고했던 바, 예표상 유대인들을 통치하고 왕의 칙령에 따라 정치적으로 그 민족을 회복시키는 한 이방 왕국의 모습을 보게 된다. 그러고 나서 휴거가 일어나고, 이후 하늘에서 7년 동안 축하의식이 거행되는 동안 유대인은 7년 대환란을 통과하게 된다.

6절에는 이 잔치를 빛내고 있는 왕의 부유함이 대대적으로 진열되어 있다. 아하수에로가 자신의 부와 권력을 통해 『**귀족들과 고관들**』에게 강한 인상을 심어 주려는 모습이 역력하다. 성경에서 이방 왕들은 그들의 생일날(창 40장, 마 14장)이나 결혼식(에 2장)에 혹은 단순히 과시해 보일 목적으로(단 5장) 잔치를 열었다. 각각의 경우에 잔치는 군주의 정치적인 하수인들과 종들에게 은혜를 베풀 목적으로 열리게 된다. 왕이 파티를 연다고 할 때는 그 목적이 종들이 왕에게 선물을 가져오는 데 있지 않았다. 오히려 왕이 자신의 충실한 종들을 대접하고 그들에게 선물들과 영예를 베풀었던 것이다. 그처럼 "떠들썩한 파티"에서 왕은 그 왕국을 실제적으로 이끌고 있던 중역들(고관들, 귀족들, 총독들 등)이 자기보다 더 많은 부와 권력을 지니고 있다고 생각하지 못하게 하기 위해 총력을 기울였다. 왕은 그런 식으로 그의 귀족들이 심리적으로라도 "서열"을 유지하도록 하게 했던 것이다. 또 그런 행사를 열어 충직한 노고에 후한 상으로 치하함으로써 (혹은 충직하지 못한 일에 대해서는 심한 벌을 줌으로써) 종들의 충성을 확고히 다져 나갔던 것이다.

이를 신약에서는 다음과 같이 적용해 볼 수 있다. 언젠가 왕께서는 그분의 종들을 위해 잔치를 베푸실 것이다(마 22장, 눅 14장, 계 19장). 잔치를 베푸실 때 왕께서는 그분을 잘 섬겼던 종들을 영예롭게 하실 것이다. 또 그분은 실제적으로 그 종들에게 시중드실 것이다(눅 12:37). "만찬"을 보기 원한다면 결코 어린 양의 혼인만찬을 놓치지 말라. 자, 우리는 지금 미래에 있을 "식사"에 관해 이야기하고 있다.

6절에서 『**금과 은**』(gold and silver) 및 『**가는... 베줄**』(fine linen)에 주목하라. 이는 그리스도의 심판석에서 볼 수 있는 요소들이다(고전 3:12, 계 19:8). 또 7절에서는 『**그릇들**』이 나온다(롬 9:23, 고후 4:7, 딤후 2:20,21).

6절의 『**침상들**』은 취침할 때 사용하는 침대가 아니다. 동양인들은 식사를 할 때 어딘가에 기대기 위해 침상들을 사용했다(에 7:7,8 참조). 즉 그들은 침상들에 몸을 기대고 있었던 것이다.

"최후의 만찬"이라는 유명한 그림은 사람들을 혼란스럽게 만든다. 다빈치는 창밖으로 이탈리아의 경치가 보이고 그리스도와 제자들은 르네상스식 탁자에 앉아 있는 장면을 그리고 있다. 노란 금발 머리에 푸른 눈을 하고 여인처럼 길고 가느다란 손가락을 지니신 그리스도께서 거기에 앉아 있다. 이 얼마나 지저분한 작품이던가! 물론 다빈치는 카톨릭 신자였다. 그래서 그렇게 호평을 받았던 것이다. (저자의 〈Art and Artists〉, 1993 참

조)

최후의 만찬에서 주님과 제자들은 탁자 의자에 앉아 칼과 포크, 스푼으로 음식을 들지 않았다. 그들은 침상에 기대고 있었던 것이다. 요한복음 13:23을 보라. 『**그때 주의 제자 가운데 한 사람, 곧 예수께서 사랑하시던 자가 예수의 품에 기대어 있더라.**』 주께서는 머리를 팔꿈치에 댄 채 옆으로 누워 계시고 요한은 그의 머리를 뒤로 주의 가슴에 댄 채 누워 있는 것이다.

실제로 기대어 있을 때가 똑바로 앉아 있을 때보다 음식 소화가 잘 이루어진다. 똑바로 앉아 있으면 위 근육이 온통 경직되기 마련이다. 당시의 사람들이 오늘날 사람들보다는 센스가 있었던 것이다.

1:7 그들에게 금그릇으로 마시게 하였는데 (그 그릇들이 각각 다르더라.) 왕의 형편을 따라 왕의 포도주가 풍부하더라.

8 마시는 것도 법대로 하여 아무도 강요하지 아니하였으니 이는 왕이 그의 궁의 모든 관료들에게 그렇게 명하여 각 사람이 좋은 대로 하게 하였기 때문이더라.

7절을 보라. 『**왕의 포도주가 풍부하더라.**』 요한복음 2장에는 그리스도께서 만드셨던 포도주가 있다. 그 포도주는 초자연적인 포도주였다. 그것은 그리스도께서 『**내가 너희에게 말하노니, 이제부터 내가 너희와 함께 나의 아버지의 왕국에서 새 것으로 마시는 그 날까지 이 포도 열매에서 난 것을 마시지 아니하리라.**』(마 26:29)고 말씀하셨던 바로 그 포도주다.

『**마시는 것도 법대로 하여 아무도 강요하지 아니하였으니**』(8절). 동양의 왕들은 대개 그들의 향연에 참석한 손님들이 술을 일정량 마시게 하기 위해 축배를 들게 했다. 이런 관례가 현대 음주축제 및 음주경연대회에서 어느 정도는 되살아났다. 하이델베르크에서 독일인들은 이런 관습으로 유명하고 미국인들은 그런 독일인들을 따라가려고 애써왔다. 하이델베르크에서 어떤 사람이 축배를 제안하면 모든 사람들은 서서 그 축배의 잔을 마셔야만 한다. 만일 그렇게 하지 않을 경우 사교상 문제가 생기게 된다. 심지어는 어떤 사람에게 심한 모욕까지 주는 것이 되어 싸움이 벌어질 수도 있다. 그래서 오늘날 사람들은 호프브로이하우스(Hofbraeuhaus)에서 이런 노래를 부른다. "하나, 둘, 쭈파!!"(Eins, zwei suffa) 여기서 쭈파(suffa)는 "퍼부어라"를 의미한다. 요는 동료들과 어울리지 않는 사람은 친구와 어울리기 좋아하는 남자가 아니라는 것이다. 그런데 본문 8절을 보면 왕은 원하지 않으면 마실 필요가 없다는 법안을 통과시켰던 것이다. 그들은 "마시든 말든" 마음대로 할 수 있었다. 개인의 자유에 달려 있었던 것이다.

『**이는 왕이 그의 궁의 모든 관료들에게 그렇게 명하여 각 사람이 좋은 대로 하게 하였기 때문이더라**』(8절). 다시 한 번 여기에서는 하늘 위에서 거행될 어린 양의 혼인식이 묘사되고 있다. 다시 말해서 혼인식에서는 원하는 것을 마음대로 할 수 있다는 것이다. 하늘나라에 가면 원하는 것은 무엇이든 할 수 있고, 원하는 것은 무엇이든 생각할 수 있으며, 어떤 것이 옳은지 그른지 고심할 필요가 없게 될 것이다. 당신은 그게 얼마나 큰 축복인지 알고 있는가? 그리스도인인 당신은 때때로 머릿속에 떠오르는 여러가지 생각들로 근심해 본 적이 없는가? 당신이 정말로 얼마나 부패했고 썩었는지 알기 원한다면 당신의 머릿속을 스쳐 지나갔던 모든 생각에 굴복했을 경우에 당신의 모습이 어떠했을지 생각해 보면 된다.

그리스도인이여, 당신 안에는 성령을 모독하고 하나님을 저주하는 능력이 있다. 그런 쓰레기들이 우리들, 곧 그리스도인이라고 하는 우리들 안에 내재해 있는 것이다. 우리가 마땅히 받아야 할 것으로부터 우리를 해방시키시고 우리에게 도덕적 구원을 주신 하나님께 감사드린다. 주께서는 대부분의 시간 우리를 관장하심으로, 우리가 우리 안에 있는 많은 사악한 생각들을 따라 행동할 시간이 없게 만드신다.

1:9 왕후 와스티도 아하수에로왕에게 속한 왕궁에서 여인들을 위하여 잔치를 베푸니라.

9절에서 이방인 왕후가 등장하는 것을 주목하라. 이 시대에 하나님께서는 이방인 신부를 불러내고 계신다. 그래서 어떤 면에서는 와스티가 왕과 함께 있도록 불러냄을 받은 이방인 신부의 모습이기도 하다. 여기 이 구절에서는 아직 그녀가 정원에 있는 것이 아님을 알 수 있다. 동양의 관습에 따르면 왕후는 남편과는 떨어진 별채에 거하게 되고(왕상 7:8 참조) 그녀는 거기에서 왕의 부름을 받을 준비를 하게 된다. 이것은 이제 막 휴거로 불려 올라갈 가능성을 지닌 이방인 왕후의 모습을 보여 준다. 그런데 그녀는 가지 않는다. 그래서 그녀는 유대인 신부로 대체되는 것이다.

자, 이것이 바로 로마서 11장에서 볼 수 있는 내용이다. 교회 시대 초기에 하나님께서 유대인들에게 호의를 보이셨던 이유는 아브라함과 이삭과 야곱에게 하신 그분의 약속들 때문이었다. 그러나 그들이 사도행전 13,

18,28장에서 그들의 메시야를 구주로 받아들이기를 거절했을 때, 주께서는 점차적으로 이스라엘을 옮겨 버리시고 그 대신 이방인들을 다루기 시작하셨던 것이다. 이 시대의 끝에는 하나님께서 이방인들을 옮겨 버리시고 그 대신 그들의 자리를 이스라엘로 바꾸시게 된다. (더 자세한 논의는 저자의 〈로마서〉 주석 11장을 참조하라.)

본 주석을 쓰고 있는 지금(2003-2004) 그 일을 목도하고 있다. 하나님께서는 점차적으로 이방 민족들을 전체로 다루시는 것을 중단하고 계신다. 셈족과 함족은 실제적인 부흥의 마지막 자취를 조금이나마 경험하고 있을지 모르지만, 창세기 10:5의 이방인들(세계를 주도하고 있는 미국과 유럽의 국가들)은 연합된 나머지 모든 세상보다도 예수 그리스도께로 회심하는 숫자가 훨씬 더 적은 실정이다. 이제 곧 성령께서는 아시아와 아프리카에서 자리를 옮기실 뿐만 아니라 사도행전 2장에서 그분의 역사를 시작하셨던 장소, 곧 예루살렘과 이스라엘 땅에서 그 역사를 마무리하실 것이다. 하나님께서는 지금 이방인들을 내버릴 절차를 밟고 계신 것이다.

성경은 놀라운 책이다. 그렇지 않은가? 42명의 저자들이 한 자리에 앉아 함께 공모하여 성경과 같은 책을 쓰려고 했다면, 그들은 그 책을 어떻게 써 나갔을까? 미래를 모르는 그들로서는 더 이상 진척할 수 없었을 것이다. 성경은 40명 이상의 서로 다른 저자들이 1,600년의 기간에 걸쳐 서로 다른 세 개의 대륙에서 기록한 유일한 책이다. 그 책은 향후 2,000년 내지 3,000년 이후에 있을 사건들을 과감하게 예언한다. 게다가 그 사건들은 한결같이 그대로 성취된다. 예언에 관한 한, 코란 같이 어리석고 하찮은 책들은 성경과 동일한 트랙에서 함께 뛸 수 없는 것은 물론이거니와 그 트랙에 발조차 들여놓을 수 없다.

1:10 일곱째 날 아하수에로왕의 마음이 술로 즐겁게 되자 왕의 면전에
서 섬기는 일곱 내시 므후만, 비스다, 할보나, 빅다, 아박다, 세달,
칼카스에게 그가 명하여
11 왕후 와스티로 왕후의 관을 쓰고 왕 앞에 오게 하여, 백성과 고관
들에게 그녀의 아름다움을 보여 주려 하였으니 이는 왕후가 보기
에 아름다웠음이라.
12 그러나 왕후 와스티가 왕의 내시들이 전한 왕의 명령에 따라 오기
를 거절하였으니 왕이 심히 노하고 그의 분노가 그의 속에서 불타
더라.
13 그때 왕이 때를 아는 현자들에게 말하기를 (법과 심판을 아는 모
든 자들에 대한 왕의 규례가 그러하였더라.
14 왕의 다음에는 칼스나, 세달, 앗마다, 타시스, 메레스, 말스나와 므
무칸으로 페르시아와 메디아의 일곱 고관이 있으니 왕을 대면하며
왕국 안에서 첫째 자리에 앉은 자들이더라.)
15 "왕후가 내시들이 전한 아하수에로왕의 명령을 이행하지 아니하니
법에 따라 우리가 왕후 와스티에게 어떻게 하랴?" 하니
16 므무칸이 왕과 고관들 앞에서 대답하기를 "왕후 와스티는 왕에게
만 잘못한 것이 아니라 아하수에로왕의 모든 지방에 있는 모든 고
관들과 모든 백성들에게 잘못하였나이다.
17 아하수에로왕이 명하여 왕후 와스티로 왕 앞에 오게 하였으나 그
녀가 오지 아니하였다는 소문이 알려져 왕후의 그런 행실이 모든
여자들에게 널리 퍼지게 되면, 그들이 그들의 눈으로 자기의 남편
을 멸시하리이다.

18 페르시아와 메디아의 여인들이 오늘이라도 왕후의 행실을 듣고 왕의 모든 고관들에게 그와 같이 말하리니 멸시와 분노가 너무 많이 일어나리이다.

10절은 『**왕의 면전에서 섬기는 일곱 내시**』의 이름을 열거하고 있다. 그리고 14절에 가서는 『**왕을 대면하며**』 왕국 안에서 첫째 자리에 앉은 『**일곱 고관**』이 나온다. 이렇게 해서 각각 일곱 명으로 구성되는 두 개의 그룹을 볼 수 있게 된다. 첫째 그룹은 왕의 면전에서 섬겼던 종들인 반면, 두 번째 그룹은 왕 아래에서 직접 통치했던 특권계층이었다. 일곱 명의 내시들이 종들이라는 사실로 미루어 볼 때 이와 가장 유사한 모습을 신약에서 찾아본다면 요한계시록에 등장하는 일곱 교회들의 천사들을 들 수 있다(저자의 〈요한계시록〉 주석, "천사들"에 관한 주석을 참조).

하지만 그 『**고관들**』은 얘기가 좀 다르다. 그들은 단순하게 『**왕의 면전**』에 있는 사람들이 아니다. 실제로 『**왕을 대면**』하는 사람들이다. 게다가 왕과 함께 하는 통치자들이다. 이를 통해 볼 때, 그들은 하나님의 『**보좌 앞에**』(계 4:5) 있는 『**하나님의 일곱 영**』을 묘사해 준다.

14절에는 그 『**고관들**』의 이름이 하나하나 열거되고 있다. 마찬가지로 『**하나님의 일곱 영**』의 이름들을 알기 원한다면, 이사야 11:2을 살펴보라. 그 『**일곱 영**』의 이름은 다음과 같다.

1. "**주**의 영"
2. "지혜의 영"
3. "명철의 영"
4. "계획의 영"

5. “능력의 영”
6. “지식의 영”
7. “**주**를 두려워하는 영”

모든 주석가들은 11절을 똑같이 다루고 있다. 즉 그들은 이 떠들썩한 술잔치에서 술에 취한 왕이 드레스를 반쯤 걸친 자신의 왕후를 데려와 그녀에게 사람들의 이목을 끌기 원했던 것이라고 한결같이 입을 모은다(아마 술 취한 바보들이 가끔 그렇게 하듯 그녀를 조롱하려 했는지도 모른다). “왕후는 우아한 용모에 기품 있는 훌륭한 여인이었기에 자신의 품위를 그런 천한 상태로 떨어뜨리기를 거부했다.” 이것이 바로 그녀가 오지 않았던 이유라는 것이다. 하지만 “사랑이든 돈이든” 성경에서는 그 근거를 찾아볼 수 없다는 데 문제가 있다.

에스더의 이야기에서 벌어지고 있는 사건은 다음과 같다. 왕은 직접적으로 내린 자신의 명령을 왕후 와스티가 거절했다는 사실에 화를 낸다. 그리고 현자들을 소집한다(13절). 성경에서 이방인 왕의 현자들은 마술사들과 연관되어 있다(창 41:8, 출 7:11, 단 2:27; 4:6,7). 그래서 “마기”(Magi)란 용어는 마태복음 2장의 『**현자들**』에 해당되는 용어이기도 하다. 페르시아의 『**현자들**』은 다니엘 시대의 바빌론 현자들보다 훨씬 더 좋은 대접을 받으며 살았다. 그들은 상황을 바르게 분석하여 왕에게 신약 교리에 해당하는 조언을 하게 된다(22절 주석 참조).

13절에서 『**때를 아는 현자들**』을 주목하라. 여기서 『**때**』는 문맥상 그들이 살았던 당시의 시세를 의미한다(대상 12:32; 29:30에서처럼). 하지만 성경에서 『**때**』라는 말이 마지막 때와 관련해서 예언적인 의미로 얼마나 자주 사용되고 있는지 주목할 필요가 있다.

에스겔 12:27, 『**그가 보는 이상은 여러 날 후의 것이며 그가 먼 때를 예언하는도다.**』

다니엘 2:21, 『**그는 때와 시기를 바꾸시며**』 (하나님께서 느부갓넷살의 형상의 제국들을 다루시는 것과 관련된 예언적인 구절)

누가복음 21:24, 『**예루살렘은 이방인들의 때가 찰 때까지 이방인들에게 짓밟히리라.**』

사도행전 1:7, 『**너희에게는 그 때나 시기를 알게 하신 것이 아니요, 아버지께서 자신의 권한에 두셨느니라.**』 (왕국의 회복의 때에 관해 제자들이 한 질문에 대한 그리스도의 답변)

사도행전 3:19에서는, 이스라엘이 그들의 메시야를 거부했던 죄에 대해 재림 때에 용서받는 것과 관련하여 『**새롭게 되는 때**』가 언급되고 있다. 사도행전 3:21에서는, 천년왕국과 관련하여 『**회복될 때**』가 언급되고 있다.

바울이 데살로니가전서 5:1에서 언급하고 있는 『**그 때와 시기**』는 바로 앞 4장에서 묘사했던 교회의 휴거와 연관되어 있다.

따라서 우리는 에스더의 사건들을 미래에다 위치시키는 예언적인 언급을 여기에서 한 번 더 보게 되는 것이다. 『**때**』란, 교회의 휴거가 일어나기 바로 직전에서 천년왕국의 시작까지 이어지는 때의 기간을 언급한다. (정말이지 우연의 일치 같지만) 이 기간은 에스더 전반에 퍼져 있는 중요한 요소가 되고 있다.

자, 아하수에로가 갖고 있던 문제는 와스티가 그의 명령 가운데 하나를 단순히 어겼다는 데 있지 않았다. 그녀는 왕국 내 모든 여인들에게 잘못된 본보기를 보였던 것이다. 사도 바울은 다음과 같이 말했다. 『**이는 우리 중에는 아무도 자신을 위해 사는 사람이 없고 자신을 위해 죽는 사람도 없기 때문이라**』(롬 14:7). 누구나 다른 사람에게 조금씩이라도 영향을 미치고 사는 것이다.

분명 그 왕국의 다른 여인들도 그들의 남편을 대적하여 반항할 유혹을 받게 될 것이다. 어쩌면 이렇게 말할지도 모른다. "왕후가 이 땅의 최고의 권위자인 왕에게 반항할 수 있다면 우리 역시 우리가 결혼한 이 겁쟁이들(남편들)에게 반항한다 한들 무슨 큰 일이 있겠어요."

1:19 왕께서 좋게 여기신다면, 왕명을 내리시어 페르시아인들과 메데인들의 법률 가운데 기록하게 하고 변경시키지 못하게 하여, 와스티로 다시는 아하수에로왕 앞에 오지 못하게 하고 왕께서는 그녀의 왕후의 지위를 그녀보다 나은 다른 사람에게 주소서.

20 왕께서 내리실 왕의 칙령이 왕의 제국 전체에 걸쳐 공표되면, (나라가 크오니) 모든 아내들이 자기 남편이 크든지 작든지 간에 존경하리이다." 하니

21 왕과 고관들이 그 말을 좋게 여기고 므무칸의 말대로 행하더라.

22 왕이 모든 지방에 칙서를 보내되, 각 지방에 그 백성의 글과 언어대로 보내어 모든 남자들로 자기 집을 주관하게 하였으니 그 칙서가 자기 백성의 언어로 공표되게 하였더라.

19절에 그 유명한 『**페르시아인들과 메데인들의 법률**』이 나온다. 페르시아 왕이 구두로 내린 명령은 번복할 수 있는 여지가 있지만, 일단 그 명령이 문서로 기록되고 왕의 인장으로 봉인되고 나면 철회할 수 없을 뿐만 아니라 변경시킬 수 없는 법이 되고 만다. 이 페르시아 법의 변경할 수 없는 특징이 에스더서에서는 자주 발견될 것이다. 그 특징이 다니엘서에 나타날 때(단 6:8-15), 이는 하나님으로부터 온 명령의 특징이 어떠한지를 보여준다. 여기 본문에서도 동일한 예표를 갖고 있는 것이다.

또 19절의 『**왕께서는 그녀의 왕후의 지위를 그녀보다 나은 다른 사람에게 주소서.**』에 주목하라. 다윗이 사울의 지위를 대신했던 것과 마찬가지로 유대인 신부가 대환란에서 불러냄을 받아 이방인들의 지위를 대신하게 될 것이다. 지금으로서는 복음을 받아들일 첫 번째 특권이 이방인들에게 있다. 사도행전에서 볼 수 있듯이, 복음을 받아들일 첫 번째 특권은 본래 유대인들에게 있었다(롬 1:16). 그러나 유대인들이 민족적으로 복음을 거절했을 때, 주께서는 그 특권을 그들로부터 취하셔서 이방인들에게 주셨던 것이다. 대환란 때 그 특권은 다시 유대인들에게 돌아갈 것이다.

이것이 바로 주님께서 사람들을 혼란케 하시는 방법이다. 주님은 한 민족으로서 유대인들을 택하셨고, 이방인은 다음과 같이 말한다. "나는 구약을 믿지 않습니다. 그것은 한낱 터무니없는 소리에 불과합니다. 유대인들은 하나님의 선택받은 백성들이 아닙니다." 그 다음에 주님이 이방인들에게 향하시자, 유대인들은 다음과 같이 말한다. "나는 예수 그리스도에 관해 어떤 것도 믿지 않습니다. 그는 사생아에 불과합니다. 신약도 믿지 않습니다. 이방인들은 쓰레기 같은 소리를 믿고 있는 것입니다."

자, 주께서 유대인에 대해 말씀하시는 내용을 보라. 에스더 1:19에서 주께서는 그 유대인을 가리켜 이방인들보다 더 『**나은**』 사람으로 부르고 계신다. "인종차별"이라니, 해도 너무 하시는 것 아닌가? 주께서 유대인을 마지막으로 다루실 때, 유대인은 어떤 아랍인이나 "팔레스타인인"보다 더 나은 민족이 된다. 유대인은 어떤 독일인이나 프랑스인보다 훨씬 더 나은 민족이 된다. 어떤 중국인이나 일본인보다도 더 나은 민족이 되며, 어떤 영국인이나 미국인보다도 훨씬 더 나은 민족이 되는 것이다. 어디에 살고 있는 누구라도 유대인은 어떤 아프리카인보다 훨씬 더 나은 민족이 된다. 그러나 알다시피 그 상황은 하나님의 계획 속에서 그 민족의 적합한 위치로 회복된 이스라엘에 국한되는 것이다. 말하자면, 지금은 아니란 말이다.

지금 당장은 어떤 유대인들도 여느 이방인들과 다를 게 없다. 그들 모두는 각자의 죄로 인해 하나님의 심판 아래 놓여 있는 죄인들이다(롬 3:9). 그러나 『**주의 임재하심으로부터 새롭게 되는 때**』가 오고(행 3:19) 이스라엘이 그 메시야를 거절한 죄에 대해 용서를 받게 될 때, 상황은 달라지게 된다. 그때 이 옛 세상은 새로운 생명과 부요함을 경험하게 될 것이다(롬 11:15). 주께서 유대인 신부가 이방인들보다 더 낫게 될 것이라 말씀하실 때는, 바로 이것을 의미하시는 것이다.

그 때까지는 하나님께서 한 민족을 들어서 또 다른 민족의 죄에 대해 심판하실 뿐이다. 이스라엘이 엉망진창이 된지라 주께서는 바빌론을 데리고 와 그들을 쓸어버리신다. 바빌론 왕이 교만하여 하나님의 유업을 더럽히자(단 5,6장), 주께서는 메데인들과 페르시아인들을 보내셔서 그들을 쓸어버리신다. 더욱이 그렇게 하시는 동안에도, 페르시아인들을 쓸어버리실 목적으로 헬라인들을 사용할 계획을 하고 계신다. 그리고 헬라인들이 그 계획을 수행하고 있을 때, 주께서는 이렇게 말씀하신다. "나는 곧 로마를 보내어 너를 쓸어버리겠노라." 로마도 마지막에 가서 너무 부패하여 존립

할 수 없게 되자, 주께서는 반달족, 훈족, 동고트족, 서고트족을 보내어 그들을 제거해 버리신다. 그러고 나서 주께서는 다른 몇몇 족속들을 보내시어 그들을 쓸어버리시며, 이런 일은 지금도 계속되고 있는 것이다.

당신은 전쟁의 창시자가 과연 누구냐고 물을지도 모른다. 당연 주님이시다! 밥 존스 시니어는 이렇게 말했다. "전쟁은 죄에 대한 이 세상에서의 하나님의 심판이고, 지옥은 죄에 대한 저 세상에서의 하나님의 심판이다." UN 등 수많은 단체들이 이 세상에서 전쟁을 제거하기 위해 노력하지만, 죄를 제거하기 전까지는 전쟁을 제거하는 것 자체가 불가능한 일이다. 문제는 죄이지 전쟁이 아니다.

현대 정치인들은 배수구 마개가 막혀 있는 싱크대에 모든 수도꼭지들을 틀어 놓아 물이 콸콸 쏟아져 내리는 주방에 있는 사람들과 같다고 할 수 있다. 물은 주방 바닥으로 마구 넘쳐 흘러내린다. 사람들은 저마다 양동이와 자루걸레를 들고 물로 엉망진창이 된 주방을 깨끗이 정리하려고 미친 듯이 열중하고 있다. 수도꼭지를 잠그는 것은 안중에도 없이 말이다.

인간에게 있어서 문제는 전쟁이 아니다. 전쟁이 문제였던 적은 지금까지 한 번도 없었다. 전쟁은 질병을 나타내는 하나의 증상에 불과하다. "평화"를 위해 힘쓰는 인간의 모든 노력은 의사 처방 없이 조제한 감기약 같은 것이다. 그런 약은 병을 제거하는 것이 아니라 일시적으로 고통을 덜어줄 뿐이다. 하나의 전쟁을 끝내면 이내 또 다른 전쟁이 뒤따르게 된다. 시간 문제지, 근본적으로 달라지는 것은 없다. 왜냐하면 그동안 한 일이라고는 증상을 일시적으로 덜어준 것밖에는 없기 때문이다.

전쟁은 죄에 대한 하나님의 심판이다. 주께서는 민족들을 멸망시키지 않고 그들이 그대로 존속하도록 내버려 두지는 않으실 것이다.

22절의 규정은 에스더 전체에서 가장 논란이 되는 구절들 중의 하나라 할 수 있다. 적어도 현대 여성 해방 운동가들에게는 그렇다. 제미에슨, 포셋, 브라운은 이 칙령으로 인해 보편적으로 모든 여성들이 노예가 되었다고 말한다. 하지만 모든 주석가들의 주장은 제쳐 두고, 하나님께서 므무칸의 말(21절)에 관해 마땅히 하셔야 하는 내용을 보도록 하자. 고린도전서 11:3에서는 『**각 남자의 머리는 그리스도시요, 여자의 머리는 남자요**』라고 말씀하신다. 바울은 또 감독들과 집사들이 자신의 집안을 잘 다스릴 수 있어야 한다고 말했다(딤전 3:4,12).

한 남자의 집안이란 그가 책임지고 있는 그의 지붕 아래에 살고 있는 사람을 말한다. 여기에는 그의 아내가 포함되고, 미국의 경우 18세 미만의 자녀들이 포함된다. 그 남자는 18세가 지난 자녀들을 더 이상은 책임지지 않는다. 그들은 이제 "독립"하여 하나님과 정부에 대해 스스로 책임을 지게 된다. 그들은 아버지의 집안에 머무는 한, 그의 규정에 순종해야 한다.

바울은 에베소서 5:22-24에서 이렇게 말한다. 『**아내들아, 너희는 너희 자신의 남편에게 복종하기를 주께 하듯 하라. 이는 남편이 아내의 머리 됨이 그리스도께서 교회의 머리 됨과 같음이라... 그러므로 교회가 그리스도께 복종하듯이, 아내들도 자기 남편에게 매사에 그렇게 해야 할지니라.**』

"므무칸의 말"은 전능하신 하나님의 말씀을 거의 있는 그대로 인용한 것이나 다름없었다. 창세기 3:16에서 하나님께서는 여자에게 말씀하시기를, 『**너의 바람은 네 남편에게 있을 것이니, 남편이 너를 주관할 것이라.**』고 말씀하신다.

므무칸이 아하수에로왕에게 올린 충언은 창세기 3장에서 요한계시록 20장에 이르기까지(아마도 그 이상) 하나님께서 가정 안에 정해 놓으신 질서라 할 수 있다. 남자가 가정 안에서 지니는 "지배권"은 성경 전체에서 폐기되거나 무효화되는 법이 없다.

여성들이여, 집안을 다스리든지 아니면 파산으로 이끌든지 그 책임은 남자에게 있을 것이다. 하지만 남자가 집안을 파산시키는 것은 다음의 두 가지 경우 때문이다. 첫째는 여성들이 남자를 지배하려 할 경우다. 이 경우 남자는 다른 여성을 찾으러 갈 것이다. 결국 가정은 간음과 이혼으로 치닫게 되어 모든 것이 산산조각 나게 될 것이다. 또 다른 경우는 남자 스스로가 무기력하여 주님과 바른 관계에 있지 못할 때다. 이런 경우 다스릴 누군가가 필요하기 마련인데, 그런 위치를 점유할 유일한 사람은 여성밖에 없다. 그럼에도 집안은 여전히 몰락할 것이다. 만일 어떤 사람이 해야 할 의무를 이행하려 하지 않고 여러 결정에 대해 책임을 지려 하지 않으며 생계비를 벌고 청구서를 지불하는데 책임을 지려 하지 않는다면, 그런 집은 그 길로 망해 버릴 것이다. 집안의 사태를 해결할 방법은 남자가 실질적으로 다스리는 사람이 되는 것이다. 결코 의지가 약한 사람이 되어서는 안 된다. 다스림에는 책임이 따르기 마련이다.

이곳 PBI에서는 세상의 어떤 기독교 학교에서도 얻기 힘든 자유를 학생들에게 주고 있다. 믿어지지 않는다면 PCC, BJU, 테네시 템플과 같은 학교들의 입장을 살펴보라. 그러나 자유가 있는 곳에는 반드시 책임이 뒤따라야 한다. 학생들은 자기 집을 구할 책임과 음식을 구매하고 장만할 책임을 져야 한다. 청구서 대금을 지불하기 위해 직업을 구하고 유지해야 하며 혼자 힘으로도 공부할 수 있는 책임을 져야 한다. 또 충분한 수면을 취하고 병원비용을 지불할 책임도 져야 한다. 학생들에게 언제 일어나고 언제 일을 해야 할지 그리고 무슨 일을 하고 언제 저녁 식사하러 올지 또 언제 어디서 공부를 하고 언제 취침을 해야 할지 말해 주지 않는다. 이에 대한 책임은 그들에게 있기 때문이다.

남자가 자신의 집을 이끌어 나가고자 한다면 집안에서 일어나는 것에 대해 책임을 져야만 한다. 책임을 회피하면 결코 그 집을 이끌어 나갈 수가 없다. 성경에서 남자들이 마땅히 해야 할 특별한 것들 가운데 하나는 자신의 집안 식구들을 다스리는 것이다. 주께서는 아브라함에게 『**자기 자식들과 자기 뒤에 올 자기 집안 식구들에게 명**』할 것을 말씀하셨다(창 18:19).

아브라함과 여호수아 같은 사람들이 왜 위대했었는지 아는가? 그 이유 중 하나는, 그들 가운데 어느 누구도 옳은 일에 관해서는 아내에게 어떤 의견을 묻지 않았다는 사실이다. 하나님께서 아브라함에게 이삭을 제물로 바치라고 요구하셨을 때, 그는 결코 사라에게 가서 이에 대한 그녀의 생각은 무엇인지 묻지 않았었다. 오로지 하나님께 복종했을 뿐이다. 언젠가 이 문제와 관련하여 짐 모디쉬(Jim Modish)가 훌륭한 설교를 하는 것을 들은 적이 있다. 모디쉬는 아브라함이 그 시험을 통과할 수 있었던 이유에 대해 세 가지를 들었다. 첫째는 아브라함이 아침 일찍 일어났다는 것이고, 둘째는 단순히 들은 정도가 아니라 경청했다는 것이다. 세 번째 이유는 이 문제에 관해 사라에게 말하지 않았다는 것이다.

여호수아는 『**나와 내 집은 주를 섬기리라.**』(수 24:15)고 말하기 전에, 이 문제에 관해 한 번도 자신의 아내에게 물어본 적이 없었다. 가족을 위해 그가 결정을 내렸을 뿐이다. 그의 결정에 대해 가족 중 어느 누가 별로 탐탁지 않게 생각하는 사람이 있었다면, 확신하건대 남녀 불문하고 누구든 더 이상 집안의 일원이 되지 못했을 것이다. 한마디로 "쫓겨나는 신세"가 되었을 것이다.

자, 남편들이여, 이런 가정문제에 관한 한, 하나님께서 당신에게 무엇을 해야 할지 말씀하시고 무엇을 해야 할지 보여 주셨다. 그러므로 어떤 것이 옳은 일인지 알고 있다면 기필코 그 일을 하라. 당신의 아내가 동의하면 좋겠지만 설사 그렇지 않다 해도 문제는 없다. 당신의 어머니가 찬성하면 좋겠지만 그렇지 않다 해도 나쁠 것은 없다. 당신의 아이들이 순종하면 좋겠지만 그렇지 않다 해도 걱정하지는 말라. 오직 주께서 당신에게 하라고 말씀하시는 것을 하라.

예수님께서는 이렇게 말씀하셨다. 『**누구든지 자기 아버지나 어머니나, 아내나 자식이나 형제나 자매나, 정녕, 자기 목숨까지도 미워하지 않은 채 내게로 오면 그는 나의 제자가 될 수 없느니라**』(눅 14:26).

현대 기독교 명사요 모든 일을 정상적으로 처리하고 가족 지향적이며 아내에게 가정 운영을 맡기는 겁쟁이들이 잊고 있는 한 가지 사실은, 성경에서 하나님이 우선이고 그 외 모든 사람은 차선이라는 사실이다. 그것은 남편으로 하여금 사랑 안에서 다스리지 말라는 말이 아니다. 또 자신의 아내를 함부로 다루고 물리적으로든 말로든 학대해도 된다는 것을 의미하지도 않는다. 아내의 바람이나 견해를 완전히 무시하는 것은 더더욱 아니다. 단지 남편은 아내의 생각에 개의치 말고 주를 따르며, 아내는 남편이 주를 따르듯이 남편을 따라야 한다는 것을 의미하는 것이다. 아내는 남편이 그렇게 하도록 도와야 하는데, 이것이 바로 아내가 창조된 이유였기 때문이다(고전 11:8,9).

이러한 말들을 극단적이라고 생각하는 아내들이 있을지 모른다. 말하자면 그토록 "남성적인 사고"는 지금까지 들어 본 적이 없다는 것이다. 사실 그 말은 맞는 말이다. 하지만 이처럼 극단적이고 남성적인 성경은, 지상의 어떤 것들보다도 더 많은 특권들과 더 큰 만족과 더 많은 기회들을 여성들에게 제공해 왔다. 그 사실을 믿지 못하겠거든 성경을 허용하지 않거나 성경을 믿지도 않고 실행하지도 않으며 존중하지도 않는 나라들에 가보라.

성경이 그렇게 나쁜 것이라고 생각한다면, 코란의 법이 지배하는 나라에 가서 잠시 동안이라도 살아 보라. 과연 그 생활이 어떨지 경험해 보라. 그래도 므무칸과 바울의 행동이 당신 같은 아내들에게 너무 심하다는 생각이 드는가? 마호메트가 여성들을 어떻게 대하고 있는지 알아보라.

언제 한 번 인도로 가서 가족들 먹일 식량을 넉넉히 구하기 위해 쓰레기를 뒤지고 있는 여인들을 보도록 하라. 아니면 생계비를 벌기 위해 무게가 50파운드나 나가는 벽돌을 머리에 이고 나르는 여인들을 보라. 이것이 바로 브라마, 비슈누, 시바가 힌두교 안에 있는 여자들을 다루는 방식인 것이다.

1장을 마무리하기에 앞서, 본문에서 마지막으로 한 가지 더 주석을 달아야 한다. 아하수에로는 『**모든 지방에 칙서를 보내되, 각 지방에 그 백성의 글과 언어대로 보내어... 그 칙서가 자기 백성의 언어로 공표되게**』 했다(22절).

에스더에는 나라 전역에 보내는 세 가지 칙령이 나온다. 이 칙령들은 페르시아 제국 내에 있는 역마를 통해 각 지방과 언어로 전달된다. 첫 번째 칙령이 이곳 에스더 1:22에 나오는데, 이는 집안을 다스리는 사람은 남자라는 사실을 공표하는 칙령이다. 두 번째 칙령은 3:12-15에 나오며, 이는 유대인들을 죽이라는 내용의 칙령이다. 세 번째 칙령은 에스더 8:9-14에 나오는 칙령으로, 유대인들이 그들의 신변을 방어할 수 있도록 내린 칙령이다. 9:29,30에는 네 번째 칙령이 역마를 통해 모든 지방으로 전달되지만, 모든 언어가 아니라 유대인들에게만 보내진 칙령이다. 어쨌든 각각의 칙령들은 하나님의 말씀이 지상 전역에 퍼져 나가는 모습을 보여 주고 있다.

이는 교리적으로, 대환란 때 하나님의 말씀이 전 세계적으로 전파되는 모습을 보여 준다. 마태복음 24:14에서는 이렇게 말씀한다. 『**이 왕국 복음이 모든 민족에게 증거되기 위하여 온 세상에 전파되리니**』. 요한계시록 14:6에는 한 천사가 『**땅에 사는 자들과 모든 민족과 족속과 언어와 백성에게 전할 영원한 복음을 가지고**』 있는 모습이 나온다.

이 두 개의 복음은 바울이 전파했던 『**하나님의 은혜의 복음**』(행 20:24)과는 다른 복음이다. 이 복음들은 결코 교회 시대에 전파되지 않는다. 오늘날 사도 바울을 통해 주어진 고린도전서 15:1-4의 복음 대신에 이 복음들을 신뢰하는 사람이 있다면, 그는 여전히 지옥을 향해 가고 있는 사람이다. 그리스도인은 예수님을 왕(마 24:14)이나 창조주(계 14:6)로 신뢰함으로써 구원받는 것이 아니다. 그의 죄들을 속죄하기 위해 피를 흘리시고 그를 하늘로 데려가기 위해 죽은 자들로부터 살아나신 구세주를 신뢰하고 있을 뿐이다. 물론 성경대로 믿는 그리스도인은 그리스도를 왕과 창조주로 믿고 있다. 그렇다고 해서 구원을 위해 믿는 것은 아니란 말이다.

대환란 때 사람들에게는 다음과 같은 두 가지 메시지가 제시된다. 1) 왕께서 여러분들을 심판하기 위해 다시 오십니다. 그러므로 그분을 믿고 그분의 명령을 따라 살아야 합니다(계 12:17; 14:12). 2) 모든 거짓 신을 거부하고 오직 우주를 창조하신 하나님만을 경배해야 합니다.

첫 번째 메시지는 대환란이 시작될 때 남아 있는 죄인들을 위한 것이고, 두 번째 메시지는 대환란이 끝날 무렵에 남아 있는 죄인들을 위한 것이다.

그러나 이 중 어떤 것도 오늘날 새로운 출생을 받아들일 죄인에게 주어지는 메시지는 아니다. 당신은 이것을 올바르게 이해할 필요가 있다. 근본주의 및 보수주의 학자들 중 99%는 이 모든 것이 똑같은 복음이라고 생각하고 있기 때문이다.

에스더 2장

2:1 이 일들 후에 아하수에로왕의 진노가 그치자, 왕이 와스티와 그녀가
행한 일과 그녀에 대하여 내린 칙령을 기억하더라.
2 이에 왕을 섬기는 왕의 신하들이 말하기를 "왕을 위하여 아름다운
젊은 처녀들을 구하게 하소서.
3 왕께서는 왕의 왕국 모든 지방에 관료들을 임명하시어, 그들로 아
름다운 젊은 처녀들을 모두 수산궁으로 모아 여인들의 궁으로 들이
게 하시고 왕의 내시이자 궁녀의 주관자인 헤개의 관리 하에 두시
며 정결을 위한 물품들을 그들에게 주시어,
4 왕을 기쁘게 하는 처녀로 와스티를 대신하여 왕후가 되게 하소서."
하니 왕이 그 일을 좋게 여긴지라, 왕이 그대로 행하니라.

2절의 『**아름다운 젊은 처녀들**』을 통해 본문이 예언적으로는 대환란 때에 위치하고 있음을 다시 한 번 보게 된다. 그 처녀들은 마태복음 25:1-13과 요한계시록 14:1-4에 등장한다. 에스더에 나오는 이 모든 내용들은 일종의 예표들이다. 시간표대로 꼭 맞아떨어진다고는 볼 수 없어도 모든 예표가 대환란의 상황을 지향하고 있음은 분명하다. 이방인 신부를 제쳐 두고 『**처녀들**』이 부름을 받고 있다.

와스티는 『**페르시아인들과 메데인들의 법률**』에 따라 폐위되어 버렸다. 이 칙령(1:19)은 변경할 수도 없다. 그녀는 이혼 상태에서 회복될 기회가 없는 것이다. 말하자면 영원히 버려진 것이다. 따라서 이런 경우라면 재혼이 허용된다.

이어지는 내용은 임명된 관료들이 페르시아 제국 전역을 돌아다니면서 소집한 모든 『**아름다운 젊은 처녀들**』을 왕의 궁전으로 데리고 왔던 내용이다. 이 처녀들은 궁전에서 왕을 위해 여인들을 준비시키는 내시의 관리 하에 있게 된다.

2:5 그때 수산궁에 한 유대인이 있었으니 그의 이름은 모르드캐로 베냐민인이요, 키스의 증손, 시므이의 손자, 야일의 아들이더라.

6 그는 바빌론 왕 느부캇넷살이 끌고 갔던 유다의 여코냐왕과 함께 끌려갔던 포로들과 함께 예루살렘에서 끌려갔던 자라.

7 그가 하닷사를 길렀으니, 곧 에스더라. 그의 삼촌의 딸이라. 이는 그녀에게 아버지도 어머니도 없었음이더라. 그 처녀가 곱고 아름다웠으며 그녀의 아버지와 어머니가 죽자 모르드캐가 그녀를 자기 딸로 삼았더라.

자, 에스더에서는 처음으로 유대인이 언급되고 있다. 그러나 그와 관련된 한 가지 문제가 발생한다. 문제라 함은 한 유대인이라고 불렸던 그가 베냐민이었다는 사실에 있지 않다. (유대 랍비들은 유대인이라는 용어가 분명히 유다 지파와 연관되어 있다는 이유를 들어 이 문제를 크게 부각시킨다. 그러나 베냐민 지파가 처음부터 계속해서 남왕국의 일부였기 때문에 그것은 정말이지 제기할 만한 문제가 못되었다.)

진짜 문제는 모르드캐와 에스더의 연령에 있다. 6절은 이렇게 말씀한다. 『**그는 바빌론 왕 느부캇넷살이 끌고 갔던 유다의 여코냐왕과 함께 끌려갔던 포로들과 함께 예루살렘에서 끌려갔던 자라.**』 만일 6절의 내용이 (문맥상 그렇게 보이는 바) 모르드캐에 관한 언급이고 에스더서의 아하수에로가 크세르크세스라면, 모르드캐의 나이는 약 120에서 133세 정도 되었을 것이다. 일반적으로 인정되는 연대기와 유다가 포로로 잡혀간 시점을 감안하면 그렇다는 것이다.

한 제국의 수상 직무를 수행하기에는 제법 많은 나이라는 것을 인정할 필요가 있다. 다니엘이 페르시아 제국을 다스리는 첫째가는 총리가 되었을 때의 나이가 약 85세에 불과했으며, 그는 100세가 되기 전에 숨을 거두었었다.

만일 모르드캐의 나이가 그 정도였다면, 에스더의 나이는 얼마였을까? 모르드캐의 아버지의 형제(그의 삼촌 - 7절)의 나이가 모르드캐의 나이만 했다면(이렇게 되면 그 형제는 모르드캐와 같은 해에 태어난 것이 된다), 아비하일(에 9:29)은 100세 혹은 그보다 더 나이가 들었을 때 에스더를 가졌어야 했을 것이다. 왜냐하면 본문에서 그녀가 『**아름다운 젊은 처녀들**』 중의 하나였다고 말하기 때문이다.

자, 이 문제를 해결하기가 쉽지만은 않지만, 〈킹제임스성경〉에 있는 그

대로 본문을 받아들이고 믿는다면 아래의 4가지로 해석해 볼 수 있다.

첫째로, 모르드개와 아비하일이 실제로 그만한 나이를 먹었다는 해석이다. 이는 유대인 주석가들이 가르치는 내용으로, 매우 그럴듯해 보인다. 하지만 이런 관점은 에스더가 구약의 끝에 놓여 있다는 사실로 볼 때 성경적으로 문제가 있다. 신명기 34:7에서 모세가 120세의 나이에 죽은 이후로 그렇게 나이 많은 사람이 등장한 적은 없었다. 아브라함이 99세를 지나 자식을 낳았지만 이는 하나님의 기적에 의한 것이었다(롬 4:19). 만일 모르드개와 아비하일이 100세 이상 살았다면, 그것은 매우 보기 드문 일이었을 것이다.

두 번째로, 6절은 모르드개 이외의 어떤 인물을 언급하는 것일 수도 있다는 해석이다. 그러니까 6절의 "그"가 5절의 시므이나 키스라면, 그들 중 한 명은 느부갓넷살에 의해 바빌론으로 사로잡혀 왔던 사람일 수 있다. 이는 확실히 모르드개와 아비하일, 그리고 에스더의 연령층을 보다 합리적으로 설명해 준다.

다음으로 에스더서의 아하수에로가 크세르크세스가 아닌 다른 왕이었을 수도 있다는 해석이다. 이는 가장 터무니없는 관점으로, 벌링거가 그의 〈컴패니언 바이블〉에서 옹호했던 해석이다. 벌링거는 바빌론 포로 기간 및 포로 이후 기간(부록 1 참조)의 날짜를 정하는 데 있어서 너무도 혼란스러워한 나머지, 에스더의 내용은 바빌론 포로 기간에 일어난 일이라고 주장한다. 그는 다니엘 9:1의 아하수에로(메데인 다리오의 아버지)를 에스더의 아하수에로와 동일시하고 있다. 벌링거에 따르면 이 왕은 그 이름이 아스테이아지스(Asteiages)로, 다니엘 4장과 5장 사이의 기간에 통치했다. 벌링거는 심지어 에스더가 코레스를 낳았다고까지 주장한다(스 1:1).

물론 이 모든 주장은 성경 말씀 앞에서 온데간데없이 자취를 감추고 만다. 첫째, 코레스는 페르시아인이었지(단 6:28), 메디아계 유대인(단 9:1)이 아니었다. 둘째, 에스더 1:1에 따르면 당시 중동 전역을 제패하던 나라가 바빌론이 아니라 페르시아라는 사실이 분명해진다. 에스더 1:3을 주목하라. 『**페르시아와 메디아의 권세 있는 자.**』 에스더 1:18을 보라. 『**페르시아와 메디아의 여인들.**』 에스더 1:19을 보라. 『**페르시아인들과 메데인들의 법률.**』 에스더에서 두 왕국이 함께 언급될 때마다 언제나 페르시아가 메디아 앞에 나온다는 것을 알 수 있다. 다니엘에서처럼 결코 『**메데인들과 페르시아인들**』의 순이 아니다. 이것은 매우 중요하다. 다니엘을 공부해 본 사람이라면 누구나 잘 알고 있듯이, 처음에는 메데인들이 메데-페르시아 제국을 지배한다. 하지만 그 후 페르시아인들이 보다 더 강력하게 되어 그 제국을 접수하고, 결국 그 왕국은 페르시아 제국이 된다. 이것은 단순히 세속사를 말하는 것이 아니다. 이 사실은 성경의 예언이다(단 8:1-3).

자, 만일에 아하수에로를 크세르크세스 이외에 다른 사람으로 보게 될 경우, 이에 가장 적합한 후보자로는 에스라 5,6장에 나오는 다리오 1세를 뽑을 수 있을 것이다. 스코필드는 어셔의 연대기를 따라 에스더의 연대를 B.C. 521년에서 B.C. 509년까지 잡고 있다. 플로이드 존스(Floyd Jones)의 〈구약 연대기, *The Chronology of the Old Testament : A Return to Basics*〉(부록 1 참조)에 따르면, 이 시기는 크세르크세스의 아버지인 다리오 1세가 단독으로 통치하던 때에 해당된다. 이렇게 되면 에스더에서 모르드캐의 나이는 약 80세가량이 될 것이다. 사실이 그렇다면 에스더는 느헤미야 2:6에서 왕후로 자리에 앉아 있는 것이 될 것이다(단 5:10 참조).

네 번째로, 페르시아 왕들에 관한 현존하는 연대기들 대부분에 "오류"가 있다는 판단을 해볼 수 있다. 플로이드 존스의 연대기가 옳고, 다리오 1세가 B.C. 505년에서 B.C. 485년까지 크세르크세스와 연합 통치한 것이 사실이었다면, 그래서 느헤미야 1:1의 아탁세르세스가 크세르크세스였다면 (부록 1 참조) 에스더의 사건들은 이 연합 통치 기간에 일어났었을 수도 있을 것이다. 그렇게 되면 모르드개는 약 100세 가까이 되었을 것이고, 에스더는 아비하일이 약 80세 남짓 되었을 때 태어났을 수도 있다. 또 느헤미야 2:6의 왕후도 크세르크세스와 결혼한 에스더였을 가능성이 있다. 더 나아가 이 모든 것은 왜 아탁세르세스가 느헤미야를 향해 호의적인 반응을 보였는지를 설명해 준다. 물론 이러한 설명은 대부분의 연대기들이 허용하는 것보다는 시기적으로 매우 이르다.

7절에서 드디어 에스더가 등장한다. 그녀의 히브리식 이름은 하닷사다. 이는 "은매화"(myrtle)를 의미한다. 에스더는 "별"(star)을 의미하는 페르시아식 이름이다. 그것은 이쉬타르(Ishtar)에 해당하는 또 다른 이름으로, 점성학에서는 금성(Venus), 곧 새벽별(morning star)에 해당하는 또 다른 명칭으로 사용되었다.

모르드개는 에스더의 사촌 오빠로서, 그녀의 가족 중에서는 유일하게 살아남은 친척이었음이 분명했다. 앞서 주석한 바 있듯이, 그녀의 아버지의 이름은 아비하일이었다(15절). 당시 아비하일과 에스더의 어머니는 둘 다 작고한 상태라 모르드개가 에스더를 데려다가 『**자기 딸**』처럼 키웠다.

2:8 그리하여 왕의 명령과 칙령이 전달되자 많은 처녀들이 수산궁으로

헤개의 관리 하에 모였으며 에스더도 왕궁으로 인도되어 궁녀의 주관자 헤개의 관리 하에 있었더라.

9 **그 소녀가 그를 기쁘게 하였고 그녀가 그로부터 친절을 얻은지라,**
그가 그녀에게 정결을 위한 물품들을 신속히 주었으며 그녀에게 속한 것들과 그녀에게 어울리는 일곱 처녀를 왕궁으로부터 주었고 또 그녀와 그녀의 여종들을 선대하여 여인들의 궁에서 가장 좋은 곳을 주었더라.

이 구절들에서 보듯이 하나님의 손길이 사건의 배후에 역사하고 있음을 알게 된다. 하나님께서 그 사람의 마음을 움직이지 않으셨다면, 『**헤게**(Hege)』(철자를 "Hegai"로 쓰기도 함. 8,15절)가 그곳으로 인도된 수백 명의 다른 젊은 여인들보다 에스더에게 호의를 더 보일 이유가 없었던 것이다.

느부캇넷살이 현자들로 세울 목적으로 다니엘과 그의 세 친구들을 데리고 왔을 때, 성경은 다음과 같이 말씀하고 있다. 『**하나님께서 지식을 주셨고 모든 학문과 지혜에 익숙하게 하셨으며**』(단 1:17), 결국 느부캇넷살은 그들이 『**지혜와 명철에 대해... 모든 문제들에 있어서... 자기의 온 나라에 있는 모든 마술사들과 점성가들보다 열 배나 더 나은 것을**』(단 1:20) 알게 되었다. 하나님께서 그 유대인들을 포로로 보내셨을 때, 그분의 진노 가운데 그들을 버려두지 않으셨던 것이다. 주께서는 그들에게 생존하는 데 필요한 것은 무엇이든 제공해 주셨다.

또 다른 장에서는 하만이 등장하여 모든 유대인들을 지상에서 쓸어버리려고 한다. 이 상황에 처한 유대인들에게는 높은 지위에 앉아 왕의 주의를 끌 만한 누군가가 필요하게 될 것이다. 그래서 여인들 무리 속으로 고아된 이 유대인 소녀가 들어오게 되는 것이다. 그녀에게는 향수나 화장품을 살 돈이 전혀 없다. 머리나 손톱을 손질해 줄 사람도 없다. 그저 일천 명 가운데 한 소녀에 불과할 뿐이다(전 7:28). 하지만 우두머리 내시가 그녀를 바라볼 때, 주께서는 그 사람의 마음을 움직이신다. 그는 서둘러 그녀에게 부드러운 피부를 유지하고 장미정원 향내를 내는 데 필요한 모든 화장수와 장식품들을 제공해 준다. 심지어 일곱 명의 "미용사"들(『**일곱 처녀**』, 9절)까지 붙여주어 그녀의 몸치장을 하게 한다. 이제 에스더는 그 여인들 가운데 최정점(『**여인들의 궁에서 가장 좋은 곳**』)에 서서 아름다운 자태를 드러내게 된다. 하나님께서는 그 소녀를 인도에서 에디오피아에 이르기까지 모든 것의 왕후가 되도록 임명하셔서 그녀의 백성을 구원할 수 있도록 하고 계시는 것이다.

2:10 에스더는 자기의 백성과 동족을 알리지 아니하였으니, 이는 모르드캐가 그녀에게 그것을 알리지 말라고 명하였음이더라.

11 모르드캐가 매일 여인들의 궁 뜰 앞을 걸으며, 에스더가 어떻게 하고 있고 그녀가 어떻게 될 것인가를 알아보더라.

에스더는 그녀의 사촌 모드르캐의 명에 따라 자신이 유대인이라는 사실을 숨긴다(20절). 헤게는 그녀의 혈통에 관해 아는 바가 없고, 이 문제는 한 번도 거론되지 않고 있다.

모르드캐가 왕의 궁정에서 어느 정도는 권위 있는 직분을 갖고 있다는 것은 분명한 사실이다. 19절에서는 그가 『**왕의 문에 앉았더라.**』고 말씀한다. 성경 시대에 성읍의 문은 성읍의 장로들이 성읍의 업무를 관리하고 재판관들이 법정을 열었던 장소였다(신 16:18, 룻 4:1,2). 왕의 궁전에서 관료들은 문에 앉아 그들의 직분을 수행했으므로, 왕이 부르면 언제든지 명령을 받들 수 있었던 것이다(에 6:4,5). 모르드개는 직위상 왕의 여자들의 바깥뜰에까지 접근할 수 있었다.

2:12 궁녀들의 관례를 따라 각 소녀가 열 두 달을 지낸 후에 아하수에로왕에게 들어갈 차례가 되었으니 (그렇게 하여 그들의 몸을 정결케 하는 날들이 찼으니, 즉 여섯 달은 몰약 기름을 쓰고 여섯 달은 향품과 여자를 정결케 하는 다른 물품들을 쓰는 것이더라.)

13 소녀마다 왕에게 나아갈 때는 그녀가 원하는 것은 무엇이나 주어 여인들의 궁에서 왕궁으로 가지고 가게 하였더라.

14 저녁에 그녀가 갔다가 아침에 여인들의 두 번째 궁으로 돌아와서 후궁들을 주관하는 왕의 내시 사아스가스의 관리 하에 있다가 왕이 그녀를 기뻐하여 그 이름을 부르지 아니하면 다시 왕에게 나아가지 못하더라.

이 젊은 여인들은 왕과 결혼하기에 앞서 꼬박 1년간 자신의 몸을 정결하게 해야 했다. 참으로 기나긴 약혼의 기간이라 할 수 있는데, 그 이유는 여인이 결혼하기 전에는 불결하다는 한 가지 생각 때문이었다. 여인들이 결혼할 수 있을 만큼 충분히 정결케 되는 데 12개월이 걸린 것을 보면, 당시 여인들이 그다지 높게 존중받지 않았음을 알 수 있다.

14절에서는 동양의 통치자가 후궁들을 어떻게 대우했는지 알 수 있다. 이 젊은 여인들은 한 사람씩 왕과 함께 밤을 보내야 했다. 각자가 나름대로 왕이 자신을 최고의 아내(chief wife), 곧 왕후로 간택할 수 있도록 납득시킬 만한 물건을 가지고 갈 수 있었다. 그러나 그녀가 간택되지 않았다고 해서 자유로운 몸이 된다거나 평범한 일상생활로 돌아갈 수 있는 것도 아니었다. 첩의 신분으로 좌천되어 왕이 다시 그녀와 함께 있고 싶다는 결심을 하기까지는 후궁들 사이에서 지내야만 했던 것이다. 그러나 왕이 그런 결심을 하는 일은 거의 없었을 것이다.

오늘날 이와 똑같은 상황이 이슬람에 존속하고 있다. 마호메트는 14명의 아내와 결혼했고(하지만 그의 추종자들에게는 4명의 아내만이 허용된다.) 자신의 노예 소녀들 가운데서 자신이 원하는 사람이 있으면 그 수가 몇 명이든 관계를 가졌다. 이 중 가장 파렴치한 결혼은 9살 먹은 소녀와 한 것으로, 당시 그 소녀가 "혼례"를 마쳤을 때는 손에 인형들을 쥐고 있었다.

플로리다 주 잭슨빌의 한 남침례교 목사(제일침례교회의 제리 바인스)는 마호메트를 "마귀에게 사로잡힌 아동 성도착자"라고 불렀다는 이유로 모슬렘교도들로부터 잇단 비난을 받았다. 하지만 그것은 마호메트에 대한 정확한 표현이었다. 그는 상습적으로 간음을 일삼는 자로, "가브리엘"에게서 계시들을 받을 때 낙타처럼 거품을 뿜으며 코를 골았던 인물이었다. (압둘라 아지즈 저 〈웃음을 자아내게 하는 이슬람 이야기, *Mohammed's Believe It or Else*〉 참조)

2:15 모르드개가 자기 딸처럼 여겼던, 그의 삼촌 아비하일의 딸 에스더
의 차례가 되어 왕에게 나아갈 때에 그녀가 궁녀의 주관자인 왕의
내시 헤개가 정해 준 것 외에는 아무것도 요구하지 아니하였으며
에스더가 그녀를 보는 모든 사람의 눈에 호의를 얻었더라.
16 그리하여 에스더가 아하수에로왕의 치리 제칠년 테벳월인 열째 달
에 왕궁으로 왕 앞에 인도되니
17 왕이 모든 여자보다 에스더를 사랑한지라, 그녀가 모든 처녀들보
다 왕의 목전에 더 많은 은혜와 호의를 얻었으므로 왕이 그녀의
머리에 왕후의 관을 씌워 와스티를 대신하여 그녀를 왕후로 삼으
니라.
18 그리고 왕이 그의 모든 고관들과 신하들에게 큰 잔치를 베풀었으
니, 즉 에스더의 잔치더라. 왕의 형편을 따라 지방들에 방면을 허
락하고 선물들을 내렸더라.
19 처녀들이 두 번째 함께 모였을 때에 모르드개가 왕의 문에 앉았더
라.
20 모르드개가 에스더에게 명한 대로 그녀가 자기 동족과 자기 백성
을 알리지 아니하였으니 이는 에스더가 모르드개와 함께 있어 양
육받던 때와 같이 그의 명령을 행하였음이더라.

하나님께서는 에스더를 위해 역사하고 계신다. 그녀는 『**궁녀의 주관자인 왕의 내시 헤개**』(15절)의 마음에 깊은 인상을 주었을 뿐만 아니라 『**그녀를 보는 모든 사람의 눈에**』 호의를 얻었다. 하나님께서 개입하시지 않은 것이라면 실로 우연한 일로밖에는 보이지 않는다. 여기에 "첫눈에 반한 사랑"이 나오는데, 이는 그저 한 사람이 아닌 그 소녀를 바라보는 모든 사람의 사랑이다.

16절에 에스더에서 중요한 교리적인 구절들 중 하나가 나온다. 예표상, 유대인 신부의 휴거는 환란 후에 일어난다. 본문의 사건이 『**치리 제칠년**』에 있는 사건임을 주목하라. 이는 대환란 기간의 7년을 예표해 준다. 그러나 그 사건은 『**열째 달**』에 일어나고 있다(현대력으로 12월).

아하수에로가 에스더를 자신의 왕후로 간택할 때가 『**열째 달**』이고, 그 때 그는 『**큰 잔치**』를 베풀며 제국 내 모든 사람들에게 하루의 휴일을 내린다(『**지방들에 방면을 허락하고**』). 게다가 『**선물들**』까지 내린다(18절). 자, 12월 중에 축제, 하루 휴일, 선물을 주는 것으로 특징 지워지는 날은 무슨 날인가?

이와 연관해서 요한계시록 11장에서는 "두 증인"이 적그리스도에 의해 살해된다. 그들의 몸들은 예루살렘 길거리에 사흘 반 동안 놓이게 된다. 그 기간 동안에 일어나는 일에 대해 성경은 다음과 같이 말씀한다. 『**땅에 사는 자들은 그들로 인하여 즐거워하고 또 기뻐하며 서로 선물을 보내리니 이는 이 두 선지자가 땅에 사는 자들을 괴롭게 하였기 때문이라**』(계 11:10). 그리고 곧이어 이들은 부활하여 휴거된다. 자 보라, 사람들이 술 취하고 노래하며 선물을 푸는 동안 환란 후 휴거가 일어난다(계 11:11-15, 계 14장 참조).

『**처녀들**』(19절)이란 용어가 또다시 환란 후 휴거의 문맥에서 나오고 있음을 주목하라. 요한계시록에서 그 "처녀들"(『**동정들**』, 계 14:4)은 7장에서 처음으로 지상에 모아진다. 그리고 14장에서는 두 번째로 하늘에서 모아지게 된다. 마태복음 25장에서 그들은 혼인식에서 돌아오는 신랑을 기다리기 위해 함께 모아진다. 그러고 나서 신랑과 그의 신부와 함께 그 집으로 들어가기 위해 다시 모아진다.

20절은 별다른 설명이 필요 없다. 이에 대해서는 10절에서 주석할 때 이미 논의한 내용이다.

2:21 그 당시에 모르드캐가 왕의 문에 앉아 있을 때, 왕의 내시들 중 둘, 즉 그 문을 지키는 빅단과 테레스가 격노하여 아하수에로왕을 죽이려 하거늘

22 그 일이 모르드캐에게 알려지자 그가 그 사실을 왕후 에스더에게 고하니 에스더가 모르드캐의 이름으로 그 일을 왕에게 알리니라.

23 그 일을 조사하여 발견되었으므로 그들이 모두 나무에 매달렸고 그 일이 왕 앞에서 역대기에 기록되었더라.

21절은 왕의 두 문지기가 아하수에로에 대해 암살 음모를 꾸미는 것에 관해 기술하고 있다. 자, 당신은 하나님께서 그분의 목적을 이루시기 위해 살인 음모를 사용하실 거라고는 생각하지 않을 것이다. 하지만 그분은 그렇게 하신다. 시편 76:10절에는 다음과 같이 말씀한다. 『**진실로 사람의 진노가 주를 찬양할 것이요, 진노의 나머지는 주께서 억제하시리이다.**』 이 말씀이 바로 본문에서 일어나고 있는 것이다.

이 두 명의 내시는 왕에 대해 매우 흥분한 나머지 그를 죽이기로 결심한다. 모르드캐는 우연히 그 음모를 알게 된다. 그는 이 사실을 에스더에게 말하고 에스더는 『**모르드캐의 이름으로**』(22절) 왕에게 알리게 된다. 왕은 그 일을 조사한다. 결국 빅단과 테레스는 살인 음모로 교수형에 처하게 된다.

이 동양의 왕들은 전제군주로 독재자들이었다. 그들은 히틀러보다도 더 절대적인 독재자들이었다. 그 페르시아의 왕들처럼 진정한 동양의 전제군주라면 자신의 명령 하나로 당신을 사형에 처할 수 있었다. "죽음의 갈고리에서" 당신을 빼낼 수 있는 어떤 노력이나 방법도 무용지물이었다. 이 동양의 전제군주들은 막강한 권력을 지니고 있었던 것이다.

모택동은 한 명의 동양 전제군주에 의해 자행된 대량 학살에 관한 한 세계 기록을 보유하고 있다. 그는 중국의 "서기장"으로 있는 동안 4,500만 명의 사람들을 살해했다(8천만 명까지 추산하는 사람도 있다).

성경은 느부갓넷살에 대해 다음과 같이 말씀한다. 『**그가 죽이고 싶으면 죽이고 살리고 싶으면 살리며 그가 높이고 싶으면 높이고 낮추고 싶으면 낮추었는데**』(단 5:19). 이것이 바로 절대적인 권력이다.

지금껏 세상이 보지 못한 가장 위대한 동양의 전제군주가 향후 수년 내에 나타나실 것이다. 그분은 이 지상의 모든 민족을 『**철장**』으로 다스리실 것이다(시 2:8,9, 계 19:15). 당신은 약 3피트 길이에 1인치 두께의 아연으로 도금된 철 파이프로 맞아 본 적이 있는가? 뼈가 으스러질 정도다!

이것이 바로 왕이 지니고 있는 "홀"이 의미하는 바다. 그것은 단순히 권력의 상징만을 나타내지는 않는다. 그것은 왕이 그의 적들을 쳐서 압도하는 데 사용하는 막대기를 나타낸다. 이는 예수 그리스도께서 돌아오실 때 지니시게 될 왕의 본성이시다. 주께서는 2억의 UN 군대를 그분의 발 아래 짓밟으시고 나서 철로 된 홀(철장)을 가지고 민족들을 정렬하신다.

2장은 『**왕 앞에서 역대기에 기록되었더라.**』(23절)는 말씀으로 끝이 난다. 왕을 향한 그의 충성심에 대해 모르드캐는 아무 보상도 받지 않는다(당시까지는 그러하다). 모든 실제적인 목적들을 위해, 그 사건은 페르시아의 국립 기록 보관소 속에 묻혀서 잊혀지고 만다. 그러나 그 기록은 주께서 적절한 때에 아하수에로의 주의를 끌게 하실 때까지 그 안에서 기다리는 것이다. 주께서는 『**빅단과 테레스**』의 진노로부터 찬양을 받으실 것이나, 이와 동시에 그분의 목적을 위해 아무도 주를 보지 못하는 곳에서 잠잠히 역사하고 계신다.

자, 여기 신약 성도들에게 실제적으로 적용할 수 있는 위대한 교훈 한 가지가 있다. 그리스도인이여, 예수 그리스도를 위해 당신이 하는 모든 일은 결코 잊혀지는 법이 없다. 그 일들은 『**왕 앞에서**』 그 책들에 기록된다. 조만간 그리스도의 심판석에서 주께서는 그 책들을 여시고 주님을 향한 당신의 충실함에 대해 당신을 영예롭게 하실 것이다. 그리스도께서는 친히 이렇게 말씀하셨다. 『**은밀히 보시는 네 아버지께서 네게 드러나게 갚아 주시리라**』(마 6:18). 사도 바울은 이렇게 말했다. 『**선을 행하다가 낙심하지 말지니, 쓰러지지 아니하면 때가 되어 거두리라**』(갈 6:9).

우주를 만드신 분께서 당신을 그분의 피조물들 앞에 세우시고 당신이 잘한 일에 대해 공개적으로 칭찬하실 날이 올 것이다. 그러나 지금 이곳 지상에서는 아니다! 지금 당장은 십자가이지 면류관이 아니다. 현대 그리스도인들의 문제는 식사도 하지 않으면서 "디저트"를 원하는 데 있다. 그것은 그리스도인의 삶을 살아가는 방식이 못된다. 당신은 하나님의 때에 당신의 유업을 받게 될 것이다. 이 생애를 살면서 보상을 받기 위해 섬기고 있다면, 하늘에서는 아무런 보상 없이 생을 마감하게 될 것이다(마 6:16).

에스더 3장

3:1 이런 일 후에 아하수에로왕이 아각인 함므다다의 아들 하만을 승격
시켜, 그의 자리를 그와 함께한 모든 고관들 위에 두자,
2 왕의 문에 있는 왕의 모든 신하들이 하만에게 절하고 경의를 표하
였으니 이는 왕이 그에 대하여 그렇게 명하였음이더라. 그러나 모
르드개는 그에게 절하지도 아니하고 경의를 표하지도 아니하더라.
3 그러자 왕의 문에 있던 왕의 신하들이 모르드개에게 말하기를 "어
찌하여 네가 왕의 명령을 거역하느냐?" 하더라.
4 그들이 날마다 그에게 말하여도 그가 그들에게 경청하지 아니하므
로 그들이 하만에게 고하여 모르드개의 일이 어떻게 되는가 보려
하였으니 이는 모르드개가 자신이 유대인임을 그들에게 말하였음이
더라.

하만은 사건 전개상 "나쁜 인물"로 등장한다. 일종의 악역을 맡고 있는 셈이다. 성경에는 사람들이 지금까지 본 모든 소설, 영화, TV 프로그램의 기본이라 할 수 있는 33가지의 줄거리 원형들이 들어 있다. 가장 기본적인 줄거리는 한 여인이 자신의 사랑이나 재산, 소유물 혹은 평판을 잃어버릴 위험해 처하는 이야기다. 이때 그녀를 구출할 한 영웅이 등장한다. 그는 항상 전체 줄거리의 4분의 3정도는 힘을 잃은 채 쓰러져 있다. 그러다가 항상 기적적으로 회복되어 마지막 순간에 나타나 그 악당을 물리친다. 악당은 여인을 제거하려고 하는 인물이다. 마치 악당이 영웅을 완전 무기력하게 쓰러뜨릴 수 있는 것처럼 보인다. 그러나 마지막에 그 둘이 일대일로 대결하게 되고, 여기에서 영웅은 그 악당을 물리치게 된다. 자, 여기에는 다음과 같은 이야기가 있다. 하만은 나쁜 사람으로 유대인들을 죽이려고 한다.

유대인들은 푸림절 축제 때 에스더서를 읽는다. 축제 기분에 들떠서 에스더를 읽는 가운데, 하만이란 이름이 나올 때마다 아이들은 모두 시끄럽게 떠들어대며 '우' 하고 야유를 보낸다. 나도 소년이었을 때 그랬다. 우리는 뒤쪽에 앉아 마냥 지켜만 보지는 않았다. 우리는 그 일에 함께 동참했던 것이다. 스크린에 영웅이 등장하면 우리는 모두 박수갈채를 보내며 함성을 질렀다. 그러다가 악당이 나타나면 여지없이 '우' 하고 야유를 보냈다.

에스더의 줄거리에서 하만은 마귀의 예표이고 에스더는 유대 민족의 예표이다. 왕은 하나님 아버지와 주 예수 그리스도의 예표이다. 설정된 상황은 대환란이다. 그렇게 되면 요한계시록이 줄거리 원형이 되는 셈이다.

그 줄거리에서 여인(이스라엘)은 필사적으로 도망치고 있다. 악당(마귀)은 여인을 죽이려고 한다. 영웅(예수 그리스도)은 죽임을 당하여 땅에 묻혔다. 그러나 그분은 죽은 자들로부터 나와 기적적으로 회생한다. 그리고 마지막 순간에 등장하여 그 악당과 대결을 펼친다. 악당을 패배시킨 이후에는 그 여인과 결혼하고 천 년간 신혼여행을 하게 된다. 그러고 나서 그들은 아버지의 집으로 이동하여 영원히 행복하게 살게 된다.

자, 모르드캐가 왕의 목숨을 구명해 준 데 대한 보상으로 승격되는 대신, 하만이 최고위 관직으로 승격된다. 그는 동일한 칭호는 아니었을지라도 다니엘 6장에서 다니엘에게 주어진 직위와 대등한 위치에 오르게 된다. 이는 오늘날의 "국무총리"에 해당된다.

하만이 『**아각인**』이라는 사실에 주목하라. 즉, 그는 아각의 후손이었던 것이다. 아각은 어떤 사람이었는가? 사무엘상 15:8로 돌아가 보면 아각은, 사울이 이스라엘을 통치하던 기간에 아말렉인들을 다스리는 왕이었다. 하나님께서는 사울에게 아말렉인들을 완전히 멸할 것을 명령하셨다. 왜냐하면 그들은 출애굽기 17:8-16에 광야에서 이스라엘을 숨어 기다리고 있었기 때문이다. 출애굽기 17:16에서 하나님께서는 아말렉 족속과 대대로 싸울 것이라고 맹세하신다.

더 나아가 민수기 24:20을 보라. 주께서 『**아말렉이 민족들 가운데서 첫째**』였다고 말씀하실 때, 이는 그들이 하나의 민족(창 10장)을 형성하는 첫 번째 백성들이었다는 말이 아니다. 이스라엘이 이집트에서 나왔을 때, 그 민족을 공격한 첫 번째 민족이 아말렉이었다는 사실을 말씀하시는 것이다. 그 결과로 하나님께서는 아말렉에 대해 특별한 "원한"을 가지시게 되었다.

민수기 24:7에서 주께서는 『**그의**[야곱의] **왕은 아각보다 더 높으리니, 그의 왕국이 높임을 받으리라.**』고 말씀하신다. 그래서 주님은 이스라엘을 축복하셔서 널리 뻗어나가게 하실 것이고 그 민족의 왕(궁극적으로는 예수 그리스도)을 아말렉인들의 왕보다도 더 강력하게 하실 것이다. 더욱이 민수기 24:20 뒷부분에서, 『**그의 종말에는 그가 영원한 멸망에 이르리로다.**』라고 말씀하신다. 아말렉은 『**하나님을 잊어버린 모든 민족들**』(시 9:17)과 동일한 운명에 처해 있다.

이스라엘을 공격했다는 사실 이외에 하나님께서 아말렉을 대적하시는 이유는 무엇일까? 무엇보다도 그 민족은 이삭의 거절된 아들, 곧 에서의 후손이기 때문이다(창 36:12-16). 주께서는 『**내가 야곱은 사랑하였고 에서는 미워하였노라.**』(롬 9:13, 말 1:2,3)고 말씀하셨다. 아말렉은 또 함족 어머니(엄밀히 말해서 카나안 여인, 창 36:2,12), 곧 저주받은 인종의 여인의 후손이었던 것이다.

그것이 "오늘날의 이슈들과 연관되어 있는" 이유는 무엇인가? 현재 이스라엘이 교전을 벌이고 있는 사람들이 다름아닌 바로 그들이기 때문이다. 오늘날 팔레스타인인들이라고 불리는 사람들은 인종이 혼합된 카나안인들, 아말렉인들, 에돔인들, 이스마엘인들, 미디안인들, 필리스티아인들의 남은 자들로, 아라비아 지역의 온갖 다른 함족들을 구색에 맞게 섞어 놓은 인종에 불과하다(저자의 〈창세기〉 주석 10장의 설명 참조). 그들은 1948년 이래로, 그들의 목표는 이스라엘 국가를 완전히 근절해 버리는 것이라고 무려 13번이나 맹세를 해왔다(저자의 〈죽음의 재 같은 땅 이스라엘, *ISRAEL: A Deadly Piece of Dirt*〉 참조). 따라서 이제 막 3장에서 일어나려고 하는 사건들은 정말이지 이스라엘 땅에서 현재 일어나고 있는 일들과 가까운 미래에 일어날 일들에 대한 "총 예행연습"에 불과하다. 유일한 차이점이라면, 요한계시록 13장의 "하만"이 권력을 손에 쥐게 될 때, 에스더의 하만에 비해 엄청 강력하게 될 것이라는 사실이다. 적그리스도는 하만과 히틀러가 실패했던 바로 그곳에서 거의 성공을 거두게 될 것이다. 그는 소수의 남은 자를 제외하고 전 유대 인종을 완전히 쓸어버릴 것이다.

사무엘상 15장으로 돌아가 보면, 사울은 자신이 명령받은 대로 실행하지 않고 아말렉인들에 대한 일종의 우승 기념품 정도로 아각의 목숨을 살려 주었다. 비록 『**사무엘이 길갈에서 주 앞에서 아각을 찍어 쪼개**』(삼상 15:33) 버렸다 해도, 틀림없이 아각의 후손 중 최소 한 명 정도는 살아남았던 것이다. 하만은 아각의 직계 후손이라 할 수 있다.

자, 우리는 에스더 3장에서 사울이 그가 받은 명령대로 주님께 복종하여 모든 아말렉인들을 멸절시킴으로써 사무엘상 15장에서 일어났어야 할 최후의 대결의 서막을 보고 있다. 아각의 한 후손이 베냐민 지파 출신의 한 유대인을 대면하고 있다. 사울은 베냐민 지파 출신으로 하나님으로부터 아말렉인들을 완전히 쓸어버리라는 명령을 직접 받은 장본인이었다. 우연의 일치 같지만 모르드캐 역시 사울 집안의 직계 후손이었다(에 2:5, 참조. 삼하 16:5, 삼상 9:1,2). 그래서 하나님께서는 이제 막 아말렉인들에 대해 한 민족으로서 결산을 보실 참이다. 그리고 이를 위해 사울의 일가를 사용하시는 것이다.

형제들이여, 주께서는 긴 회계 장부를 기록하신다. 나의 삶을 돌아볼 때, 하나님께서는 내가 20대, 30대에 했던 일들에 대해 60대, 70대에 와서 동일한 것으로 되갚아 주시는 것을 보았다(저자의 자서전 〈썩지 않을 면류관, *The Full Cup*〉 참조). 주께서는 모든 거래를 청산하실 것이다. 이 땅에서 청산하지 않으시면 심판석에서 하실 것이다. 반드시 그 거래를 청산하실 것이다.

『왕의 문에 있는 왕의 모든 신하들이 하만에게 절하고 경의를 표하였으니

이는 왕이 그에 대하여 그렇게 명하였음이더라. 그러나 모르드캐는 그에게 절하지도 아니하고 경의를 표하지도 아니하더라』(2절). 이는 로마서 13:1-4의 말씀을 위반하는 것처럼 보인다. 모르드캐는 왕으로부터 직접 내려진 명령에 불복종하고 있는 것이다. 하지만 그가 절을 하지 않은 이유는, 그가 유대인으로서 하나님께서 아말렉에 관해 말씀하셨던 내용을 알고 있기 때문이다. 모르드캐는 지금 다니엘 3장에서 사드락, 메삭, 아벳느고가 처했던 것과 비슷한 상황에 놓여 있다.

다니엘 3장에서 세 명의 히브리 자손들은 형상에 절하라는 왕의 명령에 복종하려 들지 않았다. 그 모습을 본 사람들이 그들의 반항적인 태도를 느부캇넷살에게 보고했고, 이에 그 왕은 그들을 불타는 용광로 속에 던져 넣었다. 그들은 절하려 들지 않았고, 무릎을 꿇으려 하지 않았으며, 불에 타지도 않았다.

이와 유사하게 모르드캐는 하나님께 저주받은 민족에 속해 있는 사람에게 절하라는 왕의 명령에 불복했다. 그를 본 사람들은 그의 반항적인 태도에 대해 하만에게 보고했고, 이에 그는 전 유대 민족에 대한 대량학살 운동을 계획하게 되었다. 모르드캐는 절하려 들지 않았고, 무릎을 꿇으려 하지도 않았으며, 살해당하지도 않았다.

자, 이러한 것들은 요한계시록 13장의 적그리스도와 그의 형상에 관한 예시들이다. 유대인은 이집트에서 나왔을 때, 어떤 우상이나 형상도 가져서는 안 된다는 명령을 받았다. 재판관기에서 유대인이 형상들을 따라 어리석음을 범했을 때는 그로 인한 고통을 받았다. 솔로몬왕이 형상들로 어리석게 행동했을 때, 그의 왕국은 파멸되었다. 므낫세왕이 형상들을 가지고 엉망으로 만들기 시작하자, 하나님께서는 유다에 대해 더 이상 참지 않으셨다. 그리고 여인들이 『**하늘의 여왕**』에게 분향하고(렘 44:19) 제사장들이 성전 방들 벽에 그려진 형상들에게 분향했을 때(겔 8:10,11), 하나님께서는 시드키야의 치리 때 유다를 포로로 사로잡혀가게 하신다. 유대인이 출애굽에서 포로기에 이르는 1,000년 동안 배운 한 가지는 형상들 앞에 절대로 절하지 말라는 것이었다.

우리 앞에 놓인 본문에서 모르드캐는 유대인들이 배웠던 교훈을 따라 처신하고 있는 것이다. 즉, 눈에 보이는 사물은 어떤 것이든 그 앞에 절하거나 그것을 경외하지 말라는 교훈을 따르고 있는 것이다. 그는 하만에게 절하려고 하지 않는데, 이는 예의를 표명하는 절이나 인사 혹은 통상적으로 하는 존경의 표시라고 보기에는 그 이상의 의미가 있기 때문이다. 여기에는 경외의 의미가 포함되어 있다. 본문에서 말하는 절은 사람이 하나님 앞에 무릎 꿇는 것과 같은 모습으로, 땅에다 얼굴을 대고 무릎 꿇고 절하는 것을 말한다(단 6:10, 엡 3:14).

3:5 하만이 모르드캐가 자기에게 절도 아니 하고 경의도 표하지 아니함을 보자 심히 화가 났더라.

6 그가 모르드캐 하나에게만 손을 대는 것을 경히 여겼으니 그들이 모르드캐의 백성을 하만에게 알렸음이라. 그러므로 하만이 아하수에로의 온 왕국에 있는 모든 유대인들을 멸하려 하였으니, 즉 모르드캐의 백성이더라.

7 아하수에로왕 제십이년 첫째 달, 즉 니산월에 사람들이 하만 앞에서 날에서 날, 달에서 달로 풀, 즉 제비를 뽑으니 열두째 달, 즉 아

달 월이더라.

하만은 모르드캐가 자신에게 절하려 하지 않는 것을 보고는 자제심을 잃어버렸다. 수산 전 성읍의 모든 사람들이 그에게 아첨하고 있음에도, 하만은 한 사람이 자신을 무시하고 있다는 이유로 매우 화나 있는 것이다.

교회 내 어떤 사람이 자신에게 말을 건네지 않아 그날의 하루를 완전히 망쳐 버릴 만큼 그런 감정적인 구조를 갖고 있다는 것은 참으로 끔찍한 일이다. 그건 마치 지옥에서 사는 것과 매한가지일 것이다. 그런 최악의 삶의 방식은 생각조차 하기 싫다. 다른 사람들이 당신에게 보이는 배려에 따라 행복해 하고 만족해 하는 삶이란 참으로 끔찍한 것이다. 그와 같은 곤경에 빠지지 않도록 하라.

여기에 하만이 있다. 그는 누구나 원하는 아첨이란 아첨을 한 몸에 다 받고 있는 사람이다. 그러나 유독 한 사람만이 그를 성가시게 하고 있는데, 이유인즉슨 그가 절을 하려 들지 않기 때문이다.

6절은 하만이 적그리스도의 예표임을 확증하고 있다. 모든 유대인을 죽이려는 불합리한 욕망은 사탄적인 것이다(계 12장). 이는 히틀러가 적그리스도의 예시였음을 의미한다.

내 서재에는 아돌프 히틀러에 관해 존 톨란드(John Toland)가 저술한 삽화가 들어 있는 책이 한 권 있다. 이 사진들 중에는 히틀러가 독일에 오기 전 자신이 오스트리아 나치당 소속이었음을 알려 주는 신분증명카드가 담긴 사진 하나가 있다. 50명의 오스트리아 나치당원들(이들 모두는 로마 카톨릭이며 그 무리에는 프로테스탄트가 한 명도 없었다.)과 함께 앉아 있는 히틀러의 손에는 그의 신분증명카드가 들려 있다. 각 당원의 카드들에는 번호가 매겨져 있는데 우연하게도 히틀러의 카드 번호는 555다.

향후 세상에 등장하게 될 세상의 독재자의 숫자는 666이다.

형제들이여, 이 우주를 세우신 하나님, 곧 수학의 하나님께는 그분만의 컴퓨터 시스템이 있다. 이 지상 어디에서든, 인류 역사 어느 때든, 111(카이사), 222(콘스탄틴), 333(샤를마뉴) 그리고 444(나폴레옹)란 숫자는 존재했었다. 777이란 숫자는 다시 오실 예수 그리스도를 나타내는데, 그분이 오시면 모든 것이 끝나게 된다. 컴퓨터들은 한참이나 뒤쳐져 있기에 도무지 무엇을 하고 있는지도 모르는 것이다. 각 사람들에게는, 어느 누구도 의도적으로 숫자를 지정하지 않았는데도, 그들에게 부여된 한 숫자가 있다.

새 하늘들과 새 땅이 나타날 때 신격 그 자체의 숫자는 888이 될 것이다. 8은 어떤 새로운 것을 나타내는 숫자다. 8 다음에 등장하는 숫자는 무엇인가? 그것은 9로서, 풍성한 열매(fruitfulness)를 의미한다.

7절에서 하만은 그가 유대인들을 대적하여 언제 대량학살을 감행할지 그 시기를 결정하고 있는데, 그 방법은 『**제비**』다. 제비는 단순히 무작위로 어떤 것을 선택하는 식의 운에 맡기는 방식이다. 따라서 큰 상자 안에 손을 넣어 행운의 숫자를 뽑고, 원판을 돌려서 클리커(clicker)가 어디에서 멈추는지 보면 된다. 또는 빨대를 뽑거나 카드 패를 보기도 하고 동전을 튀기거나 주사위를 던지기도 하는 것이다. 본문에서 사용된 방법은 아마도 이 마지막 방법일 것이다.

하만은 주사위(히브리어로 『**풀**』)를 던져 유대인들을 죽일 날과 달을 알아보고 있다. 먼저 날을 알아보니 13일이 나오고, 달을 알아보니 열두째 달, 『**아달월**』이 나오게 된다.

7절에서 유대력에 관한 부분을 주목하라. 첫째 달에 해당하는 명칭은 두 가지다. 본문에서는 『**니산월**』로 나온다. 출애굽기 13:4(출 12:2 참조)에서는 『**아빕월**』로 불린다. 아빕(Abib)은 봄에 해당하는 히브리어로, 옥수수가 아직 어리고 초록빛이 날 때다. 유대력은 태음력이기에 매년 11일씩 늦어진다. 그래서 주께서는 유월절 달을 봄의 첫째 달로 정하셔서 달력이 정상적으로 돌아가게 하셨다. 이를 위해 유대인들은 19년이라는 한 사이클이 돌아가는 동안 열세 번째 달을 5번 첨가하게 된다. 그렇게 하지 않으면 결국 유월절은 겨울 뒤로, 그 다음에는 여름 뒤로 계속해서 밀리게 된다. 이런 현상은 태음력을 따르는 모슬렘의 휴일들에서 볼 수 있는데, 그들의 달력에는 태양력과 조화를 이루는 어떤 기준도 없다. 니산 월은 유대 종교력의 첫 번째 달에 해당하는 현 명칭이다. 이뿐만 아니라 유대인들이 사용하는 달들의 다른 모든 명칭들은 포로 기간 중에 바빌론의 달력에서 비롯되었던 것들이다.

이제, "제비를 뽑는 것"에 관해 생각해 보자. 이는 모두 운에 맡기는 게임들이다. 잠언 16:33에서는 『**제비는 마음대로 뽑으나, 그 일의 결과는 주께 있느니라.**』고 말씀한다. 이는 그저 당신이 "돈을 지불해서 운에 맡겨 무언가를 해 볼 수 있다"는 차원이 아니라, 결정의 때에 그 결과를 결정하시는 분은 하나님이시라는 것을 보여 주는 것이다. 주사위를 던져서 불행한 숫자가 나오면 그렇게 하신 분은 주님이시다. "뜻밖의 상금을 타게 되는 것"도 그 목적이 당신을 시험하시는 것이든 파멸시키는 것이든 주께서 당신에게 그 숫자들을 주셨기 때문에 가능한 것이다. 그 결과가 어떠하든 그렇게 하신 분은 바로 주님이셨다.

이런 이유로 운수에 맡기는 게임들은 그리스도인들에게는 금지되어 있다. 당신이 그리스도인이라면, 당신에게 우연히 일어나는 일은 없다. 하나님의 약속은 다음과 같다. 『**하나님을 사랑하는 자들, 곧 그분의 목적에 따라 부르심을 받은 자들에게는 모든 일이 합력하여 선을 이루느니라**』(롬 8:28 – 저자의 〈로마서〉 주석, 해당 내용 참조).

물론, 인생에는 항상 통제할 수 없는 상황이 있기 마련이고 인생의 결과 또한 마치 라스베이거스에서 하는 것처럼 도박 같은 경우들이 있는 법이다. 예를 들어 농사는 도박이나 다름없다. 날씨나 해충 혹은 질병 같은 것들은 도무지 통제할 방법이 없기 때문이다. 계약자는 어떤 계약을 할 때마다 정말이지 도박을 하고 있는 셈이다. 즉, 경제상황은 나아지는 게 없고 임금은 오르지 않으며 일꾼들은 일정대로 프로젝트를 끝내야 하는 등의 상황에서 자신이 가지고 있는 모든 돈을 투자하여 도박을 하고 있는 것이다. 하지만 이런 모든 것들은 일을 통해 정직한 생계를 유지하기 위해 행해지고 있는 것들이다.

그러나 그리스도인이 "운에 맡기는 게임"에 돈 거는 모험을 하는 것은 실제적으로 하나님을 시험하는 것이 된다. 그분으로부터 선한 손길이나 행운의 숫자들을 바라고 회전판을 적정한 장소에 멈추게 해달라고 바라면서, 아무 노력 없이 부자가 되려고 감히 하나님께 도전하고 있는 것이다.

사도행전 2장에서 성령이 주어지기 전에 하나님의 백성은 "제비"를 사용했다. 하지만 이것은 도박을 위해 사용한 것이 아니었다. 그들은 성경이나 선지자들을 통해 확실하게 계시되지 않은 영역을 두고 하나님의 뜻을 구하고 있었던 것이다. 그렇게 해서 그들은 그 문제에 대한 하나님의 섭리를 깨달아 알게 되었다. 제비는 대개 삶과 죽음의 문제와 관련해서 사용되었다(수 7:14-26, 삼상 14:38-44, 욘 1:5-15에서처럼). 말하자면 제비는 늘 신중한 문제와 관련되었던 것이다(행 1:21-26에서처럼).

그리스도인들의 게임은 기술과 재능을 요하는 게임이어야 한다. 체스나 바둑과 같은 게임들은 시합하고 이기는 데 필요한 어느 정도의 지식과 기술을 요한다. 운에 맡기는 요소가 없다. 배구, 축구, 소프트볼, 테니스, 골프와 같이 육체적인 게임들은, 해도 무방한 게임들이다. 경기에 필요한 기술과 재능이 요구되기 때문이다. 환경과 다른 사람들의 행위에 대해서는 마땅히 보상해 주어야 한다. 그런 것은 운이라 할 수 없다. 기술적인 게임들은 그리스도인에게 합법적인 게임들이지만, 운에 맡기는 게임들은 그렇지가 않다.

3:8 하만이 아하수에로왕에게 고하기를 "한 백성이 왕의 왕국 각 지방
들에 백성 가운데 흩어져 산재하고 있는데 그들의 율법이 온 백성
과 달라서 그들이 왕의 법을 지키지 아니하나이다. 그러므로 그들
을 용납하는 것이 왕의 유익이 되지 못하나이다.
9 왕이 좋게 여기시거든 그들을 멸하도록 칙서를 내리소서. 그리하시
면 내가 은 일만 달란트를 그 일을 맡은 자들의 손에 주어 그것을
왕의 보물창고에 들이도록 하겠나이다." 하니
10 왕이 그의 반지를 손에서 빼어 유대인들의 원수인 아각인 함므다다
의 아들 하만에게 그것을 주며
11 하만에게 말하기를 "그 은을 네게 주고 백성에게도 주노니 네가 좋
게 여기는 대로 그들에게 행하라." 하더라.

다니엘 6장에서 메데인들과 페르시아인들이 지배했던 때부터 줄곧 유대인들은 왕들의 법에 복종하지 않는다는 이유로 언제나 고소의 대상이 되고 있다. 다니엘은 다니엘 6:12,13에서 두 명의 다른 총리들에 의해 고소되었다. 유대인들에 대한 고소가 에스라 4:6에 나오고, 에스라 4:11-16에서도 또다시 등장한다. 느헤미야가 성벽을 건축하기 시작할 때, 반역에 대한 비난이 예루살렘의 유대인들에게 쏟아졌다(느 6:6,7).

예나 지금이나 변한 것은 아무것도 없다. 1945년 UN이 창설된 이래로, 통과된 결의안 중 절반 이상(700개의 안건 중 450개)이 이스라엘 국가에 대해 고소한 것들이었다. 이스라엘 국가를 없애 버리겠다고 위협하는 모슬렘에 의해 선동된 팔레스타인인들이 폭탄 공격을 감행하자 이에 대한 대응으로 유대인들이 조치를 취한 것인데도, 그들은 팔레스타인인들을 대량 학살했다는 이유로 고소를 당해 왔다(1948년 이래 13개 안건). 이슬람 6개국이 정당한 이유 없이 전쟁을 일으켜서 이스라엘을 공격했을 때 유대인들이 그들로부터 땅을 차지하게 된 것인데도, 그들은 팔레스타인인들로부터 땅을 강탈했다는 이유로 고소를 당해왔다. 심지어 "피난민들"이 6일 전쟁 이전에 이미 이스라엘을 떠났고, 게다가 전쟁 이후 이스라엘로 들어온 수천 명의 "팔레스타인인들"은 전쟁 이전에는 그 땅에 한 번도 산 적이 없었던 사람들인데도 유대인들은 팔레스타인 난민 문제를 유발시켰다는 이유로 고소를 당해왔다.

그렇다고 해서 유대인들이 잘못 행한 죄에 대해 결백하다고 말하는 것은 결코 아니다. 걱정하지 말라. 주께서는 그분의 선택하신 백성들의 흠을 어느 누구보다 더 잘 알고 계시며 그분의 적절한 때에 그들을 처리하실 것이다.

그러나 일단의 이방인들이 유대인들을 대적하여 온갖 종류의 트집을 잡아 고소하는 것을 듣게 될 때, 그들이 진정으로 원하는 것은 유대인들이 소유하고 있는 것들이라는 사실에 주목할 필요가 있다. 유대인을 향한 이방인의 증오를 조종하는 영은 시기에 찬 탐욕스런 영에 불과하다. 에스더 여기 본문의 경우에 하만은 모르드캐가 자신을 경외하기를 몹시 바라고 있다. 그러나 뜻대로 되지는 않고 있다. 그래서 그는 유대인들을 거짓되이 고소하여 그들을 모조리 없애 버리려고 하는 것이다.

신약의 경우 시기심으로 인해 유대인들은 예수 그리스도와 그분을 따르는 사람들에 대해 동일한 유형의 비난을 퍼붓고 있다. 그들은 사도행전 17:7에서 이렇게 고소했다. 『**이들은 모두 카이사의 법령을 거역하여 행하고 예수라는 다른 왕이 있다고 말하더이다.**』 누가복음 23:2에서 유대인들은 예수님을 빌라도 앞에 끌고 와서는 이렇게 고소한다. 『**고소하기 시작하여 말하기를 "이 자가 우리 민족을 현혹하고, 카이사에게 세금 바치는 것을 금하며, 자칭 그리스도 왕이라고 하더이다."라고 하니.**』 어느 시대든지 하나님을 위해 무언가를 하려고 하는 사람들은 언제나 다른 왕을 따른다는 이유로 법을 어길 수밖에 없다는 점에서 비난을 면치 못할 것이다.

8절에서 『**용납**』(suffer)이란 단어는 "허락하는 것"이나 "참는 것"을 의미한다. 본문의 요는, 이 사람들이 법을 어기고 왕에게 복종하지 않는 사람들이므로 왕은 더 이상 그들의 어리석음을 참아 주어서는 안 되고 문맥상 그들을 더 이상 살려두어서는 안 된다는 내용이다.

자, 하만이 왕에게 한 제안은 다음과 같다. "이 백성들을 파멸시키기 위한 법을 통과시키십시오. 그러면 모든 비용은 제가 지불하겠습니다"(9절).

그는 국고에서 돈을 빌리고 나서 추후에 갚게 될 것이다. 하만은 "비용을 부담"하여 유대인들을 죽일 군대를 고용할 돈을 지불할 것이다.

10절의 반지는 인장 반지다. 즉 그것은 사용하는 이에게 주어진 특권을 상징하는 반지다. 이는 왕의 서명과 동일한 효과가 있다. 먼저 밀랍을 녹여 문서 아래쪽에 붓는다. 그러고 나서 왕은 자신의 반지를 부드러운 밀랍에 눌러서 자신의 승인서명을 표시했다. 그렇게 봉인이 되고 나면 그 문서는 법이 되었던 것이다.

아하수에로가 하만에게 그의 인장 반지를 주었을 때, 왕의 임무에 관한 전권을 그에게 허락한 것이나 다름없었다. 하만은 그것을 가지고 어떤 법이라도 통과시킬 수 있었으며 게다가 그 법은 『**페르시아인들과 메데인들의 법률**』(에 1:19의 주석 참조) 하에 영원히 자리매김하게 될 것이다.

11절은 하나님 아버지께서 마귀에게 누군가에게 역사할 수 있도록 허락하시는 모습을 보여 준다. 바울은 계속해서 추잡한 죄를 지으며 살아가는 완고한 성도에 대해 이렇게 말했다. 『**그러한 자를 사탄에게 넘겨주어 그 육신은 멸망케 하여도**』(고전 5:5).

그것이 어떻게 일어나는지 알기 원한다면 욥기 1:12로 돌아가 보라. 거기에서 주님은 사탄에게 이렇게 말씀하신다. 『**그가 소유한 모든 것이 네 권세에 있으나 다만 그의 몸에는 네 손을 대지 말라.**』 두 번째로 주께서는 사탄에게 욥에게 역사하도록 허락하시면서 이렇게 말씀하신다. 『**보라, 그가 네 손에 있느니라. 다만 그의 생명은 남겨 둘지니라**』(욥 2:6).

이것이 바로 하나님께서 사탄에게 허락하신 권세다. 사탄은 『**이 세상의**

신』(고후 4:4)으로 불리며, 그에게는 모든 권세와 세상의 모든 나라들의 영광(눅 4:5,6)이 주어졌다. 히브리서 2:14에서는 사탄이 "죽음의 세력"을 갖고 있다고 말씀한다.

문맥상 주께서는 유대인의 적들에게 그들을 죽이도록 허락하신다.

자, 유대인들은 이 사실을 이해하지 못한다. 유대 자손들은 그들이 하나님의 선택받은 백성이며 이방인들은 그렇지 않다는 사실을 평생토록 들어왔다. 그래서 그들은 하나님께서 왜 독일에서 홀로코스트(Holocaust)를 허락하셨는지 그 이유를 깨닫지 못한다. 더 이상 우상을 숭배하고 있지도 않은데, 하나님께서는 왜 그런 일들을 일어나게 하시는 것일까? 그 결과 오늘날 많은 유대인들은 무신론자들이다. 일부 랍비들조차도 하나님의 능력이 그렇게 무한한(『**전능하신**』, 계 19:6) 것은 아니라고 가르치고 있다. 즉 주께서는 그분께 가능한 것은 막으시지만 그렇다고 모든 것을 하실 수 있는 분은 아니라는 것이다.

그 문제에 대한 답변이 신명기 28장에 나온다. 어떤 큰 재앙이 유대인들에게 닥칠 때는 하나님께서 허락하신 재앙 아니면 직접 일으키신 재앙으로 봐야 한다. 이는 모두 민족적인 죄로 인한 것이다. 신명기 28장을 읽어 보라. 32절과 33절을 보라. 하나님께서는 유대인들을 일단의 이방인들에게 넘기셔서 박해를 받게 하신다. 49-52절을 보라. 하나님께서는 이방 민족을 일으키셔서 유대인들을 죽이신다. 이유가 무엇인가? 45절에 나온다. 『**이는 네가 주 너의 하나님의 음성에 경청하지 않았으며.**』

유대인들이 그들 스스로에게 물어야 할 질문은, "하나님께서 이 일들을 우리에게 일어나도록 놔두시는 이유가 무엇인가?"가 아니라, "우리의 행동에 무슨 문제가 있었기에 하나님께서 이것을 허락하신 것인가?"여야 한다.

그 대답은 신약에서 나와 있다. 예수 그리스도께서는 『**그리하여 나를 보내신 아버지께서 친히 나에 관하여 증거하셨느니라. 너희는 그분의 음성을 들은 적도 없고 또한 그분의 모습도 보지 못하였느니라. 또 너희 안에는 그분의 말씀이 거하지 아니하나니, 이는 그분이 보내신 이를 너희가 믿지 않기 때문이라.**』(요 5:37,38)고 말씀하셨다.

유대인들이 그리스도를 십자가에 못박았을 때 그들은 이렇게 말했다. 『**그의 피를 우리와 우리 자손에게 돌리라**』(마 27:25). 하나님께서는 단순히 과거 그들이 했던 요구를 들어 주고 계시는 것이다. 그들은 『**카이사 외에는 우리에게 왕이 없나이다.**』(요 19:15)라고 말했다. 그래서 하나님께서는 A.D. 70년 로마의 티투스 장군을 일으키셔서 예루살렘으로 향하는 길을 따라 500명의 유대인들을 십자가에 못박게 하신 것이다. 그러고 나서 성전을 그 기초까지 남김없이 파괴해 버리도록 하셨다. 중세에는 로마카톨릭의 손에 넘기셔서 유대인들에게 노란 별을 붙이게 하시고 그들을 게토(유대인 강제 거주 지구)에다가 밀어 넣으시더니 결국 종교재판소에서 화형당하게 하셨다. 그리고는 제정 러시아의 황제가 통치하는 러시아 정교(동방 카톨릭)의 손에서 그들을 괴롭히셨고, 다음으로는 히틀러와 포로수용소 사령관들(그들 모두가 로마카톨릭임)을 일으키셔서 6백만 명의 유대인들을 가스실에서 죽게 하셨다.

이유가 무엇인가? 이는 그들도 말했던 바 그들이 요구한 대가였을 뿐이다. 또한 그들이 주께서 그분의 아들에 관해 말씀하셨던 것을 들으려 하지 않았기 때문이다. 이런 고통은 유대인들이 그분의 아들을 로마인들에게 넘겨 십자가에 못박히시도록 한 죄에 대해 회개하고(행 2장) 그분을 그들의 메시야로 믿을 때까지는 끝나지 않을 것이다. 요한계시록 7장에서 남은 자들은 회개하여 그분을 메시야로 믿게 되는데, 결국 그들은 적그리스도에 의해 죽임을 당한 이후 하늘에 오르게 된다. 스카랴 12장을 보면 최종적으로 남은 자들이 재림 때 회개하게 되는데, 그때 하나님께서는 그들을 추격하는 이방 민족들을 멸하시고 이스라엘 민족에게서 그리스도를 거부한 죄를 깨끗하게 씻어내신다(행 3:19-21).

이 모든 것을 고려해 볼 때, 성경대로 믿는 사람들은 유대인과 이스라엘 민족에 대해 어떤 태도를 지녀야 하는 것일까?

글쎄, 텍스 마아스(Texe Marrs) 같은 사람들은 유대인을 보면서 다음과 같은 판단을 내린다. "유대인들은 그들의 메시야를 거절했고 그분을 십자가에 못박았다. 일찍이 그리스도인들을 박해했으며 복음을 거절했다. 유대인들에게 화가 나신 하나님께서는 그들을 민족들 가운데로 흩어버리셨다. 오늘날 유대인들 대부분이 무신론자들이 되었으며, 더 이상 여호와 하나님을 믿지도 않는다. 적그리스도는 유대인일 것이다. 게다가 예루살렘은 『**소돔과 이집트**』로 불린다(계 11:8). 더욱이 주께서는 유대인들이 그분께 복종한다는 전제하에 그들에게 그 땅을 약속하셨다. 무엇보다도 주님은 처음부터 복종하지 않는다는 이유로 그들을 쫓아내셨다. 그럼에도 그들은 여전히 그리스도를 거절하고 있는데, 어떻게 그들을 다시 돌아오게 하실 수 있겠는가? 그러므로 지금 유대인들은 하나님의 뜻을 거스른 상태로(아니면 사탄의 뜻에 의해서) 그 땅에 돌아와 있는 것이든지, 아니면 그들은 진정한 유대인이 아니든지, 아니면 성경에서 예언된 회복이 아닌 것이다. 어쨌든 하나님의 백성은 유대인에서 '영적인 유대인'으로 대체되었다(롬 2장). 이는 『**하나님의 이스라엘**』(갈 6:16)이자 아브라함의 진정한 자손(갈 3,4장)인 교회인 것이다."

이처럼 몇몇 형제들이 도달한 결론은 유대인들에게 자살 폭탄 테러를 감행하는 팔레스타인의 모슬렘인들에게나 완벽하게 들어맞는 것이라 할 수 있다. 그들이 이런 테러를 감행하는 이유는, 유대인들이 "그들의 고국을 빼앗았고"(그러나 카나안 5,000년의 전 역사를 통해 보면 어떤 팔레스타인 "국가"도 존재한 적이 없었고 심지어 본래 그 땅을 유대인들에게 빼앗은 것은 오히려 모슬렘인들이었다), "그들을 강제로 난민 수용소에 몰아넣었으며"(오히려 팔레스타인인들이 스스로의 위협으로 인해 그들의 집과 땅을 버렸다), "그들의 경제를 제한하고"(이는 팔레스타인인들이 유대인 점령 구역에 마음대로 들어올 수 있는 권리를 이용하여 자살 폭탄 테러를 감행할 기회를 넘보고 있었기 때문이다), "그들의 조상들과 후손들을 잔인하게 살해했기"(이는 인티파타 때 이스라엘 군대를 향해 바위와 병을 던지고 AK-47을 쏘아댔기 때문에 벌어진 일이다) 때문이라는 것이다.

자, 유대인들이 그리스도를 거부했고 사도행전에서는 교회를 박해했으며, 또 복음을 거절했다고 하는 내용은 모두 다 사실이다. 장차 적그리스도는 유대인일 것이며, 예루살렘은 오늘날 소돔으로 언급된다. 이는 신구약 어디를 보더라도 마찬가지다(겔 16장). 그러나 이런 내용들은 주의해서 다룰 필요가 있다. 즉, 반유대주의(anti-Semitic)가 될 필요는 없는 것이다. 당신이 유대인을 저주할 때마다, 이는 저주를 자초하고 있는 것이다(민 24:9, 이 구절은 아브라함이 아닌 이스라엘에 관한 것임을 주목하라). 하나님께서는 누군가를 일으키셔서 그분의 백성을 벌하실 수 있다. 그렇다고 해서 스스로 그 당사자가 될 필요는 없는 것이다(마 18:7, 눅 17:1). 당신의 힘을 보태지 않는다 해도, 혹은 그런 모습을 보고 그렇게 기뻐하지 않는다 해도 유대인들은 충분히 매를 맞게 될 것이다.

유대인에 관한 한, 그리스도인은 "사랑하는 원수"가 되어야 한다(저자의 〈로마서〉 주석 11:28에 대한 설명 참조). 그리스도인들은 결코 유대인을 대신하지 않았다(롬 11:1). 어떤 면에서는 무지가 자만을 낳은 셈이다(롬 11:25).

이스라엘 국가에 관해 하나님께서는 단지 두 번째 회복을 약속하셨을 뿐이다(사 11:11). 세 번째, 네 번째 회복을 약속하신 적이 없으시다. 그러므로 현 이스라엘 민족은 그 예언의 성취라 할 수 있다. 게다가 이스라엘이 재림 때에야 비로소 그리스도를 신뢰하게 되고 이스라엘이 그 땅(현재 그들이 있는 땅 – 슥 12:10)에 이미 돌아와 있는 상황을 감안해 보면 상식적으로 그들은 믿음으로 돌아온 것이 아님을 알게 된다. 이유가 무엇인가? 이는 유대인들이 처음부터 믿음으로 돌아오지는 않았었기 때문이다. 즉, 그들은 이방인과 결혼을 하고 안식일을 어겼던 것이다(스 10장, 느 13장).

미국이 이스라엘에 대해 할 수 있는 최상의 정책이 있다면, 그것은 (클린턴 정부 하에 국회가 그렇게 하기로 표결했던 바) 대사관을 텔아비브에서 예루살렘으로 옮겨 이스라엘과 군사 동맹을 체결하는 것이다. 그렇게 되면 전 세계가 미국을 대적할지도 모른다. 그러나 적어도 하나님께서 미국에게 베푸실 축복을 다시 한 번 경험하게 될 것이다(민 24:9).

11절은 별다른 설명이 필요 없다. 아하수에로는 하만에게 그가 원하는 것은 무엇이든 할 수 있도록 "백지수표"를 발행해 준다. 더욱이 왕은 그 백성에 관해 아는 것이 전혀 없다.

3:12 그리하여 첫째 달 십삼일에 왕의 서기관들이 소집되어 하만이 왕
의 대신들과 각 지방을 다스리는 총독들에게 명한 모든 것이 기록
되었으며 각 지방의 각 백성의 치리자들에게는 그들의 글로 또 각
백성에게는 그들의 언어로 *되었으니* 아하수에로왕의 이름으로 기록
되었고 왕의 반지로 인쳐졌더라.

13 그 편지들이 전달자들에 의하여 왕의 모든 지방들에 보내져 아달
월인 열두째 달 십삼일 하루에 모든 유대인 젊은이와 늙은이와 어
린 아이들과 여자들을 멸하고 죽이고 진멸시키며 그들로부터 탈취
물을 전리품으로 취하도록 하였더라.

14 모든 지방에 보낼 명령서의 사본이 모든 백성에게 공표되었으니
이는 백성으로 그 날에 대하여 준비하게 하려 함이라.

15 전달자들이 왕의 명령에 의하여 서둘러 나갔으며 그 칙령이 수산
궁에도 전해졌더라. 왕과 하만은 앉아서 마셨으나 수산 성읍은 혼
란스러웠더라.

『**첫째 달 십삼일**』(12절)은 유월절 전날이다. 따라서 이 유대인을 진멸시킬 법은 이집트로부터 민족적으로 구출된 것을 기념하는 유대인의 축제일 전날에 기록되고 있는 것이다. 이는 어떻게 보더라도 다소 반어적인 면이 없지 않다. 하만의 관점에서 보면, 그는 민족의 탄생 기념일 전날에 유대인 사형 집행 명령에 서명하고 있었다. 주님의 관점에서 보면, 출애굽기 14장의 파라오처럼 하만은 이제 곧 종말을 맞이할 것이다. 말하자면 유월절 시즌에 맞추어 자신의 사형 집행 영장에 서명을 하는 꼴이 되고 만 것이다.

자, 십삼일에 기록된 칙령이 13절에 나온다. 게다가 그것은 모든 유대인들을 죽이라는 칙령이다. 성경에서 13이란 숫자는 거의 항상 나쁜 의미를 내포한다. 그러나 여기에서 13이란 숫자에 대해 깊이 다루지는 않을 것이다.

자, 13절과 14절에서는 몇몇 위대한 설교 자료가 담겨 있다. 사망은 인류에 대한 보편적인 칙령이다. "인생은 짧고 죽음은 확실하다." 로마서 5:12은 다음과 같이 말씀한다. 『**이런 연유로 한 사람에 의하여 죄가 세상으로 들어오고 그 죄에 의하여 사망이 왔으니 그리하여 모든 사람이 죄를 지었으므로 사망이 모든 사람에게 전달되었느니라.**』 솔로몬은 이렇게 말했다. 『**영을 다스리는 능력이 있어 영으로 머무르게 하는 사람이 없고 죽음의 날에 능력을 가진 사람도 없으며 그 전쟁에는 면제되는 사람도 없고, 악에게 넘겨진 자들을 악이 구해 내지도 못하리라**』(전 8:8).

휴거가 일어나지 않는 한, 모든 사람은 죽게 되어 있다. 그것을 피할 방법은 없다. 따라서 『**그 날에 대하여 준비**』(14절)하는 것이 모든 사람의 의무라 할 수 있다. 물론 이것은 영적으로 적용해 본 것이다. 실제로 이것은 유대인들을 죽일 준비를 하라고 이방인들에게 기록되었다. 하지만 당신도 죽을 것을 안다면 그것은 현명한 충고도 되는 셈이다.

『**왕과 하만은 앉아서 마셨으나 수산 성읍은 혼란스러웠더라**』(15절). 모든 유대인들을 전멸시키라는 명령이 나가고 이로 인해 전 성읍은 앞으로 일어날 일에 관해 웅성거리며 궁금해 하기 시작한다.

그럼에도 무슨 일이 진행되고 있었는지 모르는 사람들이 있었다. 그들에게 해를 끼친 유대인은 없었으며, 그들의 철학은 "나도 살고 남도 살게 하자"는 것이었다. 그럼에도 그들은 무슨 말을 할 입장이 못 되었다. 게다가 도마 위에 놓인 것은 그들의 목이 아니었던 것이다.

하만의 제안에 전적으로 동의한 사람들이 있었다는 것은 분명한 사실이다. 아마도 유대인들은 그들로 하여금 직장이나 사업 거래를 그만두게 했었을 것이고, 그들은 피를 요구하고 있었다.

반면 이제 곧 무슨 잘못된 일이라도 일어날 것이라고 감지했던 작은 그룹이 있었는데, 그들은 유대인들을 숨겨 주고 보호할 계획을 세우기 시작했다.

이는 홀로코스트 기간 동안 독일에서도 있었다. 독일인이나 카톨릭교도라고 해서 모두 다 유대인을 증오하는 나치는 아니었던 것이다. 유대인들을 포로수용소에서 구해 준 사람들 중에는 코리 텐 붐(Corrie Ten Boom)과 오스카 쉰들러(Oskar Schindler) 같은 수많은 독일인, 네덜란드인, 폴란드인이 있었다. 이스라엘의 홀로코스트 단체인 야드 바쉠(Yad Vashem)이란 단체는 유대인들을 구하기 위해 책임을 마다하지 않은 19,700명의 "의로운 이방인들"을 기억해 주고 있다(이는 본 단체의 웹사이트에서 발췌한 수임). 그러나 대부분의 독일인들은, 비록 그들이 유대인을 대적해서 무엇을 한 것은 아닐지라도, 그들 자신의 수용소에 보내져 감금될 것을 두려워한 나머지 무언가 도와주기를 두려워했던 것이다.

이런 일이 진행되는 동안 하만과 아하수에로는 함께 앉아 마시며 즐거운 시간을 보내고 있었다. 정말이지 아하수에로는, 하만이 유대인 신분에 관해서는 함구했기 때문에 진행되고 있는 상황에 대해 아무것도 모르고 있는 것이다. 게다가 하만은 다가올 유대인 대학살에 대해 매우 고소한 듯이 바라보고 있는 것이다.

교리적으로 말하자면, 이 본문은 예언적으로 사탄과 적그리스도가 유대인을 대적하여 실행에 옮기게 될 유대인 대학살(계 12장)을 가리키고 있다. 대환란 중에 세계의 유대인 인구는 현재보다 10분의 1 아니면 그 미만으로 줄어들 것이다(사 6:10-13). 현재(2004년) 전 세계에는 대략 1,400만 명의 유대인들이 살고 있다. 적그리스도가 그들을 멸할 때, 150만 명 미만으로 줄어들 것이다. 나로서는 십만 명이 살아남는다면 놀랄 것이다.

에스더 4장

4:1 모르드캐가 행해진 모든 것을 알자, 자기 옷을 찢고 굵은 베옷을 입
고 재를 쓰고 성읍 한가운데로 나가 대성통곡하며,
2 왕의 문 앞까지 갔으나 굵은 베옷을 입고는 아무도 왕의 문 안으로
들어가지 못하였더라.
3 왕의 명령과 그의 칙령이 도착한 각 지방에서도 유대인 가운데 큰
애곡과 금식과 울음과 통곡이 있었으며 많은 사람이 굵은 베옷을
입고 재를 쓰고 누웠더라.

1절은 애곡하는 모습을 세 가지로 묘사하고 있다. 우선, 모르드캐가 자기 옷을 찢는다. 이는 육체가 찢기는 것을 묘사해 준다. 히브리서 10:20에서 성전의 장막은 그리스도의 육체와 동일시된다. 그것이 그렇게 중요한 이유가 무엇인가? 사람들이 그리스도의 육체를 찢었던 것처럼 하나님께서는 그 장막을 두 번이나 찢으셨다.

다음으로 모르드캐는『**굵은 베옷을 입고 재를 쓰고**』있다. 굵은 베는 수

의처럼 천이 거칠다. 사람이 굵은 베옷을 입을 때는 장사되는 것을 묘사하는 것이었다. 『재』는 대개 먼지를 수반하며 머리 위에 뿌려진다(욥 2:12; 30:19; 42:6). 장례식에서 목사는 시신을 땅에 묻을 때, 다음과 같이 말한다. "재에서 재로, 흙에서 흙으로." 그래서 재는 장사의 상징이라 할 수 있다. 요는, 모르드개가 그에게 닥칠 죽음으로 인해 슬퍼하고 있는 것이다.

마지막으로, 그는 『**대성통곡**』하고 있다. 논리적인 전개를 따라 본문에 나온 묘사들을 살펴보면, 결국에는 죽어서 지옥에서 생을 마감할 때까지 고통받고 있는 한 사람의 모습을 보게 된다. 그곳 지옥에서는 『**울며 이를 갈고 있**』게 될 것이다(마 13:50).

이는 제2차 세계대전 중 독일의 포로수용소에 갇혀 있던 수많은 유대인들에게 일어났던 일이다. 유대인들은 체포되고 감금되었으며 고문을 당하고 죽었다. 결국, 그들은 그들의 메시야를 거절한 대가로 지옥으로 던져졌다.

참으로 끔찍한 일이다. 좋은 집에서 좋은 옷을 입고 좋은 식사를 하며 인생의 대부분을 건강하게 살다가 지옥에 가는 것도 참으로 불행한 일이지만, 그러나 이보다 더 끔찍한 일은 인도에 사는 사람들처럼 평생을 가난하게 살거나 배고프게 지내다가, 아니면 평생을 고통 속에 살거나 장애를 겪다가 지옥에 가는 것일 것이다. 모든 나날들을 마귀처럼 고통받고, 불못에서도 영원히 불길 가운데 있게 된다. 즉, "이곳 지상에서의 지옥"이 비유적이라면, 사후의 지옥은 문자적인 지옥인 것이다.

따라서 1절은 죽어가고 있으며 지옥을 향해 가고 있는, 잃어버린 바 된 죄인에 대해 묘사하고 있는 것이다. 이는 또 자신의 죄로 인해 이방인들의 손에서 고통받고 있는 유대인의 모습을 묘사해 준다(렘 1:13,14; 2:3; 4:8;

5:10). 주님은 돌아오셔서 모든 일을 바로잡으시기 전에, 느부캇넷살, 티투스, 히틀러를 통해 주셨던 고난을 유대인들에게 다시 한 번 허락하실 것이다(슥 14:2).

마지막으로, 우리의 죄들로 인해 십자가에서 고통받으신 주 예수 그리스도의 모습을 보게 된다. 그리스도께서는 십자가에 못박히셨을 때, 육체적으로든 영적으로든, 완전한 고통을 경험하셨다. 구약에는 성읍의 쓰레기 처리장(게헨나) 안에 무더기로 쌓인 재 위에 앉아 있는 욥에 대한 묘사가 나온다.

자, 여기에 모르드캐가 있다. 그는 그의 백성들에게 닥칠 일에 대해 슬퍼하고 있는 것이 분명하다. 그래서 그는 마땅히 자리해야 할 『**왕의 성문**』에는 앉아 있지 않고(에 2:19), 『**왕의 문 앞까지**』만 갔었다(2절). 그는 밖에 있을 뿐, 안으로 들어가지는 않는다. 느헤미야 2:1,2에서 보았듯이, 슬퍼하거나 우울한 상태로는 왕의 궁정 안으로 들어오는 것이 허용되지 않았다.

여기에서 그리스도인을 위한 교훈들이 상당수 발견된다. 시편 100:2,4에서 주님은 다음과 같이 말씀하신다. 『**기쁨으로 주를 섬기라. 노래하며 그의 임재 앞으로 나아오라... 감사함으로 그의 문들로 들어가고 찬양으로 그의 뜰들로 들어가라. 그분께 감사하고 그의 이름을 송축하라.**』 그 동양의 왕은 "풀이 죽어" 있는 사람이 그의 임재 앞으로 들어오는 것을 한 발자국도 용납하지 않을 것이다. 주께서 오늘날 우리들에게 이와 동일한 제한을 두지 않으신 것은 참으로 다행한 일이다!

3절을 보면 모르드캐와 동일한 상황(1절)이 왕국 전역에서도 재현되는 것을 보게 된다. 포로로 잡혀간 모든 유대인들은 이제 막 닥칠 일로 인해 애곡하고 있고, 금식까지 해가면서 매우 슬퍼했다. 비록 언급되지는 않았지만, 기도에는 분명 금식이 따른다는 사실을 성경의 다른 구절들에서 확인해 볼 수 있다(삼하 12:16, 단 9:3, 느 1:4). 유대인들은 음식을 삼가며 그들을 살려달라고 하나님의 도우심을 구했다.

4:4 그리하여 에스더의 시녀들과 내시들이 와서 그 일을 그녀에게 고하니 왕후가 심히 슬퍼하며 모르드개에게 옷을 보내어 입게 하고 그의 굵은 베옷을 벗기려 하였으나 그가 그것을 받지 아니하므로

5 에스더가 왕이 그녀에게 시중들도록 임명한 왕의 내시 중 한 사람인 하탁을 불러 그에게 명령을 내려 모르드개에게 가서 그것이 무슨 일이며 무슨 이유인가를 알아보게 하니라.

6 이에 하탁이 왕의 문 앞에 있는 성읍의 거리로 모르드개에게 가니

7 모르드개가 자기에게 일어난 모든 일과 하만이 유대인들을 멸하는 대가로 왕의 보물창고에 지불키로 약속한 돈의 양을 하탁에게 말하였으며

8 또 수산에서 받은, 유대인들을 멸하라는 칙령서의 사본을 하탁에게 주어 에스더에게 보여 주고 알게 하며 그녀로 왕에게 들어가 왕에게 간구하고 그녀의 백성을 위하여 왕 앞에서 간청할 것을 당부하였더라.

9 하탁이 돌아가서 에스더에게 모르드개의 말을 고하니라.

10 에스더가 다시 하탁에게 일러 모르드개에게 전할 명을 내렸으니

11 "남녀를 불문하고 누구든지 부름을 받지 아니한 자가 안뜰로 왕에

게 나아가면 그를 사형에 처하는 한 법이 있음을 왕의 모든 신하들 과 왕의 지방들의 백성들이 아나니 왕이 금홀을 내미는 경우에만 그가 살리라. 그런데 내가 근 삼십 일 동안을 왕에게 들어오라고 부름을 받지 못하였도다." 하더라.

12 그들이 모르드캐에게 에스더의 말을 전하자

에스더는 유대인들을 대적하여 통과된 칙령에 대해 전혀 모르고 있다(5절). 그녀는 왕국 전역의 모든 유대인들이 굵은 베옷을 입고 통곡하며 금식하고 있다는 사실을 모르고 있다. 사실 시녀들이 그녀에게 고하지 않았다면, 모르드캐가 애곡하고 있다는 사실도 몰랐을 것이다.

4절에서는 『**왕후가 심히 슬퍼하며**』라고 말씀한다. 에스더는 모르드캐를 사랑했고, 그가 슬퍼하는 것을 원치 않았다. 그녀는 모르드캐와 이야기하기를 원했다. 그러나 그가 슬픔의 의복을 입고 있는 한, 『**여인들의 궁 뜰 앞**』(에 2:11)으로 가서 에스더와 이야기할 수는 없었던 것이다.

그녀는 모르드캐의 마음에서 근심을 덜어줄 생각으로 그에게 한 벌의 새 옷을 보내려고 했다. 하지만 그는 거절했고 그것을 다시 그녀에게 돌려보냈다. 그래서 그녀는 그녀의 시중 중 하나인 하탁을 보내어 모르드캐가 왜 그렇게 괴로워하는지 그 이유를 알아보게 했다.

하탁조차도 하만이 무슨 일을 벌였는지 몰랐던 것으로 보아, 분명 왕후와 그녀의 궁내 모든 사람들이 바깥세상과 완전히 차단되어 있었음을 알 수 있다. 칙령이 나갔을 때, 수산 성읍은 혼란스러웠을지 모르나, 하탁에게는 이 모든 것들이 처음 듣는 것들이었다. 모르드캐는 그에게 일어난 모든 상황을 설명해야 했다. 그리고 실제로 하만에 의해 통과된 법령의 사본 한 부를 그에게 건네주어 에스더에게 현재 돌아가고 있는 사태에 관해 알려야 했다.

모르드개는 에스더에게 『**왕에게 들어가 왕에게 간구하고 그녀의 백성을 위하여 왕 앞에서 간청할 것을**』(8절) 당부했다. 당신은 『**에스더가 모르드개와 함께 있어 양육받던 때와 같이 그의 명령을 행하였음이더라.**』(에 2:20)는 말씀을 기억할 것이다. 이에 모르드개는 그녀에게 한 가지 과제를 제시했다. 곧 그녀에게 해야 할 임무를 당부했던 것이다. 그는 에스더가 왕에게로 나아가 유대인들의 생명을 위해 간청하기를 원했다. 이는 그녀의 백성들을 향해 마땅히 져야 할 의무였던 것이다.

하지만 에스더에게는 한 가지 문제가 있었다. 왕의 면전으로 나아가는 것이 그렇게 단순한 일만은 아니었기 때문이다. 페르시아인들에게는 왕이 부르지 않는 한 어느 누구도 왕을 알현할 수 없는 법이 있었다. 누군가가 부름을 받지 않았으면서도 왕의 궁정으로 들어왔을 경우, 왕이 자신의 금 홀을 내밀어 그 사람을 맞이해 주지 않는다면 목숨을 구명할 방법이 없었던 것이다(11절).

이는 하나님의 거룩함 안으로 들어가는 모습을 보여 준다. 사도 바울은 주 예수 그리스도를 『**어떤 사람도 접근할 수 없는 빛 가운데 거하시며, 어떤 사람도 보지 못하였고 또 볼 수도 없는 분**』(딤전 6:16)으로 설명하고 있다. 모세가 하나님의 영광을 보여 달라고 간구했을 때, 주께서는 그에게 『**네가 내 얼굴을 볼 수 없으니 이는 나를 보고서 살 자가 아무도 없음이니라.**』(출 33:18-20)고 말씀하셨다.

이 때문에 예수 그리스도께서 사람으로 지상에 오셨던 것이다. 요한복음 1:18에서는 다음과 같이 말씀한다. 『**아무도 어느 때나 하나님을 본 사**

람이 없지만 아버지의 **품 안에 계신** 독생자, **그가 하나님을 분명히 밝히셨느니라.**』 예수 그리스도께서는 사도 빌립에게 이렇게 말씀하셨다. 『**나를 본 자는** 아버지를 **보았느니라**』(요 14:9).

예수 그리스도께서는 내가 왕좌가 있는 공식 알현실(throne room)로 직접 나아가 나의 간구를 왕에게 직접 아뢸 수 있는 길을 마련해 주셨다(히 4:16). 그분은 하나님께서 우리가 그분의 임재 안으로 들어가는 것을 허락할 때 사용하시는 그 『홀』이시다(민 24:17). 내게는 마리아나 베드로 혹은 복되신 침례 요한이 필요 없다. 나를 위해 중보할 사제도, 교황도, 어떤 "성자"도 필요 없다.

하지만 에스더에게는 그러한 보증이 있는 것이 아니었다. 그녀는 한 달 내내 왕의 부름을 받지 못한 상태였기에 그 사실을 모르드캐에게 알려 주었던 것이다.

4:13 모르드캐가 에스더에게 대답하도록 명하기를 "너는 왕궁 안에서 모든 유대인보다 잘 피할 것으로 생각하지 말라.

14 만일 이 때에 너까지도 잠잠하면 유예와 구원이 다른 곳으로부터 유대인에게 있겠으나 너와 네 조상의 집은 멸망을 당하리라. 네가 이 때를 위하여 왕국에 들어가게 되었는지 누가 알겠느냐?" 하더라.

15 그러자 에스더가 그들을 시켜 모르드캐에게 이런 회답을 보내도록 명하였으니

16 "가서 수산에 있는 유대인을 다 모으소서. 그리고 여러분은 나를

위하여 금식하되 삼 일 밤낮을 먹지도 말고 마시지도 마소서. 나
와 나의 여종들도 마찬가지로 금식하리이다. 그리고 나서 내가 법
을 어기고 왕에게 들어가리니 내가 죽으면 죽으리이다." 하니라.
17 그리하여 모르드캐가 가서 에스더가 자기에게 명한 대로 행하였더
라.

에스더의 답변을 받은 모르드캐는, 그녀 또한 유대인이고 왕후라는 이유만으로 피할 수는 없을 것이라고 그녀에게 일깨워 주었다. 여기 13,14절에서 하나님의 섭리의 목적이 분명해진다. 하나님께서는 이때를 대비해서 에스더를 왕후로 세우셨다는 사실이다. 그러나 에스더가 하나님께서 그녀를 왕궁에 두신 목적을 완수하려 들지 않는다면, 주께서는 유대인을 구할 다른 사람을 찾으실 것이다. 정말로 그렇게라도 되어 버리는 날에는 주께서 에스더의 집안을 심판하고 멸하실 것이다.

본문을 그리스도인에게 적용해 본다면 매우 일반적인 적용이 될 것이다. 일례로, 하나님께서는 당신을 특별한 이유와 목적을 위해 현재의 위치에 두셨다고 말할 수 있다. 주께서는 당신이 현재의 위치에서 어떤 임무를 수행하기 원하신다. 그 임무를 다하지 않게 되면, 주께서는 다른 사람을 찾으실 것이다. 주께서 당신을 위해 예비하신 그 임무를 수행하지 못한다면, 하나님께서 당신을 위해 준비하신 보상을 잃어버릴 뿐만 아니라 당신은 하나님께서 당신 인생에 대해 계획하신 "차선책"으로 이관될 것이다. 하지만 그보다 더 분명한 임무를 받지는 못한다.

이제 에스더는 왕 앞에 나아가 기회를 얻어 볼 결심을 하게 된다. 반면 모르드캐에게는 그녀와 그녀의 여종들도 그렇게 할 테니, 수산에 있는 유대인들에게 자기를 위해 3일 동안 특별 금식과 기도를 해줄 것을 요청한다(16절). 어떤 것도 효과가 없다면, 금식과 기도를 시도해 보라. 그리스도께서도 어려운 문제에 대한 해결책으로 금식과 기도를 추천하셨다(마 17:21). 초기 교회는 금식을 했다(행 14:23). 사도 바울도 자주 금식을 했다(고후 11:27). 정말이지 주님으로부터 꼭 응답받아야 할 기도 제목이 있다면, 이를 위해 금식하는 것이 좋을 것이다.

16절에서 에스더의 결단은 그리스도인들이 인생의 괴로운 상황을 만났을 때 취할 수 있는 좋은 방법이다. 에스더는 『**죽으면 죽으리이다.**』라고 말했다. 에스더는 하나님을 신뢰하여 자신의 생명을 희생하는 한이 있더라도 옳은 일을 행할 것이라고 결심했다.

인생의 어떤 문제에 봉착하여 "잘못된" 결정을 내린 대가로 "심한 징계를 받게" 되었을 경우에는, 우선적으로 이를 놓고 3일 동안 꾸준히 기도해야 한다. 필요하다면 금식기도를 해야 한다. 어떤 것이 옳은 행동인지 깨달았다면 이제 그 상황 속에서 기회를 살펴야 한다.

그 문제에 관해 진지하게 기도하고 당신의 진심을 하나님께 보여 드렸다면, 주께서는 당신을 돌보실 것이다. 주님은 그저 하늘에 앉아만 계시는 분이 아니다. 당신이 진심으로 그분의 뜻을 수행하고 있다는 것을 알고 계시면서, 아무것도 역사하지 않으실 리가 없다. 주께서 당신의 진심을 보고 계시다면, 당신의 올바른 행보에 대해 영예와 축복을 베푸실 것이다. 혹은 당신이 자초한 혼란 속에서 당신을 건져내시고자 여러 가지 상황들을 해결해 주실 것이다. 정말이지 주께서 당신의 어리석음을 지워버리실 것이다.

형제들이여, 어려운 상황에서는 담대하게 행할 필요가 있다. 그렇다고 신중하게 기도하지도 않고 그 문제에 관한 하나님의 뜻을 신중하게 고려하지 않은 상태에서 움직여서는 안 된다. 무슨 일을 하든지 당신은 지금 기회를 살피고 있다는 사실을 인식하라. 무엇보다도 하나님의 손길에 당신 자신을 맡기라. 욥은 이렇게 말했다. 『**그분이 나를 죽이실지라도 나는 그분을 신뢰하리라**』(욥 13:15).

나는 언제나 사무엘하 10:12에서 요압이 보여 준 태도가 마음에 들었다. 요압은 지금 적에게 앞뒤로 포위당한 상태다. 그는 그의 아우를 암몬인들과 대치하게 하고 자신은 시리아인들을 맡고 있다. 11절에서 요압은 이렇게 말한다. 『**만일 시리아인들이 내게 너무 강하면, 그때 너는 나를 도우라. 그러나 암몬 자손이 네게 너무 강하면, 그때는 내가 가서 너를 도우리라.**』 그는 두 대적이 동시에 이스라엘인들보다 강할 것이라는 생각은 하지 않는다. 그러나 12절에서 이렇게 말한다. 『**담대하라. 그리고 우리가 우리 백성과 우리 하나님의 성읍들을 위하여 남자답게 싸우자. 주께서 좋게 여기시는 대로 행하시리라.**』 말하자면 모든 결정권은 주께 있다는 것이다! 주께서 결정하신 내용이 내가 보기에 좋다고 생각되지 않는다면 그것은 실로 악한 생각이다!

당신이 하나님을 위해 무언가를 하려고 한다면 그것이 바로 당신이 따라야 할 접근법이다. 주께서 허락하시든 거부하시든 간에 기꺼이 옳은 일을 행하려고 해야 한다. 어쩌면 당신이 지금 하고 있는 것을 모를 수도 있다. 그러나 주께서 당신에게 하라고 말씀하시는 것은 무엇이든지 기꺼이 해야 한다. 그 결과가 어떻든 간에 그것을 기꺼이 해야 할 일로 여겨야 한다.

다니엘 3:16-18에서 세 명의 히브리 자손들은 느부캇넷살왕에게 이렇게 말했다. 『**우리가 이 일에 대하여 왕께 담대히 말하나이다. 만일 그렇게 된**

다 해도 우리가 섬기는 우리의 하나님께서는 불타는 뜨거운 용광로에서 우리를 구해 내실 수 있으며... 그러나 만일 그렇게 되지 아니할지라도, 오 왕이여, 우리가 왕의 신들을 섬기지 아니할 것이며 왕께서 세우신 금상에 경배하지도 아니할 것을 왕께서는 아소서.』 그들은 하나님께서 그들을 구해 주시든 구해 주시지 않든 관계없이 옳은 일을 할 준비가 되어 있었던 것이다.

4장 주석을 마무리하면서 17절에 나오는 한 가지 사실을 주목하자. 이 시점까지는 에스더가 모르드개의 명령을 행했었다(에 2:20). 그런데 이제는 모르드개가 에스더의 명대로 행하게 된다. 이 어린 소녀도 다 컸던 것이다. 에스더는 어떤 책임을 떠맡게 되었고, 자신의 생명을 무릅쓰고서라도 모르드개의 요청대로 행할 것이다. 이에 모르드개는 그에 대한 보답으로 그녀가 요구한 대로 행하고 있다.

남편들이여, 가끔씩 당신의 아내가 옳을 때가 있다는 것을 알고 있는가? 그때는 자신의 감정에 구애받지 말고 아내가 당신에게 요청하는 것을 행해야 한다. 사라가 아브라함에게 이스마엘을 쫓아내 달라고 말했을 때, 아브라함은 이를 원하지 않았다. 그러나 하나님께서는 이렇게 말씀하셨다. 『**사라가 네게 말한 모든 것에 있어 그녀의 음성에 경청하라**』(창 21:12). 사라가 그렇게 말했을 때, 아브라함의 권위를 침범하고 있는 것이 아니었다. 그녀는 하나님께서 그녀의 아들에 관해 말씀하셨던 것에 대해 무언가를 보았던 것이고, 아브라함은 이스마엘을 사랑한 나머지 그 사실을 보지 못했던 것이다. 『**아내들아, 너희는 너희 자신의 남편에게 복종하기를 주께 하듯 하라.**』(엡 5:22)고 말했던 바울은 『하나님을 **두려워함으로 서로 복종하**

라.』(엡 5:21)고도 말했다는 것을 기억하라. 남편들은 아내를 귀히 여기고 『**지식을 따라**』 그녀와 동거하며, 『**생명의 은혜를 함께 상속받을 자**』로서 대우해야 한다(벧전 3:7).

이러한 진리는 젊은이들에게도 동일하게 적용된다. 베드로는 이렇게 말했다. 『**이와 같이 너희 젊은이들아, 장로에게 복종하라. 너희 모두가 서로 복종하고**』(벧전 5:5). 그리스도인 부모는 자녀가 믿는 자로서 자신의 책임을 지고 혼자서도 주를 섬길 수 있을 때까지 양육해야 하는 것을 목표로 삼아야 한다. 자녀가 그렇게 행하고 있을 때는 과거에 그가 성장하면서 당신에게 복종했던 것처럼 이제는 당신이 그에게 복종할 때가 올 것이다.

이것은 17절의 모르드캐와 에스더 사이의 관계에서 볼 수 있는 내용이다. 하나님께서는 이런 방법으로 사무엘을 사용하셔서 엘리에게 말씀하셨던 것이다(삼상 3장). 신약에서 바울은 디모데에게 이렇게 권면했다. 『**아무도 너의 연소함을 업신여기지 못하게 하고, 오직 너는... 믿는 자들의 본이 되라**』(딤전 4:12).

에스더 5장

5:1 셋째 날에 에스더가 왕후의 의복을 입고 왕궁의 맞은편에 있는 왕
궁 안뜰에 섰는데, 왕은 궁의 대문을 마주 보고 왕궁에서 왕의 보
좌에 앉았더라.
2 왕이 왕후 에스더가 뜰에 서 있는 것을 보았는데 그녀가 왕의 목전
에 은총을 입었으므로 왕이 자기 손에 든 금홀을 내미니 에스더가
가까이 가 금홀의 끝을 만지니라.
3 왕이 그녀에게 말하기를 "왕후 에스더여, 그대가 무엇을 원하느냐?
그대의 소원이 무엇이냐? 왕국의 절반이라도 그대에게 주겠노라."
하니
4 에스더가 대답하기를 "왕께서 좋게 여기시거든 내가 오늘 왕을 위
하여 마련한 잔치에 왕께서 하만과 함께 오소서." 한지라
5 왕이 말하기를 "하만을 급히 불러 에스더가 말한 대로 하게 하라."
하고 왕과 하만이 에스더가 마련한 잔치에 갔더라.

에스더는 그녀가 모르드캐에게 요청했던 3일간의 금식 기간 중 이틀을 금식하며 기도했다. 5장은 금식 셋째 날에 있었던 일로 시작되고 있다. 에스더는 지금 자신의 기도응답에 대한 확신을 갖고 있다. 그래서 왕을 알현하러 들어갈 채비를 갖추고 있는 것이다.

1절의 『**셋째 날에**』를 주목하라. 성경에서 셋째 날은 그리스도의 탄생으로부터 세 번째 천 년이 되는 날이다. 사도 베드로는 이렇게 말했다. 『**주께는 하루가 천 년 같고 천 년이 하루 같은 이 한 가지를 잊지 말라**』(벧후 3:8). 레위기 23장에서 하나님께서는 7일을 지나 일곱째 날을 안식일로 정하시고 초실절로부터 7주를 지난 뒤 오순절을 있게 하신다. 또 일곱 달을 지나 유대인의 해에 들어서면 나팔절, 속죄일, 장막절을 두신다. 이스라엘이 지켰던 일곱 개의 절기들 중에 이 세 절기는 한 달 안에 함께 들어 있으며 그것도 일곱째 달에 들어 있다. 그리고 주께서는 매 7년마다 이스라엘인들의 땅에 안식을 주시며 49(7×7)년을 지나면 환희의 해가 있게 하신다.

이런 패턴을 고려하면 현 창조는 7,000년 간이 될 것이다(벧후 3:8에 따라 각각의 "하루"가 천 년인 하나의 천 년 "주간"). 7,000년은 그리스도의 탄생을 기점으로 앞의 4,000년과 뒤의 3,000년으로 나누어진다. 일곱 번째 1,000년은 히브리서 4장에서 언급하는 천년왕국의 안식이 될 것이다. 따라서 재림은 첫 번째 오심으로부터 두 번째 천 년이 끝나는 지점에 위치하게 된다.

이와 같은 시간 계산법은 성경에서 반복되어 나타난다. 에스더 5:1은 유대인 신부가 왕 앞에 나아와 『**셋째 날에**』 회복되는 모습을 묘사해 준다. 호세아 6장으로 가서 1절을 보라. 『**오라, 우리가 주께로 돌아가자. 이는 그**

가 찢으셨으나 우리를 낫게 하실 것이요, 그가 치셨으나 우리를 싸매어 주실 것임이라.』 호세아는 이스라엘을 하나님 아버지의 버림받은 아내가 다시 돌아가 재혼하는 모습으로 묘사하고 있다. 호세아 6:1에서 이스라엘은 회개하여 그녀의 "남편"에게 돌아가고 있다. 여기서 주님이 그 민족을 다시 받아들이시는 때가 언제인지 다음을 보라. 2절. 『**이틀 후에 그가 우리를 살리시며,**』(재림) 『**셋째 날에**』(천년왕국) 『**그가 우리를 일으키시리니, 우리가 그의 목전에서 살리라.**』

이 구절이 재림을 언급하고 있다는 사실에 의심이 간다면 이어지는 호세아 6:3을 보라. 『**만일 우리가 계속 주를 알고자 하면 그때 우리가 알게 되리라. 그의 나오심은 아침처럼 마련되어 있으며 그는 우리에게 비처럼 오시리니, 땅에 내리는 늦은 비와 이른 비처럼 오시리라.**』 재림 때에 떠오르는 『**의의 태양**』(말 4:2)과 동일한 구절에서 바로 뒤따라 나오는 이른 비와 늦은 비(욜 2:23)가 언급되고 있다.

출애굽기 19:10,11로 가보자. 『**주께서 모세에게 말씀하시기를 "백성에게로 가서 오늘과 내일 그들을 성결케 하고 그들로 자기들의 옷을 빨게 하여 셋째 날을 대비하라.**』 (셋째 날은 예표 상 천년왕국을 가리킨다. 천년왕국이 시작될 때, 무슨 일이 일어나는지 보라.) 『**이는 셋째 날에 주가 온 백성의 목전에서 시내 산 위에 내려갈 것임이라**』(출 19:11). 이 일은 『**셋째 날 아침에**』(출 19:16) 있게 된다. 시편 68:8-17은 그 사건이 재림 때에 있을 사건으로 기록하고 있다(저자의 〈시편〉 주석 참조).

신약의 요한복음 1:29을 보라. 『**그 다음 날 요한이** 예수께서 **자기에게 오시는 것을 보고 말하기를 "보라, 세상 죄를 제거하는** 하나님의 **어린양이라.**』 자, 요한복음 1:29의 그 『**날**』에 대해서는 의심의 여지가 없다. 이는 그리스도께서 죄인들을 위해 죽으시려 이 땅에 첫 번째로 오신 날로서, 첫째 날이라 할 수 있다.

자, 여기에서 시간의 추이를 살펴보자. 요한복음 1:35,36에서는 다음과 같이 말씀한다. 『**그 다음 날 다시 요한이 자기 제자 두 사람과 함께 서 있다가, 예수께서 거니시는 것을 보고 말하기를 "보라, 하나님의 어린양이라." 고 하니.**』 이 날은 그리스도께서 나타나신 이후 두 번째 천 년에 해당하는 해로서, 예수 그리스도의 복음이 전파되는 때라 할 수 있다. 요한이 『**세상 죄를 제거하는**』이라는 말을 언급하지 않았다는 사실에 주목하라. 그것은 이미 이루어진 사건이었기 때문이다.

따라서 첫째 날은 요한복음 1:29에서, 둘째 날은 요한복음 1:35에서 볼 수 있게 된다. 요한복음 2:1에 나오는 표현을 주의 깊게 살펴보라. 『**셋째 날에 갈릴리 카나에서 혼인식이 있었는데**』. 3일이라는 그룹은 성경에서 반복하여 나타나는데, 매번 그것이 언급될 때마다 재림의 예표나 재림 바로 직전 혹은 직후에 일어나는 사건들을 가리키게 된다. 성경은 재림의 날짜가 A.D. 2000년의 어느 한 날짜임을 분명하게 언급하고 있다.

분명 본 주석서는 A.D. 2000년 이후에 기록된 것이기에, "이단자, 날짜를 정하는 사람, 이단의 우두머리"라고 아우성치는 형제들의 음성이 들려온다. 하지만 나는 휴거나 재림에 대해 전파했던 모든 설교 및 이런 자료에 관해 다루었던 모든 책에서, 감히 휴거나 재림의 날짜에 관해 추측(모두 추측이었을 뿐이다. 두 사건에 대해 날짜를 확정했던 적은 한 번도 없었다.)할 때마다, "우리가 사용하는 달력이 맞다면"이라는 조건을 덧붙이는 것을 항상 잊지 않았다. 우리가 쓰는 달력이 맞지 않다는 사실은 본 주석서를 쓰고 있는 시점(2004)에서 보다 더 분명해지는 것 같다.

더욱이 하나님께서 어떤 사건에 대한 연수를 계산하실 때, 계산에 넣지 않는 연수들이 있음을 자주 보게 된다. 일례로, 마태복음 1장이 그렇다. 17절을 보라. 『**그러므로 전체 세대는 아브라함부터 다윗까지 십사 대요, 다윗부터 바빌론으로 잡혀간 때까지 십사 대요**』. 다윗으로부터 여코냐까지(11절) 십사 대가 아닌 것은 너무도 분명했다. 마태는 8절에서 의도적으로 세 왕들의 세대를 빼버렸는데, 이는 다윗의 계보에 문제가 있던 기간이었다. 그 기간은 70년이었다(저자의 〈마태복음〉 주석 참조). 심지어 주께서는 출애굽기에서 솔로몬의 통치까지의 연수를 계산하셨을 때(왕상 6:1과 행 13:20 참조), 재판관들의 시대에 이스라엘이 종살이했던 기간은 감안하지 않으셨다. 욥기 3:6은 이렇게 말씀한다. 『**그 밤으로 말하면 어두움이 그 밤을 엄습하여 그 해의 날들 가운데 들지 못하고 그 달들의 수에도 들어오지 아니하였더라면**』. 이처럼 하나님께서 완전히 무시해버리시는 때의 기간들이 있는 법이다.

재림에 관한 나의 추측들이 틀렸을 때, 실망이 된 적은 있어도 환멸감을 느껴본 적은 없었다. 알다시피, 나는 내 추측들이 맞기를 바라는 사람이 아니었다. 다만 나는 주의 명령대로 주께서 다시 오시기를 기다리고 있을 뿐이었다(딛 2:13).

따라서 에스더가 왕후의 의복을 입었을 때, 그것은 여호와의 유대인 신부가 어린양의 혼인 잔치(에 1장) 이후에 회복되는 모습을 보여 주는 것이다.

1절에서 『**셋째 날에... 왕은... 왕궁에서 왕의 보좌에 앉았더라.**』는 표현을 주목하라. 신약에서, 교회 시대 동안 주 예수 그리스도께서는 어떤 보좌에도 앉아 계시지 않는다. 그분은 지금 아버지 『**하나님의 오른편**』에 앉으셔서(막 16:19, 행 2:34,35, 롬 8:34, 엡 1:20, 골 3:1, 히 1:3; 8:1; 10:12; 12:2, 벧전 3:22) 성도들을 위해 중보하고 계신다. 우리가 하늘에 이를 때, 그리스도의 심판석에 계신 주님을 보게 될 것이다. 그것은 보좌가 아니다. 마태복음 26장에서 예수께서는 주의 다시 오심에 대해 대제사장들에게 이렇게 말씀하셨다. 『**이후에 너희는 인자가 권능의 오른편에 앉아 있는 것과 하늘의 구름을 타고 오는 것을 보리라**』(마 26:64). 그래서 재림 바로 직전에는 하늘의 구름들 속에 앉아 땅을 심판할 준비를 하시는 모습으로 나타나시는 것이다(계 14:14-16). 하지만 지금 주께서는 여전히 하나님의 오른편에 앉아 계신다.

그러나 요한계시록 3:21에서 주께서는 이렇게 말씀하신다. 『**이기는 자에게는 내가 내 보좌에 나와 함께 앉을 자격을 주리니, 이는 내가 이겨서 나의** 아버지**와 함께 그의 보좌에 앉은 것과 같으리라.**』

마태복음 25장으로 가서 31절을 보라. 『**인자가 그의 영광 중에 오고, 또 모든 거룩한 천사들이 그와 함께 오면 그때에 그가 그의 영광의 보좌에 앉으리니.**』 이 구절은 가브리엘이 누가복음 1:32에서 마리아에게 말했던 것처럼, 예수 그리스도께서 다윗의 보좌에 앉아 계시는 때를 언급하는 것이다. 보좌는 『**위대한 왕의 도성**』인 예루살렘(마 5:35, 시 48:1,2) 안에 있게 된다.

이제 예레미야 3장으로 가보자. 이 장은 여호와의 아내로 회복된 이스라엘에 대해 다루고 있다(특히, 14절). 17절에서 예레미야가 언급하는 내용을 주목하라. 『**그 때에**』(이스라엘은 그녀의 왕의 통치 아래 그 땅으로 회복되었다) 『**사람들은 예루살렘을 주의 보좌라 부를 것이며**』(여호와 - 아버지 하나님). 마태복음 5:35의 『**왕**』은 예수 그리스도시다(마 25:34 참조).

그러나 시편 48:1,2의 『**왕**』은 여호와(『**주**』)이자 『**우리의**』(유대인의) 『**하나님**』으로 불린다.

예수 그리스도께서 다시 오실 때, 그분은 돌아 오셔서 여호와 하나님으로서 통치하신다(슥 12:10; 14:9). 주께서 통치하실 때, 그분은 이스라엘과 예루살렘을 그들의 자리로 회복시켜 국제 연합보다 우위에 두신다. 게다가 다윗의 보좌는 하나님의 보좌가 된다(슥 12:6-8). 하나님의 아들로서, 그분은 『**우리를 왕들과 제사장들로**』(계 1:6) 삼으실 수 있다. 여호와로서, 그분은 자신의 의를 근거로 이스라엘과 화평의 새 언약을 영원히 맺으신다(사 54:5-10, 렘 31:31-37).

물론 카톨릭교도들은 이 모든 내용을 "엉망으로" 만들어 버렸다. 그들은 그리스도께서 하늘 위에 있는 보좌 위에 앉아 지금 통치하고 계신다고 주장한다. 그래서 하나님의 통치가 지금 이곳에 구현되고 있고, 왕국은 보좌 위에 앉아 계신 왕과 함께 "확장"되어 간다고 주장한다. 이는 로마의 수장인 포도주에 취한 독신자가 자신이 예수 그리스도요 전능하신 하나님이라고 생각하는 것과 같은 말이다. 이 병적이라 할 만큼 자기중심적인 사람이 머리에는 왕관을 쓰고(애써 공산주의자들의 호감을 얻어 보려고 한 이후로는 많이 쓰고 있진 않지만) 보좌에 앉아서는 모든 "그리스도인들"의 "아버지"요 전 "교회"를 다스리는 대주교임을 천명하고 있는 것이다.

형제들이여, 잠시 생각해 보라. 바울이 보좌 위에 앉은 적이 있었는가? 베드로가 보좌 위에 앉은 적이 있었는가? 무디나 스펄전이 왕관을 쓴 적이 있었는가? 물론 없었다. 그리스도께서 통치하실 때 믿는 모든 자들이 『**왕들과 제사장들**』이 될 것이라는 약속은 있어도 로마카톨릭 유령이 그럴 것이라는 약속은 없다. 통치는 아직 시작되지 않았다. 주께서 몸을 입고 권능으로 돌아오실 때에야 비로소 시작될 것이다.

『**왕이 왕후 에스더가 뜰에 서 있는 것을 보았는데 그녀가 왕의 목전에 은총을 입었으므로**』(2절). 이는 잠언 21:1을 성취하는 한 예라 할 수 있다. 그 구절에서는 이렇게 말한다. 『**왕의 마음이 주의 손 안에 있음이 마치 강의 물 같으니, 그가 원하시는 곳이면 어디로라도 그것을 돌이키시느니라.**』 이와 동일한 역사가 유대인들은 예루살렘으로 돌아가라는 코레스의 칙령이 내려졌을 때도 나타났다(사 44:28-45:1). 주께서는 그 왕에게 그도 모르는 사이에 역사하셔서 주의 목적에 이롭게 하신다.

신약에서 그리스도인은 다음과 같이 기도하라는 명령을 받는다. 『**왕들과 권세 있는 모든 사람을 위하여 하라. 이는 우리가 모든 경건과 청렴함 가운데 평온하고 조용한 생활을 하려 함이라**』(딤전 2:2). 이는 유념해야 할 중요한 사항이다. 그리스도인은 세계 평화를 위해 기도하라고 명령받은 적이 한 번도 없지만, 책임 맡고 있는 사람들이 잘 통치하되 당신이 올바르게 살고 평온함 가운데 하나님을 섬길 수 있도록 통치하게 해달라고 기도하라는 명령을 받게 된다. 이는 모든 전쟁들이 종식되기를 간구하는 기도가 아니다.

에스더가 왕의 호의를 발견했을 때, 왕은 금 홀을 내밀었다. 에스더 4:11에서 에스더가 부름을 받지 않은 상태에서 왕 앞에 나타났을 때 금 홀을 내밀 때에만 그녀가 살 수 있었다는 내용을 기억할 것이다. 이렇게 하나님께서는 에스더와 다른 유대인들의 기도와 금식에 응답하셨던 것이다.

이 내용을 신약 성도에게 적용해 보면 히브리서의 저자는 이렇게 말한다. 『**그러나** 아들[예수]**에게 말씀하시기를 "오 하나님이여, 주의 보좌는 영**

원무궁하며 주의 왕국의 홀은 의의 홀이니이다』(히 1:8). 그리스도인은 자신의 죄로 인한 주의 희생제물을 받아들일 때, 그리스도의 의를 받게 된다. 그래서 그는 하나님의 보좌가 있는 알현실로 언제든지 나아갈 수 있다. 히브리서 4:16은 이렇게 말한다. 『**그러므로 우리가 은혜의 보좌로 담대히 나아가자. 이는 우리가 자비를 얻고 필요한 때에 도우시는 은혜를 발견하기 위함이라.**』 에스더가 금식과 기도를 통해서만 얻을 수 있었던 진리를 우리는 그리스도를 영접할 때 자동적으로 받는다.

『**에스더가 가까이 가 금홀의 끝을 만지니라**』(2절). 이는 그녀가 왕의 호의를 인정하고 받아들였다는 사실을 상징하는 것이었다. 이는 한 죄인이 하나님께서 제안하신 의를 받아들이고 『**그 사랑하시는 이 안에서... 받아들**』여졌다는(엡 1:6) 사실을 보여 주는 놀라운 장면이다.

『**왕이 그녀에게 말하기를 "왕후 에스더여, 그대가 무엇을 원하느냐? 그대의 소원이 무엇이냐? 왕국의 절반이라도 그대에게 주겠노라." 하니**』(3절). 왕의 제안은 과장된 표현으로 수사적 표현의 하나라 할 수 있다. 이는 강조하기 위해 사용된 과장된 표현이다. 이를 문자적으로 받아들여서는 안 된다. 에스더가 왕국의 절반을 요청했다 해도 그녀의 마음을 만족시키기 위해 왕이 메데인들의 나라 전체를 줄 리는 없었다. 이와 유사한 상황을 보고 싶다면 열왕기상 2:13-25에서 솔로몬의 처신을 보라. 그는 그 단락의 20절에서 자신의 어머니의 어떤 요청에도 거절하지 않겠다고 말했지만 결국 거절하고 말았다!(왕상 2:22-24)

성경에는 이와 같은 과장법의 예들이 많이 사용된다. 정탐꾼들은 이스라엘의 회중에게 카나안의 성읍들이 "하늘에 닿았다"(신 1:28)라고 보고했다. 분명 여리코의 성벽은 하늘 위 5마일 높이로 지어졌었다. 민수기 13:33에서 정탐꾼들은 백성들에게 그 땅의 거인들은 너무 커서 『**우리들의 눈에도 우리가 메뚜기들 같았으며**』라고 전했다. 물론 거인들이라도 그렇게 크지는 않았다. 바산의 옥은 키가 불과 13피트 정도였고 골리앗도 겨우 약 10피트 정도였을 뿐이다. 하지만 그렇게 과장법으로 표현된 말은 그만큼 효과가 있었다. 이스라엘 자손들은 10명의 정탐꾼들의 말에 거인들을 두려워한 나머지 그 땅으로 들어가기를 거절하고 말았다.

자, 성경에서 에스더 5:3의 제안이 말 그대로를 의미했던 경우를 에스더 이외에 다른 시대에서 찾아본다면 마가복음 6:22,23의 경우를 들 수 있다. 거기에서 헤롯은 헤로디아의 딸이 관능적인 춤으로 그의 흥을 돋워주자, 이에 대한 대가로 그녀에게 상을 주겠노라고 제안했다. 이 내용에서 그가 무슨 말을 덧붙이고 있는지 보게 된다. 즉, 헤롯은 그녀에게 무엇이든 원하는 대로 주겠다고 맹세했던 것이다(마 14:7, 막 6:23 참조). 이런 이유로 그는 침례인 요한의 목을 베어달라는 그녀의 요청을 수락할 수밖에 없었던 것이다. 자신이 한 약속을 지키지 않았다면 그는 그의 고관들과 군 지휘관들과 갈릴리 유지들 앞에서 체면을 잃고 말았을 것이다.

에스더 5:3 이면에 깔린 의도는 그 요구가 이치에 어긋나지 않는 한 에스더가 원하는 것은 무엇이든 요구할 수 있다는 것이었다. 이와 동일한 관점이 요한복음 14:13,14; 15:16; 16:24에서 기도에 대한 그리스도의 위대한 약속 이면에 깔려 있는 것이다. 바울은 주께서 우리가 요구하는 것은 무엇이든 주시는 분이 아니라는 사실을 힘들게 깨달았다(고후 12:7-9). 하나님의 직접적인 뜻을 제쳐두고 무언가를 요구하고 있다면 주께서 "안 돼."라고 말씀하셔도 놀라지 말라. 야고보는 다음과 같이 말했다. 『**구하여**

도 받지 못함은 너희 정욕에다 쓰려고 잘못 구하기 때문이라』(약 4:3). 단지 육신의 정욕을 만족시키기 위해 구하고 있다면 거절당하는 것은 당연한 일이다.

형제들이여, 응답 받는 기도의 약속들은 하나님께 영광을 돌리고(요 14:13) 우리의 삶 속에 영적인 열매를 맺게 하는 일들(요 15:16)을 향해 열려 있다. 또 그 약속들은 하나님의 일들 안에서 우리에게 기쁨을 주고 우리가 주를 보다 더 잘 섬기도록 해 주는 일들(고후 9:8)을 향해 열려 있는 것이다.

에스더 5:4로 돌아가 보면 에스더는 지금 왕의 제안을 어떻게 받아들여야 하는지 정확히 알고 있다. 그래서 그녀는 『**왕께서 좋게 여기시거든**』이라는 말과 함께 자신의 요구를 아뢰기 시작하고 있는 것이다. 이것이 바로 하나님께 기도로 다가서는 방법이다. "주님, 저는 이것을 원하고 저것을 원합니다."라는 식의 기도는 안 된다. "주님, 주님의 뜻이라면 제게 이 간구들을 들어주십시오."라고 기도해야 한다.

4절과 5절의 나머지 부분은 별다른 설명이 필요 없다.

5:6 술 잔치에서 왕이 에스더에게 말하기를 "그대의 청이 무엇이냐? 그대에게 주리라. 그대의 소원이 무엇이냐? 그것이 왕국의 절반이더라도 시행하겠노라." 하니

7 에스더가 대답하여 말하기를 "나의 청과 나의 소원은 이러하나이다.

8 만일 내가 왕의 목전에서 은총을 입었다면 또 왕께서 나의 청을 승

낙하시어 나의 소원을 시행하시기를 기뻐하신다면 내가 두 분을 위하여 마련할 잔치에 왕과 하만이 또 함께 나오소서. 내가 내일은 왕의 말씀하신 대로 행하리이다." 하더라.

에스더는 왕이 금 홀을 내밀 때 바로 왕에게 나아가 자신의 요청을 아뢰지 않고 왕과 하만을 사적인 잔치로 초대한다. 왕은 그 잔치에 참석하는 것을 기뻐하고 있으면서도 에스더의 마음속에 다른 의도가 있다는 사실을 알고 있다. 그래서 왕은 그 연회에서 다시 한 번 에스더에게 『**그대의 소원이 무엇이냐?**』(6절)고 묻는 것이다.

에스더는 여전히 자신의 요구를 드러내지 않는다. 또다시 그녀는 왕과 하만을 또 한 번의 사적인 연회로 초대하고 있다. 그녀가 이렇게 하고 있는 이유들 중의 하나는 금식의 셋째 날이 아직 끝나지 않았기 때문이다. 그녀는 유대인들에게 3일 동안 그녀를 위해 금식해 달라고 요청했었다(에 4:16). 5:1에서 에스더는 『**셋째 날에**』 왕에게 왔다. 그녀가 자신의 요청을 하루 더 연기함으로써 그녀를 위해 금식하며 기도했던 사람들에게 12시간의 여유를 더 주었던 것이다.

5:9 그리하여 하만이 그 날 즐겁고 기쁜 마음으로 나올 때에 왕의 문에서 모르드캐를 보았는데 그가 일어나지도 아니하고 자기를 위하여 몸을 움직이지도 아니하는지라 그가 모르드캐에 대하여 분노로 가득 찼더라.

10 그러나 하만이 참고 집에 가서 보내어 그의 친구들과 그의 아내 세

레스를 청하고

11 그들에게 자기 부의 영광과 수많은 자녀와 왕이 자기를 승격시킨 모든 일과 그가 어떻게 그의 고관들과 신하들 위에 자기의 지위를 높였는지를 이야기하더라.

12 또 하만이 말하기를 "실로 왕후 에스더가 마련한 잔치에 왕과 함께 들어간 사람은 나 외에는 없었으며 내일도 내가 왕과 함께 에스더에게 초청을 받았노라.

13 그런데도 내가 왕의 문에 앉아 있는 유대인 모르드캐를 보는 동안은 이 모든 것이 내게 아무 가치가 없도다." 하더라.

14 그의 아내 세레스와 그의 모든 친구들이 그에게 말하기를 "오십 큐빗 높이로 교수대를 세우소서. 그리고 내일 왕에게 고하여 모르드캐를 그 위에 매달겠다고 하고 당신은 즐겁게 왕과 함께 잔치에 가소서." 하니 그 일이 하만을 즐겁게 한지라 그가 교수대를 세우게 하니라.

에스더가 자신의 간구를 다음 날까지 연기한 또 다른 이유는 하만에게 안전하다는 잘못된 인식을 심어주기 위해서였다. 그 일은 완벽하게 진행되고 있다. 『**그리하여 하만이 그 날 즐겁고 기쁜 마음으로 나올 때에**』(9절). 현재 일어나고 있는 상황을 감안할 때 그가 아는 것이라고는 자신이 왕뿐만 아니라 왕후의 호의까지 얻었다는 사실이었다(11,12절). 그는 에스더가 자신이 그토록 멸하고 싶어 하는 유대인들 중의 한 명이라는 사실을 모르고 있다.

하만은 "세상 정상급"의 연회를 떠나올 때, 우연히 『**왕의 문**』의 자기 자리에 앉아 있는 모르드개를 보게 된다. 다른 모든 하급 관리들이 하만에게 절을 하며 굽실거리고 있을 때, 모르드개는 그냥 앉아만 있다. 미동조차 하지 않는다. 그는 자리에서 일어나 하만을 알아주지도 않고 그에 대한 경의의 표시로 절하지도 않는다. 모르드개의 침묵은 궁전 안의 커다란 나팔 소리보다도 더 크다.

이미 주석했듯이 하만은 일시적인 충동으로, 자신을 경시하는 한 사람으로 인해 자신의 전 생애를 파멸로 치닫게 하고 있었다. 『**그가 모르드개에 대하여 분노로 가득 찼더라**』(9절). 하만은 자기 쪽으로 유리하게 진행되고 있는 모든 상황을 고려하여(11,12절) 모르드개의 냉담한 태도를 못 본 체할 수도 있었을 것이다. 그러나 하만의 말을 들어 보라. 『**그런데도 내가 왕의 문에 앉아 있는 유대인 모르드개를 보는 동안은 이 모든 것이 내게 아무 가치가 없도다**』(13절).

역시나 하만의 문제는 자존심이다. 그는 『**자신에 대하여 마땅히 생각할 그 이상의**』(롬 12:3) 생각을 품고 있다. 10절에서 하만은 자기의 모든 친구들과 가족을 다 함께 불러서 모인 사람들에게 자기 자랑을 늘어놓는다.

잠언 16:18은 다음과 같이 말한다. 『**교만은 멸망에 앞서 있으며 거만한 영은 몰락에 앞서 있느니라.**』 하나님께서 친히 하만을 대적하신다. 『**하나님께서 교만한 자들을 대적하시고**』(벧전 5:5).

하만은 서서히 조금씩, 조금씩 자멸을 초래하고 있다. 그는 에스더의 초대가 그를 "사냥감"으로 선정하고 있다는 사실을 깨닫지 못한다. 사태의 심각성이 그것으로도 불충분했는지 그의 아내는 하만에게 그를 죽이게 될 기구를 세우라고 제안한다. 『**그의 아내 세레스와 그의 모든 친구들이 그에게 말하기를 "오십 큐빗 높이로 교수대를 세우소서. 그리고 내일 왕에게**

고하여 모르드캐를 그 위에 매달겠다고 하고 당신은 즐겁게 왕과 함께 잔치에 가소서." 하니』(14절). 세레스의 태도는 열왕기상 21:7의 이세벨의 모습을 생각나게 한다.

하만이 세운 교수대는 높이가 약 75피트나 된다. 건물로 치자면 그 높이가 7층 반만 하다. 그것은 아마 40피트 높이의 건물 꼭대기에 세워졌을 것이다. 이야기가 끝나자마자 하만은 35피트짜리 "교수대" 위에 매달리게 될 것이다.

하만의 교수대를 현대판으로 적용해보면 이렇다. "현대판 '하만'과 같은 사람들을 매달 교수대는 어디 있나요?" 이에 대한 대답은 간단하다. 오늘날은 더 이상 모르드캐와 같은 사람들을 찾아볼 수 없다. 교수대를 세우려면 모르드캐가 필요하기 때문이다.

그렇다고 그리스도인이라면 누구든지 스스로 체포될 수 있을 정도로 소위 "미친" 짓을 해도 된다는 말이 아니다. 우리 학교에도 한때 그런 사람이 있었다. 그는 일단의 무리들을 이끌고 카톨릭 교회로 가서 그 안에 있는 초들을 끄고 여러 상(像)들을 엉망으로 만들기 시작했다. 물론 그들은 체포되었다. 당연한 결과였다. 나는 그들을 교도소에서 꺼내 주어야 했다. 그러고 나서 카톨릭 사제에게로 보내 그 일에 대해 사과를 하게 했다. 나로서는 이렇게 해야 하느니 차라리 죽는 편이 낫겠지만 어쩔 수 없는 일이었다.

한번은 아프리카 자이레에서 어떤 목사가 우리 학교의 졸업생에게 선교사로 오지 않겠냐고 권유한 적이 있었다. 그 목사는 이 졸업생에게 숙소와 일자리를 제공해 주었고 게다가 그의 가족까지 데리고 오라고 했다. 유일한 "제약"이 있다면 어떤 총이나 군장비도 휴대해서는 안 되었고 거액의 현금도 몸에 지니고 다녀서는 안 되었다. 사역을 시작하는 선교사에게 무엇이 더 필요하겠는가?

그런데 그 바보가 두 대의 군대식 소총과 비상식량, 현금 1만 달러를 휴대한 채 그 수도에 도착했다. 당연히 당국은 그를 감옥에 가두어 버렸고 그를 후원했던 목사도 체포해서 그 역시 감옥에 가두어 버렸다. 그는 감옥에 있으면서 약 네 명의 아프리카인들을 주께로 이겨왔다. 그리고는 마치 자기가 믿음 때문에 고난을 받았던 사도 바울인 양 미국으로 편지를 보내왔다. 말하자면 그는 아프리카의 한 교회를 파산시킨 것이었다. 미국 대사가 그 친구를 감옥에서 꺼내 본국으로 송환했을 때에도 그 목사는 여전히 감옥에 갇혀 있었다.

내 말은 이런 게 결코 아니다.

레스터 롤로프(Lester Roloff)는 "모르드캐"의 좋은 본보기였다. 그는 유명해지기 위해 고의로 어리석은 짓을 벌이지는 않았다. 그가 한 일이라고는 보건 · 교육 · 복지부(Health · Education · Welfare Department, 롤로프는 그들을 '지옥의 악한 일꾼들'이라고 불렀다)에 대항하여 일단의 대학교육을 받은 천치들이 요직에 앉아 TV, 간음, 마약, 록 음악으로 아이들을 망치지 못하게 막는 것이었다. 만일 주께서 그의 수명을 20년 더 연장시켜 주셨다면 당신은 그 국가 관료들이 그들 스스로의 책략에 의해 무너지는 모습을 볼 수도 있었을 것이다.

네브래스카 주에는 실레븐(Sileven)이란 이름의 한 목사가 있었다. 그는 주 당국이 그의 기독교 학교를 운영하는 방침에 관해 이러쿵저러쿵 지침을 내리는 것을 원치 않았다. 그래서 그들은 목사를 체포했고 그 교회를 폐쇄해 버렸다. 그의 집사들과 그들의 가족들에게는 체포되고 싶지 않으면 네브래스카 주를 떠나라고 강요했다. 주 당국은 그 교회의 성도들을 마치 공산주의 러시아가 그리스도인들을 다루듯이 취급했다. 그 목사는 자신의 입장을 고수했고 결국 신문이나 주요 방송망은 그 사건을 기사화하기에 이르렀다. 그 목사는 미국시민자유연맹(ACLU)이나 전미흑인지위향상협회(NAACP) 혹은 그 밖의 어떤 단체로부터 자신의 "공민권"을 방어할 수 있는 어떤 도움도 받지 못했다. 이 모든 단체들은 흑인들, 여성들, 어린이들, 동성연애자들에게나 해당되는 "공민권"을 이야기한다.

소수의 근본주의 성경대로 믿는 그리스도인들을 제외하고는 아무도 그 목사나 그의 교회 성도들의 편을 들어주지 않았다. "공민권" 운동 출신의 어떤 사람도 그들의 괘씸한 입들을 열지 않았던 것이다. 이유가 무엇인지 아는가? 그 목사가 한창 하나님의 말씀을 설교하고 있었기 때문이다.

장담하건대 실레븐 목사는 그를 위해 만들어진 "교수대"를 받았던 것이다. 그러나 하나님께서는 상황을 역전시키셨고 이로 인해 현재 네브래스카 주에는 교회들이 실레븐 목사처럼 운영할 수 있도록 허용해 주는 법률이 시행되고 있다. 하지만 이런 일이 처음으로 성사되기까지는 누군가가 그 모든 고난을 감내해야 했던 것이다.

식민지 시대의 미국으로 거슬러 올라가 보면, 버지니아 주에 한 침례교 거리 설교자가 있었다. 그의 이름이라든지 그의 특유의 행동이나 어떤 말을 기억하는 사람은 아무도 없다. 그는 아무런 허가 없이 거리에서 설교했다는 이유로 영국 군대에게 체포되었다. 당시 그는 공개적으로 매를 맞았고 이로 인해 결국 죽음에까지 이르렀다. 그때 버지니아 의회의 하원의원 중 한 사람이 지나가고 있었고 그는 침례교 거리 설교자가 매 맞아 죽었다고 증언했다. 그의 이름은 패트릭 헨리(Patrick Henry)였다. 헨리 의원은 그날 "나에게 자유 아니면 죽음을 달라"(Give Me Liberty or Give Me Death)고 하는 유명한 연설을 했다. 이 연설은 미국 혁명을 위한 대중의 지지를 이끌어 냈고 그 사건으로 인해 미국은 거의 200년 동안 종교의 자유를 얻게 되었던 것이다. 영국은 그 거리 설교자를 죽인 사건이 그들의 제국의 파멸을 가져오는 시발점이 되었다는 사실을 몰랐던 것이다. 하지만 이것이 바로 주께서 역사하시는 방법이다.

자, 형제들이여, 기억해야 할 한 가지 사실이 있다. 당신이 주를 위해 무언가를 한 일로 누군가가 당신을 "교수형에 처하겠다."고 분을 발하게 되면, 당신 먼저 "교수대에 달릴" 준비를 하라. 주께서는 당신을 구해내실 수도 있지만 당장 그렇게 하지 않으실 수도 있다. 당신의 목숨을 구명하는 문제는 실질적인 중대 사안이 아니다. 중요한 사실은 주께서 그분의 목적을 이루시기 위해 바로 그 상황을 사용하신다는 것이다. 당신은 당신의 구주처럼 십자가 상에서 끝날 수도 있다. 그러나 하나님께서는 그분의 영광과 목적을 위해 당신이 했던 그 일을 사용하실 것이다.

에스더 6장

6:1 그날 밤에 왕이 잠을 이룰 수 없으므로 역대의 기록을 가져오도록
명한지라. 신하들이 왕 앞에서 읽었는데,
2 모르드캐가 아하수에로왕을 죽이려 하였던 문지기이자 왕의 내시인
두 사람, 즉 빅다나와 테레스를 고발한 사실이 기록되어 있는 것이
발견되었더라.
3 왕이 말하기를 "이 일로 인하여 모르드캐에게 어떤 영예와 직위를
베풀었느냐?" 하니 왕을 섬기는 왕의 신하들이 말하기를 "그에게
아무것도 베풀지 아니하였나이다." 하더라.
4 왕이 말하기를 "누가 뜰에 있느냐?" 하니 그때 하만이 왕궁의 바깥
뜰에 왔으니 이는 자기가 마련한 교수대에 모르드캐를 매달기를 왕
에게 구하려 함이더라.
5 왕의 신하들이 왕에게 고하기를 "보소서, 하만이 뜰에 서 있나이
다." 하니 왕이 말하기를 "그를 들어오게 하라." 하더라.

1절은 에스더 4:16의 삼 일의 기간 중 셋째 날 밤의 상황이다.

자, 주석가들은 아하수에로가 잠을 이루지 못한 데 대해 각종 이유를 제시한다. 그들 중에는 그가 소화불량에 걸렸거나 위장이 불편했을 거라고 말하는 사람들도 있다. 또는 하나님께서 그 뜻에 따라 그를 깨어있게 하셨다고 말하는 사람들도 있다. 하지만 이 모든 이유들은 "정곡을 찌르는 데"는 실패했다.

왕은 불면증에 시달리고 있었다. 이는 누군가가 3일 동안 기도와 금식을 했기 때문이다.

기도는 대개 잠과는 상반된 정서를 갖고 있다. 잠드는 데 어려움을 겪는 사람에게 최상의 치료책 중 하나는 기도하는 것이다. 자리에서 일어나 기도를 하면 가능한 그 어떤 방법에 의해서보다 더 빨리 잠이 들게 된다.

그리스도인이 해야 할 것들 중에 가장 어려운 한 가지가 바로 기도다. 믿지 못하겠다면 지금 바로 15분간 시간을 재서 기도해 보라.

잠을 청하기 위해 왕이 생각해 낸 방법은『**역대의 기록을**』가져와 읽게 하는 것이었다. 잠을 이룰 수 없었기에 무언가라도 해야겠다는 생각을 했거나 아니면 가장 지루하게 생각되는 것이라도 읽게 하면 잠을 이룰 수 있지 않을까 하고 생각했던 것이다. 이유야 어떻든 이는 기도응답의 결과다. 주께서는 지금 그를 그런 상황으로 인도하시는 것이다. 이 "역대 기록" 안에는 그가 이전에 간과했던 사건이 기록되어 있다.

당시로서는 왕이 국정을 돌보는 일에 필요한 도움을 얻고자 역대기를 검토하고 연구하는 것이 상례였다. 참으로 현명한 처사다. 통치자라면 누구나 일단의 훌륭한 역사책들을 소장하여 역사를 읽고 공부하는 데 대부분의 시간을 투자할 수 있어야 한다. 그렇게 하면 과거에 있었던 실수들은 무엇이고, 어떤 정책이 효과적이고 또 그렇지 않은지를 아는 데 많은 도움을 얻을 것이다.

자, 6장에서 일어나는 모든 일들이 그분의 뜻에 따라 운행하시는 하나님의 역사라는 사실에는 재론의 여지가 없다. 역대 기록들을 읽게 했을 때, 왕은 에스더 2:21-23에 있었던 암살 기도에 관한 사건을 접하게 된다(2절). 이는 우연히 일어나는 일이 아니다. 주께서는 그 신하를 역대기록의 한 부분으로 인도하셔서 모르드개의 평판을 왕의 눈에 부각시킬 바로 그 대목을 읽게 하신다. 그것도 하만이 왕에게 와서 모르드개의 목을 매달라고 요청하기 전에 말이다.

3절은 베드로전서 5:6의 완벽한 예라 할 수 있다. 에스더 2장으로 돌아가 보면 모르드개의 충성심은 보상받지 못했고 오히려 하만과 같은 사악한 자가 승격되었던 것을 알 수 있다(에 3:1). 그러나 여기에는 다 이유가 있었다. 즉 그때는 모르드개를 승격시킬 만한 하나님의 때가 아니었던 것이다. 이제는 왜 지금(에 6장)이 적절한 때인지 알 수 있다.

역시 주님의 때는 흠잡을 데 없이 완벽하다. 왕이 모르드개를 영예롭게 할 만한 누군가를 찾고 있을 바로 그 순간에 한 치의 오차도 없이 하만이 모르드개를 교수형에 처하게 할 목적으로 등장한다(4절). 이는 앞으로 일어날 일을 미리 알고 역사하시는 하나님의 손길이며 그 손길은 하나님의 백성들의 기도로 운행된다.

수산에 있는 일단의 유대인들은 금식하며 기도하고 있다. "주님이시여, 역사해 주소서. 주님이시여, 하나님을 위해 우리를 도우소서. 주님이시여,

주의 영광을 위해 역사하소서." 유대인들은 기도하고 있고 주께서는 어떤 일도 하지 않으시는 것처럼 보인다. 그러나 하나님께서는 이 사람에게 잠이 오지 않게 하시고 다른 사람을 인도하여 역대기록을 가져와 이 적합한 부분을 읽게 하신다. 그 기록을 다 읽었을 때는 한 치의 오차도 없이 또 다른 사람을 데리고 오신다.

주께서는 아주 빈틈없이 그 일을 이루시고 계시며 그것도 적절한 순간에 매우 정확하게 모든 일을 처리하신다. 하만은 교수대를 세웠다. 이는 그가 왕에게 모르드개를 교수형에 처할 것을 요청하기 불과 얼마 전에 일어난 일이었다. 만일 아하수에로가 여느 때처럼 밤잠을 편하게 이룰 수 있어서 역대기록을 가져와 읽게 하는 일이 없었다면, 모르드개가 보상받지 못했던 충성심의 행위는 결코 기억되지 않았을 것이다. 주님이 그 배후에서 역사하지 않으셨다면 상황은 완전히 역전되었을 것이다.

자, 이 상황을 묵상하는 가운데 용기를 내어 인내로 기도해 보라. 주께서는 당신이 알지 못하는 여러 가지 일들을 이루고 계실지 모른다. 그러나 모든 역사는 당신의 기도에 달려 있다. 주께서 당신에게 어떤 것에 대해 분명하게 "안 돼"라는 응답을 주시지 않는 한 기도하기를 멈추지 말라. 주께서는 당신이 그 자리에 있다는 사실을 잊어버리지 않으셨다. 다만 적절한 때에 모든 것을 함께 이루시기 위해 기다리시는 것이다. 여기서 적절한 때는 언제나 우리의 때가 아님을 기억하자.

6:6 그리하여 하만이 들어오니 왕이 그에게 말하기를 "왕이 영예 주기를 기뻐하는 사람에게 어떻게 해야겠느냐?" 하니 하만이 속으로 생

각하기를 "왕이 나말고 누구에게 영예 주기를 기뻐하랴?" 하고

7 하만이 왕에게 대답하기를 "왕께서 영예 주기를 기뻐하시는 사람에게
는

8 왕께서 입으시는 왕복과 왕이 타시는 말과 왕의 머리에 쓰신 왕관
을 가져다가

9 그 왕복과 말을 왕의 지극히 존귀한 고관들 중 한 사람의 손에 넘
겨주시어, 그들로 왕께서 영예 주기를 기뻐하시는 그 사람에게 치
장하여 말에 태워 성읍 거리로 다니며 그 앞에서 선포하기를 '왕께
서 영예 주기를 기뻐하시는 사람에게는 이같이 행할 것이라.' 하게
하소서." 하니

10 왕이 하만에게 말하기를 "너는 서둘러 왕복과 말을 가져다가 네가
말한 대로 왕의 문에 앉아 있는 유대인 모르드캐에게 그렇게 행하
되 네가 말한 모든 것에서 전혀 빠짐이 없게 하라." 하더라.

11 그리하여 하만이 왕복과 말을 가져다가 모르드캐에게 치장하여 말
에 태워 성읍의 거리를 다니며 그 앞에서 선포하기를 "왕께서 영예
주기를 기뻐하시는 사람에게는 이같이 행할 것이라." 하였더라.

12 모르드캐는 다시 왕의 문으로 돌아갔으나 하만은 자기 머리를 싸매
고 슬퍼하며 급히 자기 집으로 돌아가서

6절은 하만이 얼마나 실제로 자기 자만에 빠져서 우쭐대고 있었는지를 보여 주고 있다. 아하수에로가 『**왕이 영예 주기를 기뻐하는 사람에게 어떻게 해야겠느냐?**』라고 물었을 때, 하만은 당연히 자신에 관해 하는 이야기일 거라고 생각했던 것이다.

자기중심적으로 생각하려는 경향은 우리 모두 안에도 현존한다. 주께서 사람들을 만드셨을 때, 사람들이 그들 자신의 우주의 중심이 되도록 지으셨다. 혼은 외부로부터 들어오는 모든 정보를 받고 있는 몸 안에 앉아 있다. 그 모든 정보는 이를 인지하는 개인과 어떻게 연관되어 있느냐에 따라 지각된다. 말하자면 모든 사람들은 자기중심적이며 여기에는 예외가 없다.

어떤 면에서는 사람들이 자기중심적이고 이기적이며 자기 자신에 빠져 있다는 사실이 좋을 수도 있다. 이는 그들이 그리스도를 보면서 자신과 그 분을 비교할 때, 자신이 진실로 얼마나 부패했는지 알게 되고 이로 인해 구원을 받게 되기 때문이다.

하지만 그러면서도 그런 자기중심적인 모습은 좋지 못하다. 정말이지 자신에게 상처를 준 어떤 나쁜 일에 대해서는 감사할 줄 모르기 때문이다. 다른 사람들의 고통을 보는 것만큼 태연하게 자신의 고통을 관망할 수 있다면 모든 면에서 합당한 사람이 될 것이다. 그러나 사람은 자신으로부터 분리할 수 없다. 왜냐하면 자신의 몸 안에 갇혀 있기 때문이다. 몸은 하나의 감옥이다. 한마디로 덫에 걸려 있는 것이다.

부처는 그 문제를 보았다. 문제는 몸이었던 것이다. 그가 생각해 낸 해결책은 "그 틀에서 벗어나는 것"이었다. 그러나 그리스도인의 해결책은 자기중심적이지 않은 또 다른 준거 틀 안으로 들어가는 것이었다. 성령이 바로 그 "틀"이시다.

말하자면 7-9절에서 하만은 막 "자신을 추켜세우려 할" 참이었다. 그러나 그가 제안하게 될 모든 것이 모르드개를 위해 시행될 것이라는 사실은 전혀 모르고 있다. 그래서 그는 "자신을 그토록 추켜세우고" 있는 것이다.

그러나 그의 생각대로 되지는 않았다.

하만은 왕에게 권고드리기를 그 "행운아"에게 왕관을 씌우고 왕복을 입힌 다음, 『**왕의 지극히 존귀한 고관들 중 한 사람**』을 시켜 그를 왕의 말에 태워 여기저기를 행진하게 하면서 다음과 같이 외치게 하라고 말씀드렸다. 『**왕께서 영예 주기를 기뻐하시는 사람에게는 이같이 행할 것이라**』(9절). 말하자면 그 사람은 영예로운 "오늘의 왕"이 되는 것이다.

이와 매우 유사한 상황이 창세기에 요셉의 상황에서 나온다. 『**파라오가 요셉에게 말하기를 "보라, 내가 너를 이집트의 온 땅을 치리하도록 세웠노라." 하고 파라오가 자기 손에서 반지를 빼서 요셉의 손에 끼워 주고 고운 세마포로 만든 조끼를 그에게 입혀 주고 금사슬을 그의 목에 걸어 주더라. 파라오가 자기가 가지고 있는 둘째 병거에 그를 태우니 사람들이 요셉 앞에서 소리지르기를 "무릎을 꿇고 절하라." 하더라. 파라오가 그를 이집트의 온 땅을 다스리는 치리자로 세웠더라**』(창 41:41-43).

이는 예표상 그리스도께서 높임을 받으시는 장면을 묘사해 준다. 요셉은 그리스도의 예표다. 본문에서 이제 막 높임을 받을 사람도 유대인이다. 물론 예수 그리스도께서도 유대인들의 왕으로서 높임을 받으실 것이다.

이는 또한 신명기 28:13의 말씀을 부분적으로 성취하는 부분이다. 거기에서는 유대인에 관해 이렇게 말씀하고 있다. 『**주께서는 너를 머리가 되게 하시고 꼬리가 되지 않게 하시며, 너로 위에만 있게 하시고 너로 아래에는 있지 않게 하시리라. 너는 내가 오늘 네게 지켜 행하라고 명령하는 주 너의 하나님의 계명들에 경청하고.**』 물론 이 구절은 천년왕국 때 가서야 비로소 완전하게 성취될 것이다.

10절은 하만의 열망을 완전히 깨뜨려 버리고 있다. 『**너는 서둘러... 유대인 모르드캐에게 그렇게 행하되 네가 말한 모든 것에서 전혀 빠짐이 없게 하라.**』 왕은 하만의 생각이 아주 멋진 제안이라 여기고 있다. 다시 말해서 모르드캐야말로 "왕이 영예 주기를 기뻐하는" 바로 그 사람이고, 하만이야말로 그를 성읍 여기저기로 인도하기에 제격인 바로 그 "존귀한 고관"인 셈이다.

자, 어디하나 손색이 없을 정도로 주의 손길이 운행하고 있다. 본문과 연관된 어떤 등장인물들도 이 상황을 관장하지 못했다. 다만 분명한 것은 어떤 절대자에 의해 상황이 전개되고 있다는 사실이다.

왕은 지금 모르드캐를 『**유대인**』으로 부르고 있다. 여기에서 이런 의문이 제기될 수 있다. "아하수에로는 그가 모든 유대인들을 죽이라고 명령했었다는 사실을 깨닫지 못했단 말인가?" 주석가들은 이런 모습을 두고 다음과 같은 말로 답변한다. "왕은 변덕스럽고 건망증이 심한 군주였다. 그는 자신이 유대인들을 멸하라고 했던 명령들을 잊어버렸으니까 말이다." 그러나 이것은 진실이 아니다. 아하수에로는 유대인을 멸하라고 자신이 직접 명령을 내린 적이 없었다. 에스더 3:8,9절로 가서 다시 읽어 보라. 하만은 왕에게 멸해야 할 백성들이 어떤 민족인지 보고한 적이 없었다. 에스더 자신이 그 칙령을 몰랐다는 사실을 볼 때(에 4:4-8), 아하수에로도 칙령의 복사본을 직접 본 적조차 없었다는 것이 분명해 진다. 하만은 이 모든 것을 주도면밀하게 왕에게서 감추고 있었던 것이다. 아하수에로가 알기로는, 모르드캐가 하만이 죽이기를 원했던 백성과 어떤 연관성도 없다는 사실이었다.

그래서 하만은 어쩔 수 없이 그가 아하수에로에게 제안했던 방법으로 모르드캐를 영예롭게 해야만 했던 것이다. 하만의 입장에서 볼 때 이보다 더 끔찍하고 기분 나쁘며 지독한 일이 있을 수 있었겠는가? 그는 자기가 증오했던 한 사람을 데리고 가서 그에게 왕의 왕복을 입혀주어야 했던 것이다. 게다가 최근 유대인을 대적하는 하만의 칙령으로 혼란에 빠진 성읍(에 3:15)을 다니며 왕의 전달자로 행세해야만 했던 것이다. 지금 일어나고 있는 이 아이러니한 상황을 비록 아하수에로는 깨닫지 못했을지라도, 수산 성읍의 대부분 주민들은 틀림없이 알고 있었다. 이는 하만에게는 아주 고통스런 경험이었을 것이다.

신약에서는 이렇게 적용해 볼 수 있다. 예수님께서 말씀하셨다. 『**누구나 나를 섬기면 아버지께서 그를 높이시리라**』(요 12:26).

12절에서 이 두 사람이 처한 상황을 주목하라. 하만의 세상은 이제 막 산산이 부서져 버렸다. 그는 비참하고 낙담한 마음에 자존심도 상하여 가능한 한 빨리 집으로 달려간다. 그는 비탄의 표시로서 또 길거리의 어떤 사람도 자신을 알아주지도 않고 도리어 놀림감이 되었다는 표시로서 머리를 싸맸다. 오늘날 이와 똑같은 상황을 TV 뉴스에서 보게 된다. 어떤 유명 인사가 부정행위로 체포되면 자신의 머리를 가리게 되는데 이는 카메라들이 그의 얼굴을 찍지 못하도록 하기 위해서다.

이에 반해 모르드개는 그저 『**왕의 성문**』에 있는 본연의 임무로 돌아간다. 그는 같이 일하는 동료들에게 자랑하거나 하만의 굴욕감에 대해서 자못 흡족해 하지도 않는다. 그는 왕의 영예가 자신의 머리로 돌아가지 않도록 한다.

이는 그리스도인이라면 누구나 따라야 할 본보기가 된다. 하나님이나 사람에게서 영예를 얻게 될 때는 "냉철하게 대처해야 한다." 자기 자신의

"호평"은 신중하게 받아들여서는 안 된다. 사람들은 당신의 감정을 고조시킬 수 있다. 종려 주일 그리스도께서 통치하시는 왕으로 예루살렘에 입성하시는 것을 환영했던 군중들은 3일 후에 그분의 피를 요구했던 바로 그 장본인들이었다.

하나님으로부터 온 영예는 좋은 것이다. 하지만 그것으로 인해 자기 자만에 빠져 우쭐하게 되면 주께서는 당신의 자부심을 산산이 꺾어 버리실 것이다. 목사직에 있는 "거물급들" 가운데는, 하나님께서 큰 교회들과 사역의 확장으로 축복해 주셨는데도 그들 자신이나 그들의 사역이 없으면 근본주의는 붕괴될 것이라고 생각하는 이들이 있다. 이는 사실이 아니다. 하나님께서는 항상 당신의 직분을 수행할 수 있고 때로는 당신보다 더 훌륭하게 해낼 수 있는 적임자를 찾고 계셨다.

이런 문제들을 바라보는 최상의 방법은 다음과 같다. "당신에게 굴욕과 비웃음이 닥치면 그저 당신에게 올 것이 왔다고 여기고 계속해서 하나님을 위해 살아가라. 어떤 일을 올바르게 행동할 필요가 생기면 반드시 올바르게 처신하라. 부끄러움을 당했다고 해서 절대로 의기소침하면 안 된다. 누군가가 그리스도를 위해 당신을 조롱하거나 당신에게 굴욕감을 준다면 주를 위해 작은 고통이라도 감내할 수 있었다는 사실로 인해 하나님께 감사드려라. 결코 당신이 처한 상황을 두고 한탄해 하며 이리저리 방황하지는 마라. 당신은 그 어디에서도 중세 시대에 당신의 형제들이 받았던 것만큼이나 그렇게 나쁜 대접을 받았던 적은 없었다."

"반대로 주께서 당신을 번성케 하시고 영예롭게 하신다면, 가련하고 구원받은 죄인을 향한 그분의 자비와 축복으로 인해 하나님께 감사를 드려라. 당신은 그런 것을 받을 만한 자격이 없다는 사실을 알고 있다. 다만 영의 겸손함 가운데서 계속해서 주를 섬기라."

6:13 그가 당한 모든 일을 자기 아내 세레스와 그의 모든 친구들에게 말하니 그의 현자들과 그의 아내 세레스가 그에게 말하기를 "만일 모르드캐가 유대인의 씨라면 당신이 그의 앞에서 패하기 시작하였으니 그에 대하여 이기지 못하고 그의 앞에서 반드시 패하리이다." 하더라.

14 그들이 아직 하만과 말하고 있는데 왕의 내시들이 와서 서둘러 하만을 데리고 에스더가 마련한 잔치에 데리고 가니라.

하만은 자기 아내와 친구들에게로 가서 자신이 겪은 고통들을 하소연한다. 이는 에스더 5:10-12에서 그가 자신의 출세에 대해 늘어놓았던 것과 유사한 모습이다. 하만은 한창 번영하고 성공했을 때처럼 시련과 고난에 처해서도 역시나 자기중심적이고 자기 본위에 빠져 있다. 성공을 하든지 초라한 상태에 있든지 그의 대화의 화제와 태도의 중심은 언제나 자기 자신을 향해 있다.

자, 세레스와 그의 친구들은 하만이 자신의 교만에 빠져 결코 생각해 내지 못하는 그 무언가를 깨닫게 된다. 즉 그들은 어떤 절대자가 모르드캐의 편에서 역사하고 있음을 인지하고 있는 것이다. 하만에게 닥친 불행은 우연히 일어난 것도 아니고 일상적인 상황에서 벌어지는 일도 아니다. 어떤 절대자가 모르드캐 앞에서 하만을 패소시키고 있는 것이다. 게다가 그 절대자는 그 멸망이 완전하고 철저하게 이루어지기까지는 그 일을 결코 멈추지 않으실 것이다.

14절은 하만의 입장에서 보자면 멸망의 서막인 셈이다. 그는 아직도 사태의 심각성을 모르고 있다. 그러나 에스더가 마련한 잔치가 그의 마지막 식사가 될 것이다. 그는 이제 문자 그대로 "심한 처벌을 받게 될" 참이다.

6장은 하만의 멸망을 알리는 장이었다(13절). 14절은 주께서 하만의 파멸을 끝내시는 7장의 도입부가 된다.

에스더 7장

7:1 그리하여 왕과 하만이 왕후 에스더와 함께 잔치에 나가니,
2 왕이 둘째 날 술 잔치에서 에스더에게 다시 말하기를 "왕후 에스더
여, 그대의 청이 무엇이냐? 그대에게 그것을 허락하겠노라. 그대의
소원이 무엇이냐? 그것이 왕국의 절반이라 할지라도 시행하겠노라."
하니
3 왕후 에스더가 대답하여 말하기를 "오 왕이여, 만일 내가 왕의 목
전에서 은총을 입었다면 또 왕께서 기뻐하신다면 나의 청대로 내
생명을 내게 주시고 나의 소원대로 내 백성을 내게 주소서.
4 이는 나와 내 백성이 팔려서 멸망당하고 죽임을 당하고 진멸당하게
되었음이니이다. 그러나 만일 우리가 남자 노예와 여자 노예로 팔
렸더라면 비록 원수가 왕의 손해를 보상하지 못하였다 할지라도 내
가 잠잠하였겠나이다." 하더라.
5 아하수에로왕이 왕후 에스더에게 대답하여 말하기를 "감히 그런 일
행하기를 마음에 품은 자가 누구며 그 자가 어디 있느냐?" 하니

6 에스더가 말하기를 "그 대적과 원수는 이 악한 하만이니이다." 하니 하만이 왕과 왕후 앞에서 무서워하더라.

간단히 반복하자면 예언적인 예표로 볼 때 에스더의 이야기는 왕이신 여호와의 아내이자 왕후로서 회복된 이스라엘의 이야기라 할 수 있다. 모르드캐는 대환란에서 구원받은 유대인 남은 자의 예표이다. 하만은 말할 것도 없이 사탄의 예표이다. 7장 6절에서는 그를 『**대적**』으로 부르고 있는데 이는 사탄이란 이름이 의미하는 것이기도 하다(벧전 5:8 참조).

예표론으로 볼 때, 본문의 이야기는 신약의 두 그림과 어울린다. 어떤 유형을 억지로 끼워 맞출 수는 없지만 광범위하게 적용할 수 있는 부분들이 있다. 첫 번째 그림은 마태복음 22장에 나오는 혼인 잔치의 비유이다. 거기에서 하만은 예복을 입지 않고 혼인 잔치에 들어왔다가 결국 묶여서 『**바깥 흑암**』에 던져지게 되는 마귀에 비유된다.

본문에서 발견할 수 있는 두 번째 그림은 주님과 함께 교회가 끌려 올라가고 마귀가 더 이상 "주님과 교회 중간에서 어떠한 유익도" 취할 수 없을 때의 모습이다. 마귀가 보좌 앞으로 나아가 당신을 주님께 고소하고 있는 지금 당신은 이곳 지상에 거하고 있다. 그 반대의 상황, 곧 마귀가 당신에게 다가와 하나님을 비난하고 있는 때도 마찬가지다. 마귀는 예수 그리스도와 함께 나누는 당신의 "사랑"을 파괴하기 위해 노력을 하고 있다. 주님은 참으로 비열하고 불친절하며 사랑이라고는 조금도 없는 분이라고 속이면서 상황들이 그렇게 보이도록 만드는 것이다.

이렇게 마귀는 어떤 문제를 두고 양다리를 걸치고 있다. 마귀가 우리를 고소할 때 대부분의 경우 그가 절대적으로 옳다. 하나님께서 그분의 방법대로 일하시는 이유가 무엇인지 의문을 제기할 사람이 있었겠는가? 여기에 간음을 일삼고 마약에 빠져 있는 록 가수나 영화 스타들이 있다. 하나님께서는 격렬한 자동차 사고나 비행기 충돌 사고로 그의 수명을 단축시키신다. 여기에 또 동일한 방법으로 죽음을 맞이한 신실한 선교사나 복음 전도자들이 있다. 당신이 보기에 이런 일이 전적으로 옳다거나 공정하다고 생각되는가? 물론 당신에게는 주께서 무슨 일을 하시든 주를 신뢰할 만한 믿음이 있다. 그러나 믿는 것보다는 말하기가 더 쉬운 법이다.

마귀는 영적인 대적으로 하나님 앞에서 당신을 깎아 내리고 당신 앞에서 하나님을 폄하해 버린다. 그러나 언젠가 당신이 주님과 함께 하늘 위에 오르고 마귀가 욥기 1장에서 그랬던 것처럼 주님 앞에 자신을 드러내며 다가올 때, 당신과 주님은 그가 제시하는 고소들에 관하여 마귀를 동시에 맞서게 될 것이다. 그는 더 이상 당신이 없는 데서 몰래 고소할 수는 없을 것이다. 이런 일이 벌어질 때 그는 바깥으로 쫓겨난다! 마귀는 요한계시록 12장에서 대환란 중간에 하늘에서 완전히 쫓겨난다.

자, 7장 서두에서도 보듯이 하나님께서는 그분의 뜻에 따라 하만을 대적하기 위한 모든 상황들을 예비해 오셨다. 주께서는 이제 막 하만의 머리에다 말 그대로 올가미를 씌우실 참이다.

왕은 한 번 더 에스더에게 자신의 제안을 표명한다(2절). 이번에는 그녀가 자신의 원하는 바가 정확하게 무엇인지 왕에게 말한다. 『**나의 청대로 내 생명을 내게 주시고**』(3절). 이는 그녀가 사형을 선고받은 상태임을 내포한다. 사실 왕은 그 사실을 몰랐다. 에스더는 지금 목숨을 구명해 달라고 요청하고 있다. 『**나의 소원대로 내 백성을 내게 주소서.**』 그녀의 백성이 이제 곧 죽게 되어 있으므로 그녀도 죽음의 문턱에 있는 것이나 다름없는 것이다.

『**이는 나와 내 백성이 팔려서 멸망당하고 죽임을 당하고 진멸당하게 되었음이니이다**』(4절). 에스더 3:11을 보면 유대인들은 하만에게 팔렸다는 것을 알 수 있다. 물론 왕은 하만에게 돈을 지불하면서 죽이라고 명령했던 백성들이 유대인들인 줄은 꿈에도 몰랐었다. 하만이 이에 대해 왕에게 말한 적은 없었으며 게다가 왕은 이 모든 문제를 하만의 손에 위임했던 것이다.

『**그러나 만일 우리가 남자 노예와 여자 노예로 팔렸더라면... 내가 잠잠하였겠나이다**』(4절). 출애굽기의 파라오처럼 왕이 그저 그들을 노예들로 삼았다면, 그녀는 아무 말도 하지 않았을 것이다. 에스라 9:9에 따라 그것은 유대인에게 그 땅으로 돌아가라는 내용의 코레스의 칙령이 있기 이전의 상황이었다. 유대인들의 입장에서는 이것이 한 발짝 뒤로 물러나는 것이었을 테지만, 그들은 70년간의 바빌론 포로기간 중에 그랬던 것처럼 노예로 사는 것은 견딜 만했던 것이었다.

4절의 『**원수**』는 6절에 정의되어 있는데, 곧 하만이다. 같은 절의 『**보상**』이라는 뜻의 "countervail"과 같은 단어는 고어로서, "사물이나 행위의 균형을 잡는 것, 동일한 힘으로 어떤 것에 반대하는 것"을 의미한다. 에스더는 하만이 전 유대 민족을 파멸시킬 권리는 없다고 말한다. 그녀는 왕에게 하만이 꾸민 일을 고하고 있는데, 이는 아하수에로가 하만에게 수상 자리를 계속 내어 주든지 아니면 왕후와 그녀의 백성들이 모두 진멸되게 내버려두든지 이 둘 중에 하나를 선택할 수밖에 없도록 하기 위한 것이다.

자, 남편들이라면 5절에서 아하수에로가 하는 말에 공감할 것이다. 집에 귀가한 당신에게 아내가 어떤 문제를 내려놓기 시작할 때가 있기 마련이다. 물론 불평 내용을 해결할 실마리가 당신에게 있는 것은 아니지만 마치 당신이 모든 것을 이미 자세하게 알고 있는 것처럼 자신을 이해해 주길 아내는 기대하고 있는 것이다.

아하수에로는 하만이 내린 칙령이 유대인들을 죽이라는 것인지는 몰랐다. 그도 그럴 것이 그가 그 법령을 기록할 당시만 해도 하만은 왕에게 백성들의 신분을 밝힌 적이 없었기 때문이다. 더욱이 아하수에로는 에스더가 유대인인 줄도 몰랐었다. 왜냐하면 그녀가 모르드개의 명을 따라 자신의 국적을 비밀로 했었기 때문이다. 사람들은 의사소통이 부족하다고들 이야기한다. 왕의 문제는 바로 그것이었다!

6절은 하만이 마귀(『**대적**』, 벧전 5:8)와 적그리스도(출 15장의 파라오처럼 『**원수**』)의 예표임을 보여 주고 있다.

이 시점까지 하만은 자기가 왕후의 호의를 받았거니 생각했었다. 그런데 갑자기 그녀는 하만을 자신의 원수요 악한 자라고 부르고 있다. 그것이 하만에게 얼마나 충격적인 일이었는지 가히 짐작할 수 있다.

7:7 왕이 화가 나서 술 잔치에서 일어나 왕궁 정원으로 나가자 하만이 왕후 에스더에게 자기 생명을 구하려고 일어났으니 이는 왕이 자기에게 화를 내리기로 결심한 줄 앎이더라.

8 그때 왕이 왕궁 정원에서 술 잔치 자리로 돌아오니 하만이 에스더

가 있는 침상 위에 엎드려 있는지라 왕이 말하기를 "그가 궁 안 내 앞에서 왕후도 굴복시키려 하는가?" 하니라. 이 말이 왕의 입에서 나오자 사람들이 하만의 얼굴을 싸더라.

9 내시 중 하나인 할보나가 왕 앞에서 말하기를 "높이 오십 큐빗의 교수대가 하만의 집에 서 있는 것을 또한 보소서. 하만이 왕을 위하여 좋은 조언을 한 모르드캐를 매달려고 만든 것이니이다." 하니 왕이 말하기를 "하만을 그 위에 매달라." 하더라.

10 그리하여 사람들이 하만이 모르드캐를 위하여 준비한 교수대에 하만을 매달았더라. 그때서야 왕의 분노가 그치니라.

7절에서 왕은 너무 화가 난 나머지 그 잔치에서 나와 정원을 거닐며 냉정을 되찾아야 했다. 자리에 그대로 있다간 자칫 주먹이라도 한 방 날렸을 것이다.

지금 하만이 바라볼 유일한 소망은 에스더와 함께 이 사태를 수습하는 것이다. 에스더 1장에서 보았듯이 당시 사람들은 소파 따위(couches)에 기대어 식사를 했었다. 8절에서는 그 소파 같은 것이 『**침상**』(bed)으로 불린다. 하만은 자비를 간구하면서 에스더가 기대고 있는 침상에 엎드린다. 분명 그는 그녀의 손이나 발을 붙잡고는 관용을 베풀어 달라고 간청하고 있는 것이다. 그때 왕이 방으로 돌아와 그 장면을 보게 된다. 하만은 왕비의 발을 붙잡고 있으며, 아마 에스더는 그녀를 잡고 있는 하만의 손을 뿌리치려고 했을 것이다. 이런 "정황적인 증거"를 통해 아하수에로는 "정확한 결론을" 내리고, 하만이 왕후의 처소에서 그녀를 겁탈하려 한다는 판단을 내린다. 물론 그런 일이 일어나고 있는 것은 아니었지만, 너무도 화가

난 왕으로서는 "정상적인 시각"으로 볼 수 없었던 것이다.

『**이 말이 왕의 입에서 나오자 사람들이 하만의 얼굴을 싸더라**』(8절). 경비병들이 들어와 하만의 머리에 자루를 씌운다. 이 구절의 이면에는 하만이 더 이상 왕의 얼굴을 볼 자격이 없다는 의미가 담겨 있다.

권위 있는 주석들은 한결같이 "이것은 이제 곧 어떤 죄수에 대해 사형집행할 때 취했던 페르시아의 고대 관습이었다."고 설명한다. 하지만 이런 주석보다야 성경이 훨씬 더 현대적이다. 어떤 사람을 교수형에 처할 때 그의 머리를 덮는 것은 어느 시대에서나 볼 수 있는 보편적인 관습이다. 고대 페르시아에만 국한된 관습이 아니었던 것이다. 성경은 선두에 서서 "보조를 정한다." 곧 사람들에게 무엇을 할지 말해 주고, 사람들은 그것을 알든지 모르든지, 믿든지 믿지 않든지 그것을 실행에 옮긴다.

아브라함 링컨의 암살자들이 교수형에 처해졌을 때, 그들의 머리는 검은 두건으로 가려졌다. 뉘른베르크(Nurenberg)에서 사형 선고를 받고 사형에 처해졌던 나치당원들의 얼굴도 검은 망토로 가려졌다. 어떤 사람이 교수대에 달리려 할 때 그는 13개의 계단을 올라가야 한다. 그 숫자는 13이어야 하고 다른 수는 될 수 없었다. 성경은 13이란 숫자를 불길한 숫자로 간주하고 있는데, 이것을 사람들이 따르고 있는 것이다. 말하자면 성경은 입법자이다.

9절의 『**할보나**』는 에스더 1:10에 나오는 『**왕의 면전에서 섬기는 일곱 내시**』 중의 한 사람이다. 여기 에스더 7:9에서 할보나는 왕에게 모르드캐를 교수형에 처하기 위해 하만이 세운 교수대에 대해 보고하고 있는 것이다.

9절에서 『**집**』이란 단어는 하만이 살았던 건물을 언급하는 것이 아니다. 그 사람 집에는 80피트 높이의 천장이 없기 때문이다. 따라서 이 단어는 사도행전 16:31의 용례처럼 사용되고 있는 것이다. 즉 하만의 집안을 의미하고 있다. 에스더 8:2을 보라. 『**에스더가 모르드개를 세워 하만의 집을 관리하게 하니라.**』 자, 모르드개는 하만의 집 꼭대기의 35피트 짜리 깃대 위에서 군림하는 것이 아니었다. 분명 그는 하만에게 속한 모든 사람들과 물건들을 관리하게 되었던 것이다.

아하수에로는 그 교수대에 관해 들으면서 다음과 같은 판결을 내리고 있다. 『**하만을 그 위에 매달라.**』 하만에게는 어떠한 공판도 어떤 배심원단도 어떠한 항소도 무의미한 것이었다. 이미 살펴보았듯이 동양의 왕들에게는 막강한 권세가 있었던 것이다.

교수형은 사실 주요 형벌 수단의 하나다. 미국에서 공식적으로 교수형 당한 마지막 사람은 1963년 아이오와 주 주립 교도소에서 사망했다. 공개적인 마지막 교수형은 1936년 켄터키 오웬스보로(Owensboro)에서였다. 대중매체는 "세련된 감수성을 거스르는 형벌"이라는 이유로 교수형을 저지했다.

그러나 내 생각에 교수형은 좋은 것이다. 찰스 멘슨(Charles Manson)과 같은 사람은 공개적으로 교수형에 처해져야 한다고 생각한다. 수천 명의 사람들이 일의 진행 상황을 볼 수 있는 장소로 그 악인을 끌어내라. 그리고 바닥의 뚜껑에 달린 레버를 당겨 모든 사람에게 "교수형에 처해지는 장면"을 지켜보게 하라. 그러고 나서 그곳에다 약 이틀 동안 시신을 그대로 두고 그 아래에 『**죄의 삯은 사망이요**』라고 쓴 큰 표지판을 달아 놓으라.

농담이 아니다. 그렇게 하면 범죄율이 줄어들 것이다. 혹시라도, 차라리 죄를 범하겠다고 생각하는 것은 아닌가? 하기야 어떤 쓸모없는 사람은 산들바람에 흔들리며 썩어 가는 이런 시신을 보고서도 살인을 저지를 것에 대해 두 번씩이나 생각할 것이다.

10절은 시편 9:15,16의 성취라 할 수 있다.『**이방은 자기들이 만든 구덩이에 빠지고 자기들이 숨겨 놓은 그물에 발이 걸렸도다. 주께서는 그가 행하시는 심판으로 알려지시나 악인은 자기 손으로 행한 일로 덫에 걸리는도다.**』만일 당신이 누군가를 해칠 음모를 꾸미는 데 시간을 보내고 복수를 위한 이 모든 계획들을 용의주도하게 세우고 있다면, 주께서는 그 일을 이루시어 당신을 당신 스스로가 꾸민 계략의 희생양이 되도록 만드실 것이다. 당신은 당신 자신의 그물에 걸려들게 되고 당신이 세운 계획들은 당신의 목을 조여 올 것이다. 당신이 심은 대로 거두지 만은 않을 것이다. 심은 것 이상으로 거두게 될 것이다.

복수는 주님께 맡기는 편이 더 낫다. 주께서 "갚아주지" 않으실 경우엔, 우선 당신에게 문제가 있는 것이다. 갚아주실 경우엔, 주님은 언제나 당신이 할 수 있었던 것보다 더 탁월하게 해 주실 것이다. 당신이 할 수 있는 최상의 방법은 원수들을 주님께 의탁하여 주님께 "갚아" 달라고 요청하는 것이다.

하만은 모르드캐를 제거하기 위해 세웠던 바로 그 교수대에서 교수형에 처해졌다. 시편 9:16에서는 그것이 하나님의 심판이었다고 말씀한다. 이는 일단의 유대인들이 기도와 금식함으로 나타난 결과였지, 결코 음모와 묵인에 의해 이루어진 것이 아니었다.

에스더 8장

8:1 그 날 아하수에로왕이 유대인의 원수 하만의 집을 왕후 에스더에게
주었더라. 모르드캐가 왕 앞에 나아왔으니, 이는 모르드캐가 자기에
게 무엇이 되는가를 에스더가 고하였음이더라.
2 왕이 하만에게서 취한 그의 반지를 빼어 모르드캐에게 주었으며 에
스더가 모르드캐를 세워 하만의 집을 관리하게 하니라.

이제 하만은 죽고 왕의 분노는 그치게 된다(에 7:10). 아하수에로는 하만에게 속한 모든 것을 에스더에게 맡긴다(1절). 이에 에스더는 모르드캐를 하만의 집안을 관리하는 청지기로 세웠다(2절). 이와 동시에 에스더는 그녀의 남편에게 모르드캐가 자신의 사촌이며 양아버지란 사실을 밝히게 된다(에 2:7).

그렇게 해서 왕은 마침내 에스더 3:1에서 했어야 했던 대로 모르드캐를 승격시키게 된다. 당시 왕은 모르드캐가 자신을 암살음모로부터 구명해 준 일이 있은 이후 하만을 승격시켰었다. 하만은 수상이 되었고 왕의 이름으로 법령을 제정할 수 있는 권리를 부여받게 되었다(에 3:10). 그런데 본문 2절에서는 아하수에로가 그의 인장 반지를 모르드캐에게 주고 있다. 이리하여 모르드캐는 하만이 소유한 모든 것을 책임지게 되었을 뿐만 아니라 왕국에서 하만에게 주어졌던 직위를 받게 된다. 말하자면 아각인이 소유했던 모든 것이 유대인의 소유가 되었던 것이다.

이는 유대인이 회복되어 그들의 "충만함"이 차게 되는 모습을 보여 준다(롬 11:12). 그러한 일이 벌어질 때, 이방인들의 부는 유대인에게로 넘어가게 된다. 그 때에 대해서는 구약의 두 장, 곧 이사야 65,66장에 묘사되어 있다.

이런 일은 천년왕국 기간에 일어날 것이다. 천년왕국 기간에 유대인은 마귀가 소유했던 모든 재산과 사람들을 책임 맡게 될 것이다. 유대인은 머리가 될 것이고 예루살렘은 세계의 수도가 될 것이다. 『**유대인의 왕**』은 최고 권력자가 되실 것이다.

8:3 에스더가 왕의 발 앞에 엎드려 왕 앞에 다시 고하여 아각인 하만이 유대인을 해치려고 계획한 그의 악과 계책을 거두어 줄 것을 눈물로 구하자

4 왕이 금홀을 에스더에게 내밀므로 에스더가 일어나 왕 앞에 서서

5 말하기를 "만일 왕께서 기뻐하시고 내가 왕의 목전에서 은총을 입었다면 또 이 일이 왕 앞에 옳은 것이라 여겨지고, 내가 왕의 눈에 기쁨이 된다면 아각인 함므다다의 아들 하만이 왕의 전 지방에 사는 유대인들을 멸하라고 쓴, 그의 계략에 의한 편지들을 번복하는 칙서

를 쓰소서.

6 **내가 어찌 내 백성에게 다가오는 화를 보고 견딜 수 있으리이까? 내**
가 어찌 내 동족의 멸망을 보고 견딜 수 있으리이까?" 하더라.

에스더는 부름을 받지 않은 상태에서 한 번 더 왕 앞으로 나온다. 이번에는 자신의 생명에 대해서 두려워하지 않는다. 그녀의 관심사는 오직 자신의 백성들을 향해 있다(3절).

또 다시 왕이 『**금홀**』을 에스더에게 내밀었다(4절). 그는 그녀를 인정했던 것이다. 즉 그녀를 받아들였던 것이다. 에스더가 땅에 엎드려 눈물을 흘리고 있을 때(3절), 왕이 홀을 내밀자 그녀는 아하수에로 앞에 서서 유대인들을 위해 변호할 수 있게 된다.

5절은 다시 한 번 하나님께 기도로 다가서는 모습에 대한 놀라운 예표를 제시해 준다.

1) 『**만일 왕께서 기뻐하시고**』 - 첫 번째 요소는 하나님의 뜻 안에서 구하는 것이다.

2) 『**내가 왕의 목전에서 은총을 입었다면**』 - 당신은 하나님께 받아들여져야 한다. 『**하나님께서 그 사랑하시는 이 안에서 우리를 받아들이신**』(엡 1:6).

3) 『**또 이 일이 왕 앞에 옳은 것이라고 여겨지고**』 - 주께서는 『**정욕에 다 쓰려고**』(약 4:3) 구하는 기도에는 응답하지 않으실 것이다.

4) 『**내가 왕의 눈에 기쁨이 된다면**』 - 신약에서 적용해 보면 요한일서 3:22을 들 수 있다. 『**무엇이든지 구하는 것을 그에게서 받나니, 이는 우리**

가 그의 계명들을 지키고 그의 목전에 기쁨이 되는 일들을 행함이라.』

이상 제시한 것들은 모두 다 기도응답을 받는 데 필요한 요소들이다. 당신이 구원받을 필요가 있다면, 하나님의 뜻 안에서 구하라. 하나님의 눈에 『**옳은 것**』을 구하고, 당신이 구하는 대로, 당신이 구하는 것으로 하나님을 기쁘시게 해드리라.

자, 이번에는 에스더가 하만이 통과시켰던 법안을 철회해 달라고 왕에게 간청하고 있다. 그러나 이미 에스더 1:19에서 보았듯이 일단 법령이 왕의 인장 반지로 봉인되고 나면 그것은 변경시킬 수가 없었다. 하만이 유대인을 멸하라고 통과시켰던 법은 철회할 수가 없었다.

8:7 아하수에로왕이 왕후 에스더와 유대인 모르드캐에게 말하기를 "보라,
내가 하만의 집을 에스더에게 주었고 사람들이 그를 교수대에 매달
았으니 이는 그가 유대인들을 죽이려 하였음이라.
8 너희도 왕의 이름으로 너희에게 좋은 대로 유대인들에게 칙서를 써
서 왕의 반지로 인치라. 왕의 이름으로 쓰고 왕의 반지로 인친 칙서
는 아무도 번복할 수 없음이니라." 하더라.
9 그러자 시완월인 셋째 달 이십삼일, 그때에 왕의 서기관들이 소집되
고 그 칙서가 모르드캐가 명한 모든 것을 따라 인도로부터 에디오피
아에 이르기까지 일백이십칠 개 지방의 유대인들과 대신들과 고관
들과 관원들에게 기록되었으니 모든 지방에 그들의 글로, 모든 백성
에게 그들의 언어로 또 유대인들에게는 그들의 글과 언어대로 기록

되었으며

10 그가 아하수에로왕의 이름으로 쓰고 왕의 반지로 인친 칙서들이 말탄 전달자들과 노새와 낙타와 작은 낙타를 탄 자들에 의해 보내졌더라.

11 그 칙서에서 왕이 각 성읍에 거하는 유대인들에게 허락하기를, 그들이 모여서 그들의 생명을 보호하기 위해 자기들의 아내와 자식들을 공격하려는 백성과 지방의 모든 세력을 멸하고 죽이고 진멸시키며 그들로부터 탈취물을 전리품으로 취하게 하였으니

12 아하수에로왕의 각 지방에서 하루에, 즉 아달월인 열두째 달 십삼일에 하게 하였더라.

13 각 지방에 전해질 이 명령서의 사본이 모든 백성에게 공표되어 유대인들로 그 날에 대비하였다가 그들의 원수들에게 원수를 갚게 하였더라.

14 그리하여 노새와 낙타를 탄 전령들이 나가되 왕의 명령으로 서두르고 재촉하였으니 그 칙령이 수산궁에도 전해졌더라.

"메데인들과 페르시아인들의 법률"은 변경하거나 철회하는 것이 불가능한 일이었지만, 변경할 수 없는 또 다른 법률을 제정함으로써 그것에 맞서게 할 수는 있었다. 왕은 모르드캐와 에스더에게 그들 스스로 유대 민족의 운명에 관한 "장래 방침을 세우도록 함으로써" 그 문제를 타개해 나가고 있다. 왕은 그들에게 무슨 내용을 기록해야 할지 말해 주지는 않지만, 하나의 본보기로 그가 하만에게 시행한 일을 제시해 주었던 것이다(7절).

신약에서 히브리서의 저자는 하나님의 뜻(counsel)과 맹세(oaths)는 『**불**

변』한다고 말한다(히 6:17,18). 즉 그것들은 변하지 않는 것이다. 에스라, 느헤미야, 에스더, 다니엘에서 언급된 페르시아의 법은 이런 것들의 예표이다. 하나님께서 확고한 사항으로 뜻을 정하시거나 어떤 것에 대해 맹세하실 때, 아무리 그 문제가 연민이나 사랑 혹은 후회와 관련 있다 해도 주께서는 그 뜻과 맹세를 바꾸지는 않으실 것이다.

가령, 주께서는 유대인들에 대해 아무리 화가 나 있다 해도 그분은 아브라함에게 이삭과 야곱을 통하여 그의 씨를 번성케 해 주신다고, 또 그들에게 카나안 땅을 주겠노라고 맹세하셨다(창 15:18-21; 26:2-4; 28:13,14). 만일 주께서 유대인들에게 그렇게 분노를 품으시어 그들 모두를 죽이셨다 해도 그분은 그 땅을 어떤 모슬렘교도나 아랍인 혹은 어떤 "그리스도인들"에게도 주지 않으실 것이다. 주께서는 아브라함, 이삭, 야곱에게 하신 맹세를 성취하시기 위해 최소 마지막 한 명의 유대인이라도 살아남을 수 있도록 그를 확실하게 지켜주실 것이다(출 32:10).

영적으로 말하자면, 하나님께서는 죄나 죄인들에 대해 말씀하신 그분의 뜻이나 맹세를 결코 위반하지 않으실 것이다(창 2:17, 겔 18:4,20, 롬 5:12, 21; 6:23). 아무리 그들을 사랑하신다 할지라도 말이다. 이렇게 되면 누군가가 당신의 죄들 때문에 반드시 죽어야 할 것이다. 또 그 사람이 당신을 위해 죽을 수 있으려면 자기의 죄 때문에 죽는 일은 없어야 한다.

하나님께서는 그들을 사랑하신다는 이유만으로 하늘로 데리고 가지는 않으실 것이다. 주께서는 죄인들을 사랑하시기 때문에 그분이 정하신 사망의 칙령을 거스를 수는 있을지 몰라도 완전히 취소하시지는 않을 것이다. **『하나님의 선물은 예수 그리스도 우리 주로 말미암은 영원한 생명이기 때문이라.』**(롬 6:23)는 말씀을 통해 하나님께서는 **『이는 죄의 삯은 사망이요』**

라는 법령의 효력을 상쇄시키신다. 지금 당신에게는 이 두 개의 변경할 수 없는 법령 중에서 전자가 있든지 아니면 후자가 있는 것이다.

한 가지 더 말해 두자면, 일단 하나님께서 당신을 구원하셔서 그리스도 안에 두셨다면, 당신은 어떤 일이 벌어져도 하나님께서 당신을 하늘에 있는 집으로 인도하실 것이라는 불변하는 약속 아래에 들어와 있는 것이다(고전 1:8, 엡 4:30, 빌 1:6). 구원받은 이후에는 당신의 영원한 운명을 결정짓는 것이 결코 당신에게 달려 있지 않다(롬 8:29-39). 그것과 관련하여 "믿는 사람들의 조건적인 보장" 따위는 존재하지도 않는다. 교회 시대에 구원의 약속은 너무도 확고하기에 당신이 일단 구원을 받고 나면 어떤 것도 그 사실을 철회할 수는 없는 것이다.

에스더 8장으로 돌아가, 모르드캐는 유대인들에게 스스로를 방어하고, 그들을 공격하는 사람은 누구라도 죽여도 된다는 칙령을 내림으로써 하만의 칙령에 대항하고 있다(11절). 또 유대인들은 그들이 죽이는 사람들을 "탈취할" 권리도 보장받는다. 말하자면 전쟁에 소요된 비용을 배상받기 위해, 그들을 공격하는 사람들의 소유물을 취할 수 있는 것이다.

나중에 보면 알겠지만 유대인들은 전리품을 그대로 놔둔다. 에스더 9:10, 『**그들의 재산에는 손대지 아니하였더라.**』 에스더 9:15, 『**재물에는 손대지 아니하였더라.**』 에스더 9:16, 『**그러나 그들의 재물에는 손대지 아니하였더라.**』 성경은 세 번에 걸쳐서 유대인들이 모르드캐 칙령의 두 번째 사항에 대한 권리를 쓰지는 않았다고 언급하고 있다.

자, 여기에는 그럴 만한 이유가 있다. 하만은 아각인이었고, 아각인들은 사울이 이스라엘을 통치할 당시 아말렉인들의 왕의 후손들이었다. 사무엘상 15장으로 돌아가 보면, 거기에서 주님은 사울과 이스라엘 사람들에게 아말렉이 가지고 있던 모든 것을 "완전히 멸하라고" 명령하셨었다. 그러나 어떤 전리품도 취하면 안 되었지만 그들은 그렇게 하고 말았다. 이로 인해 아각인들은 생명을 부지하게 되었던 것이다.

이로 인해 유대인들은 아각인의 명령을 따르는 일단의 사람들을 탈취할 호기를 얻었을 때, 그 전리품을 취하기를 거절하고 만다. 그들은 지금 사무엘상 15장에서 불순종한 일에 대해 속죄하고 있는 것이다.

12절은 성경에서 좋은 의미의 "13"이란 숫자가 들어 있는 보기 드문 구절 중의 하나다. 그러나 이런 경우조차 유의해 보아야 한다. 하나님께서 상황을 역전시키기까지는 본래 나쁜 의미의 13이었기 때문이다(에 3:13). 하나님께서 유대인들을 위해 좋은 의미의 13으로 바꾸셨다 할지라도, 그 숫자 자체는 그들을 대적하여 손가락을 들어 올린 어떤 사람을 위해 나쁜 의미로 사용되었다.

여기에 하나님의 자녀를 위한 한 가지 좋은 교훈이 있다. 내가 13이란 숫자는 나쁜 의미로 쓰인다고 말하는 것을 사람들이 글로 읽거나 말로 들을 때, 정말이지 이것은 사실이다. 성경에서 서쪽에서 동쪽으로 가는 방향은 나쁜 방향이다. 그럼에도 우리에게는 우리 교회를 떠나 유럽으로 사역을 하러 간 선교사들이 많았다. 그 방향은 서쪽에서 동쪽으로 향하는 것이다.

우리는 본문을 통해 성경에서 13이란 숫자와 서쪽에서 동쪽으로 가는 방향, "X로 끝나는 단어들"과 같이 부정적인 특징들을 보여 주는 것들에 관해 상기하게 된다. 이는 당신의 "교훈"을 위한 것일 뿐이다. 즉, 인생에서 모든 결정을 내리는 데 필요한 지침이 된다는 말이 아니다. 그것들은 당신에게 무엇인가를 일깨워 줄 뿐이다.

13이란 숫자가 연관될 때는 주의를 기울이라. 움직임의 방향이 서쪽에서 동쪽으로 향할 때는 신중을 기해라. 그러나 그렇다고 해서 그것 자체가 저주가 되는 것은 아니다. 그리스도인에게는 그런 것들을 무력화시키는 하나님께로부터 나온 약속이 있다. 로마서 8:28을 보라. 『**우리가 알거니와 하나님을 사랑하는 자들, 곧 그분의 목적에 따라 부르심을 받은 자들에게는 모든 일이 합력하여 선을 이루느니라.**』

자, 에스더서에서 유대인들과 그들의 적들 사이에 벌어지는 상황과 관련하여 시편 76:10은 이렇게 말씀한다. 『**진실로 사람의 진노가 주를 찬양할 것이요, 진노의 나머지는 주께서 억제하시리이다.**』 하나님께서는 하만의 사악한 계획을 바꾸셔서, 유대인들이 주님 앞에서 또 다른 축제를 기념하는 것으로 끝나게 하셨다. 유대민족을 완전히 멸절하려 했던 계획을 하나님께서 억제하시고 허사로 돌아가게 하셨던 것이다.

이는 그리스도인들에게 다음과 같이 적용해 볼 수 있다. 당신을 대적하는 원수들의 분노, 당신에 대한 마귀의 증오, 구원받지 않은 사람들로부터 받는 박해, 당신을 가두고 당신의 입을 막으며 당신의 인생을 엉망으로 만들려는 마귀의 모든 시도들은 당신에게 해를 끼칠 수도 있다. 그러나 하나님께서는 그런 상황들을 들어서 주님 자신의 찬양이 되도록 바꾸실 것이다.

다음 문단으로 넘어가기에 앞서 독자들은 이 구절들과 관련하여 두 가지 주목해야 할 사실이 있다. 우선, 9절은 〈킹제임스성경〉에서 가장 긴 구절이다. 이 구절에는 (영어 킹제임스성경의 경우) 'q,' 'x,' 'z'를 제외한 영어 알파벳의 모든 철자들이 들어 있다.

두 번째 주목할 내용은 조금은 더 실제적이고 흥미롭다. 에스더 1:22을 주석할 때, 에스더서에는 나라 전역에 선포되는 칙령이 세 개가 나온다고 언급했었다. 이 구절들에 나오는 모르드캐의 칙령이 그 칙령들 가운데 마지막 칙령에 해당한다. 이 칙령은 교리적으로 『**왕국 복음**』과 연관되어 있으며 이 복음은 대환란 때 전 세계적으로 전파된다. 하지만 나는 여기서 잠시 현재 교회 시대에 전파되고 있는 『**하나님의 은혜의 복음**』(행 20:24)과 관련하여 영적으로 적용해 보려고 한다.

모르드캐의 칙령은 『**인도로부터 에디오피아에 이르기까지... 모든 백성**』(9절)의 언어들로 번역되었다. 1년 안에 세 개의 칙령들이 127개에서 365개의 언어들에 이르기까지 도처에 번역되었던 것이다. 만일 한 이방인 왕을 위해 일단의 구원받지 않은 번역자들이 그런 식으로 번역해 낼 수 있다면, 그리스도인이라 고백하는 10억 명의 사람들도 거의 2,000년이 지날 때쯤이면 분명히 그 복음을 들고 전 세계로 갈 수 있게 된다.

오늘날처럼 그리스도인들이 『**각 족속과 언어와 백성과 민족**』(계 5:9)에게 복음을 전파할 수 있는 능력을 갖고 있었던 시대가 없었다. 세계 6,528개의 언어들 중에 2,000개 이상의 언어들이 그 일부라도 성경을 갖고 있다. 기본적인 복음의 메시지가 4,562개의 언어들로 번역되었고 카세트로 이용할 수 있게 되었다. 〈예수〉란 영화는 각 언어 당 백만 명 혹은 그 이상의 화자들을 보유한 300개 남짓의 언어로 번역되었고 거의 5억 명의 사람들에게 상영되었다. 13개의 대형 선교 기관들은 각 언어 당 백만 명 이상의 화자들을 보유한 211개의 언어들로 라디오를 통해 전 세계에 복음 프로를 편성하여 방송을 내보내고 있다. 복음 관련 문서의 연간 인쇄량은 전 세계 모든 사람에게 전도지를 배포하고 각 가정에 신약 성경을 비치시킬 수 있을 만큼 충분하다.

하지만 일련의 상황들이 이렇다 해도 여전히 복음이 전파되지 않은 곳이 남아 있다. 문제는 많은 그리스도인들이 그곳으로 가고 있지 않다는 사실이다. 그들의 기도로도 가지 않으며 그들의 물질을 통해서도 가지 않는다. 그들은 절실하게 필요한 지역으로 가고 있지 않다.

14절은 모르드개의 칙령을 전달할 전령들이 『**왕의 명령으로 서두르고 재촉하였으니**』라고 말씀한다. 대부분의 그리스도인들은 복음을 전하는 데 있어서 긴박한 마음이 전혀 없다. 대부분의 그리스도인들이 복음의 메시지를 다루듯이 모르드개의 칙령도 그렇게 취급되었다면 유대인들이 학살을 당한 지 일주일이 넘었을 때까지도 전령들은 도착하지 못했을 것이다.

형제들이여, 83세의 나이에 내가 갖고 있는 철학은, 결코 은퇴하지 않는다는 것이다. 비록 예전만큼 많은 여행을 할 수 없다 하지만 내게 남겨진 힘과 시간과 능력이 어떠하든 간에 예수 그리스도를 위해 계속해서 힘을 다해 한껏 밟아 나갈 것이다.

물론 내가 해야 할 일을 완수하기 위해서는 나이에 맞게 아주 천천히 속도를 늦추어야 했다. 이제 나는 시력을 잃지 않도록 하키를 그만두어야 했다. 이전에 했던 것보다 훨씬 더 많이 교정을 하고 있다. 또 여행을 중지해야 했다. 자, 내가 직접 갈 수 없을 경우에 다른 사람들을 가도록 설득할 수 있는 방법이 있다면 그 무엇이든 강구할 것이다. 야전 경험이 있는 사람들에게 확신을 심어 줄 수만 있다면 무엇이든 할 것이다.

2004년 성경침례교회(필자의 교회)는 선교 지원량을 늘렸다. 솔직히 나는 돈이 어디에서 들어오는지 모른다. 우리 교회에는 집세를 내기에 바쁘고 차에 기름을 넣는 데 빠듯하며 아이들을 병원에 데리고 가는 사람들과 학교에 다니는 데 빠듯한 일단의 "평범한 사람들"밖에는 없다. 내가 알기로 생활비는 계속해서 올라가고 달러는 계속해서 떨어지고 있으며, 주께서는 계속해서 야전에 머무를 선교사들을 필요로 하신다. 우리의 젊은 형제들은 나와 연루되어 있다는 이유로 "지극히 사랑하는 형제들"(즉, 근본주의자들)에게 종종 배척을 받기 때문에, 그들을 도울 수 있는 방법이라면 우리는 무엇이든 할 것이다. 우리가 "힘에 부치는 일을 계획"하고 있는 경우엔 방법을 바꾸어야 할지도 모른다. 그러나 형제여, 그 때까지는 앞으로 전진하는 일만 있을 뿐이다. 전진 말이다!

8:15 모르드캐가 청색과 백색의 왕복을 입고 커다란 금 면류관을 쓰고 자주색 세마포 겉옷을 입고 왕의 면전에서 나오니 수산 성읍이 즐거워하고 기뻐하였고

16 유대인들에게 빛과 즐거움과 기쁨과 영예가 있더라.

17 왕의 명령과 그의 칙령이 이른 곳은 어디든지 모든 지방과 모든 성읍에서 유대인들에게 즐거움과 기쁨과 명절과 경축일이 있었으며 그 땅 백성의 많은 사람이 유대인이 되었으니 이는 유대인을 두려워함이 그들 위에 임하였음이더라.

15절에서, 모르드캐가 에스더 6:8에서 왕으로부터 받았던 영예가 계속

유지되고 있음을 주목하라. 그의 차려 입은 모습은 어디를 보나 영락없이 왕의 모습이다. 이는 대환란 때 적그리스도와 그의 형상에 절하지도 않고 경배하지도 않는다는 이유로 죽임을 당하게 될 유대인들의 모습을 보여주는 그림이다.

요한계시록 20:4을 보라. 『**또 내가 보좌들을 보니, 그들이 그 위에 앉았는데 심판이 그들에게 주어졌더라. 또 예수에 대한 증거와 하나님의 말씀으로 인하여 목베임을 당한 사람들의 혼들도 보았는데, 그들은 그 짐승에게나 그 형상에게 경배하지 아니하였을 뿐만 아니라 그의 표를 그들의 이마 위에나 손에도 받지 아니하였더라. 그러므로 그들은 살아서 그리스도와 함께 천 년을 통치하더라.**』

모르드캐가 하만을 대면하듯이, 유대인들도 적그리스도를 대면하게 된다. 모르드캐가 하만에게 절하지 않은 것처럼 유대인들도 적그리스도에게 절하지 않을 것이다. 에스더 8:15의 모르드캐처럼 그들도 적그리스도가 멸망한 이후에는 왕처럼 차려입고 주님의 권위를 부여받게 된다.

천년왕국 때는 예수 그리스도와 함께 통치하게 될 세 개의 그룹이 있다. 우선 어린 양의 열두 사도들이 있다. 종국에 그들은 『**열두 보좌에 앉아 이스라엘 열두 지파를 심판**』하게 된다(마 19:28). 그들은 복음서에 나오는 수많은 제자들의 무리 가운데 일부로서, 그리스도께서 지상에 계셨을 당시 모든 것을 버려 두고 주님을 따랐다. 그 다음으로는 대환란 기간 동안에 적그리스도를 따르기를 거절하고 목베임 당하는 사람들이다(계 20:4). 마지막으로 교회 시대의 그리스도인들이 있는데, 이들은 그리스도께서 돌아오실 때까지 사도 바울에게 주어진 복음(갈 1:11-17)을 듣고 이 세상에서 『**장사**』하는 사람들이다(눅 19:13). 예수님께서는 일생 동안 신실하게 그분을 사랑하며 섬기는 그리스도인들을 『**하나님 그의 아버지를 위하여 우리를 왕들과 제사장들**』로 삼으신다(계 1:6; 5:9,10).

『**수산 성읍이 즐거워하고 기뻐하였고**』(15절). 잠언 29:2은 다음과 같이 말씀한다. 『**의인이 권세를 잡으면 백성이 즐거워하나, 악인이 지배하면 백성이 탄식하느니라.**』 이런 모습이 바로 에스더서의 수산 성읍에서 그대로 나타났다. 하만과 그의 칙령은 혼란(에 3:15)과 애곡(에 4:1-3)을 가져왔다. 반면 모르드개와 그의 칙령은 기쁨과 즐거움을 가져왔던 것이다(에 8:15,16).

16절의 『**빛**』은 축하의식에 사용되는 등불 빛을 말한다. 크리스마스 등불도 마찬가지다. 중국인들은 종이 등을 사용한다. 궁극적으로는 불꽃놀이를 표현하는 말이다.

『**그 땅 백성의 많은 사람이 유대인이 되었으니 이는 유대인을 두려워함이 그들 위에 임하였음이더라**』(17절). 이들은 유대교로 개종한 사람들이다. 즉, 일단의 이방인들이 모르드개의 책임하에 있는 유대인들을 영예롭게 하고 있는 것이다(16절). 하만에게 일어나는 일들을 목도하고 나서, 그들은 패배자의 편에 서기를 두려워한 나머지 할례를 받고 유대인 회로 가서 그 모임에 가담하게 된다.

이방인들은 이제 유대인들이 왕실의 후원을 받게 되었다는 사실을 보게 되었다. 이런 이유로 많은 이방인들이 유대인들로 개종했다. 그들 중에는 다니엘 6:26의 다리오의 칙령을 기억했던 사람들도 있었을 것이다. 『**내 왕**

국의 관할 하에 있는 모든 사람은 다니엘의 하나님 앞에 떨며 두려워할지니, 이는 그분이 살아 계신 하나님이시요...』

자, 이들 이방인들은 인종상 유대인들이 된 것은 아니었다. 그들은 아브라함, 이삭, 야곱에게서 태어난 자손들이 아니었다. 그러나 그들은 할례를 통해 아브라함을 따랐고 여호와를 하나님으로 따르며 이스라엘에 주어진 율법의 언약 아래서 살기 시작했던 것이다.

성경에서 "유대인"은 아래 세 가지 중에 하나를 가리킬 수 있다.

1. 어떤 사람이 아브라함, 이삭, 야곱의 후손일 경우, 그는 인종적인 면이나 물리적인 면에서 유대인이라 할 수 있다.

2. 어떤 사람이 구원받고 거듭난 사람일 경우, 그가 영적인 유대인은 될 수 있어도 물리적인 유대인은 될 수 없다.

3. 어떤 이방인이 개종자로서 유대주의에 가담하게 될 경우, 그가 유대인으로는 여겨져도 영적인 유대인이나 물리적인 유대인은 될 수가 없다. 그는 종교적인 유대인일 뿐이다.

사람들은 항상 유대인이라고 하면 하나의 종교를 말하는 것인지 하나의 민족을 말하는 것인지에 대해 논쟁을 벌인다. 하지만 이에 대한 답은 위에서 설명했듯이, 모두 "예"이다.

에스더 9장

9:1 아달월인 열두째 달 십삼일은 왕의 명령과 칙령의 시행이 가까워질 때
니, 이는 유대인들의 원수들이 그들 위에 세력 행사하기를 바랐던 날인
데, (반대로 돌이켜져 유대인들이 자기들을 미워한 그들을 다루게 되었
더라.)
2 유대인들이 아하수에로왕의 전 지방에 걸쳐 그들의 성읍들에 함께 모
여 자기들을 해치려 하는 자들을 죽이려 하였으나 아무도 그들을 대
항할 수 없었으니 이는 그들을 두려워함이 모든 백성에게 임하였기
때문이더라.
3 각 지방의 모든 치리자들과 왕의 대신들과 고관들과 관원들이 유대
인들을 도왔으니 이는 모르드캐를 두려워함이 그들에게 임하였음이
더라.
4 모르드캐가 왕궁에서 크게 되어 그의 명성이 전 지방에 퍼져 나갔으
니 이 사람 모르드캐가 점점 위대하게 되었더라.

1절의 『**열두째 달**』은 우리 달력으로 2-3월에 해당된다. 연대학자들은 하나같이 1절 사건의 날짜를 B.C. 473년 3월 7일이라고 주장한다.

자, 1절에서 재림과 관련된 사건이 등장하고 있음에도 지금까지 이런 사실을 알아낸 사람은 아무도 없었다. 재림 자체는 9-10월의 장막절에 일어난다(느 8:13-17과 마 17:1-5에 관한 각 주석서의 주석 내용 참조). 실제적인 재림과 천 년 통치의 시작 사이에는 5개월간의 간격이 생길 수 있다. 불행하게도, 주께서 라킨(Larkin)과 스코필드(Scofield), 펜터코스트(Pentecost), 게벨라인(Gaebelein), 벌링거(Bullinger), 럭크만(Ruckman) 그리고 다른 모든 예언 교사들을 통해 계시하셨던 것 이상으로 누군가에게 보여 주시기까지는, 대환란의 끝과 재림, 천년왕국의 시작에 따르는 시간적인 모순들을 실제적으로 해결할 수 있는 방법이 없다.

대환란 끝에는 지금까지 아무도 해결하지 못한 숫자들의 변화가 상존한다. 성소가 깨끗하게 되는 일이 있다(단 8:14). 또 날마다 드리는 희생제가 폐지되고 『**멸망케 하는 가증한 것**』이 세워질 때, 곧 대환란 중반부터 계산되는 막연한 두 개의 다른 기간들이 나온다(단 12:11,12). 그리스도께서는 올리브 산 설교에서 대환란의 기간이 단축될 것이라고 두 번 예고하신다(마 24:22,48-51). 즉 대환란 끝에는 지금까지 아무도 깨닫지 못한 시간상의 변화가 상존하고 있는 것이다.

이제, 유대인들에게 결정적인 순간이 도래했다. 두 개의 변경할 수 없는 칙령들이 있는데, 첫 번째 칙령은 왕이 법의 세부 내용에 관해 잘 알지 못한 상황에서 칙령을 제정한 한 사람에 의해 공포되었다. 그 사람은 지금 75피트 높이의 교수대에 죽은 채로 매달려 있다. 더욱이 첫 번째 칙령으로 인해 이를 지지했던 모든 사람들은 왕후를 대적하는 위치에 서게 된다. 그러나 이 왕후는 부름을 받지 않은 상황에서 두 번씩이나 왕 앞으로 나아갔고 그 때마다 왕의 수락을 받아냈던 장본인이다.

두 번째 칙령은 왕이 전적으로 승인한 상황에서 제정되었다. 이는 그 왕후의 사촌이 기록한 것으로 지금 그는 교수대에 매달려 있는 사람의 모든 부와 재산을 관리하고 있다. 왕후의 사촌은 왕의 목숨을 구명한 사건으로 인해 왕의 호의를 받고 있다. 그는 지금 왕처럼 차려입고 있을 뿐만 아니라 왕의 전권을 상징하는 왕의 인장반지를 손에 지니고 있다.

첫 번째 칙령은 "유대인들을 죽이면 보상받게 되리라."는 내용이다. 두 번째 칙령은 "왕은 유대인들이 스스로를 방어하는 것을 지지한다."는 내용이다. 페르시아 제국 내 모든 사람들은 어떤 칙령을 따라야 할지 선택해야 했다.

이상 열거된 사실을 미루어 볼 때, 첫 번째 칙령을 따르면 무사할 수 있으리라고 보는 사람이 있다면 그는 어리석은 사람일 것이다. 이 싸움에서 왕과 그의 최고 입법자를 대적하는 편에 서느니 차라리 중립적 입장에 서는 편이 훨씬 나을 것이다. 무엇보다 첫 번째 칙령을 제정한 사람은 당신 옆에서 더 이상 도움을 주지 않는다.

왕국의 모든 치리자들은 즉시 문제를 알아차렸다. 물론 그들에게는 유대인들을 향한 사랑이 없었을지도 모른다(스 5장). 그러나 『**살아 있는 개** [이 경우에선 모르드개]**가 죽은 사자**[하만]**보다 나음이라.**』(전 9:4)는 진리 정도는 간파해 냈던 것이다. 모르드개는 살아 있는 사람이었고 어떤 유대인에게 권력을 휘두를지 모를 누군가에게 보복을 감행할 수 있었다. 그리하여 모르드개를 두려워한 제국 내 모든 하급 관리들은 유대인들을 도왔다(3절).

『**모르드개가 왕궁에서 크게 되어 그의 명성이 전 지방에 퍼져 나갔으니 이 사람 모르드개가 점점 위대하게 되었더라**』(4절). 이제 모르드개는 이방 왕국 내에 이방인 왕 곁에서 치리하는 세 명의 유대인들 가운데 한 사람이 된다. 창세기에서 요셉은 파라오의 국무총리가 되고, 다니엘은 페르시아 제국의 메데인 다리오의 통치 하에서 세 명의 총리 가운데 첫째가 된다(단 6장). 성경에서 이방 민족이 유대인을 통솔자의 높은 지위에 세울 때마다 그 민족은 즉시 정치, 경제적으로 최고의 자리로 부상했다.

19세기로 거슬러 올라가면 벤자민 디즈레일리(Benjamin Disraeli)라는 사람이 영국의 빅토리아 여왕 곁에서 국무총리로 섬겼었다. 그는 유대인이었다. 그 기간 동안 영국은 제국의 최 전성기를 구가했었다.

미국은 한 번도 (히틀러가 종종 루즈벨트를 유대인이라고 비난했기는 했어도) 유대인을 대통령이나 부통령 자리에 선임한 적이 없었다. 그러나 미국은 유대인을 국가적으로 박해한 적이 한 번도 없었던 두 개의 국가 중 하나(다른 하나는 네덜란드)란 점에서 세계 이방 국가들과는 구별된다.

1790년 로드아일랜드 주 뉴 포트의 유대인 모임의 의장은 대통령 워싱턴에게 보낸 서신에서, 새로이 창건된 미국에 대해 다음과 같이 전했다. "미국은 편협한 신앙에 대해 어떤 제재도 가하지 않으며, 박해하는 데 어떤 원조도 하지 않는 나라입니다."(2000년, 유태계 미국인 명예의 전당, *Jewish American Hall of Fame* 웹사이트에서 인용)

미국은 제2차 세계대전 당시 유럽의 유대인들을 히틀러의 포로수용소에서 구출해 내는 책임을 맡았을 때, 최고의 위세를 떨치게 되었다. 한 침례교도(해리 트루먼)의 지원이 없었다면, 이스라엘은 1948년에 민족으로서의 지위를 보장받지 못했을 것이다.

미국이 안고 있는 문제들은 1930년대 후반에 나타나기 시작했다. 당시 금주법은 폐지되었고 미국은 술주정뱅이들의 나라가 되기로 가결했던 것이다. 그때부터 지금까지 하나님께서는 다시는 민족적인 부흥을 보내신 적이 없으셨다. 그때 이후로 줄곧 미국은 도덕적으로 내리막길로 치달았다. 대법원은 권리 장전인 수정헌법 제1조의 "종교의 자유"(establishment clause, 국교금지 조항)를 이유로 공립학교에서 기도와 성경을 내던져 버리게 했다. 대신 포르노와 낙태를 헌법상 보호받을 권리로 선포해 버렸던 것이다. 이로 인해 마약 남용 및 간음, 성병 비율은 하늘 높이 치솟게 되었다. 아이들은 공립학교 내 그들의 교사들과 다른 아이들을 살해하기 시작했다. 이제 동성연애자들은 "커밍아웃"을 선언했고 당신의 아이들을 모아 성도착에 빠지게 하기 시작했다.

미국은 도덕적으로 쓸모없게 된 상황에서 하나님의 심판을 기다리고 있다. 이제 우리에게 남은 유일한 한 가지는, 지금까지도 이스라엘의 친구라는 사실이다. 주님은 그분의 백성을 축복했던 민족들을 축복하신다(창 12:1-3, 민 24:9).

그러는 사이 미 정부(대통령, 대법원, 상·하의원)는 나라의 주권을 끊임없이 국제연합에 양도해왔다. 이제 UN의 재가신청을 먼저 하지 않고서는 해외에다 코를 풀 수도 없을 정도다.

국제연합은 한 덩어리가 되어 창설 초기부터 이스라엘을 적대시해왔다. 이스라엘이 자국을 방어하려고 할 때마다, UN은 아랍인들을 잃어버린 땅으로부터 보호한다는 명목으로 개입하고 있다. 게다가 아랍인들은 그 땅에서 유대 국가에 대한 그들의 향후 공격을 착수할 수 있다(저자의 〈죽음의 재 같은 땅 이스라엘, *ISRAEL: A Deadly Piece of Dirt,* 2001〉 참조).

현 미국의 상황이 이렇다. 미국은 지금 나라의 성경적 유산으로 인해 유대인과 오랫동안 지속해 온 유대관계와, 유대인들을 이스라엘에서 몰아내고 그 자리에 "팔레스타인" 국가를 세우려는 UN에 대한 굴종 사이에서 괴로워하고 있다. 지금까지 미국은 대화와 타협으로 일관해 왔고, 이제는 그들 자신의 나라에서 이스라엘 국민들에게 폭탄테러를 감행하는 아라파트와 팔레스타인해방기구(PLO, 지금은 팔레스타인자치정부, PA로 불린다.)를 저지하기 위해 아무것도 하지 않은 채 수수방관하고 있다. 물론 아직까지 이스라엘을 대적하여 적극적으로 대응한 적은 없었다. 미국은 여전히 이스라엘과는 가장 가까운 친구 사이인 것이다. 그러나 사태가 반전될 경우 주께서는 미국을 "대혼란"으로 몰아가실 것이다(습 3:8, 렘 30:11).

9:5 그리하여 유대인들이 칼의 휘두름과 살육과 파괴로 그들의 모든 원
수들을 쳐서 자기들을 미워했던 자들에게 원하는 대로 행하였고
6 수산궁에서도 유대인들이 오백 명을 죽이고 멸하였으며
7 또 파산다다와 달폰과 아스파다와
8 포라다와 아달리아와 아리다다와
9 팔마스타와 아리새와 아리대와 와예사다
10 즉 유대인의 원수인 함므다다의 아들 하만의 열 아들을 그들이 죽였
으나 그들의 재산에는 손대지 아니하였더라.
11 그 날 수산궁에서 죽임을 당한 자들의 수를 왕 앞에 가져가니라.

왕이 친히 유대인의 원수들을 대적하는 마당에 그들이 하만의 칙령을 강행하기보다는 차라리 지하로 숨어 들어갔었을 것이라는 사실이 일반적인 생각이다. 그러나 하만이 교수형에 처했을 때부터 『**아달월... 십삼일**』이 되기까지 그 사이에 하만의 열 아들은 일단의 사람들을 선동하여 그 칙령을 감행함으로 유대인을 공격했다. 이 열 아들의 이름은 7-9절에 명시되어 있다. 용케도 그들은 수산 성읍만 해도 최소 800명의 사람들을 선동했으며(6,15절) 그 외 지방들에서도 75,000명의 다른 사람들을 부추겼던 것이다(16절).

물론 이 사람들에게 매우 불리했던 상황을 감안할 때, 그들은 그들의 심판을 완전히 무색하게 만들었던 유대인들을 향한 불합리한 증오로 선동되었다는 것이 분명하다. 에스더 3:5에서 주석했듯이, 유대인들에 대한 가당치 않은 증오는 사탄적인 것이다. 마귀는 자신의 파멸의 원인이었던 메시야, 곧 그 메시야가 유대 백성에서 나왔다는 이유로 그들을 증오하고 있다. 유대 민족을 향한 그의 증오는 영원히 지속된다.

에스더서에서 유대인들에 대한 사탄의 증오는 한 사람으로 상징된다. 이 책에서 하만은 유대인의 원수로 여섯 번이나 언급된다(에 3:10; 7:4,6; 8:1; 9:10,24).

자, 본문을 통해 알게 되는 교훈이 있다면, 반 유대인이 되지 말라는 것이다. 이는 모든 유대인이 하는 모든 일에 반드시 동의해야만 한다는 의미가 아니다. 그들은 여전히 다른 모든 사람들과 마찬가지로 죄인들이다. 그렇다고 악화되어 가는 모든 상황의 원인을 유대인들에게 돌려 그들을 한 민족으로서 비난해서는 안 된다. 그렇게 비난하기 시작할 때, 당신은 사탄의 교회로 가서 그들에게 가담한 경우만큼이나 상당히 많이 마귀의 영역에 들어와 있는 것이다.

9:12 왕이 왕후 에스더에게 말하기를 "유대인들이 수산궁에서 오백 명을
죽이고 멸하였으며 또 하만의 열 아들을 죽였으니 그들이 나머지
왕의 지방들에서는 어찌 행했겠느냐? 이제 그대의 청이 무엇이냐?
그대에게 그것을 허락하겠노라. 그대의 더 큰 소원이 무엇이냐? 그
것도 시행하리라." 하자
13 에스더가 말하기를 "만일 왕께서 기뻐하시거든, 내일도 수산에 거
하는 유대인들로 이날의 칙령대로 행하게 하시고 하만의 열 아들을
교수대에 매달게 하소서." 하자
14 왕이 그 일을 그렇게 하라고 명하여 칙령이 수산에 내려지니 그들
이 하만의 열 아들을 매달더라.
15 아달월 십사일에도 수산에 있는 유대인들이 모여 수산에서만 삼백
명을 죽였으나 재물에는 손대지 아니하였더라.
16 한편 왕의 다른 지방들에 거하는 다른 유대인들도 모여 그들의 생
명을 지키기 위하여 대항하고 그들의 원수들로부터 피하여 안식하
였으며 그들의 적들을 칠만 오천 명을 죽였더라. 그러나 그들의 재
물에는 손대지 아니하였더라.

이제 아달 월 『**십삼일**』이 되었다. 그 날 끝에 유대인들은 500명의 원수들과 『**하만의 열 아들**』을 죽였다. 하만이 제정한 법에 따라 그 날은 유일하게 이방인들이 유대인들을 공격해서 죽여도 되는 "합법적인" 날이었다. 그러나 여전히 수산 성읍에는 유대인들을 파멸시키려는 일단의 사람들이 남아 있다. 아무도 예상치 못하던 다음 날 유대인들을 죽일 음모를 꾸민 최소 300명의 사람들이 있음을 보게 된다.

에스더가 이 음모를 발견했던 것이 분명하다. 이는 그녀가 유대인들이 신변을 보호할 수 있는 날을 하루 더 달라고 왕에게 요청하고 있기 때문이다. 공격할 음모를 꾸미는 원수들에게 하나의 본보기로, 에스더는 이미 시체가 되어버린 『**하만의 열 아들**』을 그들의 아버지가 매달린 것과 똑같은 교수대에 매달게 했다.

이는 고대 및 중세 사회에서 흔히 볼 수 있는 관습이었다. 정복한 왕은 희생자들의 죽은 시신들을 공개적인 장소에 매달아 자신을 반대하는 자가 누구이든 그의 말로가 어떤 것인지 모든 사람으로 알게 했던 것이다. 때때로 그들의 목을 베어 말뚝에 박기도 했다. 앗시리아인들은 그들이 정복한 사람들의 두개골을 정복한 성읍 외곽에다 무더기로 쌓아놓곤 했다. A.D. 70년 로마인들이 예루살렘을 파괴시켰을 때, 그들은 500명의 유대인들을 예루살렘으로 통하는 길을 따라 십자가에 못박았다. 여호수아 10장에서 여호수아는 그를 대적하여 싸웠던 다섯 명의 카나안 왕들을 나무에 매달았다.

예언적으로 본문에는 『**유대인의 원수**』라 불리는 한 사람이 등장한다. 그는 성경에서 사탄과 적그리스도의 가장 두드러진 예표들 중의 한 사람이다. 그에게는 유대인들을 파멸시키는 일을 돕고자 하는 열 명의 아들이 있다. 요한계시록에서 용(계 12:3)과 짐승(계 13:1) 둘 다 『**열 뿔**』을 갖고 있다는 사실을 기억할 것이다. 그 『**열 뿔**』은 적그리스도와 함께 통치하는 『**열 왕**』을 나타낸다.

16절에는 유대인들이 제국 전체에 걸쳐 살해한 이방인들의 총 숫자가 나온다. 랍비의 전통에 따르면 살해당한 75,000명의 사람들 중에 70,000

명은 아말렉인들이었다고 한다. 물론 그 진위 여부를 확인할 길은 없다.

9:17 아달월 십삼일에 그리하고 그 달 십사일에는 그들이 안식하며 잔치
와 기쁨의 날로 삼았으나
18 수산에 거하는 유대인들은 그 달 십삼일과 십사일에 모이고 그 달
십오일에는 그들이 안식하며 잔치와 기쁨의 날로 삼았더라.
19 그러므로 성벽이 없는 마을들에 사는 촌락들 출신의 유대인들은 아
달 월 십사일을 기쁨과 축제와 경축의 날로 삼아 서로 분깃들을 보
내니라.
20 모르드캐가 이 일들을 기록하고 아하수에로왕의 전 지방에 있는 원
근의 모든 유대인들에게 편지를 보내어
21 그들 가운데 이것을 세웠으니, 즉 매년 아달월 십사일과 그 달 십오
일을 지키되
22 유대인들이 그들의 원수들로부터 피하여 안식한 날들로 또 슬픔에
서 기쁨으로, 애도에서 경축일로 바뀐 달로 지키는 것이며 그들이
그 날들을 축제와 기쁨의 날들로 삼아 서로 분깃들을 보내고 가난
한 자에게 선물들을 보내는 것이더라.
23 그리하여 유대인들은 자기들이 시작한 대로 또 모르드캐가 그들에
게 기록하여 준 대로 지켜 행하였으니
24 이는 모든 유대인의 원수인 아각인 함므다다의 아들 하만이 유대인
들을 멸하고자 계략을 꾸며 풀, 즉 제비를 뽑아 그들을 죽이고 멸
하려 하였으나

25 에스더가 왕 앞에 나가자 왕이 칙서로 명하여 그가 유대인에게 꾸
민 악한 계략이 그 자신의 머리로 돌아가 그와 그의 아들들로 교수
대에 매달리게 하였기 때문이라.
26 그리하여 그들이 풀의 이름을 따서 이 날들을 푸림이라 하니라. 그
러므로 이 편지의 모든 말과 그들이 이 일에 관하여 보았던 것들과
그들에게 닥쳤던 일들을
27 유대인들이 정하고 그들과 그들의 자손과 그들에게 합류하는 모든
자들에게 맡겨, 기록된 것을 따라 또 매년 그들이 정한 때를 따라
이 두 날을 실수 없이 지키도록 하였으며
28 이 날들을 온 세대와 온 가족과 온 지방과 온 성읍이 기념하여 지
키게 하고 이 푸림의 날들이 유대인 가운데서 실수 없이 지켜지며
또 그 날들을 기념하는 것이 그들의 후손으로부터 폐하여지지 않게
하였더라.
29 그후에 아비하일의 딸 왕후 에스더와 유대인 모르드캐가 전권으로
기록하여 이 푸림에 관한 두 번째 편지를 확정하였으니
30 그가 화평과 진실의 말로 모든 유대인들에게, 즉 아하수에로의 왕
국 일백이십칠 개 지방에 편지를 보내어
31 그들이 정한 시기에 유대인 모르드캐와 왕후 에스더가 그들에게 요
구한 대로 또 유대인들이 자신들과 자기 후손들을 위하여 금식과
부르짖음의 일을 법으로 정한 대로 이 푸림의 날들을 확정케 하였
더라.
32 에스더의 칙령이 이런 푸림의 일들을 확정하였으며 그 일이 책에
기록되었더라.

본문은 유대인의 새로운 명절이 제정되는 것을 설명해 준다. 주님은 율법에서 일곱 개의 명절만을 주셨는데(레 23장), 이들 각 명절은 예언적으로 중요한 의미를 갖고 있다. 유월절은 십자가에 달리신 그리스도의 희생을 예시하고(고전 5:7) 유월절의 뒤를 따르는 무교절은 그리스도의 죄 없으심을 묘사한다. 초실절은 예수 그리스도의 부활을 가리키고 있다(고전 15:23). 당연히 오순절은 그리스도의 몸과 연관된다(행 2장). 이 날은 그리스도인들이 모이는(요 20:19-26) 주의 첫날(레 23:16)로, 오순절 빵은 누룩을 넣어 만들었다(레 23:17). 이는 그리스도의 몸이 구원받은 죄인들로 구성되기 때문이다.

일곱 개의 명절들 중에 그 다음으로 나오는 것은 나팔절이다. 어떤 해석자들은 이 명절이 교회의 휴거를 예표한다고 주장하려 하지만, 레위기 23:23,24에서 오순절과 나팔절 사이에는 명확한 단절이 있음을 주목해야 한다. 주께서는 『**이스라엘 자손에게 고하여 말하라...**』고 말씀하시면서 일곱째 달에 속한 명절들에 대한 논의의 시작점을 명시하신다. 나팔절은 유대인 성도들의 "환란 후 휴거"를 나타낸다(저자의 〈휴거 이후에 있을 일들〉 중 「두 가지 휴거, *The Two Raptures*」 참조). 속죄일은 재림 시 사도행전 3:19-21의 사건이 일어날 때 성취된다. 마지막으로 가장 중요한 명절인 장막절은 그리스도의 천 년 통치와 연관된다(느 8:14-18의 주석 참조).

자, 이상의 명절들은 주께서 실제로 정하신 명절들이다. 그 외에도 유대인들이 축하하는 명절이 두 개 더 있다. 그 중 하나는 하누카(Hanukkah)라고 하는 "빛들의 명절"(the Feast of Lights)로, 이는 성경에서 발견되는 명절이 아니다. 이 명절은 요한복음 10:22에 언급되어 있는데, 거기에서는

『**수전절**』이라 불리고 있다.

400년간의 신구약 중간사 기간에, 안티오쿠스 에피파네스(Antiochus Epiphanes)라는 이름의 한 시리아 폭군이 돼지를 성전 제단 위에 도살하여 그 피를 성전 벽 도처에 뿌린 사건이 있었다. 이에 한 제사장 가문(마카비)이 시리아인들을 대적하여 반란을 일으키더니 결국에는 그들을 전복시켰다. 전쟁이 끝나자 성전은 정화되었다. 전통에 따르면, 계속해서 타올라야 할 금 촛대들에는 하루 동안 불을 밝힐 수 있는 기름만 있었다고 한다. 그런데 새로운 기름이 채워지기까지 하나님께서는 기적적으로 8일 동안 등불을 밝히셨다고 한다.

이 이야기는 성경에 기록되어 있는 것이 아니다. 이는 모든 외경 문서 가운데 그래도 가장 역사적이라 할 수 있는 외경 마카비 전서에 기록된 내용이다. 하지만 이 책은 영감 받은 성경이 아니다. 역사와 전통 그리고 약간의 이교도 미신이 혼합된 책에 불과하다.

아무리 주께서 그 명절에 참석하시어 이를 존중해 주셨을지라도, 그 명절은 영적으로 말해 다소 2류 급에 속하는 명절이라 할 수 있다. 이는 크리스마스와 매우 근접해 있기에(겨울) 사람들의 지대한 관심을 받아왔다. 하지만 이는 순전히 상업적 목적 때문이지, 성경이나 구원 혹은 하나님과는 아무런 관계도 없다.

유대인들이 지켰던 또 다른 명절은 여기, 에스더 9장에 나온다. 이는 부림절이라 불리는데, 말하자면 "제비의 명절"(the Feast of Lots)이다. 이 이름은 하만이 유대인들을 죽일 날을 정하기 위해 제비("풀, Pur")를 뽑았던 사실을 따라 지어진 것이다(26절, 에 3:7 참조).

처음에는 그 의식이 전적으로 자발적이었음을 주목하게 될 것이다(17,18

절). 수도 외곽의 유대인들은 아달월 『**십사일,**』 곧 그들을 공격했던 이방인들을 살육한 다음 날 축하를 했다. 하지만 수산 성읍의 유대인들은 이틀을 싸워야 했기 때문에, 『**십오일**』에 축하를 했었다(18절). 이들은 이 날들을 『**기쁨과 축제와 경축의 날**』로 삼아 서로 분깃을 보냈다(19절). 이러한 모습은 느헤미야 8:10과 유사한데, 거기에서 경축의 날은 『**주께 거룩한 날**』로 불린다.

물론 에스더 9장의 상황이 느헤미야 8장과는 차이가 있긴 하지만 그 안에 풍기는 정서는 다르지 않다. 요는, 하나님께서 그들을 구원하시어 자유롭게 주를 섬길 수 있게 해 주셨던 것이다. 그래서 유대인들은 하나님께서 그들을 위해 이루어 놓으신 일을 기념하기 위해 따로 특별한 한 날을 정했던 것이다. 유월절과 무교절이 제정된 배경도 마찬가지였다(출 13장). 즉 하나님의 손길을 따라 유대인들이 이집트에서 구출받은 것을 축하하기 위한 것이었다.

사실상 '축제일'이란 뜻의 "holiday"란 단어는 실제로 "거룩한"이란 뜻의 "holy"와 "날"이란 뜻의 "day"를 축약한 말이다. 따라서 이 단어의 본래 의미는 "하나님을 위해 따로 떼어 구별한 날"이라는 뜻이 된다. 이 의식은 하나님의 어떤 특별한 역사를 축하하는 행사를 지키기 위한 것이었다.

미국에는 네 가지 고유한 축제일이 있는데, 크리스마스, 부활절, 독립기념일, 추수감사절이 그것이다. 각 축제일은 하나님과 연관되어 있었다. 즉, 하나님의 아들의 출생, 하나님의 아들의 부활, 국가 창건 시 나타난 하나님의 섭리적인 돌보심, 미국 국민들을 향한 하나님의 선하심의 의미가 들어 있었던 것이다.

오늘날에는 "축제일들"(이를 지키든 지키지 않든)이 너무 많아, 사람들은 하나님께서 이루신 역사와의 연관성을 모두 다 잃어버렸다. 당신에게 묻겠다. 노동절이나 마틴 루터 킹 주니어의 날은 하나님께서 미국을 위해 행하신 역사와 어떤 연관성이 있는가? 이 두 날은 그저 흑인을 위해서 이용해 보고자 하는 속셈으로 제정된 날에 불과하다.

본문에서 유대인들은 하만과 그의 아들들의 손에 대량 학살당할 뻔했던 그들을 구원하기 위해 하나님께서 에스더와 모르드캐를 어떻게 사용하셨는가를 기념하고 있다.

모르드캐는 14,15일 이 두 날을 경축일로 제정하여 제국 전역의 유대인들이 지킬 수 있도록 하고 있다(20-22절). 모르드캐가 보내는 편지는 29절에서 『**푸림에 관한 두 번째 편지**』로 불린다. 첫 번째 편지는 모르드캐가 에스더 8:9-13에서 왕의 반지로 승인시킨 칙령이었다. 첫 번째 편지와는 달리 모르드캐가 보낸 이 두 번째 칙령은 왕국에 있는 모든 사람이 아니라 오직 유대인들만을 위한 것이었다. 그럼에도 불구하고 그 편지는 왕의 전권으로 전달되었던 것이다(29절).

28절은 이렇게 말씀한다.『**이 날들을 온 세대와... 기념하여 지키게 하고 이 푸림의 날들이 유대인 가운데서 실수 없이 지켜지며 또 그 날들을 기념하는 것이 그들의 후손으로부터 폐하여지지 않게 하였더라.**』물론 세계 도처에 있는 모든 유대인들은 오늘날까지 이 푸림절을 지키고 있다. 현대력으로 2월 후반이나 3월 초에 들어 있기에 가끔씩 달력에서 누락되기도 한다.

어떤 면에서 푸림절은, 사탄이나 마귀적인 뉘앙스는 없을지라도 할로윈처럼 아이들의 축제일로 변질되어왔다. 아이들은 모두 의상을 차려입고 파티와 사육제에 참가한다.『**서로 분깃들을 보내고 가난한 자에게 선물들을 보내**』(22절)라는 모르드캐의 명령에 따라 대개 유대인들은 평소에 알고 지내는 사람들에게 과자와 케이크를 보내고 가난한 사람들을 위해 기부금을 모금하게 된다.

이 양일 동안 이스라엘 사람들은 가끔씩 그들의 회당에 모여 "에스더의 연회"(Esther's Feast)라 불리는 풍성한 식사를 먹는다. 그러고 나서 그들은 모두 자리에 앉아 에스더서 전체를 읽는 것을 듣는다. 이때 메길라(Megillah)라고 불리는 손으로 쓴 두루마리 책에서 에스더서를 읽어야 한다. 하만이란 이름이 나올 때마다 회중들은 발을 구르고 방망이로 나무 걸상을 두드리며 뿔피리를 빙빙 돌리고 야유를 보낸다.

이는 미국인들이 악인들을 야유할 때 볼 수 있는 흔한 모습이다. 그 "기원"은 성경에서 발견된다. 욥기 27:23에서는 다음과 같이 말씀한다. 『**사람들이 그에게 손뼉치고 그의 처소에서 그로 입을 다물게 하여 쫓아내리라.**』 욥기 23장은 적그리스도를 묘사하고 있는 장이다. 이미 주석한 바 있듯이 하만은 적그리스도의 가장 주요한 예표들 중 하나다.

24,25절은 에스더에 나오는 음모에 관한 개략적인 내용이라 할 수 있다.

32절의 『**책**』은 에스더 10:2에서 정의되는 바 『**메디아와 페르시아의 역대서**』를 말한다. 하지만 사실 그 『**책**』은 또한 에스더서이기도 하다. 비록 이 책에는 하나님이라는 단어가 한 번도 등장하지 않고 저자 또한 한 번도 영감을 주장하고 있지는 않지만, 주께서는 그 책을 기록되게 하셔서 성경의 일부분에 넣고 계신다.

욥은 다음과 같이 한탄하고 있다. 『**오, 내 말들이 지금 기록된다면! 오, 내 말들이 책에 쓰여진다면!**』(욥 19:23) 또 이렇게 말한다. 『**보라, 나의 바람은** 전능하신 **분께서 내게 응답하시는 것이요, 나의 대적이 책을 썼으면**

하는 것이라』(욥 31:35). 주께서는 그렇게 하셨다!

주께서는 욥기에서 유대인들의 고난을 기록하셨을 뿐만 아니라 에스더에서는 유대인들의 승리 또한 기록하셨다. 주님은 이 두 책을 한 성경 안에 두셨던 것이다.

성경은 전 세계 수십억 개의 선반 위에 놓여있다. 성경은 그것이 말씀하는 내용을 믿을 사람들을 향해 베푸시는 하나님의 선하심을 증거하고 있다. 전능하신 하나님 보다 스스로가 더 현명하다고 생각하는 모든 사람들에게는 경고의 메시지로 서 있는 것이다. 당신은 하만이 그랬듯이 이 책을 애써 없애버림으로써 당신의 어리석은 목을 부러뜨리게 되든지 아니면 모르드개와 에스더처럼 그 책을 믿고 그 책을 주장하며 그 책에 따라 살게 되든지 할 것이다.

『**주의 법이 나의 즐거움이 되지 아니하였다면 내가 나의 고난 중에 멸망하였으리이다. 내가 주의 법규들을 결코 잊지 아니하리니 이는 주께서 그것들로 나를 살리셨음이니이다. 나는 주의 것이오니 나를 구원하소서. 이는 내가 주의 법규들을 찾았음이니이다. 악인들이 나를 멸하려고 기다렸으나 나는 주의 증거들을 생각하리이다**』(시 119:92-95).

에스더 10장

10:1 아하수에로왕이 땅과 바다의 섬들에 조공을 부과하였더라.
2 그의 권세와 능력의 모든 행적과 왕이 모르드개를 승격시켜 그의
위대함을 알림이 메디아와 페르시아의 왕들의 역대서에 기록되어
있지 아니하냐?
3 유대인 모르드개가 아하수에로왕의 다음이 되고 유대인 중에서 위
대하게 되었으며 그의 많은 형제들에게서 인정받고 그의 백성의
이익을 구하였으며 그의 모든 씨에게 화평을 말하였더라.

에스더 10장은 하나님께서 "이후 내내 행복하도록" 에스더서의 결말을 맺고 계신다. 이야기는 이런 식으로 끝나야 한다. 모든 하나님의 이야기들은 하나님의 사람들에게는 해피엔딩으로 끝나게 된다. 이야기는 순조롭게 마무리되어야 한다. 특히 그 내용 속에 하나님께서 계시다면 모든 이야기의 전개 방식은 그렇게 끝날 것이다.

오늘날 사람들은 이야기들이 제대로 끝나지 않는 시대에 살아가고 있다.

이들 현대 작가들은 내용을 알맞게 끝내는 방법을 모른다. 항상 미완성으로 끝낸다. 현대 소설들은 그런 식으로 끝이 나는데, 이는 구원받지 않은 모든 작가는 독자들에게 단지 현재 일어나고 있는 현상만을 제시할 수 있기 때문이다. 현재로서는 어떤 답변도 해 줄 수 없기에 확정된 것이라고는 아무것도 없는 것이다.

음악도 마찬가지다. 고전음악 작곡가가 하나의 곡을 끝냈을 때, 청중은 그 곡이 끝났다는 사실을 알아차릴 수 있었다. 종결부가 매우 오랫동안 지속되었기에, 곡이 끝났을 때는 정말 끝난 것이나 다름없었다. 하지만 현 세대의 록 가수들은 노래를 끝내는 법을 모르기 때문에 음향 담당 기술자가 음량을 전자적으로 조금씩 줄여나감으로써 소리가 점점 사라지게 하는 것이다. 이유가 무엇인가? 정말이지 그들은 하나의 곡 정도도 끝낼 줄을 모르기 때문이다.

이것은 자신이 어디로 가고 있는지, 또 그곳에는 어떻게 가야 하는지도 모르는 구원받지 못한 사람의 모습이라 할 수 있다. 실로 그는 자신이 어디에서 왔는지 모른다. 지금 이곳에서는 무엇을 하고 있는지도 모른다. 또 어디를 향해 가고 있는지도 모르고 있다. 그는 마호메트 같은 사람이다.

하나님의 책들은 이와 같지 않다. 모두 제대로 된 결말을 맺고 있는 것이다.

옛날 요정에 관한 소설들도 마찬가지다. 그 소설들의 내용이 성경 이야기들은 아니지만 제대로 된 결말을 맺고 있다. 그런 소설들은 해피엔딩으로 결말을 맺는다. 이런 소설들은 대개 영웅과 여주인공은 같이 멀리 떠나 함께 살아가고 사악한 마녀는 그에 합당한 보응을 받으면서 끝을 맺는다.

나는 이런 이야기들을 좋아한다. 특히 사악한 마녀가 불에 타 죽는 것에 대해 읽는 것을 좋아한다. 그것은 매우 성경적이다. 요한계시록 끝에서는 한 "여인"이 불에 타는 모습이 나온다. 그녀가 불에 탈 때, 하늘 위에 있는 사람들은 "할렐루야, 그녀를 불태우게 하라!"(계 18,19장)고 외치고 있다.

자, 에스더서가 끝나는 이 부분에서, 왕은 전 문명세계를 통치하고, 사람들은 왕에게 그들의 조공을 가져오는 모습을 보게 된다.

우리가 에스더 왕비를 마지막으로 본 것은, 에스더 9:32에서였다. 더욱이 그녀의 이야기는 왕의 온전한 호의를 입고 『**전권**』을 행사하는 모습으로 끝이 나고 있다(에 9:29).

모르드개는 왕에 의해 『**승격**』되어 『**위대**』한 자가 되었다(2절). 그는 『**아하수에로왕의 다음**』가는 자로, 『**유대인 중에서 위대**』한 사람이 된다. 그는 또 『**그의 많은 형제들에게서 인정받고 그의 백성의 이익을 구하**』게 된다. 그는 『**그의 모든 씨에게 화평을 말하**』고 있다.

이상 모르드개에 관해 언급한 내용의 상당수가 창세기의 요셉에 관한 내용과 비슷하다는 사실을 주목해 보았는가? 창세기는 요셉이 파라오 다음으로 권력 서열 제2인자의 위치에 서게 되고 그의 모든 형제들이 그에게 절을 하는 모습으로 끝이 난다(창 50:18). 창세기 37장에서 요셉을 몹시 미워했던 형제들은 결국 그를 받아들이게 된다. 끝 부분에서 요셉은 자신의 형제들과 그들의 가족들을 돌보고 그의 자녀들과 손자, 손녀들 그리고 증손들까지 양육하고 있음을 보게 된다(창 50:21-23).

요셉은 153가지의 그리스도의 모형을 갖고 있다.

따라서 에스더 10장을 통해 성경의 결말이 어떻게 끝날지를 보게 되는 것이다. 특히, 예수 그리스도 및 유대인들과 관련해서 볼 수 있다. 요한계시록 21장과 22장에서, 전능하신 하나님께서는 우주의 보좌 위에 앉아 계신다(계 22:3). 주 예수 그리스도께서는 삼위일체의 제2의 위치에서 그분의 아버지와 함께 통치하신다(계 21:22,23; 22:1–3). 이방인들은 그들의 조공을 주께로 가져오고 있다(계 21:24–26). 그리스도의 위대함이 성경에 기록되어 있다(계 22:10–19). 마침내 유대인들은 그분을 그들의 메시야로 받아들이고, 세상과 세상의 모든 부를 받게 된다. 그리고 주께서는 "그의 씨"들인 우리들에게 온전하고 영원한 화평을 주신다(계 21:4).

자, 이것이 바로 결말을 맺는 방법이다. 하나님께서는 어떤 것이든 무엇이나 하실 수 있는 분이지만, 끝에서도 모든 사람들이 계속해서 고통받거나 계속해서 눈물 흘리며 또는 모든 것이 영원한 흑암과 소멸 속에 끝나 버리도록 역사 하시는 하나님은 상상조차 할 수 없는 일이다. 위에 계신 하나님은 완벽하신 분이다. 그분이 완벽하다면 그분은 거룩하신 분이어야 한다. 거룩함이란 단어 속에는 "의"라는 뜻이 함축되어 있다. 따라서 하나님께서는 불의한 자를 벌하시고 의로운 자에게 보상하실 무슨 방법을 강구하셔야 한다.

이런 논리로 인해 무신론자들이 생겨난다. 어떤 사람이, 나쁜 사람이면서도 별일 없이 잘 지내고 있는 것 같은 사람을 주위에서 보게 된다. 잘못을 저질렀으면서도 아무런 벌도 받지 않고 잘 지내고 있는 것이다. 그는 또 올바른 삶을 사는 어떤 사람이, 그 나쁜 사람이 한 번도 경험하지 않은 온갖 고난을 겪는 모습을 보게 된다. 이에 그는 이 불공평한 모습을 보고 하나님은 계시지 않다고 결론을 내린다.

그러나 그런 것만으로는 부족하다. 즉, 무신론자들은 영원이란 시간을 계산에 넣지 않았던 것이다. 인생은 이곳 지상의 삶으로 끝나는 것이 아니다. 하나님께서 어떤 사람에게 이곳 지상에서 받아야 할 벌이나 보상을 주지 않으신다면 필히 영원에서 그렇게 하실 것이다.

당신이 이 글을 읽고 있는 바와 같이, 틀림없이 세상에는 끔찍한 범죄들을 저질렀던 사람들이 여전히 건재하고 있다. 그들은 체포되거나 벌을 받아본 적이 한 번도 없었다.

흔히들 완전 범죄 따위는 없다고 말한다. 하지만 사실은 그렇지 않다. 아직까지 발견되지 않은 시신들이 많이 있다. 계속 미결로 남을 살인사건들도 많이 있다. 이와 동시에, 온갖 선한 행위들을 했으면서도 한 번도 그 대가를 보상받지 못했던 사람들이 있다. 자신을 희생해서 다른 사람들을 돌보는 사람들도 있다. 그들은 정작 자신은 돌보지 못하여 가난해지거나 병들어 있을지 모른다. 어쩌면 10년 더 일찍 생을 마감할 수도 있다. 이곳 지상에서는 어떠한 보상도 받지 못했던 것이다.

진리를 설교한 대가로 스테판이 받았던 보상은 무엇이었나? 그는 "돌에 맞아" 죽었다. 침례인 요한은 왕에게 옳은 일을 하라고 조언하다가 참수형을 당하고 말았다. 존 후스는 말뚝에 묶인 채 화형당하고 말았다.

사랑하는 여러분, 하나님께서 저기 위에 계신 것이 분명하다면, 언젠가 반드시 주께서 거래를 청산하실 날이 올 것이다.

자, 당신이 구원받은 사람이라면, 당신은 지금 그리스도의 의를 소유하고 있는 것이다. 언젠가 주께서는 그 의에 대해 보상하실 것이다. 언젠가 당신에게 보상하실 것이다.

언젠가는 더 이상 고통도 없고 슬픔도 없으며, 청구서도 없고 세금도 없으며, 가정의 근심거리도 없고 아이들과의 갈등도 없으며, 대머리도 없고 이가 흔들거릴 일도 없으며, 아픔도 없고 관절염도 없으며, 백혈병도 없고 당뇨병도 없으며, 방광에 병날 일도 없고 신장 결석도 없으며, 담석도 없고 궤양도 없으며, 결장에 이상이 생길 일도 없고 위가 불편할 일도 없으며, 위산이 역류하는 일도 없고 뼈가 부러질 일도 없으며, 실의에 빠질 일도 없고 관에 들어갈 일도 없으며, 처방전도 구급차도 병원도 없는 날이 올 것이다. 만사가 잘될 것이다!

당신에 대해서 아는 바가 없지만, 나는 오늘이라도 갈 준비가 되어 있다. 빠르면 빠를수록 더 좋다.

『**아멘. 그러하옵니다. 주 예수여, 오시옵소서**』(계 22:20).

부록 1
"연대 따라잡기"
(플로이드 존스의 구약 연대기 참고)

우리는 『**이방인들의 때**』에 관해 이야기할 때, B.C. 606년의 느부캇넷살에게로 조심스럽게 접근하게 된다. 왜냐하면 산헤립과 살만에셀이 북쪽의 열 지파를 멸망시킨 후에(왕하 17장), 그가 유다를 포로로 사로잡아감으로써 이스라엘을 멸망시킬 왕이기 때문이다. 물론, 베냐민 지파는 유다 지파에 포함되어 있다(왕상 11:13 참조).

자, 누구든지 그가 아무리 최고의 엘리트라 할지라도 연대기를 다룰 때는 어려움에 직면하게 된다. 그레고리(Gregory), 클린턴(Clinton), 프톨레미(Ptolemy), 어셔(Ussher), 투키디데스(Thucydides), 로버트 앤더슨 경(Sir Robert Anderson), 스코필드(Scofield), 라킨(Larkin), 벌링거(Bullinger), 뉴턴(Newton)은 "시대"를 따라잡는 데 어려움을 겪고 있다.

언젠가 아담이 안식일 날 창조되었고, 노아는 안식일 날 방주 안으로 들어갔으며(나온 날도 안식일이었으며), 이삭이 안식일 날 모리아 산에서 희생제물로 붙잡혔고, 요셉은 안식일 날 감옥에서 나왔다는 사실을 증명하는 성경적 연대기에 관한 책들을 읽은 적이 있다. 분명 그 연대학자는 안식일 재림파였다. 그렇게밖에는 말할 수 없는 것이다.

벌링거의 〈컴패니언 바이블〉 뒷부분에는 198개의 "부록들"이 있다. 이 부록들은 1,914페이지 분량의 본문을 끝마치고 부가해 놓은 매우 "즉흥적인 내용"들임이 분명하다. 그 중 부록 57과 58은 에스라와 느헤미야 시대에 통치했던 페르시아 왕들을 다루고 있다. 그에 앞서 부록 50에서는 모든 해들을 일 년 단위로만 계산하여 40세기(아담에서 그리스도까지)를 다루고 있는 성경적 자료를 제시하고 있다. 사람들은 그와 같은 세부적인 자료에 오류가 있을 거라고는 꿈에도 생각지 않겠지만, 사실 벌링거는 다른 연대학자보다 더 많이 망쳐놓고 있다. 심지어 느부갓넷살이 성전을 파괴한 사건은 B.C. 497년에 일어난 일이라고 결론 내려 버린다. 이 연도는 어셔(Ussher), 림머(Rimmer), 뉴톤(Newton) 및 기타 다른 연대 학자들과 100년이나 차이가 날 정도로 황당한 연도다.

벌링거는 말라키가 B.C. 374년에 기록되었다고 주장한다. 어셔 및 다른 연대학자들은 말라키의 연대를 397년으로 잡고 있다. 정말이지 벌링거는 그 놓쳐버린 기간들을 어떻게 극복했는지 모르겠다. 분명 시드키야 때에는 시간적으로 100년이나 앞서가 놓고, 시드키야(왕하 25장)와 말라키 사이 어디에선가 77년이란 기간을 찾아냈던 것이다. 즉, 에스라에서 느헤미야까지 이르는 기간 동안 어셔 연대기와의 차이를 23년 이내의 범위까지 좁히게 되었던 것이다.

벌링거는 『**여호야킴 제사년**』에서 혼동에 빠지고 말았다. 여기에서 벌링거는 뉴톤(Newton)의 연대기, 프톨레미(Ptolemy)의 연대기, 센소리누스(Censorinus)의 연대기, 어셔(Ussher)의 연대기, 클린턴(Clinton)의 연대기, 그 외 다른 연대기들을 다루고 있다.

문제의 요점은 B.C. 776년으로 기록되어 있는 소위 최초의 그리스 올림픽 대회의 "전통적인" 날짜를 벌링거가 거부하는 데 있다. 이런 이유로 그는 아담에서부터 시작하여 여호야킴에 이르기까지 모든 해를 일 년 단위로만 표기해 나가는 자기 자신의 체계를 제안한다. 물론 이 체계를 따르면 아무도 놓칠 수 없었던 몇몇 사실들을 간과하게 된다. 즉 연이어 통치했다 해도 그 사이에 시간적 공백이 있는 경우(열왕기상하), 한 번에 두 명의 왕이 이중적으로 통치하는 경우(열왕기상하, 역대상하), 재판관들에 관한 사건들이 연속적이지 않고 중복되는 경우들(재판관기) 등 그 외의 사실들을 놓치게 되는 것이다. 벌링거는 선한 의도로 그랬겠지만, 에스라와 느헤미야에 직면할 때, 그의 체계는 붕괴되고 만다.

"아탁세르세스 20년" 앞에서 그는 완전히 무너져 버리고 만다(느 1:1의 주석 참조). 느헤미야 1:1에서 그는 "20년"의 시점조차 정하지 못한다. 그러나 그 시점은 내가 지금까지 연구한 연대기 중에서 가장 뛰어나고 가장 정확하며 가장 성경적인 연대기를 기록한 익명의 연대학자가 이미 정해 놓았다. 이 절대 무명의 성경대로 믿는 사람은 "플로이드 존스"(Floyd Jones)란 이름의 "다크호스"다. 그의 저작은 B.C. 4000년부터 일 년 간격으로 기록해 놓은 50피트 크기의 도표(벌링거가 했던 것과 동일함)로서, 〈킹제임스성경〉에 제시된 모든 연도와 날짜를 지지하고 있다. (플로이드 존스의 〈구약의 연대기, *Chronology of the Old Testament*〉는 Bible Baptist Bookstore에서 구입 가능[도표에 관한 CD 포함]).

길게 언급할 필요 없이 나는 시드키야에서 느헤미야까지의 기간(B.C. 588-445)에 플로이드 존스가 제시한 대로 날짜들을 제시할 것이다. 유일하게 다른 점이 있다면, 70년 포로 기간의 날짜의 시작을 B.C. 598년(『**여호야킴**』이 사로잡힌 해) 대신에 예루살렘이 마지막으로 파괴된 해인 B.C. 589년으로 잡는 것이다. 존스에 따르면 느부캇넷살은 예루살렘을 세 번 공격했다(B.C. 602,598,589년).

따라서 589에서 70을 빼면, 포로 기간은 B.C. 519년에 끝나게 된다. 그 기간 중에 바빌론이 멸망하고(B.C. 538년) 메데-페르시아가 지배권을 장

악한다. 존스는 〈킹제임스성경〉의 본문을 따라, 다리오와 코레스가 보좌에 앉는 시점을 B.C. 538년으로 잡는다. 이 중 한 명은 "메데"의 왕이었고(『**메디아인 다리오**』, 단 5:31), 다른 한 명은 페르시아를 통치한 코레스왕이었다. 이렇게 이중적으로 통치되는 왕국은 2년간 지속되므로, 코레스가 단독으로 통치한 기간은 B.C. 536년에서 529년까지라 할 수 있다. 역대기하 36장과 에스라 1장에서 칙령을 내린 왕은 다름 아닌 이 사람, 『**코레스**』다. ("메데-페르시아"가 아닌) 단일 왕국 통치의 시작 『**제일년**』의 시점은 B.C. 536년이 될 것이다. 이 연도는 다른 모든 연대표들과 잘 어울린다.

존스는 『**다리오**』, 『**크세르크세스**』, 『**아탁세르세스**』와 같은 이름들이 "호칭들"(파라오, 카이사 등과 같은 칭호들)이라는 문제에 대해서는 벌링거와 의견을 같이한다. 하지만 존스는 세 명의 "다리오들," 곧 "다리오"(Darius, B.C. 538-529), 다리오 히스타스피스(Darius Hystaspis, B.C. 521-486), 다리오 1세(Darius Ⅰ, B.C. 521-485)를 제시한다. 여기에서 마지막 "다리오"는 B.C. 505년에 아탁세르세스(크세르크세스 1세)와 함께 공동 통치한다. 그리고 아탁세르세스(크세르크세스)는 B.C. 485년에서 465년까지 단독으로 통치한다. 다음으로 아탁세르세스(롱기마누스)가 그 뒤를 이어서 B.C. 424년까지 통치하게 된다. 네 번째 "다리오"는 B.C. 423년과 404년 사이에 등장하는 또 다른 다리오이다.

이와 같은 체계로 보면 아탁세르세스 20년(느 1:1, 크세르크세스)은 그가 다리오와 함께 공동 통치를 시작했던(스 6장의 그 다리오) B.C. 505년으로부터 정확히 20년이 되는 시점이 될 것이다.

자, 이러한 모든 구성은 성경을 세속사의 기록들과 맞추기 위한 노력들이다. 그러나 이 작업은 언제나 "험난한 여행"일 수밖에 없다. 이는 성경의 하나님이 곧 역사의 하나님이시지만, "이 세상의 신" 역시 세상에서 성경을 제거하는 데 전력을 기울이고 있기 때문이다. 이것은 성경이 진리, 곧 하나님의 통치와 조화를 이루는 역사적인 사실들을 제시하지만(단 2,7,9장에서처럼), 그 또한 하나의 신(고후 4:4)으로서 자신의 "통치"와 조화를 이루는 일단의 "역사적인 사실들"을 제시할 것이라는 사실을 의미한다.

그러므로 여기에 벌링거를 존스 옆에다 나란히 놓고 볼 때, 존스의 자료는 〈킹제임스성경〉의 날짜와 조화를 이루지만 벌링거의 자료는 그 날짜들을 엉망으로 만들어 버린다. 아래에 두 개의 난 중 전자는 존스의 자료이고 후자는 벌링거의 자료이다.

• 코레스와 다리오의 공동 통치	코레스 1세
• B.C. 536년 코레스의 칙령	
• 캄비세스	캄비세스
• 다리오와 크세르크세스의 공동 통치	코레스 2세
• 크세르크세스의 단일 통치	캄비세스 2세
• 크세르크세스와 아탁세르세스의 공동 통치	히스타스피스
• 롱기마누스	다리오 히스타스피스
• 크세르크세스 2세	
• 다리오 2세	

자, 이제 우리는 이런 연구를 하는 연대기 학자들이 얼마나 곤란을 겪고 있는지 알 수 있다. 플로이드 존스는 철저하게 성경적 본문에 국한시킴으로

써 역사적인 날짜들을 얻고 있다. 반면 벌링거는 먼저 구원받지 않은 역사가 헤로도투스에게로 갔다가, 그 다음으로 비히스턴석(Behistun Rock)으로 갔고, 그 다음으로는 코레스 비석(Cylinder of Cyrus)으로 갔던 것이다.

부록 2

예루살렘 성읍 지도 : B.C. 400-100

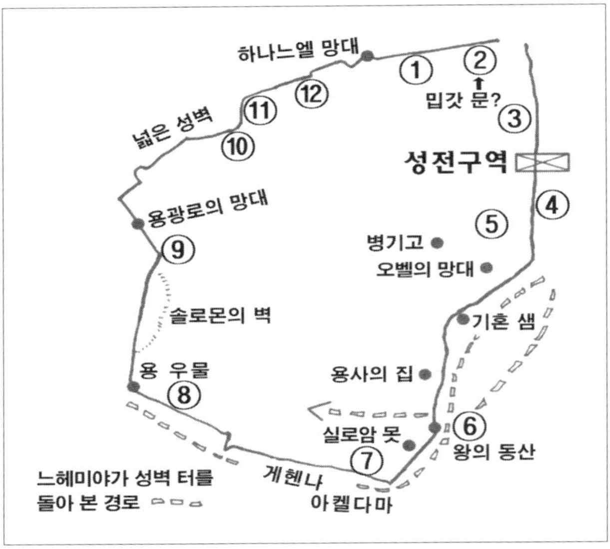

1. 양문(Sheep Gate)
2. 감옥문(Prison Gate, 밉갓)
3. 동문(East Gate)
4. 말문(Horse Gate)
5. 물문(Water Gate)
6. 샘문(Foutain Gate)
7. 질그릇 조각의 문(Potsherd Gate)
8. 똥문(Dung Gate)
9. 골짜기문(Valley Gate)
10. 에프라임문(Gate Of Ephraim)
11. 옛문(Old Gate)
12. 물고기문(Fish Gate)

⊠ - 황금문(Golden Gate) / 동문(Eastern Gate)

후에 이 문들은 스테판문(St. Stephen's Gate), 성전문(Temple Gate), 타너의 문(Tanner's Gate), 시온문(Zion Gate), 여리코문(Jericho Gate), 벨칼리지문(Belcallige Gate), 낙원문(Paradise Gate), 여호사밧문(Jehoshaphat Gate), 헤롯의 문(Herod's Gate), 사자의 문(the Lion's Gate), 새문(New Gate), 다마스커스문(Damascus Gate) 등으로 불리기도 했다.

• 옮긴이 / 박 승 용

- 홍익대학교 불어불문학과 졸업
- 킹제임스성경신학대학 졸업
- 킹제임스성경신학대학 교수

피터 럭크만의 주석서

에스라 - 느헤미야 - 에스더

2006년 11월 15일 초판인쇄
2020년 10월 12일 개정판1쇄

지은이 피터 S. 럭크만
옮긴이 박 승 용
펴낸이 이 송 오
펴낸곳 말씀보존학회

서울시 강서우체국 사서함 제90호
전화 (02) 2665-3743 / 팩스 (02) 2665-3302
인터넷 / www.biblemaster.co.kr
출판등록 1988. 12. 12. 제16-223호

판권소유 / 말씀보존학회
잘못된 책은 구입하신 서점에서 교환해 드립니다.

값 23,000 원